Birkaç yıl öncesine kadar geçerli olan kavram "sağlığı korumak"tı. İnsanlar sağlıklarını korumayı yeterli görüyorlardı. Son yıllarda yapılan araştırmalar, insanların sağlıklarını gerçekte, kendilerini en sağlıklı hissettikleri sırada kaybettiklerini ortaya koymuştur.

Ölüm sebeplerinin en başında yer alan koroner kalp, kanser, inme ve hipertansiyon hastalıkları esas olarak bir hayat biçiminin sonucudur ve insanın kendisini bütünüyle sağlıklı kabul ettiği yıllarda yerleşmektedir. Bu sebeple "sağlığı korumak" yaklaşımının yerine "sağlığı geliştirmek" anlayışı ortaya çıkmıştır.

Stres ve Başaçıkma Yolları bu çağdaş anlayışla kaleme alınmış "sağlığı geliştirmeyi" amaçlayan bir "kişisel gelişim" kitabıdır.

PSİKOLOG PROFESÖR DR. ACAR BALTAŞ, ortaöğrenimini İstanbul Erkek Lisesi'nde tamamladıktan sonra, İstanbul Üniversitesi Edebiyat Fakültesi Psikoloji Bölümü'nden mezun olmuş, Cerrahpaşa Tıp Fakültesi'nde Klinik Nörofizyoloji Dalı'nda yüksek beyin fonksiyonları konusunda doktora çalışması yapmış, 1981'de Tıp Bilimleri Doktoru (M.Sc.Dr.), 1986 yılında Uygulamalı Psikoloji Doçenti, 1996 yılında Profesör olmuştur.

1982 yılında Amerika Birleşik Devletleri'nde stres azaltma teknikleri "biofeedback" ve beyin yıkımlarının bilgisayar aracılığıyla rehabilitasyonu konusunda çalışmalar yapmıştır. Eşi, Psikolog Dr. Zuhal Baltaş ile 1983'ten bu yana "Stresle Başaçıkma Seminerleri"ni yönetmenin yanı sıra, Türkiye Sanayi Sevk ve İdare Enstitüsü (TÜSSİDE)'nün hazırladığı çok sayıda eğitim programında görev almış, THY'nin reorganizasyon çalışması içinde "davranış düzenleme" eğitim projesini yürütmüştür. Türkiye'de ilk kez düzenlenen Müsteşarlar Eğitim Programı'nda ve Ana-Baba Okulları'nda eğitimci olarak görev almıştır. Bunların dışında "Ekip Oluşturma ve Geliştirme", "Sunuş Becerisini Geliştirme ve Bedenin Dili", "Görüşme Teknikleri" ve "İnsana Yatırım" konularında seminerler vermektedir.

Dr. Zuhal Baltaş'la birlikte yazdıkları "Stres ve Başaçıkma Yolları" *ve* "Bedenin Dili" *adlı kitaplarının yanı sıra, öğrenmenin bilimsel temelleri konusundaki çalışmalarını derlediği* "Üstün Başarı", *Doç. Dr. Uğur Tuzlacı ve Ayşe Toygar'la birlikte yazdığı* "Sağlıklı Zayıflama" *adlı kitabı ve yurtiçinde ve dışında yayımlanmış 90'dan fazla bilimsel çalışması bulunmaktadır.*

1993-1994 akademik yılını Londra Üniversitesi St. George Tıp Fakültesi Psikoloji Bölümü'nde misafir öğretim üyesi olarak geçirmiş olan Prof. Dr. Acar Baltaş, halen Cerrahpaşa Tıp Fakültesi Nöroloji Anabilim Dalı'nda öğretim üyesi olarak çalışmaktadır.

PSİKOLOG PROFESÖR DR. ZUHAL BALTAŞ, Bursa'da doğmuş, ilköğrenimini hekim olan babasının görevleri sebebiyle İstanbul dışındaki şehirlerde tamamlamış, ortaöğrenimini Eskişehir Koleji'nde yapmış, yükseköğrenimini İstanbul Üniversitesi Edebiyat Fakültesi Psikoloji Bölümü'nde 1968-1971-72 yılları arasında tamamlamıştır.

Cerrahpaşa Tıp Fakültesi Halk Sağlığı Anabilim Dalı'nda 1975 yılında göreve başlamış, "İlkokul Çocuklarında Stres Ölçümü" konusundaki çalışmasıyla 1981 yılında Tıp Bilimleri Doktoru (M. Sc. D) olmuştur.

Aynı anabilim dalında Sağlık Psikoloğu olarak çalışmalarını sürdüren Zuhal Baltaş stres konusundaki çalışmalarına paralel olarak, Sağlık Davranışı ve Sağlık İnanç Modelleri konularında akademik çalışmalar yapmaktadır.

"Stres ve Başaçıkma Yolları" *adlı kitabın yazarlarından olan Zuhal Baltaş, Sağlık Psikolojisi konularında çeşitli araştırmalar yapmış ve yayınlar hazırlamış, pek çok eğitim programının eğitici kadrosunda yer almıştır.*

1993-1994 akademik yılında Londra Üniversitesi St. George Tıp Fakültesi'nde kültürler arası araştırma grubunda Araştırma Onur Üyeliği unvanıyla görevli bulunmuş, Azınlık Gruplarında Stres Düzeyleri ve Sağlık Davranış Modellerinin Kültürler Arası Farkları konularında çalışmalarını sürdürmüştür.

1989 yılında Doçent, 1996 yılında Profesör olan Zuhal Baltaş, Dr. Acar Baltaş'la evli ve iki çocuk sahibidir.

Psikolog Prof. Dr. Acar Baltaş
Psikolog Prof. Dr. Zuhal Baltaş

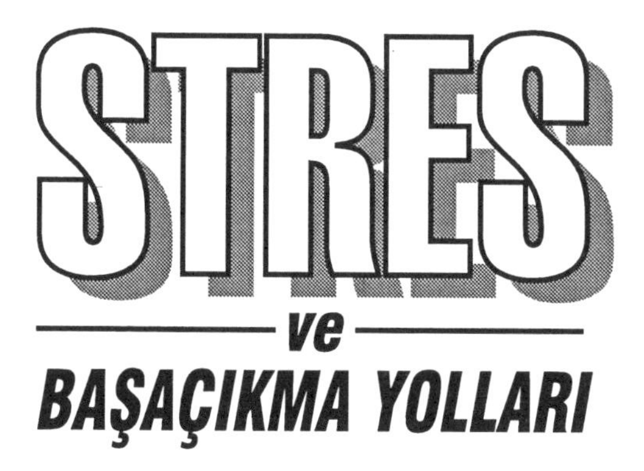

ve BAŞAÇIKMA YOLLARI

20. Basım

Remzi Kitabevi

Babalarımız
Bülent Baltaş ve Dr. Sırrı Dorken'in
hatıralarına

STRES VE BAŞAÇIKMA YOLLARI / Acar - Zuhal Baltaş

Düzelti: Serra Tüzün
Kapak: Ömer Erduran

ISBN 975-14-0178-X

BİRİNCİ BASIM: Ekim, 1986
YİRMİNCİ BASIM: Eylül, 2000

Remzi Kitabevi A.Ş., Selvili Mescit Sok. 3, Cağaloğlu 34440, İstanbul.
Tel (212) 513 9424-25, 513 9474-75, Faks (212) 522 9055
WEB: http://www.remzi.com.tr E-POSTA: post@remzi.com.tr

Remzi Kitabevi A.Ş. tesislerinde basılmıştır.

SUNUŞ

(Onuncu Basım İçin Sunuş)

Stres günlük dilimize girmiş ve çok sık kullanılan bir kelime. Dünyanın çeşitli ülkelerinde bu konuda yazılmış binlerce eser ve "Stres Araştırmaları Merkezi"nde toplanmış 300.000'e yakın araştırma varken, 1986 yılında kendi dilimizde gazete ve dergi makaleleri ile birkaç doktora tezi dışında bir yayın olmaması, konuyla 1973'ten beri ilgilenen bizler için bu kitabı yazmayı bir borç haline getirmiştir.

Kitabın adı olan "Stres ve Başaçıkma Yolları" Türkçe'de alışılmamış iki kelimeyi içerdiği için ilk basımın yapıldığı 1986'da bazı okuyucularımızın sorularına yol açtı.

"Stres" kelimesini Türkçe'ye çevirmek ancak anlamından fedakârlık yapmakla mümkündür. Çünkü stres yaygın olarak kullanıldığı gibi, sıkıntı, üzüntü, problem, zorlanma, endişe, gerginlik, dert, kaygı kelimelerinin ifade ettiğinden daha fazla ve daha farklı bir anlama gelmekte ve -yerine göre- yukarıda sayılanlara yol açmaktadır. Bu sebeple biz stresi de, radyo, televizyon, telefon, video gibi Türkçe imlasıyla yazıp, kullanmanın doğru olacağını düşündük.

"Başaçıkma" deyimi ise, özellikle yabancı dil bilenler tarafından yadırgandı. "Management" Türkçe'ye iş idaresiyle ilgili olarak girmiş bir kelime olduğu için, özellikle psikoloji formasyonuna sahip olmayanlar kelimeyi "yönetim" olarak çevirip, tamlamayı da "stres yönetimi" olarak kurmayı tercih ettiler.

Oysa bize göre, bu bağlamda management terimi ile ifade edilmek istenen "to cope with" karşılığı olan "başaçıkmak"tı. Bu sebeple biz, ilk bakışta yadırgansa bile, kendi şartlarımızdan kaynaklandığı için, daha sonra benimseneceğine inandığımız "Stres ve Başaçıkma Yolları"nı kullandık. Aradan geçen zaman da bizi doğruladı.

Stres ve Başaçıkma Yolları kitabının ilk baskısından bu yana dört yıla yakın bir zaman geçti. Kitabın ilk baskılarına gösterilen ilginin azalmadan devam etmesi, geçen süre içinde yeni yapılan çalışmaların kaleme alınması ihtiyacını doğurdu.

Bu sebeple kitabın onuncu baskısında iş hayatıyla ilgili bölüm genişletilmiş, beslenmeyle ilgili yeni araştırmalardan elde edilen sonuçlar yazılmıştır. Ayrıca Kontrol Odağı (Locus of control) başlığı altında, streslerle başaçıkabilmek için insanın hayatıyla ilgili sorumluluğu eline alma cesaretini göstermesi ve şartları kontrol edebilmesi için çaba harcamasının önemi anlatılmıştır.

Okuyucu bu kitapta kendi stres tepkisini tanımak, ölçmek ve onunla başaçıkabilmek için yapabileceklerini de somut olarak görecektir. Böylece sadece sağlığını korumak için değil, aynı zamanda başarılı olabilmek için de kolayca uygulayabileceği bilgiler bulacaktır.

Hayatı doyumlu ve başarılı yaşamanın ön şartı alternatif yaratabilmektir. Alternatif yaratmak için de zekâ, bilgi, cesaret ve istek gerekir. İşte bu kitap sağladığı bilgiyle, istek duyan insanlarda alternatif yaratma cesaretini doğurmak amacıyla kaleme alınmıştır.

Okuyucularımıza, stresli şartlarını gelişme yolunda fırsatlara çevirdikleri bir hayat için bu kitabın bir anahtar olmasını dileriz.

...

Stresle Başaçıkma Programları ABD'nin ciro olarak en büyük 500 şirketinden 300'ünde uygulanmaktadır. Bu şirketlerden biri olan New York Telefon İdaresi'nde, Stresle Başaçıkma Programlarına yatırılan her 1 dolar için, sağlık harcamalarından 5.75 dolar tasarruf edildiği ortaya konmuştur.

Gerek bu veriler, gerek bu programı Türkiye'de uygulama cesaretini gösteren kurumların aldığı sonuçların, psikolojinin yöntemlerinin iş verimini, insan sağlığını, hayat başarısı ve doyumunu etkileyen sonuçlar doğurduğunu kanıtlamış olması bize mesleğimiz adına gurur vermektedir.

Konuyla daha ayrıntılı ilgilenenlere, tıp ve psikoloji öğrencilerine yönelik bazı bilgiler "Ek Bölüm"de toplanmıştır.

...

"Stres ve Başaçıkma Yolları"nın ortaya çıkmasında bize sağladıkları destekle katkıda bulunan annelerimiz İffet DORKEN ve Vedide BALTAŞ'a, Stresle Başaçıkma Seminerleri'ne katılanlara ve hastalarımıza (onlara sağlık bilinci yüksek, çağdaş insanlar demek daha doğru), kitabın ilk biçimine sağladığı teknik katkılar için sevgili dostumuz Ali SAYDAM'a teşekkür borçluyuz.

Onuncu baskısına ulaşan bir kitabı yeniden dizen ve düzenleyen ve bize yazma cesareti veren editörümüz Erol ERDURAN'la işbirliği içinde olmanın rahatlık ve güvenini bütün yazarlara dileriz.

Acar ve Zuhal BALTAŞ
Levent, 25 Nisan 1990

İÇİNDEKİLER

GİRİŞ

BÖLÜM I
STRES VE İNSAN

BÖLÜM III
STRESLE BAŞAÇIKMA YOLLARI

EK BÖLÜM

GİRİŞ

BAŞARI VE SAĞLIĞIN TEHDİDİ

Stres, neden günümüzün problemi?

İçinde bulunduğumuz yüzyılın başından bu yana, tıp dünyası hastalıkların niteliklerinde büyük değişikliklere tanık olmuştur. Günümüzden yaklaşık 100 yıl önce ortalama bir hekim, cerrahi girişimler hariç, bütün hasta ve hastalıklara deva bulmakla kendini yükümlü hissederdi.

Bu yüzyılın başına kadar tıp, insanların toplu olarak ölümlerine sebep olan tifo, çiçek, veba, difteri gibi salgın hastalıklarla uğraşmış ve hastaneler bu hastalarla dolup taşmıştır.

Ancak geçen yüzyıldan başlayarak enfeksiyonlara yol açan mikroorganizmaların ve bunlarla mücadele yollarının bulunması, bugün artık bu hastalıkları korkulu rüya olmaktan çıkarmıştır.

İnsan hayatının belirgin bir şekilde uzamasına ve hayat standardının bir önceki yüzyıla göre belirgin bir şekilde yükselmesine karşılık hastaneler hâlâ doludur.

Acaba hastaneleri dolduran bunca insanın hastalanmasının sebebi nedir?

Kirli havanın büyük şehirleri kararttığı gibi, 20. yüzyılın hastalıkları da insanı hemen öldürmeyip, hayatını karartan bir gölge gibi her an varlığını hissettirmektedir. İnsanı *yakın duygusal ilişkilerden uzaklaştıran, verimliliğini düşüren ve en önemlisi hayattan aldığı zevki azaltan* bu gölge, tıbbın çeşitli dallarında çalışan birçok bilim adamına göre "stres"tir.

İleride anlatılacağı gibi stres sırasında verilen tepki, *canlının canlılığını sürdürmek amacını taşır.* İnsan gerçek bir tehlike karşısındaysa, salgılanan adrenalin ve diğer hormonlarla başlatılan faaliyet ve depolardan harekete geçirilerek kana verilen yağ ve şeker, hayatı korumak için yapılan mücadele sırasında amacına uygun olarak kullanılır. Bedende yaratılmış alarm durumuna göre, insan koşar, mücadele eder, varlığını veya elindekini savunur ve böylece beden içinde bu amaç için hazırlanmış olan maddeleri kullanır ve tüketir.

Fakat 20. yüzyılın tehlikeleri, tehditleri ve stresleri, büyük çoğunlukla insanın bedensel gücünü kullanmasını gerektiren türden değildir. İşini kaybetme endişesi, arkadaşın ve eşin olumsuz davranışının zihne takılması, sinemaya bilet bulamama sıkıntısı, konsere geç kalma korkusu, otobüse, derse, randevuya zamanında yetişememe ihtimali gibi yüzlerce sebep her gün bize stres tepkisini yaşatan, ancak bu amaç için hazırlanmış maddeleri kullanamadığımız türden streslerdir. Kısacası *beynimiz çağın hızla değişen ve gelişen problemlerine uyarken, bedenimiz bu konuda geride kalmakta ve canlılık tarihinin içinden geliştirip getirdiği tepki zincirini kullanmaya devam etmektedir.*

Doğada her şeyin bir sebebi ve mantığı olduğuna göre, bu aşikâr hata neden yapılmaktadır? Kitabın birinci bölümünde anlatılacağı gibi, canlılığın *"değişen şartlara sürekli bir uyum"* çabası olduğunu görürüz. Uzun zaman içinde uygun olmayan her şey değişecektir. Bugünün insanları atalarından nasıl daha uzun boylu, daha akıllı ve daha becerikliyseler, hiç şüphesiz evrim bugün için *"kullanışsız"* duruma gelmiş olan tepkiyi de biçimlendirecektir. Fakat bu değişimin ne kadar yavaş gerçekleştiği "Canlılık ve Stres" bölümünde anlatılmıştır.

İnsan, dış dünyanın bilinmezliğinden ve muhtemel tehlikelerinden kendini korumak için tarih içinde büyüler denemiş, ruhlara tapmış, törenler düzenlemiş, büyücülerin güçlerinin arkasına sığınarak huzuru ve rahatlığı bulmaya çalışmıştır. Bunlar bugün için akla, mantığa uygun olmayan davranışlar olsa bile, sonuçta esas gayeye hizmet etmiş, insanlara ihtiyaçları olan güven duygusunu vermiştir.

Daha sonra, iki bin yıldan uzun bir süredir tektanrılı dinler insanların temeldeki güvensizliklerine çare olmuş, ruh ve beden sağlığının korunmasında çok önemli "araç" haline gelmiştir. Esas amaç bu olmasa bile, din birçok açıdan son derece mükemmel bir psikoterapi rolü oynamıştır.

Din ve bilim karşı karşıya

Din, günümüzde özellikle Batı dünyasında giderek yaygınlaşan biçimde tedavi edici rolünü kaybetmektedir. Endüstrileşme yolundaki toplumlarda dini tören ve seremoniler, toplu ve bireysel ibadet giderek daha az uygulanır olmaktadır.

Açıkça olmasa bile pek çok yerde "Tanrı'ya olan inanç" yerini, bilime olan inanca bırakmaktadır. Bilim ise ne yazık, bugünün çok bilen, çok düşünen, dolayısıyla çok soru soran şüpheci insanlarının sorularının bütününü cevaplamaya hazır değildir. Ancak *bilim* bize yapılan araştırma ve çalışmalar sonunda kaygı ve gerginlikleri yenmek ve bozulan sağlığı düzeltmek için *üç imkân* sunmaktadır. Bunlardan birincisi, insanların ruh dünyalarını ve davranışlarını kan ve beden kimyalarını etkileyerek değiştiren *ilaç tedavisi* (farmako-terapi); ikincisi aynı değişikliği zihinsel düzenlemeler ve yeni şartlanmalar yoluyla yapmayı amaçlayan *psikoterapi;* üçüncüsü de bütün kaygı ve gerginliklerle mücadele edecek aracın kendisini, yani *bedeni düzenlemeyi amaçlayan fizik egzersiz ve diyettir.*

Ancak günümüz insanının yaşadığı stres ve baskının yarattığı sıkıntı ve sebep olduğu sonuçlar ne aile doktorları tarafından, ne aile büyükleri tarafından, ne yakın arkadaş ve dostlar tarafından, ne de ilaçlarla kolayca çözümlenip ortadan kalkmaktadır.

1960'lı yıllarda gençliğe egemen olan eğilim, dünyayı sosyal, ekonomik ve politik açılardan değiştirmek doğrultusundaydı.

1970'li yılların ikinci yarısından başlayarak çağdaş insan olmak isteyenler arasında dünyayı değiştirme eğilimi yerini, *kendini değiştirmeye* bırakmaktadır. Bu eğilimin daha temiz, daha verimli, daha sağlıklı, daha mutlu bir benlik yaratmak amacı vardır. Bu amaca ulaşmak için din – özellikle İslamiyet – "biofeedback", çeşitli gevşeme teknikleri, meditasyon, yoga gibi farklı teknik ve felsefeler uygulanmaktadır.

Bu tekniklerin uygulanması sonucunda – gerçekleşme mekanizmaları tam açık olmamakla beraber – etkili sonuçlar alınabilmektedir.

Yaşayan organizma, düzenlendiği, kontrol edildiği ve birleştiği iç ve dış çevre ile uyum içinde yaşayan hiyerarşik bir sistemdir.

Bu tanımda belirtilen özellik, aynı zamanda geçmiş yüzyıllarda hekimlerin modern teşhis araçlarından, etkili ilaçlardan yoksun oldukları halde tıp sanatını "icra" edebilmelerini açıklamaktadır. Eski hekimler, fizik (bedensel) hastalıkların duygularla ve kişisel ilişkilerle çok yakın bağlantısı olduğunu bilirler ve iyileşmeyi sağlayacak olanın, hastanın morali ve hastaya yakın kişilerin ona olan tavrı olduğunu bilip, bunları yerine göre güçlendirir, yerine göre yönlendirirlerdi.

En geniş anlamda *sağlıklılık* ancak *çevremizle ve kendimizle uyum içinde olduğumuz, değişiklikler karşısında dengemizi koruduğumuz, iç güçlerimizi sağlıklı ve iyi bir hayat için geliştirdiğimiz ve gereğinde harekete geçirdiğimiz takdirde* mümkündür.

Günümüzde tıp biliminin getirdiği özelleşme ve uzmanlaşma, hekimlerin tek tek organlarla ilgilenmelerini zorunlu kılmıştır. Bugün hekimlerin bilgi ve tecrübeleri çok derin, ancak bir alanla sınırlıdır. Bu sebeple hastayı, hastalığın oluşmasında önemli rol oynaması mümkün çevre şartlarıyla bir bütün olarak ele alamazlar. Hekimler hastalarını genellikle sadece bir veya iki defa görür – ve özellikle görüşme hastane şartlarında gerçekleşmişse – onun kişiliğinden ve çevreden kaynaklanarak hastalığını etkileyen şartlardan bütünüyle habersiz kalırlar.

Kısacası tıp, toplumdan önemli ölçüde ayrılmıştır. Tıp adeta sadece hastanelerde var olan bir olgu durumuna gelmiştir.

Bugün artık tıbbın konusu ve tedavisinin hedefi insanlar olmaktan büyük ölçüde çıkmış, hedef organlar ve hastalıklar olmuştur.

ENDÜSTRİ TOPLUMUNDA STRES

Günümüzde endüstri toplumlarının nitelikleri geçmiş dönemlerden farklı olarak strese sebep olmaktadır. Nedir bu özellikler?

Değişim

ABD, Batı Avrupa gibi endüstrileşmiş toplumlarda veya aralarında Türkiye'nin de bulunduğu endüstrileşme yolundaki toplumlarda stres doğurucu en önemli etkenlerden bir tanesi "sosyal hareketlilik"tir.

Toplumda bundan 40-50 yıl öncesi ile kıyaslanmayacak bir hareketlilik vardır. En alt sosyo-ekonomik düzeyden hayata başlayan birçok kimse, 5-10 yıl içinde en üst ekonomik basamaklara kadar tırmanabilmekte, çocukluk ve ilkgençlik yıllarında kağnı ve at arabası kullananlar, orta yaşlarında en lüks araçları kullanır duruma gelebilmektedir.

İnsanların hemen hepsinin çevresinde sayıları hiç de az olmayan bu tür kimselerin varlığı, bireylerin kendi nitelik ve meziyetleri konusunda hiçbir değerlendirme ve hesaplaşma yapmaksızın üst sosyo-ekonomik hayatın "görünür özelliklerini" özler ve – hatta dahası – *hak görür* duruma gelmelerine sebep olmuştur.

Toplumda sosyo-ekonomik açıdan görülen hareketlilik sosyo-kültürel alanda da kendini göstermektedir.

Çocukluğunda yer sofrasına bağdaş kurmuş olan birçok kimse, lüks otellerdeki açık büfelerde şeref misafiri olmakta, ilkokulda karnelerinde Türkçe notları kırık olanlar, devletin en üst yönetim kademelerine veya resmi ve özel kitle iletişim araçlarında sorumlu noktalara gelebilmektedirler.

Bunlardan başka, kız arkadaşları ile gezdikleri için büyükleri tarafından cezalandırılmış babalar, kızlarına erkek arkadaşları ile gece gezmeye gitmelerine izin vermek zorunda kalmakta; anneleri başörtülü birçok erkek, eşini çalışma hayatı içinde tanıyıp seçmenin ikilemini yaşamaktadır.

Yukarıda sayılanlara ek olarak, geçen kuşaklarda doğal olan doğduğu yerde yaşayıp, hayatını tamamlama olgusu, artık neredeyse ortadan kalkmış gibidir. Batının kendi özelliklerinden kaynaklanan göç faktörü, Türkiye için çok daha önemli boyutlarda söz konusudur.

Bir önceki kuşak için akla hayale gelmeyecek olan bu gelişmeler, hem bir özgürlüğün sonucudur, hem de bu olguların kendisi büyük bir özgürlüğe sebep olmuştur. Bu özgürlük bizim için artık vazgeçilmezdir. Ancak bu arada bu özgürlükler için ödemekte olduğumuz bedeli de düşünmenin zamanı gelmiştir.

Başarmak / kazanmak

Her türlü değişim ve yükselme için başarı yolu önümüzde açıktır. Bu aynı zamanda başarısızlık ihtimali ve başarısızlığın sonuçlarının da bizi beklediği anlamına gelmektedir. Özgür bir ülkede – herkese her türlü imkânın açık olduğu bir ortamda – başarının ölçüsü elde edilenler, sahip olunanlar ve kazanılanlardır. Durumu her an lehimize çevirmek imkânına sahip olduğumuz bu sonsuz yarışta tökezlemek veya kaybetmek kişisel yetersizliğin işaretidir. Bu nefes kesen hayat yarışında öncelikle, rakibimiz durumunda olan kimselerle yarışmak ve kendimizi onlarla ölçmekten alıkoyamayız. Bu durumda sadece bizim galibiyete yakın olmamız yetmez. Rakibimizin kazanması da, bizim kaybetmemiz anlamına gelir.

Endüstri toplumlarında kişinin değeri elinde tuttukları, elde ettikleri, kısacası sahip olduğu başarılarla ölçülür. Endüstri toplumunun ve Batı tarzı yaşama biçiminin insanları getirip bıraktığı yer; "almak", "daha çok almak" ve "daha çok sahip olmak"tır.

Alınacak olanlar hem prestij, sosyal statü gibi değerlerdir, hem de mal, mülk ve hiçbir zaman tam olarak karşılanması mümkün olmayan ihtiyaçlardır. Endüstrileşme ve modern teknoloji, sadece eski ihtiyaçlarımızı karşılayıp, hayatı bizim için kolaylaştırmakla kalmamış, aynı zamanda, eğer varlıklarından haberdar olmasak, hiçbir zaman ihtiyaç duymayacağımız bir sürü ürünü elde etmek için çalışmak zorunda kalmamıza yol açmıştır.

Makineleşmenin bağımlılığı

Endüstrileşme, hayatımızı değiştirmiş ve bize özgürlük vermiştir. Endüstrileşmenin bize sağladığı imkânlarla, çevreyi kontrol etmemize yarayan araçlarımız olmuştur. Ancak unutmamak gerekir ki, her türlü araç beraberinde bir bağımlılık getirmiştir. Çamaşır makinesi bozulan kadının çamaşır yıkamaktaki güçlüğü, kalorifer kazanı bozulan veya yakıtı alınmayan bir apartmanda yaşayanların ısınma problemleri, çöpleri toplanmayan bir şehrin karşı karşıya kaldığı tehlikeler, hep bize endüstrileşmenin getirdiği bağımlılıklardır. Bu bağımlılıklar bazı durumlarda öylesine artar ki, hayatımızı kolaylaştırdığına, çevremizi kontrol ettiğine inandığımız araçların gerçekte basit işleri karmaşıklaştırdıklarını, çok kere de bizi esir aldıklarını görürüz.

Makine ve araç kullanmanın sebep olduğu bağımlılığın, duygusal ve ruhsal plandaki sonuçlarının yanı sıra, insan bedeni üzerindeki, pek çoğu olumsuz etkilerini de gözden kaçırmamak gerekir.

İnsan bedeni esas olarak güç harcamak ve fizik olarak kullanılmak üzere, olağanüstü bir mükemmellikte düzenlenmiştir. İnsan bedeni belki de, çalışarak gelişen ve performansını artıran tek araçtır. Kullandığımız her araç kendi ömründen ve dayanıklılığından bir şeyler kaybederken, insan bedeni kullanıldıkça ve egzersiz yaptıkça gelişir.

Ancak insan bedeni, teknolojinin son 50 yılda gösterdiği gelişmeden habersizdir. Günümüzde artık bedenimizin gücüne olan ihtiyacımız debriyaja basıp vites değiştirmek, bir düğmeye basıp herhangi bir hareketi başlatmak veya durdurmakla sınırlanmıştır.

Neden "Şimdi?"

Halk arasında yaygın inançlardan bir tanesi felaketlerin arka arkaya geldiğidir. Gerçekten de kendi kişisel tecrübelerimiz arasında da örneklerine kolayca rastlayabileceğimiz gibi, insan hayatındaki *önemli değişiklik ve kayıpları* çok kere sağlıkla ilgili ciddi problem veya ölümler izler.

Fazla ayrıntı ve tartışmasına girmeden, yakın tarihteki birkaç olayı kısaca hatırlamakta yarar vardır.

İsmet İnönü 40 yılı aşan Parti Genel Başkanlığı'nı kaybettikten bir yıl sonra kalpten vefat etmiş; Faruk Gürler bir ara kesinleşmiş gözüyle bakılan Cumhurbaşkanlığı oylamasını kaybedip adaylıktan çekildikten bir yıl sonra kanserden ölmüş; İran Şahı tahtı ile ilgili her türlü ümidin son bulmasından bir yıl kadar sonra yine kanserden hayatını kaybetmiş; Nixon, Watergate skandalı sebebiyle istifa ettikten sonra kalp krizi geçirmiştir.

Gerek Batı Almanya'da gerek ülkemizdeki benzer olayda, rüşvet skandalına adı karışarak istifa etmek zorunda kalan bakanların komisyonda ifade veremeyecek kadar hasta olmaları da, yukarıda sayılan diğer olaylar da şüphesiz rastlantı değildir.

Hastalıklar ile *hayat stresleri* arasındaki ilişkiye ilerdeki sayfalarda ayrıntılı olarak değinilecektir. Ancak burada kısaca kişiler için çok önemli olan şeylerin kaybı ile sağlık arasında gazete sayfalarına yansımış ve hafızalarda iz bırakmış birkaç olayı hatırlatmakla yetiniyoruz.

Ciddi hastalık veya yaralanmalar sırasında insanlar çok kere "Neden... Allahım neden bana?" diye sorarlar. Kişinin haklı çaresizliğini dile getiren bu sorulara, "Neden şimdi?" sorusu da eklenirse, bazen şaşırtıcı sonuçlara varılabilir. Bu sorunun cevabının bir bölümünü çevre şartlarında ve bu şartların kişiden beklediği uyum ve kişiyi zorladığı değişimde bulmak mümkündür.

Neredeyse insanlık tarihinin bütününde meydana gelen teknik gelişme ve bunun yol açtığı değişim, iki kuşaktan beri, sadece bir tek hayat süresi içinde gerçekleşmektedir.

Geçmiş kuşaklarda sık rastlanan, ailesinin doğduğu yerde yaşayan, komşusunun kızı ile evlenen, babasının işine veya mesleğine devam eden ve hayatını bu çerçeve içinde tamamlayan insanların sayısı çok azalmıştır. Böyle bir insanın hayatındaki değişiklikler çok sınırlı olacak ve bu kişinin uymak zorunda kalacağı yeni durumlar da hiç şüphesiz son derece az olacaktır.

Batı'nın kendi özelliklerinden kaynaklanan göç faktörü, Türkiye için çok daha önemli boyutlarda söz konusudur. Bugünün insanlarının büyük çoğunluğu yeni durumlar, yeni insanlar, iş değişiklikleri, evlilik hayatında dalgalanma veya ayrılıklar, kısacası *yeni bir uyum yapmayı gerektiren değişikliklerle* karşı karşıyadır.

Çekirdek aile yapısının benimsenmiş olması da endüstri toplumlarının getirdiği zorunlu bir sonuç olmuş ve aile büyükleri ve akrabalarla ilişkiler en aza inmiş, aile içinde de bağların zayıfladığı durumlarda, önceden kestirmeye imkân olmayan bir büyük stres yükü ile karşı karşıya kalınmıştır.

"Stres ve Aile" bölümünde bu konunun ayrıntılarına değinilecektir. Ancak birçok konuda ileri endüstri toplumları ile Türkiye arasında stres konusunda var olan benzerlikler aile içi ve aile büyükleri ile olan ilişkilerde en alt düzeydedir.

BÖLÜM I

Stres ve İnsan

Stres Sırasında Bedende Meydana Gelen Değişiklikler

STRES

Stres konusundaki çalışmaların bazıları strese sebep olan olaylara yönelmiş, bazıları ise bu olayların fizyolojik ve psikolojik tepkileri üzerinde yoğunlaşmıştır.

Akademik olarak, stresi meydana getiren olayları "stres vericiler" (stressor), bu olaylara insanın fizyolojik ve psikolojik düzeyde verdiği tepkileri de "stres" (stress) terimi ile ifade etmeyi tercih etmekteyiz. Bu kitapta ise okumayı ve izlemeyi kolaylaştırmak amacı ile ağırlıklı olarak her iki durumu da, yani hem stres tepkisinin kendisini, hem de bu tepkiye sebep olan yaşantıları stres terimi ile ifade ettik.

Stres konusundaki ilk çalışmaların yapıldığı en önemli alanlardan biri stres vericilere karşı canlının fizyolojik tepkilerinin araştırılmasıdır.

CANLININ "SAVAŞ VEYA KAÇ" TEPKİSİ

Stres, organizmanın bedensel ve ruhsal sınırlarının tehdit edilmesi ve zorlanması ile ortaya çıkan bir durumdur. Tehdit ve zorlanmalar karşısında canlı kendini korumaya yönelik bir tepki zincirini harekete geçirme özelliğine sahiptir. Bu özellik, tehlike ile karşılaşınca "savaş veya kaç" diye adlandırılan cevabın ortaya çıkmasıdır. Bir tehlike ile yüz yüze gelen canlı, başaçıkamayacağına inandığı bu tehlikeden uzaklaşmaya çalışır, başaçıkacağına inandığı tehlike ile savaşır ve böylelikle yeni duruma bir uyum sağlar.

Organizmanın tehdit karşısında olduğu stres durumunda insanlarda hem bedensel, hem psikolojik düzeyde bir dizi olay meydana gelir. Aşağıda sayılacak *bedensel düzeydeki değişikliklerin bütün insanlarda aynı basamaklardan geçmesine karşılık, psikolojik düzeyde olaylar, kişilik ve çevre gibi bireysel şartlara bağlı birçok değişiklik gösterir.*

Bu tepkiler her iki düzeyde tek tek verilebileceği gibi bedensel ve psikolojik yapıların ikisinde birden de ortaya çıkabilir.

Bedensel düzeydeki stres tepkisinin özelliği, stres vericilerin türüne bağlı olmaksızın ortaya çıkan sabit bir tepki olmasıdır. Bu tepki, organizmanın dengesini bozma tehlikesi gösteren dış şarta otonom sinir sisteminden yöneltilen "kaçma veya savaşma" tepkisidir. Çünkü insan, karşılaştığı tehdit edici durumlarla mücadele ederek veya bu durumlardan uzaklaşarak kendisini korumak zorundadır. Böylece bir tehdit karşısında organizma hayatını sürdürme amacına yönelik bir dizi faaliyette bulunur.

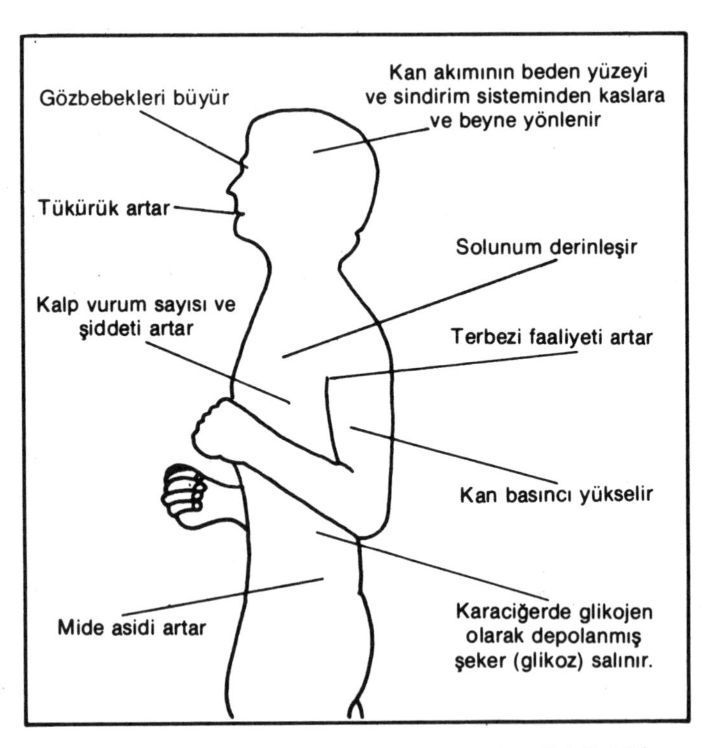

Şekil 1. Alarm tepkisinde bedende meydana gelen bazı önemli değişiklikler. (McDonald ve Doyle 1981)

Bu faaliyetler ve anlamları şunlardır:

- Depolanmış yağ ve şeker kana karışır (mücadeleye gerekli enerji için hammadde sağlanır).
- Solunum sayısı artar (bedene daha fazla oksijen sağlanır).
- Kanda alyuvarlar artar (beyne ve kaslara daha fazla oksijen taşınır).

- Kalp vurum sayısı artar ve kan basıncı yükselir (bedenin gereken bölgelerine gerekli kan takviyesi yapılır).
- Kan pıhtılaşma mekanizması harekete geçer (yaralanmalara karşı kan kaybını azaltmak için önlem alınır).
- Kas gerimi artar (kuvvet gerektiren işlere hazırlık yapılır).
- Sindirim yavaşlar veya durur (iç organlardaki kan, kas ve beyne geçer, bağırsak ve mesane adaleleri gevşer).
- Gözbebekleri büyür (daha fazla ışık alınarak algıyı güçlendirmeye yardımcı olunur).

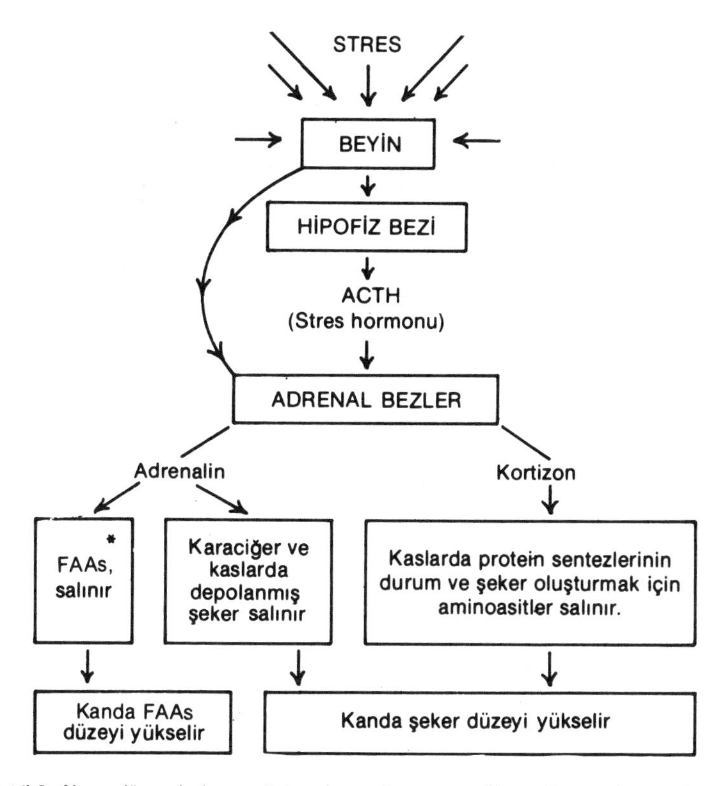

Şekil 2. Alarm döneminde enerjinin ortaya çıkmasını sağlayan hormonların yolu. (McDonald ve Doyle 1981)

(*) FAAs Serbest yağ asitleri

- Bütün duyumlar artar (dış ortamdan daha çok haberdar olunması sağlanır).
- Hipofiz bezi uyarılır (iç salgı sisteminin etkinliği artar, böbreküstü bezinden adrenalin-noradrenalin salgılanır).

Tıp bilimlerinde bir olayın stres verici niteliğinden söz edebilmek için, hayatın devamını sağlamaya yönelik bu klasik stres tepki zincirinin oluşması gerekmektedir.

GENEL UYUM BELİRTİSİ

Stres, organizmanın fizik ve ruhsal sınırlarının zorlanması ve tehdit edilmesiyle ortaya çıkan bir durumdur. Organizmanın tehdit edilmesi ve bu yüzden dengenin bozulması yukarıda anlatılan ve canlılığı korumaya yönelik alarm tepkisinin yaşanmasına sebep olur. Bozulan dengenin yeniden kurulması için yeni duruma uyum sağlanması gerekir.

Bu sebeple stres tepkisi "Genel Uyum Belirtisi"(*) olarak da anılır. Genel uyum belirtisinin üç basamağı vardır. A) Alarm reaksiyonu, B) Direnç dönemi, C) Tükenme dönemi.

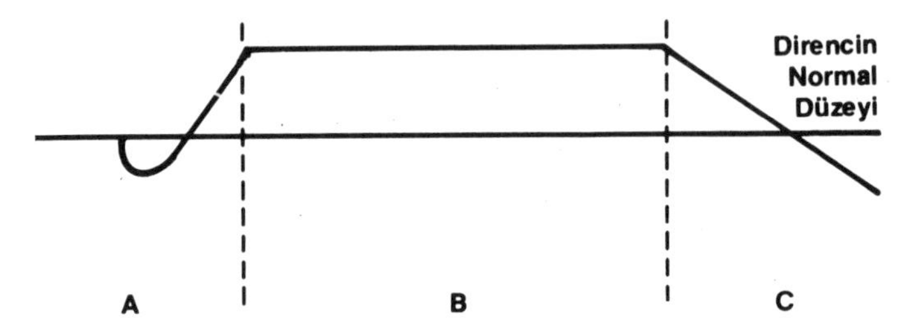

Şekil 3. Genel Adaptasyon Sendromunun üç dönemi (H. Selye 1977)

A) Alarm reaksiyonu: Bu dönem, insanın veya bir hayvanın dış uyaranı stres olarak algıladığı durumdur. Organizma bu dönemde şoka ve kontrşoka girer. Şok döneminde vücut ısısı ve kan basıncı düşer, kalp duracakmış gibi olur, eli ayağı çözülür. Hemen ardından kontrşok dönemi gelir. Organizma bu durumla başaçıkabilmek için aktif fizyolojik girişimlerde bulunur. Yukarıda sıraladığımız otonom faaliyet ortaya çıkar. Amaç, mücadele ederek veya kaçınarak organizmayı korumaktır.

B) Direnç dönemi: Vücudun direnci normalin üzerine çıkar. Yüz yü-

---

(*) Genel Uyum Belirtisi: *General Adaptation Syndrome* (GAS)

ze olduğu bu stres verici duruma karşı direncini yükseltmiştir. Bu durumdan kaçmak veya ona uyum sağlamak zorunda olduğundan başka stres vericilere direnci düşer. Örneğin vücut aldığı bir toksine karşı direnç döneminde ise soğuk algınlığına direnci düşüktür. AIDS'li insanların genellikle basit bir soğuk algınlığından kurtulamayarak öldükleri, günümüzde sıkça rastlanan gazete haberi halini almıştır. Eğer direnç dönemi başarı ile aşılırsa beden normal koşullarına döner, başarısız olunursa beden kuvvetten düşer, çöker.

C) Tükenme dönemi: Stres verici olay çok ciddi ise ve uzun sürerse, organizma için tükenme basamağına gelinir. Bazen bu dönemde yeniden alarm dönemi reaksiyonları ortaya çıkar. Her canlının uyum yeteneği ile enerjisi farklıdır ve sınırlıdır. Uyku ve dinlenme vücudu onarabilir ama devam eden ve başaçıkılamayan stresler karşısında, denge bozulur, uyum enerjisi biter. Bunların ardından tükenme ve bitkinlik nöbetleri görülür, artık geri dönüşü olmayan izler organizmaya kazınmaktadır. Bu, hastalıklara çok açık olunan bir dönemdir.

Selye, yıkımı "adaptasyon hastalığı" olarak tanımlamıştır. Sonunda bedensel tükenme ve ölüm meydana gelir. Eğer beden savunması streslere karşı koyabiliyorsa genel uyum belirtisi iyi çalışıyor demektir. Selye'ye göre yaşlanma, sabit adaptasyon enerjisinin zamanla aşınmasıdır. Bu açıdan psiko-somatik sonuçların ortaya çıkmasında üç önemli faktör vardır. Bunlar; stresin şiddeti, kronikleşmesi ve genel uyum belirtisinin hangi aşamada olduğudur.

Selye, stresin fizyolojik etkilerini vurgulayarak bu konudaki çalışmalara önemli katkılar sağlamıştır. Ama konu laboratuvar hayvanlarından insana doğru kaydırılınca sonuçlar insanın bireysel özelliklerine bağlı olarak farklılıklar doğurmaktadır. Çünkü bir insanın çok stres verici bulduğu yaşantı, diğer insan için hiç de rahatsız edici olmayabilir. Konunun bu yanına stres ve psikolojik özellikler bölümünde değineceğiz.

Alarm reaksiyonu olarak adlandırılan dönem, organizmanın dış uyaranı stres olarak algıladığı durumdur. Bu durumda yukarıda sıraladığımız otonom faaliyetler ortaya çıkar. *Amaç, mücadele ederek veya kaçınarak organizmanın iç dengesini yeniden kurmaktır.*

Stres verici koşullara rağmen uyuma elverişli bir durum ortaya çıkarsa direnç oluşur. Bu durumda organizmanın alarm tepkisi sırasındaki belirtileri ortadan kalkar. Direnç döneminde vücudun direnci normalin üzerindedir. Organizma dengeye kavuşunca uyum enerjisi biter, ardından tükenme ve bitkinlik dönemi başlar. Bu dönemde de alarm döneminin özellikleri görülür. Ancak bunlar (ülserdeki hücre yıkımı gibi), geriye dönüşü olmayan izlerdir.

PSİKO-SOSYAL HASTALIK MODELİ

Bu üç basamaklı uyum süreci, belirli şartlarda bazı hastalıklara öncülük ettiği düşünülen stres mekanizmasıdır. Psiko-sosyal kökenli hastalıklar için klasik olarak kullanılan tanımlardan biri de H. Selye'nin yukarıda anlatılan stres mekanizması temeline oturtulmuştur. Kagan ve Levi'nin oluşturdukları bu model Şekil 4'te görülmektedir.

1) *Psiko-sosyal uyaranların* ortak etkisi olarak,belirli şartlar altında belirli kişilerde hastalığa sebep olabileceğinden şüphelenilen ve organizmayı yüksek beyin faaliyeti aracılığıyla etkileyen, kaynağını psiko-sosyal ilişkilerden alan uyaran kastedilmektedir.

2) *Psiko-biyolojik programın* organizmadaki belirleyicileri, genetik faktörler ile geçmiş yıllardaki çevresel etkilerdir. Bu program, örneğin bir problemi çözmek veya herhangi bir durumda çevreye uyum sağlamak konusunda kişinin, belirli bir kalıba uygun olarak (ikna etmek, bağırmak, silaha sarılmak gibi) tepki verme eğilimidir.

3) *Mekanizmalar,* organizmada psiko-sosyal bir uyaranın sebep olduğu bedensel reaksiyonlardır. Bu bedensel tepkiler bazı şartların yoğunluğu, sıklığı ve sürekliliği altında "hastalık ön belirtileri"nde ve doğrudan doğruya hastalığın kendisine öncülük eden çeşitli değişkenlerin varlığında ortaya çıkar. Bu mekanizmaya örnek olarak burada stres gösterilmiştir. Stres, Selye'nin tanımladığı şekilde ele alınmış ve üç temel özelliği ile değerlendirilmiştir.

a) Organizmada değişmez bir tepki zinciri oluşturur, b) Filogenetik(*) olarak en eski uyum kalıbıdır ve c) Esas olarak organizmayı bedensel bir faaliyete hazırlar (savaş veya kaç). Psiko-sosyal değişiklikler ve modern hayatın diğer şartları tarafından harekete geçirilen bu temel tepkiler, ses gibi fizik veya psikolojik bir distres veya fonksiyon bozukluğunu, hatta yapısal bir bozukluğu ortaya çıkarabilir. Özet olarak stres, belirli şartlarda hastalığa öncülük ettiğinden şüphe edilen bir mekanizmadır.

4) *Hastalığın ön belirtileri;* o anda bir yetersizlik (kuvvetsizlik) ortaya çıkartmamış, ancak devam ettiği takdirde problem çıkartacak olan ruhsal veya bedensel sistemlerdeki fonksiyon bozukluklarıdır.

5) *Hastalık* ruhsal veya bedensel fonksiyon bozukluğunun sebep olduğu *yetersizliktir.* "Yetersizlik", verilmiş görevi yerine getirmek konusundaki tükenmedir. Bu her zaman esasla ilgili görevleri, normallikle il-

---

(*) Filogenetik: Canlılık tarihi anlamında

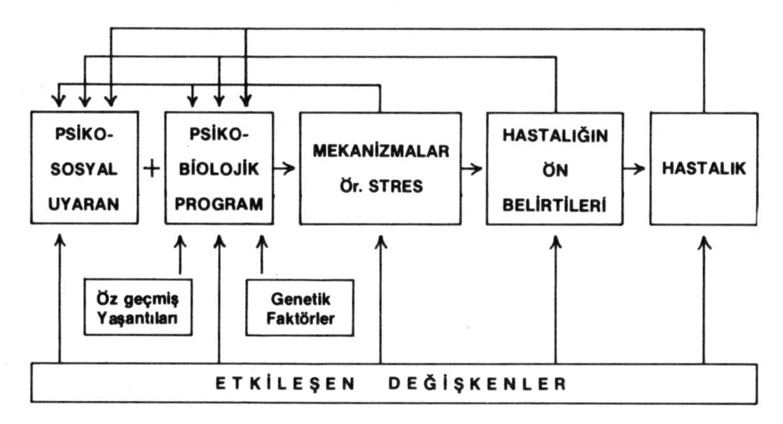

Şekil 4. Psiko-sosyal Kökenli Hastalıklar Için Teorik Model (Kagan ve Levi, 1972)

gili görevleri ve (daha fazlası bilindiğinde de) en uygun olanla ilgili görevleri içerir.

6) *Etkileşen değişkenler;* kişiden gelen veya dıştan gelen ruhsal veya bedensel faktörlerdir. Bunlar mekanizma, hastalık ön belirtisi veya hastalık safhasındaki sebep-sonuç faktörünün hareketini değiştirir. "Değiştirme" kelimesi ile hastalığa uzanabilen süreci harekete geçireceği veya önleyeceği kastedilmektedir.

Psiko-sosyal uyaran, çevredeki değişkenleri, psiko-biyolojik program ise bireysel değişkenleri tanımlar. Her ikisi de çok sayıda değişkeni içerir. Bu iki değişkenin kesişmesi, bir başka ifadeyle o birey için o durumun stres verici olması, mekanizmanın işlemesine ve diğer etkileşen değişkenlerin devreye girmesine sebep olur. Olayın bütününe bakıldığında en karmaşık değişkenlerin, bireye bağlı değişkenler olduğu görülür.

Bedensel açıdan organizmada belirli bir uyarana karşı "özelleşmemiş" (nonspesifik) bir tepki zinciri faaliyete geçerken, psikolojik olarak olayın stres verici bir nitelik kazanması "özel" (spesifik) faktörlere bağlıdır. Tıp alanında özelleşmemiş tepkinin organizmada yarattığı çeşitli değişiklikler ayrıntılı biçimde incelenmiştir. Ancak bu arada olayın stres verici olarak değerlendirilmesine karar veren psikolojik sistemler ihmal edilmiştir. Lazarus ve Manson bu konuda çalışmalar yaparak, olayın bireye bağlı ve özelleşmiş bir tepki olduğunu ortaya koymuşlardır. Bu özelleşmeyi bireye özgü nitelikler ve zihinsel şartlar sağlamaktadır. Aynı çevre faktörleri bütün insanlar tarafından aynı biçimde yorumlanmamaktadır. Bazı insanlar için stres verici olan durumlar bazıları için böyle bir anlam taşımaz.

STRESİN SEBEP VE SONUÇLARI

Şekil 5'te çeşitli sebeplerle ortaya çıkabilecek olan stres tepkilerinin, kısa ve uzun zamanda organizmayı hangi boyutlarda tehdit edebileceği gösterilmiştir. Strese karşı verilen tepkiler uzun bir zaman dilimi içinde kronik hastalıkların gelişmesine zemin hazırlar. Streslerin sıklığı ve yoğunluğu zamanı kısaltabilir. Bu hastalıklar başağrısı, yüksek tansiyon, kalp rahatsızlıkları gibi bedensel hastalıklar olabildikleri gibi, psikolojik veya zihinsel hastalıklar da olabilir. İnsanlar edinmiş oldukları davranış kalıplarına ve zihinsel özelliklerine göre stres karşısında psikolojik tepki olarak geri çekilme, kabullenme, karşı koyma veya korku, endişe, depresyon gibi duygusal problemler geliştirebilirler. Öte yandan dikkatin azalması, zihni bir konu üzerinde toplama güçlüğü, çeşitli konular arasında

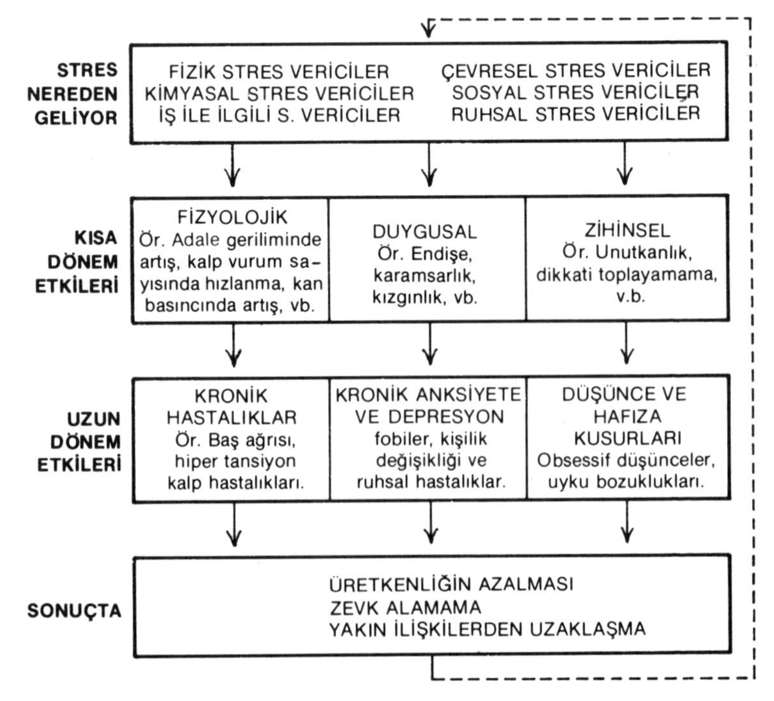

Şekil 5. Stresle Başa Çıkma Programından (Nathan ve Charlesworth, 1980).

ilişki kurma güçlüğü, aşırı unutkanlık, obsessif (takıntılı) düşünceler zihinsel düzeydeki problemlerden bazılarıdır.

Görüldüğü gibi stresler, çeşitli düzeylerde ortaya çıkmasına zemin hazırladıkları problemlerle, kişinin verimliliğini düşürür, hayattan aldığı zevki azaltır ve yakın çevre ile olan duygusal ilişkilerini zedeler.

Stresten korunma yolları

Psikolojik anlamda stres, *kişiye özgü ve biricik olan bireysel bütünlüğü zorlayıcı ve bozucu etkenlerdir.* İnsan stresler karşısında psikolojik ve sosyal bütünlüğünü korumak amacındadır. Bu korunmayı hem bilinçdışı mekanizmaları, hem de bilinçli çabaları ile yapar.

Kişiliği koruyan mekanizmalardan birincisi "Ben savunma mekanizmaları" olarak tanınan, bilinçdışı çalışan, gerçeği bozan korunma yollarıdır. Bütün temel psikoloji kitaplarında tanımlanan bu bilinçdışı savunma mekanizmalarının en çok kullanılanları, bastırma, unutma, karşı tepki geliştirme, yansıtma, yer değiştirme ve gerilemedir.

Kişiliği koruyucu diğer mekanizmalar bilinç ve çaba gerektiren gayretleri içerir. Stres karşısında bilinçli sistemlerin harekete geçmesiyle daha çok bilgi edinme, anlama, algı alanını genişletme ve değerlendirme, farklı şartlar deneme, yeni çözümler arama, yapıcı düşünceye yönelebilme gibi karmaşık zihinsel süreçler etkinlik gösterir. Bu süreçlerin korunmayı sağlayıcı biçimde yönlendirilmeleri kitabın "Stresle Başaçıkma Yolları" bölümünde ayrıntılı olarak anlatılmıştır.

Stres altında insan

Kişi bireysel bütünlüğüne yönelen tehditlere karşı, özellikle zihinsel düzeyde başarılı bir mücadele veremezse, başaçıkamadığı streslerin biriken ve yoğunlaşan etkileri sonucu davranış düzeyine yansıyan bazı belirtiler şunlardır:

a) Önemli veya önemsiz, daha önceden kolaylıkla verilebilen kararları vermekte güçlük,
b) Değersizlik, yetersizlik, güvensizlik ve terkedilmişlik duyguları,
c) Alışılmış davranış biçimlerinde önemli değişiklik,
d) En iyi olanı değil, garanti olanı seçmek,
e) Uygun olmayan durumlarda ortaya çıkan öfke, düşmanlık ve kızgınlık dalgaları,
f) Sigara ve içki içme eğiliminin artması,
g) Kişisel hata ve başarısızlıkları sürekli düşünmek,
h) Aşırı hayal kurmak, sık sık düşünceye dalıp gitmek,

ı) Duygusal ve cinsel hayatta düşüncesiz davranışlar,
j) Birlikte olunan kimselere aşırı güven (veya güvensizlik),
k) Alışılmıştan daha titiz veya işin gerektirdiğinden daha fazla çalışmak,
l) Konuşma ve yazıda belirsizlik ve kopukluk,
m) Nispeten önemsiz konularda aşırı endişelenme veya tam tersine gerçek problemler karşısında ilgisizlik ve kayıtsızlık,
n) Sağlığa aşırı ilgi,
o) Uyku bozukluğu (zor uyuma veya gece boyu sık sık uyanma),
p) Ölüm ve intihar fikirlerinin sık sık tekrarlanması.

Öte yandan bireyin streslere açık olmasında rol oynayan iki faktör vardır. Bunlardan ilki *streslerle karşılaşmanın sıklığı* ve karşılaşılan stresin süre ve anlamı bakımından niteliğidir. Bireyin strese açık oluşunda rol oynayan ikinci faktör streslerle *başaçıkabilmek konusundaki kişilik donanımıdır.*

Stres ve Psikolojik Özellikler

STRESİN PSİKOLOJİK YÖNÜ

Psikologlar açısından stres, onu zihninde taşıyan kişiye aittir. Hepimiz günlük, basit gözlemlerimizden, aynı olaya farklı kişilerin farklı tepki ve yaklaşımlarının olduğunu biliriz. Bu farklılık zihinsel şartlardan, sosyal şartlara kadar uzanan değişkenlerden kaynaklanır. Hatta biliriz ki, biz bir gün dış ortamdan gelen uyaranlara gülüp geçerken, bir başka gün aynı olaylara sert tepkiler verebiliriz. *Bu sebeple stres olgusu incelenirken, stres verici durumlar kadar onlarla karşılaşan bireyin psikolojik özelliklerinin de ele alınması ve değerlendirilmesi önem taşır.* Stres ve stres vericilerin insana etkisi söz konusu olunca, insanın psikolojik bütünlüğünü oluşturan düşünce, duygu ve davranışlarını anlamaya, tanımaya gerek vardır.

Stres tepkisi, ortamda ne olduğuna bağlı olarak değil, insanın olana nasıl tepki verdiğine bağlı olarak ortaya çıkar. Hissettiklerimiz esas olarak düşündüklerimiz paralelindedir. Bu sebeple stres belirli insanla belirli olayın etkileşiminde ortaya çıkar. Yani olay tek başına bir belirleyici değildir. Burada kilit nokta, o belirli durum ile o belirli kişi arasındaki işlemdir.

1) Bu insan aynı şartlarda karşılaştığı ilk yaşantısında neler yaşamıştır?

2) Bugün için bu durumla başaçıkma becerisi nasıldır?

Bunlara bağlı olarak oluşan düşünme, hissetme ve davranma biçimimiz insan olarak biricikliğimizi ve olaylarla etkileşim yolumuzu ortaya koyar. Bu biricikliğimizde geçmiş yaşantılarımız ve hayata bakışımız vardır.

- Üç yetişkin çocuğu olan bir babanın vefatını düşünelim. Çocuklarından ikisinin evlenmiş ve kurdukları yeni düzende hayatlarını sürdürdüklerini; diğerinin de evlenmeyip baba ile yaşadığını düşünelim. Bu ölüm olayının, evlatlar için önemli bir stres verici durum olmasına karşın, her üç çocuğu da aynı düzeyde etkilemesi söz konusu olabilir mi?
- Bir arkadaş toplantısına gidecek iki ailenin, çocukları arasındaki tartışmayı yatıştırırken geciktiklerini varsayalım. Aileler aynı tepkiyi mi verirler? Tabii ki hayır. Örneğin bir aile; "Hay Allah gecikiyoruz" diye düşünüp telaşlanırken, bir diğeri, "Bu çocuklar beni çıldırtacak" diye düşünerek, sinirlenebilir.
- Araba kullanmaktan zevk aldığını söyleyen bir insan ile, arabadan nefret ettiğini, zorunluluklar nedeniyle direksiyon başına oturduğunu ve trafikte tükendiğini söyleyen bir başka kişinin işlerinin bittiğini düşünerek evlerine döndükleri bir anda, araba ile bir yere gitmek zorunda olduklarını öğrenmeleri aynı tepkilere sebep olabilir mi? Bu insanların düşündükleri ve hissettikleri aynı olabilir mi? Daha önce de belirttiğimiz gibi aynı olay farklı kişilerde, hatta bazen aynı insanda farklı zamanda, farklı tepkilerin ortaya çıkmasına sebep olabilir. Öyle ise belirli uyarana, belirli tepkiler verilir diye bir genelleme yapılamaz.

Buradaki en önemli ve biricik değişken, bireye özgü farklılıklar gösteren psikolojik mekanizmalardır. Bir olayı algılayışımız ve onunla başaçıkabilecek becerilerimizi değerlendirişimiz, o olayı "stres verici" veya "stres vermeyici" olarak tanımlamamıza sebep olur.

Lazarus zihinsel psikoloji ile ilgili çalışmalarında konunun bu boyutuna ışık tutmuştur. Durumu tanımlamamıza yardımcı olan faktörleri birincil değerlendirme ve ikincil değerlendirme sistemleri olarak ele almıştır.

1) Birincil değerlendirme; yaşanılan durumun algılanması ve kişi için ne anlama geldiğinin değerlendirilmesidir. Bu dönem, yaşantının anlamını keşfetme dönemidir. Bize uymayan bir şeyin olup olmadığına bakarız, durum bizi herhangi bir şekilde etkilemiyor ise nötr bir yaşantıdır, ya da bizim iyiliğimize destek oluyor, bizi koruyor ise olumlu bir yaşantıdır. Stres verici olarak değerlendirmemiz için bu yaşantının bizi zedeleyeceğini, mücadeleye zorlayacağını yani tehdit edeceğini düşünmemiz gerekir.

2) İkincil değerlendirme. Birinci aşamada kişi yaşantıyı stres verici (tehdit edici) olarak değerlendirmiş ise ikinci aşamada olayı yönlendirme ve olay ile başaçıkabilme yolları ile ilgilidir. Artık imkânları ile bu konuda ne kadar etkin olabileceğine bakar. Bu aşamada da başaçıkabilme davranımını yeterli bulmaz, eksik görür ise artık tam bir stres söz konusudur. Kişi psikolojik düzeyde de, bedensel düzeyde de stres tepkisi verir. Yani düşünce, duygu ve davranış düzeyindeki yıkıcı ve olumsuz tepkiler ile birlikte, bedendeki alarm reaksiyonları devreye girer.

Örneğin bir öğrencinin girdiği bir sınavdan zayıf not aldığını düşünelim ve birincil, ikincil değerlendirmeler açısından yaşantıyı izleyelim.

- Öğrencilerin biri "Bu sistem içinde iyi not alsam ne olur, kötü not alsam ne olur. Arkadaşlarımın yarısından çoğu zayıf almış zaten" diye düşünebilir. Görüldüğü gibi burada birincil değerlendirmede olaya bakılmış, anlamı yorumlanmış ve bir tehdit olarak algılanmamıştır.
- Öte yandan bir başka öğrenci "Niçin zayıf aldım, bu başarısızlıklar beni küçük düşürüyor" diyerek birincil değerlendirmede yaşantıyı tehdit edici bulabilir. Çünkü kendi iyilik halinin ve hoşnut olduğu bütünlüğünün bozulduğunu düşünmüştür. İşte o zaman bu öğrencinin ikincil değerlendirmesi iki yönde olabilir. Ya başaçıkma becerileri açısından kendisini olumlu değerlendirir, "Bu defa şu sebeplerle olmadı ama ben bunları değiştirebilirim, nerelerde eksikliklerim olduğunu biliyorum" diyerek değerlendirmesine bir tehdit algısı koymaz, ya da "Ben bu işleri beceremeyeceğim, bu lise nasıl bitecek" şeklinde düşünerek ikincil değerlendirmede başaçıkma becerisi gösteremez ve bu yaşantı hem duygusal dünyasına hem de bedenine bir stres tepkisi verdirecek şekilde yansımış olur.

Sözünü ettiğimiz değerlendirmelerde rol oynayan ve stres damgasını vuran, kişiden kişiye farklı değerlendirmelerin ortaya çıkmasına sebep olan temel özellikler "kişiye özgü psikolojik" özelliklerdir.

Bir durumun birincil ve ikincil değerlendirme sistemleri sonunda tehdit olarak algılanmasında rol alan psikolojik faktörler esas olarak üç açıdan ele alınır:

1) İhtiyaç ve güdüler
2) İnanç sistemleri ve algısal özellikler
3) Eğitim ve bilgi birikimine bağlı zihinsel kaynaklar

Örnek olarak trafikte sıkışan ve randevusuna geç kalan bir kişiyi düşünelim?

1) Bu saatte arkadaşlarımla birlikte olmayı istiyordum (ihtiyaçlarımıza bağlı güdüler).

2) Ben şanssız bir insanım, niyetlendiğim, arzu ettiğim şeyler olmaz (kalıp inançlar, algı değerlendirmesi).

3) Bu şehrin trafiğinde zaten hiçbir yere gidilmez, özenmek hata. "Burası yaşanacak şehir değil" diyor herkes, gerçekten doğru (Şehirle ilgili bilgilerin kendi zihinsel kaynakları çerçevesinde değerlendirilmesi).

Sonuç psikolojik ve bedensel düzeyde zorlanma tepkileridir. Bu sonucun çıkmaması için basamaklardan birinde "tehdit" değerlendirmesinin dışına çıkılması gerekiyor.

Şekil 6. İhtiyaçlar Piramidi

İHTİYAÇ VE GÜDÜ

Kişinin duygusal yaşantılarındaki duruşunu, ihtiyaçları ve güdüleri (motivation) belirler. Çünkü davranış, yani harekete geçmek, *ihtiyaçlardan kaynaklanır ve güdülerle yönlenir.* İhtiyaçları karşılayan davranışlar her zaman aynı olmaz. Aynı insan kahvaltı etmek gibi günlük temel bir ihtiyacını karşılarken bile çok farklı güdülere sahiptir. Bir gün büyük bir istekle zevkli bir sofra hazırlarken, bir başka gün bir bardak çayı zor içebileceğimizi hissederiz. Hepimizin bildiği gibi, kişi aynı olduğu halde temel ihtiyacını karşılama güdüleri çok farklı olabilmektedir. Yapılan her hareketin ardında bu harekete yol açan bir güdü (motiv) vardır. Bu güdüler bireysel ihtiyaçlar ve çevreyi algılayışımız ile biçimlenir.

Çeşitli ihtiyaç sıralamalarının varlığına rağmen, bugün psikolojide yaygın olarak kabul gören ihtiyaç sıralaması Maslow tarafından yapılmıştır. Bu sıralamada ilk ve en alt sırayı biyolojik ihtiyaçlar alır. Ancak bu ihtiyaçların tatmin edilmesinden sonra daha üst basamaktaki karmaşık psikolojik ihtiyaçların tatminine yönelmek mümkün olur.

ALGIDA İHTİYAÇLARIN ROLÜ

Bu ihtiyaçlar hiyerarşisi algıda en temel unsurdur. Kişinin kendisini gerçekleştirmesine kadar uzanan ihtiyaçlarını aşağı basamaklarından başlayarak doyurması gerekmektedir. Bu ihtiyaçların karşılanmasındaki aksaklık veya gecikmeler, gerçeklerden uzaklaşmaya yol açar. Algı yanılmaları konusunda çeşitli araştırmalar yapılmıştır. Örneğin yemek ihtiyacının tatmin edilmemesinin insanları nasıl etkilediği araştırılmıştır. Bir gruba yemekten 1 saat sonra, bir gruba 4, diğer gruba 16 saat sonra, projeksiyonla perdeye aksettirilen görüntünün ne olduğu sorulmuştur. Gerçekte perdeye hiçbir şey yansıtılmadığı halde üç grup deneğe de: "Perdede silik olarak görülen resimde masanın üzerinde üç şey var. Masanın etrafındaki kişiler memnun görünüyorlar. Acaba bu insanlar ne yapıyorlar?" diye sorulmuştur. Tok olanlar, aç olanlara kıyasla daha çok yemek ile ilgili bir görüntü algılamışlardır.

İhtiyaçların "olanı farklı algılama" veya "olmayanı algılama" yönündeki etkileri psikolojide pek çok çalışma ile tespit edilmiştir. Bu konudaki bir başka araştırmada perdeye belirgin bir görüntü düşürülmeden "Şimdi bir sigara ve bir köfte görüyorsunuz, bunlardan hangisi daha büyük?" diye sorulmuştur. Tok deneklere kıyasla aç deneklerin % 75'i köftenin daha büyük olduğunu söylemiştir.

İnsan dış dünyanın biçimi belli nesnelerini bile, kendi ihtiyaçları yönünde farklı algılamaktadır.

Algılarımız duyu organlarımıza gelen uyarıların zihnimizdeki bir aynaya yansıması değildir. Ne fiziksel özellikleri olarak sıralanan ses, biçim, boyuttur, ne de yüzlerdeki ifadelerin ve kelimelerin videoya kaydedilişidir. Algılarımız bizim bu şemalara verdiğimiz anlamlarla ortaya çıkar. Algılar nesne veya durumun görüntüsel yansımasından farklıdır, bireyin yukarıda saydığımız üç özelliğine bağlı olarak meydana gelir. Algı mekanizması uyaranı pasif olarak alan ve standart bir formda koruyan bir yapı değildir. Duyusal şemalar beyin kabuğunda o kişi için kendi psikolojik özellikleri açısından en "uygun", en "anlamlı" bileşim içinde yerini alır. Yukarıda da değindiğimiz gibi bir durumun stres olarak değerlendirilmesi, ortaya çıkan şemaların "tehdit" anlamını taşımasıyla gerçekleşir. Stresin psikolojik analizinde anahtar kavram birincil ve ikincil değerlendirmeler sonunda bireyin ihtiyaçlarına bağlı olarak "tehdit" kararının zihinsel düzeyde varolmasıdır.

ALGIDA HAZIRLIK

Algı psikolojisi ile ilgili önemli bir konu da algıda hazırlık ve bu hazırlığa bağlı olarak algının organizasyonudur. Olaylar ve objeler hiçbir zaman "başı ve sonu kendileri ile sınırlı" olarak algılanmamaktadırlar. İnsan dış çevreden gelen uyaranları tek tek alır ve onları bir bütünün çeşitli parçaları olarak birleştirir ve o durumla ilgili bir algı oluşturur. Bu bü-

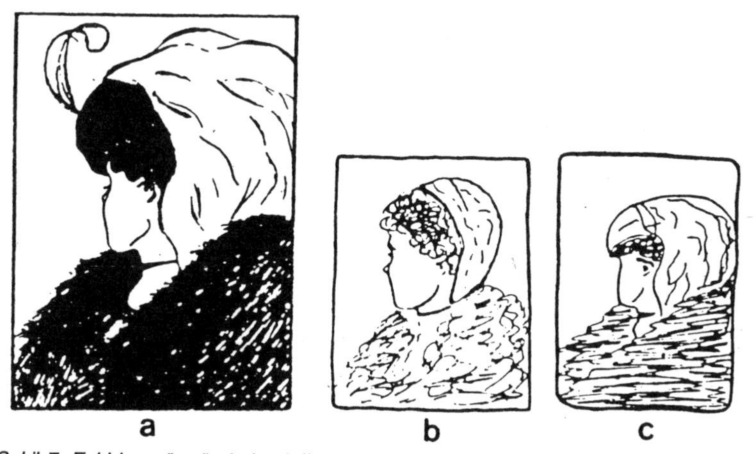

Şekil 7. Eskiden görmüş bulunduğumuz şeyler yeni algılarımızı etkilemektedir. Yukarıdaki resimlerden önce B'yi görmüş olanlar, A resmine baktıkları zaman bir genç kadın görmektedirler. Önce C'yi görmüş olanlar, ise A'ya bakınca ihtiyar bir kadın görürler.

tünde her insanın kendine özgü ihtiyaçları ve dürtüleri kadar geçmiş yaşantılarla kazanılmış kalıp inançlar ve kalıp yargılar rol oynar. Yapılan çalışmalar önyargıların yani inançlar ve kalıp düşüncelerle ilgili ön hazırlığın algı oluşumunda % 75 rolü olduğunu göstermiştir. Çocuklar, erkekler, ev kadınları, çalışan kadın vb. konularda veya kavramlarla ilgili önyargılarımızın bu durumdaki algı değerlendirmemizde en etkin boyut olduğunu ortaya koymuştur. Yaşanmakta olana bakışımız, yaşadığımızın objektif değerlerinden çok bizim o konudaki inanç ve kalıp düşüncelerimize bağlıdır.

Şekilsel olarak bile bir önceki görüntü bir sonraki görüntüyü kendi paraleline çeker (Şekil 7).

Özet olarak ihtiyaç ve güdülerimiz ile geçmiş yaşantılarımızın oluşturduğu önyargılar, algıda seçiciliği ve hazırlığı belirler. Stres açısından önemli olan o olayın o kişi için "tehdit edici" olarak algılanıp algılanmamasıdır. Bireysel farklar bu psikolojik ayrılıklardan kaynaklanır, ihtiyaçlar ve geçmiş yaşantılar genel geçer değildir, bireye özgüdür.

DUYGULAR

Önyargıların algıyı belirlemesindeki en temel faktör zihinsel süreçler sonunda ortaya çıkan duygulardır. Stres kuramı içinde duygu "çevre ile insan arasında uyuma yönelik ilişki türlerinden doğan yaşantı" olarak tanımlanır. Duyguların çevreyle (uyaranlarla ilgili) ve insanla (ihtiyaçlar, güdüler ve psikolojik özelliklerle ilgili) etkileşimleri vardır. Olay karşısında ortaya çıkan duygusal tepkilerin tabiatı ve kalitesi bireyin çevre-insan ilişkisini (uyum çabasını) değerlendirme biçimini yansıtır.

Şekil 8'de görüldüğü gibi duyguların ortaya çıkma biçimini belirleyen faktörlerden biri de zihinsel faktörler içinde yer alan geçmiş yaşantılara ait anılardır. Bu anıları, yapılandırarak bireyin duygu oluşumunu belirleyen, kişinin içinde yeraldığı, yaşadığı sistemlerin düşünce biçimleridir.

Örneğin, aile ortamı, çocuğun yetiştirilmesi, aile üyelerinin etkileşimi, anne-babanın görüşleri, yetişkinlerin olaylar karşısındaki düşünce ve tutumları.

Yukarıda duygunun çevre ile insan arasında uyuma yönelik ilişki türünden doğan bir yaşantı olduğunu söylemiştik. Bu uyumun başarılı olması "duygusal denge"yi gerektirir. Böylece haz vermeyen duygu yaşantılarının, haz veren duygularla yönlendirilmesi ve giderilmesi sağlanır. Bu tür bir duygusal denge iki yoldan gerçekleşir.

Bunlardan birincisi hoşa gitmeyen duygularla hoşa giden duyguların yer değiştirmesidir. Bu yer değiştirme belirli bir duruma geçici olarak

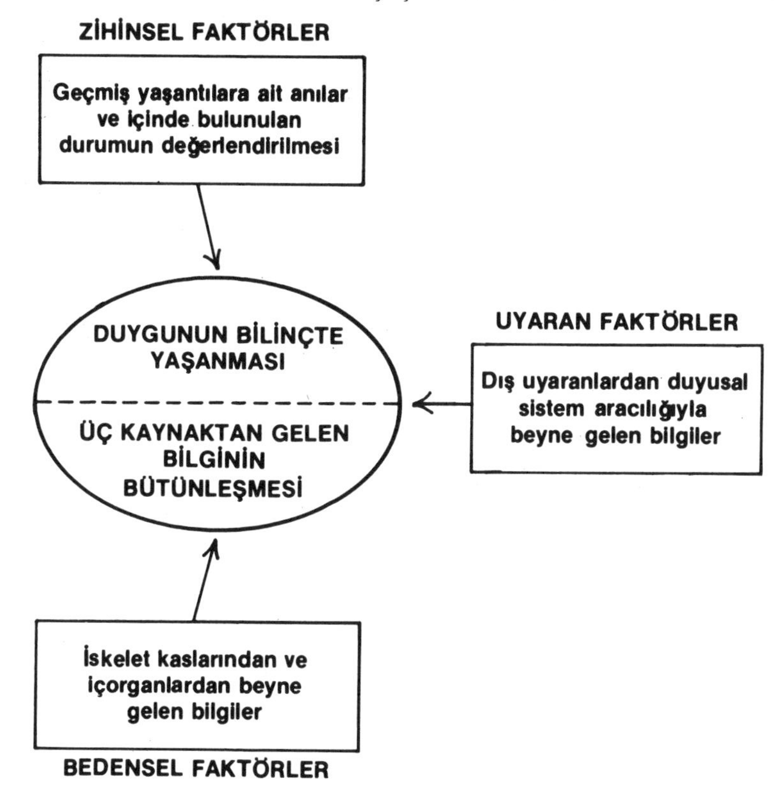

Şekil 8. Zihinsel Bedensel Duygu Teorisi

uyumu sağladığı için sağlıklı bir uyum değildir. Bu yolla sağlanan duygusal denge çoğunlukla çevre baskısı ile olur ve olgunlaşmamış bir kişiliğin ürünüdür.

İkincisi, hoşa gitmeyen duyguları yaratan şartları farklı bakış açılarından görmeye çalışmaktır. Duygusal dengenin hoşgörü ile sağlanması geniş boyutlar kazanmış, olgunlaşmış bir kişiliğin ürünüdür. Duygusal hoşgörünün gelişmesi insan ilişkilerine rahatlık, kişiliğe esneklik ve derinlik katar.

Zihinsel-bedensel duygu teorisi Şekil 8'de gösterilmiştir. Duygu bu üç kaynaktan gelen bilginin bütünleşmesi ve bilinç düzeyinde yaşanmasını içerir. "Duygunun hissedilmesi" kişinin bu "fark etme", "uyanma" dönemini saptayıp adlandırmasıdır. Adlandırma, niteliğini (güzel, iyi, rahat, korkunç, engelleyici vb.) zihinsel süreçlerin değerlendirmesinden

PSİKOLOJİK MEKANİZMALAR	FİZYOLOJİK MEKANİZMALAR
• Algısal değerlendirme "tehdit"	• Kalıtım ve yapıya bağlı eğilimler
• Zihinsel kapasite	• Nöral ve biyokimyasal süreçler
• Kişiliğe bağlı eğilimler	• Uyum belirtisi (Adaptasyon sendromu)

Şekil 9. Uyaranı yapılandıran mekanizmalar

alır. Bu değerlendirmede de uyaran aynı olmasına rağmen büyük bireysel farklar olur.

Algı bir tehdit algısı ise "değerlendirme" zarar görme, tehdit edilme, mücadele etme duygularını; algı olumlu bir algıysa, rahat, huzur, dengelilik gibi duyguları yaşatır.

Çevreden gelen uyaranların insan organizmasına stres verici olarak ulaşması ve stres tepkilerini başlatan ve genişleten bir özellik kazanması bir taraftan psikolojik, diğer taraftan bedensel mekanizmaların devreye girmeleri ve gösterdikleri faaliyetlere bağlıdır.

Şekil 9'da uyaranın stres verici olarak değerlendirilmesini ve bundan sonra onunla başaçıkmak için yapıcı veya yıkıcı olabilen psikolojik mekanizmalar ile stres verici duruma karşı organizmada mücadele veya korunmayı sağlayacak bedensel mekanizmalar görülmektedir.

Duyguların gelişim özellikleri

Duyguların tanımlanması ve duygusal yaşantılar hayatın ilk yıllarından 5 yaşına kadar hızla artar, 5 ile 11 yaşlar arasında bu artış yavaşlar ve 11-16 yaş arasında yine hızlı bir artış gösterir. Çocukluk duyguları, 1) kısa süreli, 2) yoğun, 3) geçici, 4) aynı duyguda farklı tepkiler ortaya koyan ve 5) zorlanma ile değişebilir niteliktedir.

Olgunlaşma ile birlikte duyguların niteliğinde sabitlik ve dengesizlik yönünde bir değişme beklenir. Duygusal dengelerin sağlanması ve olumlu duygusal yaşantılar içinde olunması konusunda yardımcı teknikler, kitabın "Stresle Başaçıkma Yolları" adlı III. Bölümünde verilmektedir.

KİŞİLİK ÖZELLİKLERİ

Otoyolda kaza yapan araçların sürücülerinin bu olaya tepkileri birbirlerinden çok farklıdır. Tepkilerin farklılığını olayı algılayıştaki farklar kadar, kişilik vasıflarındaki farklar da etkiler.

NEVROTİKLİK

İÇE DÖNÜK	DIŞA DÖNÜK
Katı	Alıngan
Endişeli	Huzursuz
İçine kapanık	Saldırgan
Ağırbaşlı	Kolay kışkırtılan
Kötümser	Değişken
Ketum	İçgüdüsel
Sosyal olmayan	İyimser
Sessiz	Aktif
Pasif	Sosyal olan
Özenli	Çevreye açık
Geçimli	Konuşkan
Başkalarını düşünen	Karşılık vermeye hazır
Sükûnetini korur	Rahat, geniş
Kontrollü	Canlı
Güvenilir	Tasasız
Sakin	Önder

NORMALLİK

Şekil 10. Eysenck Kişilik Boyutları

Ebeveynler ortak yaşamları içerisinde çocuklarına karşı, birbirlerine uyan tepkiler vermeyi kararlaştırsalar bile, kişiliklerinden yansıyan üslup farklarının sonucu etkilediği bilinir.

Kişilik, insan yapısının, duygusal durumunun, davranış biçimlerinin, ilgilerinin, yeteneklerinin ve diğer psikolojik özelliklerinin en karakteristik ve orijinal bütünüdür.

Kişilik tanımında ruhsal sürekliliği yansıtan benlik ve çeşitli kişiliklere özgü nitelikleri yansıtan *karakter* kavramları vardır. Benlik kavramı bireye özgü düşünce, duygu ve idealler ile yetenekleri, karakter ise bu niteliklerin eyleme dönüşmesini ve bireysel farklılıkları içerir.

Kişilik özellikleri ile stres arasındaki ilişki, birçok araştırmacı tarafından incelenmiş ve Eysenck kişilik ölçeği (EPI) ile yapılan değerlendirmeler konuya ışık tutmuştur. Bu ölçek kişiliği çeşitli boyutlardaki özellikleri ile değerlendiren bir ölçektir.

Eysenck, organizmanın kalıtsâl ve çevresel şartlarla belirlenmiş olan aktüel veya potansiyel davranış kalıplarının bütününü kişilik olarak yorumlar. Kişilikteki iki ana boyuttan birincisi nevrotiklik, bunun karşıtı olan dengeliliktir; ikincisi dışa dönüklük ve bunun karşıtı olan içe dönüklüktür. İnsanlar bu boyutlardan sadece birinin bir yönünden değil, her iki ana boyut ve karşıtlarını oluşturan çeşitli niteliklerden pay alırlar. Bunlardan biri daha baskındır ve bu sebeple kişiliği belirleme özelliğine sahipti

Bunlardan nevrotik davranışı belirleyen üç temel özellik, *nevrotik davranışın öğrenilmiş olması, uyumsuz olması ve yoğun bir duygusal yüke sahip olmasıdır.* Örneğin, normal bir insan, becerisini gösterirken zorlanacağı bir işle karşılaştığında çeşitli yollar dener. Bu yollar arasında, "daha farklı ve kolay bir işle ilgilenmek", sebep uydurarak bu işle "yüz yüze gelmeyi geciktirmek" veya temelinde bu işten kurtulma isteği yatarak "başka bir işe yönelmek" sayılabilir. Nevrotik bir insan, sınırlarını zorlayan bir işle karşılaştığında, bu rahatsız edici durumdan kaçınmak için daha farklı bir yola başvurur. Bu yol, birdenbire ortaya çıkan bir yorgunluk, bir başağrısı, veya işi yapmayı engelleyen başka bir bedensel güçlüktür.

Streslerin somatize(*) olarak organizmaya malolmasını nevrotiklik boyutunun baskınlığı belirler. Fizik veya psikolojik stres altında çeşitli kişilikler farklı risklere sahiptir.

Gündelik çeşitli streslerde dikkatli bir gözlemci kişilik özelliklerine bağlı değişiklikleri kolayca fark edebilir. Stres verici durumdaki tepkiler, kişilik özelliklerine göre korku, kaygı, gerilim veya geri çekilme vb. farklı psikolojik nitelikler olabileceği gibi, terleme, kızarma, kalp atışlarının hızlanması gibi farklı fizyolojik nitelikler de olabilir. Farklı kişiler aynı tepkileri verseler bile, bunların şiddetleri birbirlerinden farklıdır.

STRESLE BAŞAÇIKMAYI ZORLAŞTIRAN KİŞİLİK ÖZELLİKLERİ

Kişinin stresi yaşamaması, kişilik donanımları ve elindeki imkânları kullanabilmesi ile ilişkilidir. Bu sebeple kişisel özellikler stresten korunabilme derecesini de belirler. Bunlar kişinin değişimlere uygun olarak kendini programlayabilme yeteneği (esneklik), *çevre gelenekleri ve geçmiş tecrübelerinden elde ettiklerine* bağlıdır.

Görüldüğü gibi *yeni koşulları kabullenmek, değişim şartlarını görmeye gayret etmek ve esneklik,* stresle başaçıkmak konusunda büyük önem taşır. Diğer yandan yukarıda sayılan olumsuz kişilik özelliklerinden biri veya birkaçı insanın uyumunu zorlarsa, bu özelliği tanıması ve onunla başaçıkmayı isteyip istemediğine karar vermesi gerekir. Çünkü bu olumsuz

---

(*) Bedene ait.

özellikler yanlış bir dengeyle de olsa ikincil kazançlar yoluyla ayakta durmayı sağlayabilir.

Davranış kalıplarının kazanılmasında rol alan diğer faktör, kişinin *içinde yaşadığı gruptur.* Bireyin sağlıklı başaçıkmak konusunda örnek kalıplar edinmesini sağlayan, *içinde yetiştiği ve yaşadığı çevredir.* Çevre hoşgörüye dayalı olmayan, önemli ve sıradan olaylar karşısında suçlayıcı, kahredici ve yaşamın bütününü lanetleyen tutumlar ortaya koyabilir. Veya çevre kızgınlığını olayla sınırlı tutabilir ve ondan sonra yapılacaklar ve yapılmayacaklar konusunda aydınlanmaya çalışan bir tutum ortaya koyabilir.

Kişinin yetemediği, eksikliğini fark ettiği durumlarda, olayın yarattığından daha yoğun bir stres ortaya çıkar. Kaygı, depresyon, korku vb. stres sonucunda ortaya çıkan psiko-patolojilerdir. Ama unutmamak gerekir ki, bu patolojiler kişilik özellikleri ile birleşince artabilir veya azalabilir

Çeşitli çalışmalar uyum sağlamayı zorlaştıran bazı kişilik özelliklerinin tanınmasını sağlamıştır. Streslerle mücadeleyi zorlaştıran bu faktörler şöyle sıralanabilir. *Düşmanlık duyguları baskın olan kişiler,* kendilerine her konuda bir *suçluluk payı çıkaranlar, aşırı duyarlı ve duygusal tepkileri önde olanlar.* Öte yandan *ben merkezci* olarak adlandırılan egoist kişilik özelliği baskın olanlar, olayları ya *çok iyi,* ya da *çok kötü* bulanlar ("hep veya hiç" kuralı ile hayata bakanlar); *çocuksu* diye bilinenler (olgunlaşmamış kişilik özellikleri önde olanlar) ve çevreleri ile etkileşimlerinde ve ilişkilerinde yetersiz kalan *(pasif)* kişiler streslerle başaçıkmakta başarısız olmaktadırlar.

Bu vasıflar ve bunların sebep olduğu davranışlar, stres karşısında insanın uyum sürecini uzatır ve sağlıklı bir dengenin kurulmasını engeller. Dış şartlar sabit değildir ve bunu sabitleştirmek konusunda da elimizden gelen pek bir şey yoktur. *Öyleyse şartları çok yönlü tanımak, değişimlere karşı esnek olmak, kendimiz ve çevremiz için en uygunu yaratmak gerekir.*

KONTROL ODAĞI VE STRES

Bu konuya geçmeden önce, inanç ve düşüncelerinizi daha iyi yansıttığına inandığınız cevabı işaretleyin.

1- a) Dersten aldığı not, öğrencinin çalışma derecesine bağlıdır.
   b) Dersten alınan not, öğretmenin insafına bağlıdır.

2- a) Terfi etmek, sıkı çalışmanın sonucudur.
   b) Terfi etmek doğru zamanda, doğru yerde bulunmakla mümkündür.

3- a) İnsanın seveceği birine rastlaması şans işidir.
b) İnsanın seveceği birine rastlaması çok sayıda insana rastlamaya imkân verecek bir sosyal çevreye sahip olmasına bağlıdır.

4- a) Uzun yaşamak, kalıtımsal faktörlere bağlıdır.
b) Uzun yaşamak, sağlıklı alışkanlıklar kazanmaya bağlıdır.

5- a) Aşırı kilolu olmak, dünyaya getirdiğimiz veya hayatın ilk yıllarında gelişen yağ hücrelerinin sayısına bağlıdır.
b) Aşırı kilolu olmak, ne yediğinize veya ne miktarda yediğinize bağlıdır.

6- a) Düzenli olarak fizik egzersiz yapanlar, günlük programlarını buna göre düzenlerler.
b) Bazı insanların düzenli egzersiz yapmaya zamanları yoktur.

7- a) Pokerde kazanmak, doğru oynamaya bağlıdır.
b) Pokerde kazanmak şans işidir.

8- a) Evliliği sürdürmek, bu konuda gayret harcamakla mümkündür.
b) Boşanmak, yanlış eş seçme şanssızlığının bir sonucudur.

9- a) Vatandaşlar hükümetler üzerinde bir ölçüde etkilidir.
b) Tek başına bir insanın hükümetin faaliyetini etkilemek için yapabileceği hiçbir şey yoktur.

10- a) Bir spor dalında yetenekli olmak, doğuştan getirilen niteliklere bağlıdır.
b) Bir spor dalında yeteneği olanlar, bu yeteneği kazanmak için çok çalışırlar.

11- a) Yakın arkadaşı olanlar, böyle bir dostluk kurabilecek kimselere rastlamış olmaktan ötürü şanslıdırlar.
b) Yakın bir arkadaşlık geliştirmek, bu konuda ciddi olarak gayret harcamakla mümkündür.

12- a) Geleceğiniz kime rastlayacağınıza ve şansa bağlıdır.
b) Geleceğiniz size bağlıdır.

13- a) Bazı insanlar fikirlerinden öylesine emindirler ki, onların düşünceleri değiştirilemez.
b) Mantıklı bir tartışma, çok kimseyi ikna eder.

14- a) İnsanlar hayatlarının yönüne kendileri karar verirler.
b) Büyük çoğunlukla, geleceğimiz konusunda çok az kontrol imkânına sahibiz.

15- a) Sizden hoşlanmayanlar, sizi anlamayanlardır.
b) Birisinin sizden hoşlanmasını isterseniz, sizden hoşlanmasını sağlarsınız.

16- a) Mutlu bir hayat yaşamak elinizdedir.
b) Mutluluk kadere bağlıdır.

17- a) Çevredeki insanların tepkilerini değerlendirip, kararlarınızı ona göre verirsiniz.
b) Başkaları tarafından kolayca etkilenme eğilimindesiniz.

18- a) Seçmenler adayların geçmişlerini incelerse, dürüst politikacıları seçebilirler.
b) Politikacılar, politika işinin yapısı gereği dürüst değildirler.

19- a) Anne-babaların, öğretmenlerin ve patronların bir insanın mutluluğu ve hayattan aldığı doyum üzerinde büyük etkileri vardır.
b) Mutlu olup olmamanız size bağlıdır.

20- a) Vatandaşlar tepki verirse, hava kirliliği kontrol edilebilir.
b) Hava kirliliği teknolojik gelişimin kaçınılmaz sonucudur.

Yukarıdaki ölçek Kontrol Odağı Değerlendirme Ölçeği'dir. Oldukça yeni bir kavram olan "kontrol odağı", hayatınızı etkileyen olaylar üzerinde ne kadar kişisel kontrolünüz olduğuna inancınız konusundaki algınızdır.

Dış kontrol odağına sahip olan insanlar, hayatlarını etkileyen olayları oldukça az etkileyebildiklerine inanırken, iç kontrol odağına sahip olanlar bu olayları etkilemek konusunda kendilerine büyük iş düştüğüne inanırlar.

Kendi kontrol odağınızı değerlendirmek istiyorsanız aşağıdaki her cevap için kendinize bir puan verin.

Madde	Cevap	Madde	Cevap
1	a	11	a
2	a	12	a
3	b	13	a
4	b	14	a
5	b	15	b
6	b	16	a
7	b	17	a
8	b	18	a
9	a	19	b
10	b	20	a

11 ve üzerindeki puanlar iç kontrol odağını, 10 ve altındaki puanlar dış kontrol odağını işaret eder. Birçok kişi 10'un biraz altına veya üstüne düşer. Ancak sayı 10'un ne kadar altındaysa kişinin duyduğu stresin de o ölçüde artması doğaldır.

KONTROL ODAĞI VE BAŞARI

Üniversitede yaptığımız bir sınavdan sonra öğrencilerimize, neden kırık not aldıklarını sorduk. Kırık not alan öğrenciler ikiye bölündü. Birinci gruptakiler yeterince çalışıp hazırlanmadıklarını, bu sebeple başarısız olduklarını söylediler. İkinci gruptakiler ise iki çeşit cevap verdiler. Bazıları "Çok zor sordunuz", bazıları da, "Şanssızdık, çalıştığımız yerlerden gelmedi" dediler.

Oldukça basit ve sıradan bir durum karşısında bile sınıfın böylesine bölünmesi çok çarpıcıydı. Çünkü bu basit olaya verdikleri tepki öğrencilerimizin hayat karşısındaki tutumlarını açıkça ortaya koyuyordu. Birinci grupta yer alan öğrenciler, başarılı olmak için kendi içlerindeki bir kaynağa başvuracaklar ve daha çok çalışacaklardır. Bu öğrenciler sonucu beceri ve gayretleriyle değiştireceklerine inanmaktadırlar. Buna karşılık, ikinci grupta yer alan öğrencilerin başarılı olabilmeleri için, kendi dışlarındaki faktörlerin yardımına ihtiyaçları vardır. Bu öğrenciler başarılarını öğretmenin kolay sorması ve şanslı olup çalıştıkları bölümlerden soru çıkması gibi bütünüyle kendi kontrolleri dışındaki faktörlere bağlamaktadırlar.

Yapılan araştırmalar *başarı güdüsü yüksek olanlarla düşük olanlar arasındaki en temel farkın başarı ve başarısızlığın sebeplerini yorumlamada* görüldüğünü ortaya koymaktadır. *Başarı güdüsü yüksek olanlar sebepleri kendi dışlarında değil, içlerinde aramaktadırlar.* Böylece zihinsel ve duygusal enerjilerini kendi dışlarındaki değil, kontrol edebilecekleri kendi içlerindeki faktörlere yöneltirler.

Geleneksel Türk kültürü bu açıdan ne yazık ki, kontrol odağı dışarda insanlar yaratmaktadır. Çok küçük yaştan başlayarak yaratıcılıkları ve orijinallikleri bastırılan çocuklar yetiştirilmekte, çocuklara verilen sevgiye, çok yüksek düzeylerde "müdahale" eşlik etmektedir. Anne-babalar çocuklarının yaptıkları her şeye karışmakta ve onları yönlendirmektedir. Bu müdahaleler ya çocuğu mükemmelleştirmek için eleştiri biçiminde olmakta veya "yaramaz"lığını önlemek için uslulugu (bir başka anlamda pasifliği ve hareketsizliği) sağlamaya yönelik olmaktadır. Böylece anne-baba yanında uslu, onlar olmadığı zaman saldırgan çocuklar yetişmektedir. Anne-babalar terliğini giymesinden dişini fırçalamasına; yemeğini yemesinden dersini çalışmasına kadar çocuklarını kontrol altında tutmak zorunda kalmaktadırlar.

Sürekli dış bir odak tarafından yönlendirilen çocukların büyüdükleri zaman Türkiye'de, *dünyanın en disiplinli ordusunu ve en disiplinsiz trafiğini* yaratmalarına şaşmamak gerekir.

HAYATIN KONTROLÜ

Bir problemle karşılaşan kişi şartlardan şikâyet etmek ve hayıflanmak yerine, duygusal ve zihinsel enerjisini problemi nasıl çözeceğine yöneltirse, hem stresini azaltır, hem de başarılı olma şansını artırır. İnsanın dünyayı ve şartları değiştirmek yerine kendisini değiştirmeye gayret etmesi çok daha kısa zamanda olumlu sonuçlarını verir. Kişi sebepleri dışında değil, içinde ararsa, sonucunu değiştiremeyeceği durumları kabul eder ve problemi çözecek yeni alternatif yollar arar.

İnsan, hayatıyla ilgili ne kadar çok sorumluluk alırsa ve hayatın kontrolünü elinde tutmak için çaba harcarsa, kendi etkinliği artar, şansın rolü azalır. *Cehalet ve güçsüzlük şansa olan inancı artırır.*

Kontrol odağı dışarda olanlar, hayatlarıyla ilgili sorumluluk almak konusundaki gayretlerin "yararsız" olduğuna inanırlar.Yapılan araştırmalar, cezaevlerindeki tutuklulardan dış kontrol odağına sahip olanların bulundukları kurumla, hastanede yatan hastaların da kendi sağlık durumlarıyla ilgili daha az bilgiye sahip olduklarını ortaya koymuştur.

Bir başka grup araştırmacı, şişmanlık ile dış kontrol odağı arasında bir ilişki bulmuştur. Kilo problemi olanlar kendilerini kontrol etmekte zorluk çekmekte ve daha çok yemeğin görünüşü, kokusu gibi dış ipuçları tarafından yönlendirilmektedirler. Kontrol odağı içte olanların, önlerine yemek konduğu için değil, acıktıkları için yedikleri saptanmıştır.

Benzer şekilde sigara içenler arasında da dış kontrol odağına sahip olanların çoğunlukta olduğu bulunmuştur. Onlar da sigarayı bırakamayacaklarına veya bunun sağlıklarını söylendiği kadar çok etkilemeyeceğine inanmaktadırlar. "Soluduğumuz hava zaten kirli değil mi?" veya "Sigara içmediği halde kanser olan yok mu?" sözleri bu konudaki yaklaşımlara örnektir.

Stres karşısında kadın ve erkek

Yapılan araştırmalar kadın ve erkeklerin stres tepkilerinde aşikâr farklar olduğunu ve bu farkların çocukluk döneminde daha açık olarak gözlendiğini ortaya koymuştur. 1978 yılında Londra'da yayınlanan bir bültende, erkek çocukların çeşitli stresler karşısında kız çocuklardan daha çok saldırganlık gösterdikleri, buna karşılık kız çocukların stres karşısında daha çok kaygı ve çökkünlük gösterdikleri bildirilmiştir.

Orta yaş döneminde, geri çekilme veya bastırma mekanizmaları devreye girerek cinsiyetlere ait bu özelliklerin çarpıcı olarak görülmesini güçleştirmektedir. Özellikle saldırgan tepkiler, araştırmaların yapıldığı ülkelerde uyarandan bağımsızlaşarak farklı boyutlarda gözlenmektedir.

ZEKÂ VE STRES

Birçok konuda olduğu gibi zekâ ve stres arasında da iki yönlü bir ilişki vardır.

"İnsanın düşünme yeteneğinin bütünü" onun zekâsı olarak ele alınırsa, stresten etkilenmek veya strese karşı koyabilmenin, önemli ölçüde yüksek bir zekâ ile doğru orantılı olduğu düşünülebilir. Öte yandan yüksek stres ortamı insanların rahat ve doğru karar vermelerini, zihinsel potansiyellerini en üst düzeyde gerçekleştirmelerini engeller. 1970'li yıllarda S. Begab ve arkadaşları bedensel, psikolojik veya sosyal streslerin kişinin zihinsel kapasitesini ve buna bağlı olarak da çevresinin isteklerini başarılı bir şekilde karşılayabilme yeteneğini etkilediğini ortaya koymuşlardır.

Yüksek ve sürekli stres ortamı, zihinsel etkinlikleri üst düzeyde ve verimli bir biçimde sürdürmeye hem doğrudan, hem de duygu ve davranışlarda meydana gelen aksamalar sebebiyle dolaylı olarak engeller.

Keirn, duygusal bozukluğu olan ve zihnen geri çocukların aile ortamlarını ele almış ve bu açılardan normal çocuklara sahip olan aileler ile kıyaslamıştır. Hasta çocukların ebeveynlerinin kişilik faktörlerindeki patolojik puanları, hasta olmayan ebeveynlerinkine kıyasla anlamlı ölçüde yüksek bulunmuştur. Bu aileler problemleri çözümlemek, pratik çözümler bulmak açısından da başarısız olmuşlardır.

Organizmanın stres tepkisi, daha önceki pek çok tanımlamada da belirtildiği gibi, bir uyum belirtisidir. Öte yandan zekânın çok çeşitli tanımları arasında "yeni durumlara ve uyaranlara uyabilme yeteneği" vardır. Bir başka ifadeyle zekâ, yaşanan olaylarda, akılcı davranış sürecini organize eden bir sistemdir.

Zekâ stresi alteder

Zihinsel değerlendirmeyi yürüten etkinlikleri "yalın" ve "karmaşık zihinsel süreçler" olarak iki alt gruba ayırabiliriz. Yalın zihinsel süreçler tanıma, algı, dikkat, vb.; karmaşık zihinsel süreçler, kıyaslama, yorumlama ve değerlendirmedir.

Bunlardan birincisi anlama, diğeri cevaplama sistemleridir. Her birey kendi potansiyelini geçmiş yaşantıları ile destekler, farklı sonuçlar çıkarır ve dolayısıyla farklı uyumlar gösterir. *Organizmanın bedensel düzeydeki uyumu ne kadar türe özgüyse, psikolojik düzeydeki uyumu o kadar toplumsal düzene ve bireye özgüdür.* Kişinin kendisini dış tehdit ve zararlardan korumak ve kurtarmak için göstereceği zihinsel ve davranışsal gayret, potansiyel olarak kendisinde var olan yetilerini kullanabilme becerisine bağlıdır.

Genetiğimiz ve geçmiş yaşantılarımız belirlenmiş ve sabittir. Ancak var olan potansiyeli en üst düzeyde geliştirme ve kullanabilme şansı bize aittir.

Başarı, stresli ortamlarda zihinsel organizasyonun öncelikle bireysel bütünlüğü, ardından da yakın çevre ilişkilerini koruyucu ve kollayıcı yaklaşımları sağlayabilmesidir. Kısacası stresle karşılaşan kişi önce kendini, sonra da yakın çevresini koruyup kollayabilmelidir. Streslerle başaçıkmak konusunda zihinsel açıdan etkinlik göstermek için kitabın "Zihinsel Düzenleme Teknikleri" bölümünden yararlanabilirsiniz.

Geçmiş Yaşantıların Streste Rolü

Başlıkta yer alan "geçmiş yaşantılar" ifadesinde özellikle çocukluk dönemi yaşantıları kastedilmektedir. Çünkü bu ilişkiler gelecekteki pek çok ilişkinin ana kalıplarını oluştururlar. İlk yıllarda bağımlılık ve gelişim sürecinin kendisinde var olan stresler iki açıdan değerlendirilir. 1) İç stresler, 2) Dış stresler.

İÇ STRESLER

İç stresler (Internal stresses): Bir başka stres sınıflamasında "gelişimsel stresler" olarak da ele alınan streslerin özellikle ilk yaşlara ait olanlarıdır. Bunlar yaşamın ilk yıllarında, uyuma güçlükleri, beslenme bozuklukları ve arkaik(*) (archaic) olarak adlandırılan korkulardır. Belirleyici nitelikleri, yaşanılan döneme özgü psikolojik özelliklerin normal sınırları aşan ölçüde zorlayıcı olmasıdır.

Dış streslerden bir ölçüde kaçınılabildiği halde iç streslerden kaçınmak mümkün değildir. Çünkü çocuğun gelişim ve olgunlaşmasından kaçınmak söz konusu olamaz. Bunlar yetişkin yaşamındaki patolojilerin oluşumundan tamamen farklı olup şiddetli olmalarına rağmen geçicidirler ve meydana çıktıkları gelişim döneminin bitmesi ile birlikte geride kalırlar. Bu tür patolojilere örnek olarak, uyku ve beslenme problemleri, karanlıktan korkmak gibi sebebe bağlı olmayan korkular verilebilir.

Çocukluk döneminin bu patolojileri, bazen şikâyetlerin doğru kaydedilememesi, bazen de teşhisin doğru konulamaması sebebiyle diğer pa-

---

(*) Arkaik: eskiden kalan.

tolojilerle sıkça karıştırılmaktadır. Böylece dış streslerden kaynaklanan veya genetik olan bazı patolojilerin zamana bırakılarak geçmelerinin beklendiği görülmektedir. Bu konuda verilebilecek örnekler çoktur. Ancak burada kekemelik gibi konuşma bozukluklarının, tırnak yemek ve diş gıcırdatmak gibi davranış bozukluklarının ve kâbuslu rüyaların gelişimsel nitelikli iç streslerden olmadığını belirterek geçelim. Bu sebeple, böyle problemlerin zamana bırakılarak kendiliğinden çözümleneceğini beklemek – bazı durumlarda uzman tavsiyesi olsa bile – doğru değildir.

Aşağıda bebekle ilk tanışan birçok aileyi ilk yıllarda bir hayli zorlayıcı iç streslerden başlıcaları sıralanmıştır.

Uyuma güçlükleri

Bebek uykularıyla ilgili olarak kitaplar, "Bebek doğumdan sonraki birkaç ayda ve özellikle ilk yılda bedensel olarak herhangi bir ihtiyacı yoksa, acı veya bir huzursuzluk hissetmiyorsa rahatça uyur," diye yazar. Buna rağmen bazen başlangıç böyle olsa bile, aynı çocuk bir süre sonra uykuya karşı adeta savaş açar, yorgunluğuna karşın yatağı protesto eder veya süresi belirsiz olan zamanlar için diğer kişilerin kendisine eşlik etmelerini ister.

Doğal olarak hayatın başında uyku ritmi gece ve gündüze denk değildir. Bu temel gerçekle, doğumdan sonraki dünyanın gerçeklerinin uyuşması sağlanmalıdır. Bu çocuk benliği, analitik dilde, "iç enerji ve obje dünyalarının henüz birbirlerinden bağımsızlaşmaması" olarak tanımlanır. Bir başka ifadeyle çocuk-obje ilişkisinin bağımsızlaşarak kuvvetlenmesi, libidonun geri çekilmesini sağlar ve böylece uyku için önkoşul tamamlanmış olur. Biyolojik ritm ile sosyal ritm arasındaki uyumun kurulamamasının nasıl bir stresi de beraberinde getireceği dış stresler bölümünde örneklenmiştir.

İç stresler olarak adlandırılan gelişim dönemlerine bağlı, yaşamın özünde yeralan zorlanmaların iyi tanınması büyük önem taşımaktadır. Bu güçlüklere karşı koyabilmek ve konuyu "problem" durumuna getirmeden çözmek böylece mümkün olabilir.

Beslenme zorlukları

Bir patolojinin bulunmaması halinde otonom veya yarı otonom faaliyetler doğum sonrasında kendini hissettirmeden sürdüğü halde, dışa bağımlı olan iç dengelerin sağlanması problem olabilir ve iç stresleri oluşturabilir.

Beslenme de bu tür streslerden biridir ve bağımsız yemeğe geçene kadar çok çeşitli beslenme bozuklukları söz konusu olabilir. Bu konudaki ilk sıkıntı annenin meme vermesi ile başlayabilir. Çünkü bu dönemde bebek için olduğu kadar anne için de önemli değişiklikler yaşanır. Bunlar hem bedensel, hem psikolojik açıdan önemli değişikliklerdir. Küçük aksaklıklar istenmeyen büyük sonucu çok çabuk doğurur. Doğumdan sonraki beslenme, rahim içi beslenmeden farklı bir beslenmedir. Pek çok sistem faaliyete katılır. Çeşitli bedensel ve psikolojik gelişim basamaklarının tamamlanması yetişkin beslenmesine geçiş için yeni bir adımı oluşturur. Çocuğun temel ihtiyaçları için özellikle ilk üç yaşta doğru ve tam beslenmenin ebeveyn kontrolünde yapılması gerekir. Öte yandan bazı durumlarda bebeklerin ve çocukların bu temel ihtiyaca çok ciddi karşı koydukları görülebilir. Çocukluk dönemindeki bu tür yemek yeme problemlerinin yetişkinlik dönemindeki iştah ve mide ile ilgili nevrotik sıkıntılara bir zemin hazırladığı öne sürülmektedir.

Arkaik korkular

Kişiliğin oluşumu ile birlikte ortaya çıkacak olan kaygıdan önce çocuklar, "bir erken kaygı dönemi"nden (earlier phase of anxiety) geçerler. Temelinde hiçbir korkutucu olay bulunmadığı için bu tür kaygılar genellikle "arkaik" (archaic) kaygı olarak anılırlar. Bebeklik döneminin ardından ilk çocukluk döneminde görülebilen bu korkular genellikle karanlık, yalnızlık, yabancılar, yeni ve alışılmamış durumlar ve bazen de rüzgârdır. Anababalar tarafından bu korkuların sebepleri tespit edilemediğinden ev içinde zaman zaman kızgınlık ve mücadele doğurabilirler. Bu korkular yeni bir düzenleme gerektirdikleri için ve yoğunlukları sebebiyle çocukların bakımıyla yükümlü kişileri de sıkıntıya düşürürler. Aktüel bir sebebe dayanmayan bu korkular, "tam yapılanmamış bir benliğin belirsizlikler yaratan koşullardan kaçınması" olarak tanımlanır. Bu sebeple de analitik bakış açısından, "olgunlaşmamış bir ego zayıflığı" şeklinde değerlendirilir.

DIŞ STRESLER

Dış stresler (External stresses): Bebekler ve çocuklar kendilerine bakma yeterlilikleri olmadığı için dışardan sağlanan bakımla ve kendilerine verilenle yetinmek zorundadırlar. Bunun bebek için gerekli ve istenilen düzeyde olmaması, çok sayıda ve çok farklı bozuklukların ortaya çıkmasına sebep olur.

Bu bozukluklar önceleri iç streslerin karşılanmasındaki sosyal zorlanmalardan doğar. Yani çocuğun doğal eğilimleri, kültürel ve sosyal alışkanlıklarla veya ebeveynin hoşgörü ve becerisi ile dengelenemeyince kendini gösterir.

Örneğin, hayatın başlangıcında bir iç stres olarak varolan uykuyu ele alalım. Belirtildiği gibi uyku ritmi gece ve gündüze denk değildir. Burada gereken, bebeği hırpalamadan dengenin onun iç ihtiyaçlarına göre kurulabilmesidir. Organizmanın başlangıcındaki bu iç stres çeşitli durumlarda bir dış strese dönüşmektedir. Düzenin kurulması gereken ilk aylarda 1,5-2 saatlik mama arası uyanıklıklarından sonra sakin bir uykuyu sağlamak ve giderek artan bir uyanıklığa eşlik eden uykuyu 10-12 saatlik gece uykuları ile birkaç saatlik sabah ve öğle uykuları olarak 24-30 aylara kadar sürdürmektir. Ardından da fizik gelişimin, en önemlisi sinir sistemi gelişiminin tamamlanacağı yaşlara kadar (esas olarak ilk yedi yılda) vakitli ve uzun, gece uykularının sağlanabilmesidir.

Bu sağlanamadıkça dış çevreden gelen olumsuzluk artacaktır. En aşırı durumlarda çocuk ya uyuması için yatağında terk edilecek, yatakta bebeğin mücadelesi ve ağlama krizleri başlayacak veya ebeveyn bu *uyumu sağlama tutumunu sürdüremediği takdirde* olayı kendi akışına terk edecek, o zaman da bebekler geç saatlere kadar kucakta kalacaktır. Daha sonraki yıllarda da kendilerine zararlı TV programları zorunluluğu ortaya çıkacaktır.

Birçok ailede durum yukarıda anlatıldığı kadar ümitsiz olmasa da, bu zorlukları derece derece yaşayanların sayısı hiç de az değildir. Aynı şekilde beslenme ve korkular, ana-babanın değerlerindeki kararsızlık ve çatışmalar veya yeterli bilgi, beceri ve hoşgörü sahibi olmamalarıyla aşılması güç bir dış stres kaynağı oluşabilir.

Erken yaşantılar açısından en önemli olan, anne-baba ve çocuğun yetiştirilmesine katılan diğer kişilerin, ortak bir kararlılık noktasında buluşmalarıdır.

Çocuğun yemek ve uyku gibi ilk ihtiyaçlarının elverişsiz ve gereksiz şekilde karşılanması patolojik gelişmelere yol açar. Örneğin çocuğun ana babasının yatağında uyuması, yemeğini eğlendirilmeyi bekleyerek ve püre haline getirilmeden yemeyi kabul etmemesi gibi.

Çevreden kaynaklanan patolojilerde, dış şartları düzenleyerek değiştirmek bir dereceye kadar mümkün olsa da çok kere bu aksaklıkların sağlıksız sonuçlarını bütünüyle ortadan kaldırmak mümkün olmayabilir. Örneğin çocukluktaki problemleri davranış düzenleme teknikleri ile çözülmüş birçok kişinin, yetişkinliklerinde bazı konularda bu izleri taşıdıkları görülür.

Sonuç olarak, bazı durumlarda ihtiyaçların sağlıklı olarak karşılanamaması, aynı zamanda bir engellenme duygusunun ve üzüntünün yaşanması anlamına gelir.

Bütün bu engellenme ve üzüntüler de zihinde bir iz bırakır. İşte erken yaşantılar denilen ve gelecekte dünyaya bakış açımızı belirleyen de önemli ölçüde bunlardır.

Çocuk bağımsızlık ve kendisine güvenme yolundaki gelişmeyi kazanmak için annesini ya kabul edici ya da yoksun bırakıcı bir model olarak benimser ve bu modeli kendi benliğinde (egosunda) taklit ederek yeniden yaratır. Anne, çocuğun ihtiyaç ve isteklerini ne ölçüde anlar ve doyum sağlayabilirse yetişmekte olan yeni bireyin de benliğinin hoşgörü kazanma ihtimali o ölçüde artar. Fakat ana-babanın çocuğun doyumlarını geciktirmesi, yadsıması ve yok sayması, çocuğun içinde bir çatışma başlatır. Bu tür çatışmalar da genç ve yetişkin hayatındaki nevrotik yapıya zemin oluşturur.

Temel ihtiyaçlardan karmaşık ihtiyaçlara geçildikçe sosyalleşme süreci hızlanır, uyumsuzluklar varsa sorunlar çoğalır.

Erken yaşantılara bağlı stresler, sosyal gelişimin sağlandığı, sosyal ve ahlaki değerlerin kazandırıldığı dönemlerde ortaya çıkar.

Psikolojik kimlik ve sosyal kurallar konusundaki temel eğitim, evde anne ve babanın birbirleri ve çocuklarıyla olan ilişkilerinin niteliği tarafından belirlenir.

ÇOCUKLUK DÖNEMİ STRESLERİNİN AZALTILMASI

Erken dönemde yaşanacak dış stresleri en aza indirebilmek için çocukluk döneminin hangi ihtiyaçlarına, hangi biçimde yaklaşmak uygundur? Hangi davranışlar ve yöntemler kişide olumlu bir arayışa dönük pozitif dürtüyü yaratır ve geliştirir? Bu konudaki esasları şöyle özetleyebiliriz:

Sağlıklı psikolojik gelişim esas olarak, duygusal ihtiyaçların doğru tanınması ve doyurulması ile sağlanır. Duygusal doyumun sağlanması güven, sevgi, anlaşılmak, yaşanılana katılmak ve paylaşım ile gerçekleşir. Duygusal doyumu sağlayacak bu faktörler en uygun ölçüye yakın gerçekleştiği oranda sağlıklı psikolojik gelişimin temelleri kurulmuş olur. İhtiyaçların doğru tanınması ve doğrulanmasındaki ölçünün bulunmasının pek kolay olmadığı muhakkaktır. Bir örnek olarak "sevgi" faktörü ele alınabilir. Pratik uygulamada, hatta günlük gözlemlerimizde ana-babaların çocuklarıyla ilgili bir problemi aktarırken sebeplerini de açıklamak istedikleri görülür. Konuya ilişkin sevgi ile ilgili bir yorum yapılırsa, bu yorum çoğunlukla "belki fazla sevildi de ondan böyle oldu" şeklindedir. *Oysa gerçekten bir hata yapılmışsa, bu fazla sevgiye değil, YANLIŞ sevgiye bağlıdır.*

İlk yaşantılarda doyum sağlanması sağlıklı ilişkiler temelinde mümkündür. O zaman akla, yetişmekte olan çocuklarla sağlıklı ilişkiler kurup geliştirmenin prensipleri nelerdir sorusu gelmektedir.

Bunlardan birincisi dinleyebilmek, ikincisi duygu ve düşünceyi tanımaya yardımcı olacak etkinlikleri organize etmektir.

Dinlemek

Amaç, "istenilenin yapılması, büyüklerin programladığı gibi davranılması konusunda mücadele vermek" değil de, çeşitli konularda anlaşmaksa, anlaşmaya varmanın yolu anlamaktan geçer. Anlamak için ise "dinlemek" gereklidir. Doğru ve tam anlayabilmek, iyi bir dinleyici olmayı gerektirir. "İlişki içerisinde dinleyici olmak", söylenmesi kolay, uygulanması zor bir yaklaşım biçimidir.

Çoğu kez çocuklar birinci cümlelerini söylerken büyükler ne demek istediklerini anlarlar ve hatta onları tamamlar veya bitmemiş cümlelerini cevaplandırırlar. Belki çocuk da gerçekten karşısındakinin düşündüğüne benzer şeyler söyleyecektir. Ama bir kelime eksik, ama bir kelime fazla; veya farklı bir tonlama... İşte çocuğun veya karşımızdaki insanın bizden farklı olan yanı budur. Özellikle hayatın başlangıcındaki birey adına onun düşündüklerini, hissettiklerini, yapmak istediklerini, bildiğimiz şeyler olarak kabul etmek, *onu tanımak ve yaklaşmak konusundaki en temel şansı kaybetmeye sebep olur.* Özellikle ana-babaların sağlıklı iletişimi başlatabilmeleri için ifadelerdeki farklı duygu ve hissedişleri yakalamaları gerekir.

Duygu ve düşünceyi tanımak

Kurulacak olumlu iletişimin birinci şartı önem vererek dinlemek ise, ikinci şartı da düşünce ve duyguların açıklanmasına yardımcı olmaktır.

Stresin yaşanmasında geçmiş yaşantıların rolünden söz ederken özellikle çocukluk dönemi yaşantıları kastedilmektedir. Ana-baba-çocuk üçgeni içinde psikolojik doyumun sağlanması, hiç şüphesiz bütün aile bireyleri için olumludur. Ama insanlık ve toplum olarak istenilen doğrulara yaklaşmak için, yetişmekte olanlara daha fazla özen göstermek gerekmektedir. Duygu ve düşünceleri tanımaya yardımcı olan ilişki biçimlerinin özelliklerini açıklamadan önce, olayın somutlaşmasını sağlayacak bir örnek verelim.

Çocuk:

"Arkadaşım Ali merdivenlerden inerken beni itti," derse, çocuğun o andaki duygularına yaklaşmak için, "Merdivenlerden inerken seni Ali itti mi?" şeklinde onun cümlesini soru cümlesine çevirerek yansıtmak ve gelecek yeni düşüncelerle açmak, çocukla aranızda sağlıklı bir iletişimin başlaması için yararlı olacaktır. Halbuki genellikle bizlerin bu gibi konularda bilgimiz ve bir kararımız vardır.

Karşımızdakilerin bizim hakkımızda bu tür genellemeler yapmalarından hiç hoşlanmayız. Buna rağmen, özellikle çocuklarımıza karşı öyle davranıyorsak aramızda istenmeyen bazı duyguları beslemeye başlıyoruz demektir.

Nelerdir bu istenmeyen duyguları besleyecek konuşma biçimleri?

"Sen zaten hep böyle ilişki kurarsın."

"Bu Ali çok yaramaz bir çocuk."

"Arkadaşlarınla itişip kakışmandan bıktım."

Bazen de çocuğu koruyacak bilgiler verdiğimizi düşünerek;

"Merdivenlerde oyun olmaz, kaç kere söyledim, bu çok tehlikeli."

"İtişip kakışırken düşersin, kafan patlar, hastanelik olursun."

Bazen bu tür cümlelerin bir de "Karışmam ha!"ları vardır.

"Sizin ikinizin oynamasını zaten hiç sevmiyorum, hep kendinize zarar verecek şeyler yapıyorsunuz."

"Kaç kere söyledim şu Ali'ye uyma diye."

Halbuki çocuğumuz bize bir yaşantısını getirmiş ve demişti ki, "Arkadaşım Ali merdivenden inerken beni itti." Bu yaşantının duygu ve düşünceleri nelerdi? Acaba bizim yukarıda sıraladıklarımızdan biri mi?

Bizim bu tür yaklaşımlarımız yenilere ve anlamalara açık değildir. Bunlarda hep hesap sorucu, suçlayıcı, denetleyici ve yadırgayıcı, çocukla bütünleşmeyen, engelleyici bir tutum hâkimdir.

Unutmamak gerekir ki insanların, özelikle de her konuda açıklama ve cevap arayan çocukların iyi bir dinleyiciye ihtiyacı vardır. Öncelikle bunu başarmaya çalışmak gerekir.

Bu da *bilgi, zaman, beceri* gerektirir.

SAĞLIKLI İLİŞKİ BİÇİMLERİ

Duygusal tıkanmaları yaratmadan, yani olaylar stres kaynaklarına dönüşmeden önce onları çözümleyebilmenin dört şartı vardır. Bunlar ilişkilerde empati(*), saygı, saydamlık ve somutluktur. Hayatın ilk yılları 0-7 yaş, temel davranış kalıplarının, sağlıklı ilişki biçimlerinin oluştuğu yıllardır. Şimdi çocuklarımızla duygusal zenginliği yaşamanın, olumsuz ve

(*) Empati: Eşduyum.

yıkıcı duyguların beslenmesini önleyerek psikolojik streslerden uzak durmanın bu şartlarını biraz daha yakından tanıyalım.

Empati

Karşımızdakinin dünyasını sanki kendi dünyamızmış gibi ama – eğer öyleyse – niteliğini kaybetmeden hissetmektir. Çocuğumuzun duygularını, duygularının yoğunluğunu anlama ve algılama yeteneğidir. Çocuğun duygularını algılayarak hissedebilmek, bizi onun dünyasından, onun gözüyle dışarı baktıracaktır.

Empatiden yoksun ilişkilerin zararı nedir? *Empatiden yoksun ilişkiler çatışma doğurur.* Çocuktan gelenler ile dışarıdan istenen, olması gerekenler birbirlerinden bağımsız kalırlar. Çocuğun istekleri başka, kurallar başka bir mekanizmayı çalıştırdığında, kurallarla isteklerin çatışması başlar.

Empati bağı bu temel iç çatışmanın oluşmasını engeller. Böylece çocuk benliğini geliştirerek streslere karşı çözümleyici, çabaya yönelik bir ego yapısının oluşmasına yardımcı olur.

Saygı

Bu kavram *karşımızdaki bireyleri bağımsız, farklı ve biricik olarak görmemizi ifade eder.* Saygı geleneksel olarak başkasını kabul ve takdir etme fikrini iletmek anlamında kullanılır. Saygı kavramı konumuz içinde "anababanın çocuklarını her yönü ile kabul etme yeteneği" olarak kullanılmaktadır. Anne ve babalar çocuklarının ayrı bir birey olarak, düşünce, duygu ve davranışlarında özgür olduğunu kabul etmelidirler. Bu, duygusal tatmini, dış streslere karşı güçlü olmayı ve giderek de psikolojik sağlığı korumayı temin edecek ilkelerden biridir. Saygı, sıcak ve kabul edici bir tutum içerisinde olmak, diğerine ve O'na değer vermektir. Bu özelliğin aile ortamındaki varlığı çocukta benlik kavramını geliştirir ve benlik saygısını oluşturur.

Benlik saygısının gelişmemesi hem olumsuz bir iletişimin, hem de kapalı aile sisteminin sebebi ve sonucudur. Duygu ve düşüncelerine saygı gösterilmeyen çocuk yanlış yapınca (bu yanlışlar kazalar dahi olabilir), benlik değeri ile ilgili olumsuz duyguları çok çabuk gelişir. Düşük benlik bilincine sahip kişiler, özellikle çocuklar, yetenekleri ve becerileri oranında başarı sağlayamazlar.

Düşük benlik algısı eğitim başarısını da olumsuz etkiler. Zira düşük benlik algısının, öğrenmedeki katılım ilkesini engellediği bilinmektedir. Olumlu benlik algısına sahip çocuklar, diğer gruba kıyasla yüksek merak düzeyine sahiptirler. Bu onların katılımını sağlayan en önemli özelliktir.

İşte bütün bu sebeplerle "saygı", genellikle toplumumuzda ele alınış biçiminden farklı olarak, soyut ve küçüklerin büyüklerine göstermeleri gereken davranışlardan daha geniş anlamda bir ilişki biçimidir.

Saygı, benlik kavramını geliştirici ve yapılandırıcı özelliği sebebiyle özellikle çocuklardan beklenmeden önce, onlara tanıtılması ve verilmesi gereken bir olgudur.

Saydamlık

İlişkilerdeki saydamlık, insanın temel psikolojik ihtiyaçlarından birisi olan güven duygusunu yapılandıran ve geliştiren bir özelliktir.

Çocuğun en temel ihtiyacının sevgi ve güven duygusu olduğu öteden beri bilinmektedir. Ama acaba bunlardan güven duygusunu yaşamak ve yaşatmak için hangi çabaları harcamalıyız?

Saydamlık; doğruluk, dürüstlük, açıklık, içtenlik anlamlarına gelir. Duygu ve düşüncelerimizdeki açıklıktır. Saydamlık, hissedilenlerin, yaşanılanların "gerçeğini" konuşmak ve paylaşmaktır. Bu gerçek olması gerekenlerin ve kalıpların dışındaki, içinizde hissedilen ve yaşanandır. Bunlar okunurken veya konuşulurken insana çok doğalmış gibi görünür, ancak uygulamada bu saydamlıkla karşılaşmak pek zor olur. Çünkü insanlar birbirleriyle ilişkilerinde büyük çoğunlukla hissettiklerini değil, o durumda hissedilmesi uygun olanı karşılarındakine yansıtırlar.

Çocuklarımızla olan ilişkilerde saydamlığın sağlanması yaşanılanların özelliğine göre farklılaşır. Çünkü böyle bir ilişkide önde olan çocuğun gerçeğidir. O gerçekler de bizim zihnimizdekinden daha geniş, daha dar veya farklı olabilir. *"Saydamlık, kendi duygularımıza ve ilişkinin oluşturduğu tüm duygulara açık olmaktır"*. Karşımızdaki insanlarla ister çocuk, ister yetişkin olsun kişisel temelde buluşmaktır. Saydamlık ilişkilere *duygusal zenginlik ve dürüstlük* getirir. Böylece *tanımayı ve tanınmayı* sağlar. Güven duygusu insana özgü kişisel temelde tanınır, beslenir ve gelişir.

Somutluk

İlişkilerin sağlıklı bir zemine oturtulması, duygu ve düşüncelere "keskinlik ve sabitlik" kazandırır. Anne-baba-çocuk ilişkisindeki somutlaştırma stres doğurucu psikolojik ortamı engeller. Belirsiz, göreceli genellemelere kesinlik kazandırır. Ana-babanın çocuğuna, doğru, güzel ve iyiyi tanıtırken, genellemelerden uzak, belirgin ifadeler kullanması ve çocuğunu da anlatımlarını somutlaştırma yönünde güdülemesi çok yararlıdır.

Bununla beraber, "ancak sağlıklı bir insan duygularını sağlıklı olarak somutlaştırabilir" dememek ve bu konuda çaba harcamak gerekir. *İlişkilerdeki somutluk, bir olay veya bir davranış karşısında duyguların hemen ve genellemesiz yansıtılmasıdır.*

"Ben duygularımı açıkça ve en belirgin şekilde ifade ediyorum," diyen bir anne somutlaştırmayı yaparken çocuğuna, "Eğer söz dinleyen, uslu bir çocuk olursan seni çok severim," diyorsa böyle bir ifadede hem sevgi elden gitmiştir, hem de, "söz dinlemek, uslu olmak" gibi göreceli iki koca kavram çocuğumuzun zihnine yüklenmiştir. Böyle bir durumda somutlaştırma şöyle olabilir: Ana-baba olarak sizce "söz dinlemek" nedir? Uslu olunan durum hangi durumdur? Çocuğunuz kafanızdaki bu durumlara uygun bir tavır ortaya koyduğunda, tam olarak olmasa bile, "söz dinleme, uslu olma" özelliklerine biraz yaklaştığında, o durumu bir kez daha tekrar ederek, bu yaşantıyı ona gösterin, açın ve bu defa yukarıdaki örnek cümleyi tam tersinden kurun.

"Ben seni çok seviyorum, biliyorum benim yavrum akıllı ve usludur." Çocuğun istenilen davranışı yapmasının sizi memnun ettiğini, gururlandırdığını mutlaka açıklayın.

Çocuğunuzun ellerini yıkamasını mı istiyorsunuz? Lavaboya gidip suyu açtığı zaman, istenilen düzeyde olmasa bile siz ona;

"Benim ne düzenli ve temiz bir çocuğum var. İşlerini yapmaya çalışan bir çocuk ne kadar zevk ve huzur veriyor bana," demeyi deneyin. Hiçbir zaman, "Düzenli ve temiz çocuklar herkes tarafından sevilir. Sen de temiz bir çocuk olsan ben ne kadar gurur duyardım," demeyin. Bu tür genellemeler yapıcı olmaktan çok yıkıcıdır ve çocuklarımızın bize yabancılaşmasına yol açar.

İşte bu dört ilkeye özen gösterilip benimsenebilirse psikolojik streslerle başaçıkabilecek sağlıklı iletişimler kurulabilir. *Empati, saygı, saydamlık ve somutluk insan ilişkilerini doyurucu, anlaşılır ve kabul edici kılar.* Özel olarak anne-baba-çocuk, genel olarak insan ilişkilerinde bu dört özellik duygusal tıkanmaların oluşmasını önler, oluşmuş ise de kısa sürede çözümlenmesini sağlayabilir.

Stresin Çeşitleri ve Strese Yatkın Olanlar

Stres insan için yeni bir olgu, bütünüyle günümüze ait bir durum değildir. Mağara devrinde yaşayan insan da karnını doyuracağı avı bulmak için, onu ele geçirmek için, ele geçirdiğini saklamak için, güçlü ve vahşi hayvanlardan korunmak için stresi hissediyordu. *Stresi geçmişte doğanın getirdikleri yaratırken bugün insanın yarattıkları yaşatmaktadır.*

İnsana stres tepkisini yaşatan durumları esas olarak üç grupta toplamak mümkündür.

1- Fizik çevreden kaynaklananlar: Hava kirliliği, gürültü, kalabalık, radyasyon, sıcaklık, toz, soğukluk vb.

2- İş veya meşguliyet konusundan kaynaklananlar: Ağır iş, gece işi, parça başına dayanan üretim, aşırı yüklenme, çok hafif iş, zaman baskısı altında çalışma, karar verme güçlükleriyle dolu büyük sorumluluk gerektiren işler, hiçbir şekilde katkı yapmaya imkân bırakmayan işler vb.

3- Psiko-sosyal özelliklerden kaynaklananlar: İnsan hayatında karşılaşılan sosyal stresler üç ana başlık altında toplanabilir:

a) Günlük stresler, b) Gelişimsel stresler, c) Hayat krizleri niteliğindeki stresler:

a) Günlük stresler: Bunlar günlük hayatın basit gerilimleridir. Çeşitli durumlarda ve çeşitli olaylar karşısında veya kişilerin birbirleriyle çelişen amaçları, ihtiyaçları sebebiyle ortaya çıkarlar. İhtiyaç karşılanmayınca, girişim engellenince stres artar. Trafikte sıkışmak veya karşılaşılan bir terslik, bürokratik bir zorlanma, evde işlerin aksaması, ağlayan çocuk, yanan yemek, istenildiği gibi daktilo edilmemiş bir yazı, işini gereken ilgi ve beceri ile yürütemeyen bir memur karşısında bekleme... Bunlar oldukça sık yaşadığımız streslerden. Olayın kendi ile sınırlı olan bu streslerden mutlaka korunmamız gerekir. Zira başı ve sonu belli kısa bir zaman ile sınırlı olan bu olaylar hayatın bütününü asla etkilemez.

b) Gelişimsel stresler: Gelişimsel nitelikteki olayların sebep olduğu streslerdir. Burada söz konusu olan çocuk veya yetişkinin kronolojik durumu ile ortaya çıkan gelişimlerdir.

Bu gelişim basamaklarının sağlıklı ve başarılı bir şekilde yaşanamaması olumsuz stres verici etkiler doğurur. Çocuklar için bu gelişim dönemlerinde bazı takılmaların olması ilerideki yaşlarında streslerden zedelenmeye, yani olumsuz etkilenmeye daha açık olmalarına yol açar. Bu gelişim basamaklarının başarılı bir şekilde aşılması ise, kendine güven ve streslerle başaçıkma becerisinin kazanılmasına yardımcı olur. Gelişim krizleri, fizyolojik, psikolojik ve sosyal gelişimleri kapsar ve çok çeşitlidir. Birer örnek verirsek; fizyolojik olarak 1. yılın sonundaki hareketliliğin kazanılması, 11-13 yaşlarında buluğ, orta yaşın sonlarında menopoz ve andropoz, vb.

Psikolojik alanda; 3 yaşın sonunda bilincin oluşmaya başlaması, 0-3 yaşlarında kendi kendinin farkında olma (self-avarness), 11-12 yaşlarında sembollerle akıl yürütme.

Sosyal alanda, çocuğun okula başlaması, yetişkinlikte, iş hayatına geçiş vb.

c) Hayat krizleri niteliğindeki stresler: Bunlar her hayata başlı başına biçim verecek nitelikteki olayların yarattıkları streslerdir. Örneğin ciddi hastalıklar, doğum, aile bireylerinden birinin ölümü, işten çıkarılma vb. Kısacası bu tür stresler aile yapısındaki yaşama kalıplarının uğradığı değişikliklerdir. Bu durumlar aile üyelerinin alışık oldukları "bireysel etkileşim kalıpları"nın hepsini veya pek çoğunu değiştirebilecek niteliktedir.

STRES KİMLERİN SAĞLIĞINI TEHDİT EDİYOR?

Dünya Sağlık Teşkilatı (WHO) bir süre önce meslekler ve hayat süreleri konusunda yapılan bir araştırmanın sonuçlarını açıklamıştır. WHO'nun bildirdiğine göre en uzun yaşayanlar çiftçiler; en kısa yaşayanlar ise gazeteciler ve meyhanecilerdir.

Çiftçiler muhtemelen günlük hayatlarındaki sükûnet ve belirlilik sebebiyle uzun yaşamaktadırlar. Buna karşılık meyhaneciler alkol ve gece hayatına zorunlu katılımları, gazeteciler de sürekli rekabet ve zaman baskısı altında çalışma zorunlulukları sebebiyle kısa yaşayan meslek grubunu oluşturmaktadırlar.

Sağlık açısından yüksek risk grubuna son yıllarda ülkemizde de yaygınlaşan borsa simsarlığını da eklemek gerekir. Zaman baskısı, rekabet, yüksek risk ve belirsizlik hiç şüphesiz bu meslek içinde olanları tehdit etmektedir.

Sağlığı tehdit eden durumlar

Bunların dışında insanların yoğun stres yaşamalarına sebep olan ve dolayısıyla sağlığı olumsuz etkileyerek hayatı kısaltan durumlar şunlardır:

1- *Fakirlik ve gecekondu hayatı yaşamak:* Boston gettosunda yapılan araştırma, yüksek tansiyona (siyahlar arasındaki ulusal ortalamaya kıyasla) iki katı, kansere % 37 daha fazla rastlandığını ortaya koymuştur. Vermek insanın temel ihtiyaçlarından biridir. Gerçek fakirlik insanın bu ihtiyacını karşılamasına imkân vermediği için büyük bir stres kaynağıdır. Benzer şekilde emeklilik sebebiyle kişi maddi gücünden büyük kayıplara uğramışsa, yoğun bir stres altında kalması kaçınılmazdır.

2- *Gürültülü bölgede yaşamak:* Dünyanın en yoğun hava trafiği olan Los Angeles Havaalanı çevresinde yüksek tansiyon, koroner kalp hastalığı ve intihar riski şehrin sessiz bölgelerine kıyasla çok daha yüksek bulunmuştur.

İstanbul veya diğer büyük kentlerde havaalanlarının çevresi bu anlamda bir risk taşımaktan çok uzaktır. Çünkü Los Angeles Havaalanı'na bir dakika içinde ortalama iki uçak inmektedir.

Ancak Türkiye'de büyük şehirlerde, özellikle İstanbul'da çevreyollarının yakınlarında yaşamak benzer bir risk olarak kabul edilebilir.

3- *Sosyal hareketler içinde olmak:* ABD'de 1940'tan sonra işsizlik oranındaki her % 1'lik artışın siroz ve koroner kalp hastalıklarında % 2, intiharda % 4, akıl hastanelerine başvuranların sayısında % 4,5 artışla paralel gittiği görülmüştür.

İnsanlık tarihinin yakın zamanda gördüğü en büyük sosyal hareket Bulgaristan'daki soydaşlarımızın yaşadığı göçtür. Bu konuda, göç ettikleri dönemde ve Türkiye'ye yerleştikten 3-6 ay sonra soydaşlarımız üzerinde yaptığımız araştırmanın sonuçları, bir insanlık trajedisini ortaya koymaktadır.

Sosyal hareketlerin yarattığı belirsizliğe benzeyen bir durum da yüksek enflasyondur. Yüksek enflasyonun yaşandığı ortamda sürekli bir pişmanlık ve ikilem yaşanır. Herhangi bir mal alan, daha önce almadığı için pişmanlık duyar. Buna karşılık satıcı konumunda olan, satmasa veya satışı geciktirse daha mı kârlı olacağının sıkıntısını hisseder.

Böyle bir ortamda dargelirliler, tasarruflarıyla hiçbir zaman, kendilerine rahatlık getirecek bir yatırıma yönelemeyeceklerini görmenin umutsuzluğunu yaşarlar. Bu sebeple yüksek enflasyon, önemli bir stres kaynağıdır.

4- *Cezaevi şartları içinde yaşamak:* İnsanın kendi kontrolü dışında yaşamak zorunda kalması çok ağır bir strestir. Özellikle mahkûmiyet hayatının getirdiği olumsuz çevre ve beslenme şartları, insanın beden ve ruh sağlığı üzerinde yıpratıcı ve tüketici etkilere sahiptir.

Ülkemizde cezaevi şartlarının, suçluları topluma kazandırmaktan çok uzak olması ve cezaevlerindeki kalabalık, suçluların bir meslek kazanarak kendilerini suça götüren tutum ve davranışlardan uzaklaşmalarına ve kişilerin hayatlarını sağlıklı bir biçimde sürdürmesine imkân sağlayamamaktadır.

Ayrıca ülkemize özgü bir suç türü olan düşünce suçlularının da, ağır cezaevi şartlarında adi suçlularla birlikte yaşamak zorunda kalmaları, bu şartlarda yaşayanlar için düşünceleri uğruna ödenmiş çok ağır bir bedeldir. Ancak hiç şüphesiz daha ağır olan, bu kişilerin bir bölümünün, kendilerini adadıkları düşüncenin bütün dünyada yıkılışına tanık olmalarıdır.

Bütün bu durumlarda kişilerin zihinsel düzeyde yapacakları yeni uyum, yaşanan şartları ağırlaştırmakta veya hafifletmektedir. Cezaevi şartlarında, grupların kendi içlerinde kurdukları düzen ve hayatları üzerinde geliştirdikleri dar anlamdaki kontrol, onların uyumlarını kolaylaştırmaktadır. Böyle bir tutum, yaşanan stresi hafifletmektedir.

Ayrıca bazen kişinin hayatı üzerindeki kontrolünden gönüllü olarak vazgeçmesi de, paradoksal bir şekilde stres azaltıcı etki yaratmaktadır. Cezaevine girdikten sonra yüksek tansiyonu kendiliğinden düzene girmiş birçok kişi vardır. Ancak bu çok farklı bir zihinsel düzenlemeyi gerektiren, oldukça özel bir durumdur.

5- Hayat değişikliği puanı yüksek olmak. (Bu konu "Değişiklik, Kayıp ve Stres" başlığı altında ayrı bir bölüm olarak ele alınmıştır).

Sağlığı tehdit eden meslekler

Amerikan Stres Enstitüsü'nün yaptığı araştırmadan elde edilen sonuçlara göre, çeşitli özellikleri sebebiyle insanların hayat sürelerini kısaltma ihtimali olan meslekler şöyle sıralanmıştır.

1- *Günlük hayat problemleri ile etkili şekilde başaçıkmayı zorlaştıran meslekler:* Polislik, öğretmenlik ve hava trafik kontrol memurluğunun yüksek risk taşıdığı ortaya konmuştur.

2- *İş üzerinde yeterli kontrol imkânı vermeyen meslekler:* Telefon operatörleri, sekreterler, kasiyerler, danışma ve şikâyet servisi memurları gibi işlerinin insan ilişkisine dayanması sebebiyle psikolojik talebi yüksek, ancak kendiliğinden bağımsız karar verme yetkileri olmayanlar da meslek açısından risk taşımaktadırlar.

3- *Fizik şartları ağır olan meslekler:* Maden işçiliği, gürültülü ve tozlu kavşaklarda trafik polisliği, sürekli havasız, rutubetli yerde işçilik gibi meslekler, insanların bedensel olarak kolay yıpranmalarına yol açmaktadır.

4- *Zaman baskısı, rekabet ve riskle oynamayı gerektiren meslekler:* Gazetecilik zaman baskısı ve rekabet açısından, borsa simsarlığı her üç faktör açısından da sağlığı olumsuz etkileme potansiyeline sahip mesleklerdir.

Bu mesleklerin yanı sıra Amerikan Stres Enstitüsü'nün listesinde yer aldığı halde Türkiye'de risk taşımayan meslekler de vardır. Örneğin üniversite öğretim üyeliği ve tıp alanında çalışan sağlık profesyonelliği gibi. ABD'de öğretim üyeleri sürekli bir rekabet ve bunun doğurduğu baskı altında yaşarlar. Oysa Türkiye'de üniversite çalışanları büyük çoğunlukla böyle bir baskıya muhatap olmaksızın, kendi koydukları kurallar içinde oldukça bağımsız hareket ederler.

Benzer şekilde ABD'de, başta hekimler olmak üzere bütün sağlık profesyonelleri yaptıkları ve yapmadıkları her türlü tedaviden, aldıkları ve almadıkları her karardan sorumludurlar. Onlar, "hata" ihtimali olan her durumda, karşılarında hastanın sağlık sigortası şirketinin açtığı yüksek tazminat davalarını bulurlar. Kendilerini korumak için yaptırdıkları sigorta ise, "ihmal"lerini kapsam dışı tutar.

Bu sebeple ABD'de sağlık profesyoneli olmakla, Türkiye'de bu alanda çalışmanın riski ve dolayısıyla da bu riskin yarattığı stres bütünüyle farklıdır.

STRESE DAYANIKLI OLANLAR

Bazı insanların strese daha dayanıklı olduğu bilinmektedir. Örneğin, bütün bir ulusun sorumluluğunu ve kaderini sırtında taşımış birçok devlet adamı hem uzun hem de sağlıklı bir yaşam sürmüştür. Bu konuda en çarpıcı örnekler, İsmet İnönü ve Winston Churchill'dir. Gerek İnönü, gerek Churchill üstlendikleri sorumlulukları ve mücadeleleri hayatlarının bir parçası olarak kabul etmiş, güçlükleri kendi bedenlerine yansıtmamayı başarmış insanlardır. Bu güçlü kişilikler gerçek savaşları, bir satranç oyunu gibi görmüşlerdir. Oysa birçok kişi, bir satranç oyununu gerçek bir savaş gibi algılamaktadır.

Benzeri örnekler bilim adamlarının dikkatini çekmiş ve bazı insanları strese dayanıklılık konusunda diğerlerinden ayıran özellikleri araştırmışlardır.

Bunun için araştırmacılar Yakın Zaman Hayat Olayları Listesinden yüksek puan alanları, bir grupta hastalık ortalaması yüksek olanlar, bir grupta hastalık ortalaması düşük olanlar olarak iki gruba ayırmışlardır. Bunun sonucunda hayat değişiklikleri puanı yüksek olduğu halde sağlıklarını korumayı başarmış grubun, diğer gruptan üç boyutta farklılık gösterdiği görülmüştür.

1- İşlerine ve sosyal hayata daha aktif katılanlar. Yaptıkları işten ve katıldıkları sosyal faaliyetten zevk alanlar.
2- Mücadele ve değişiklikten zevk alanlar.
3- Hayatlarını ve çevrelerindeki şartları kontrol ettiklerine inananlar.
4- Gelecekle ilgili olumlu beklenti içinde olanlar (umut faktörü).
5- Kişiliklerinde hoşgörü ve esneklik faktörünü bulunduranlar.
6- Yakın çevreleriyle olumlu duygusal ilişki içinde bulunanlar.

Bu özelliklere sahip olanlar, Yakın Zaman Hayat Olayları Listesinden yüksek puan alsalar bile, daha sağlıklı yaşamayı başarmaktadırlar.

HAYATI KOLAYLAŞTIRAN VE ZORLAŞTIRANLAR

Stres alanında çalışan bilim adamlarının fikir birliği içinde olmadıkları bir konu vardır. Bazı bilim adamları, insanın sağlığını bozan stres verici olayların ("Değişiklik, Kayıp ve Stres" başlığı altında anlatılacak olan) insan hayatındaki önemli değişiklikler olduğunu savunmaktadır. Buna karşılık bazı bilim adamları da, insan sağlığını esas bozanın gündelik hayatın küçük problemleriyle etkili şekilde başaçıkamamak olduğuna inanırlar. Onlara göre birkaç sayfa önce "Günlük Stresler" başlığı altında anlatıldığı gibi, yaşarken önemli gelen, ancak yaşandıktan sonra unutulup giden günlük olaylar insan sağlığını törpüler.

Kanner ve Lazarus insanları rahatsız eden (Hassles) ve yarattıkları zorlamayla, hem günlük hayatın stresleriyle başaçıkmayı zorlaştıran, hem de kendileri bir stres olarak sağlığı olumsuz etkileyen faktörleri şöyle sıralamışlardır:

1- Çok fazla sorumluluk altında olmak.
2- Fizik görüntü ile ilgili endişeleri olmak.
3- Yetersiz kişisel enerji.
4- Mesleki ilerleme ile ilgili endişeleri olmak.
5- İş tatminsizliği içinde olmak.
6- Dinlenme ve eğlenmeye ayıracak zamanın olmaması.
7- Yapacak çok fazla şeyin olması.
8- Yalnız olmak.
9- Reddedilme korkusu.
10- Hayatın anlamı ile ilgili endişeler.

Buna karşılık aşağıdaki sıralanan doyum sağlayıcı yaşantıların (UPLIFT) insan hayatında bulunmasının, hem bunları yaşamanın yarattığı haz ve keyif açısından, hem de bu keyfin doğurduğu olumlu duygular açısından günlük hayatın stresleriyle başaçıkmayı kolaylaştıracağı söylenmiştir.

1- Eşle iyi ilişkiler içinde olmak.
2- Aile ile birlikte olabilmek.
3- Çocuklarla birlikte olabilmek.
4- Doyumlu bir cinsel hayata sahip olmak.
5- Umulmadık zamanda para elde edebilmek.
6- Müzikten zevk almak ve dinleyecek imkâna sahip olmak.
7- Sevdiklerini ziyaret edebilmek, telefon ve mektupla arayabilmek.
8- Boş zamanı olmak.

9- İstediklerini yapacak yeterli zamana sahip olmak.
10- Dinlenme ve eğlenmeye imkân sağlayacak yeterli paraya sahip olmak.

Bu bakış açısından eş ve çocuklarıyla olumlu ilişkiler içinde olan, doyumlu bir cinsel hayatı olan, sabit bir bütçeyle yaşamayan, kendine ve boş zaman faaliyetlerine zaman ayıran ve sanatın güzelliğini algılayabilecek birikime sahip olan insanlar, streslerle başaçıkmak ve sağlıklarını korumak açısından daha şanslı gibi görünmektedirler. Bu görüşe göre ilginç olan, *zamanın paradan daha önemli* olarak değerlendirilmiş olmasıdır.

Olumlu ve Olumsuz Stresler

Stres genellikle olumsuz ve zararlı anlamda ele alınıp konuşulmaktadır. Halbuki bu zorlamaların insanlığı ve insanı, yenileri aramak, çalışmak, yaratmak konusunda harekete geçirdiği bilinmektedir. Bu zorlanma, fizik koşulların insanı bedensel olarak zorlamasından, doğa güçlerine ve beynin güçlerine ulaşmak ve bunları tanımak merakıyla oluşacak zihinsel zorlanmalara kadar uzanır. Bu anlamıyla stresler bireyi ileriye götürücüdür. Çeşitli kültürlerde zorlanmaların insan hayatına getirdiklerini anlatan özdeyişler vardır.

Çin yazısında kriz kelimesi iki sembolle ifade edilir (Şekil 11). Bunlardan biri "fırsat" diğeri "tehlike" anlamına gelmektedir. Yani bir "kriz"de hem aşılması gereken zorluklar, hem de bu gerginlikler ve güçlükler aşıldığında elde edilecek yeni kazançlar vardır. İnsana kazanç sağlayacak olan, hayatın özündeki gerilim ve rahatlamanın bilinçli ve amaçlı planlanmasıdır. Stres hayatın özünde vardır. Modern hayat bir taraftan kimyasal ve fizik stresleri ve psiko-sosyal stresleri artırırken, diğer taraftan insan hayatını kolaylaştıran pek çok faktörü beraberinde getirmiştir.

Motorlu araçlar, gürültü ve hava kirlenmesi gibi olumsuz stres kaynakları oldukları halde, ulaşım açısından insanlığa kazandırdıklarından asla vazgeçilemez. Ancak olumsuz ilk iki zorlanmayı yok etmek konusunda insanı çabaya yöneltecek güç, bu zorlanmanın dayanılmaz olması ile harekete geçer. Günümüzde artık haber iletişiminde teleksin de yerini alan, daha kısa zamana ihtiyaç gösteren, daha ucuz ve cepte bile kolayca taşınabilir olma özelliğiyle tekstele araçları devreye girmiştir.

Eğitim döneminde sınavlarda yaşanan stresler, yetişkinlikte iş hayatındaki ilerleme dönemlerinde yaşanan stresler hep kazandırıcı ve vaat

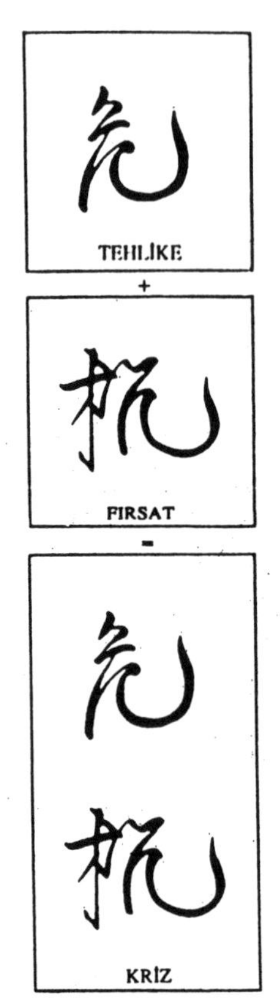

Şekil 11. Karakterlerle yazılan Çin dilinde KRİZ kelimesinin yazılışı.

edicidir. Bunlar psiko-sosyal yönden bir gelişimi sağlayacaklardır. Bu stresler günlük streslerdir ve başları sonları günler veya saatlerle sınırlıdır.

Ayrıca biyolojik gelişim ve değişimi simgeleyen streslerin de yaşanması zor, ancak organizma için mutlak ve gereklidir.

Hayatın özünde olan ama yaratıcılığı içeren en temel stres, bedensel ve psikolojik boyutları ile doğuma hazırlanan ve doğum anında olan bir annenin durumudur. Yaşadığı stresler bir kazancın en somut örneğidir. Kazanılan bir varlık, yeni bir insandır.

18 ve 24. aylarda gerçekleşmesi beklenen konuşma işlevi o yaştaki bir çocuk için, istenilen ve ifade edilmeye çalışılanların sözlü sembollerle

dışlaştırılması zorlayıcı ama o ölçüde zorunludur. Buluğ dönemi mutlaka geçilecek bir hayat dilimidir. Ama ergenlik, biyolojik, psikolojik, sosyal olarak pek çok stresli durumu içerir. Bunların aşılması o insan için bir gelişme ölçüsüdür.

Bütün bu anlamlı zorlanmalar göz önüne alınarak 70'li yıllardan bu yana yıkıcı streslerle yapıcı stresler, olumlu zorlanmalarla olumsuz zorlanmalar birbirinden farklı kavramlarla anlatılmıştır. Jessie Bernard stresi "zevk veren" ve "zevk vermeyen" olarak ikiye ayırmıştır. Bu ayrımı da "Eustress" ve "Dystress" kavramları ile tanımlamıştır. Bunlardan birincisi yaşandıkça neşe, canlılık ve kazanç sağlayan, istenmesi gereken bir durumdur. Hans Selye de konunun bu boyutu üzerinde ömrünün son dönemlerinde ısrarla durmuştur. Cevabını da "Acaba 'stres'in eşanlamlı olduğu şey sadece 'distres' midir?" sorusunu aydınlatmaya çalışarak aramıştır.

Çeşitli yaşam deneyleri ve stres arasındaki ilişki bir yandan "hiç hoş olmayan"ı diğer yandan "çok hoş olan"ı yaşatmaktadır. Bu duygular ve düşünceler çok farklı olaylarda yaşanabileceği gibi aynı olayın değişik yüzlerinde de yaşanabilir. Örneklersek, boşanan bir insan büyük bir stres içindedir. Hiç hoş olmayan şeyleri hisseder, konuşur; öte yandan evlenme kararı almış bir insan da büyük bir stres içerisindedir. Ancak çok hoş olan şeyleri hisseder ve yaşar.

Aynı olaylarda nasıl çift yönlülükler olur? Akşam arkadaşları ile dışarıda olmayı planlayan genç için, eğer aile bu gezilere kızıyor ve karşı tavır koyuyorsa; bu stres verici olayın bir yanı aile ilişkileri ile nahoş, diğer yanı arkadaş ilişkileri ile hoş yaşantılar getirecektir.

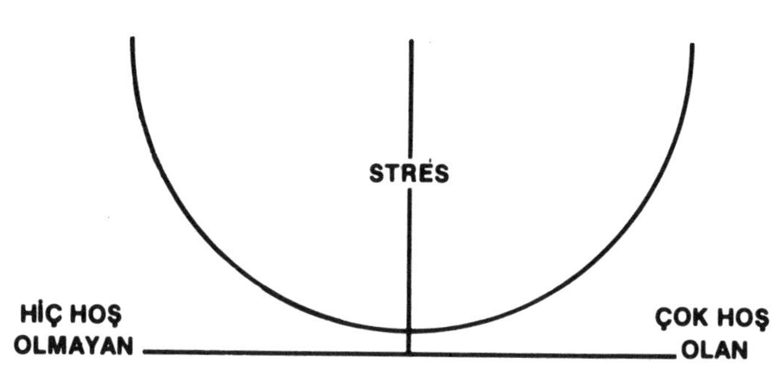

Şekil 12. Çeşitli yaşam deneyleri ve stres arasındaki ilişkiyi gösteren kuramsal model (L. Levi 1972).

Şekil 13. Çeşitli yaşantılarla stres arasındaki ilişkiyi gösteren pratik model.

Şekil 13'te görüldüğü gibi stres hayatın her cephesinde ve her yaşantıda vardır. Gelişmek ve doyumlu bir hayat yaşamak için stres gereklidir. Problem doğuran durumlardan biri stresin çok fazla veya çok az olmasıdır. Günlük hayatta bizi endişelendiren bazı şeyleri yapmak hoşumuza gider. Bunlar istenen streslerdir.

Stres verici hiçbir yaşantının olmayışı hem Levi'nin kuramsal modelinde (Şekil 12), hem de pratik modelde (Şekil 13) görüldüğü gibi çok ciddi bir stres kaynağıdır.

Günlük hayatımızda davranışlarımıza yön veren üç duygu türü vardır. Olumlu duygular (possitive feelings), olumsuz duygular (negative feelings), ayrımsız duygular (feelings of indifference). Olumlu duygular, en geniş anlamda "sevgi" sözcüğü ile tanımlanabilecek, saygı, güven, inanç, kabullenme, dostluk gibi duygular içerir. Olumsuz duygular kin, güvensizlik, küçük görme, düşmanlık, kıskançlık gibi zarar verebilecek olan duygulardır. Ayrımsız duygular, hoşgörüye yardımcı olsalar bile, daha fazla bir yarar sağlayamayan duygulardır. İşte bütün bu duygular bizim psikolojik yapımızı, duruşumuzu belirler. Bu hissettiklerimizle, kaygılı, korkulu, engellenilmiş veya güvenli, rahat, doyumlu olabiliriz. Kısacası olayları algılar, değerlendirir ve onlara bu duyguları yükleriz. Böylece onlar ya stres ya da distres yükünü taşırlar.

Olayların distres yükünü azaltmak, en azından ayrımsız duygularla değerlendirmek bize rahatlık ve başarı getirecektir. Daha önce ayrıntılı bir biçimde anlatıldığı gibi duygular "insan" ve "toplum" arasındaki etkileşimlerde "sabit iç uyumunu", "homeostasis adaptasyon"u temin eder.

Olumlu duygu olumlu tavrı, olumlu tavır yaratıcılıklara katkıyı artıracaktır.

Yaşanabilecek en olumlu stresler şu üç başlık altında düşünülebilir. "Yaratıcılığa katılımdaki stres", "Zaferin stresi", "Hazzın stresi".

Değişiklik, Kayıp ve Stres

Bilimsel olarak ortaya konmamış bile olsa eskiden beri insanların hayatlarında meydana gelen değişikliklerin ve stres verici olayların hastalığa yol açtığı bilinmektedir. İnsanların hayatlarında meydana gelen değişikliklerin ruh hastalıklarına sebep olduğu bilim çevrelerinde daha kolay kabul görmesine karşılık, organik hastalıklarda bu faktörün önemi uzun yıllar çok geri plana itilmiştir.

Bu yüzyılın başlarında Adolf Meyer adlı bir psikiyatr, hastalıklarla, insanların hayat değişiklikleri arasındaki ilişkiyi sistemli bir biçimde incelemek için bir "Hayat Kartı" geliştirmiş ve her hastaya hayatındaki önemli fizik hastalıkları, ruhsal problemleri, önemli olayları, hayal kırıklıklarını, üzüntülerini sormuştu.

1962 yılında Psikiyatr Thomas Holmes ile Psikolog Richard Rahe bir araya gelerek Meyer'in başlattığı araştırmayı sürdürmüşler ve bir hastalık öncesinde, birçok kimsenin hayatında bazı değişiklikler olduğunu sezdikleri için, bu ilişkiyi hassas bir şekilde ölçmeye çalışmışlardır.

YAŞANTILARIN STRES YÜKÜ

Bunun için kişinin günlük hayat düzeyinde değişiklik demek olan, "küçük veya büyük bir uyum yapmayı gerektiren hayat olayları" bir listede toplanmış ve her bir olayın ortalama ağırlığı tespit edilmiştir. Eşin ölümü, ayrılık, hapse girme, aileden yakın birinin kaybı, hamilelik, amir ile problem, yeni bir eve taşınma, okula başlama veya bitirme, borçlanma, terfi, tatile çıkma gibi 43 tane sosyal stres bu listede yer almıştır.

1949 yılının başlarında Holmes'in laboratuvarında, Meyer'in geliştirdiği hayat kartı, 5000'den fazla hastanın psikolojik, sosyolojik ve hastalık hikâyelerini kaydetmek amacıyla kullanılmıştır. Bu kayıtlardan kalkarak tüberküloz, kanama, kalp-damar hastalıkları, cilt hastalıkları ve hamilelikten önce sık sık rastlanan 43 hayat olayı seçilmiştir.

Seçilen hayat olaylarının tek ortak noktası, olayın *"kişinin süregiden günlük hayat düzeninde değişiklik yapması"* olmuştur. Daha sonra yapılan bir başka araştırmayla kişinin süregiden günlük hayat düzeninde değişiklik yapan ve küçük veya büyük bir *uyum yapmayı* gerektiren her bir olayın ortalama ağırlığı tespit edilmiştir.

Her bir olayın ifade ettiği ağırlık tespit edilirken, değişikliğin sebep olacağı uyum çabasının miktarı ölçü olarak alınmıştır. Çünkü Holmes ve Rahe'a göre uyum "kişinin değişiklik meydana getiren hayat olayına alışmasıdır". Bundan ötürü her olayın sebep olduğu stresin şiddeti, olayın yol açtığı değişikliğe uyum yapma güçlüğü ile orantılıdır. İşte en başta bu sebeple, stresi sadece olumsuz olay ve durumlarda aramamak gerekir. Aynı sebeple evlilik bu ölçekte 100 üzerinden 50, tatil 13 ağırlıklı puan almıştır.

Anlatılan sebeplerden ilk bakışta stresi ölçen bir listede bulunması yadırganacak evlenme, tatil, terfi gibi hayat değişikliklerine de ölçekte yer verilmiş ve böylece "Sosyal Uyumu Ölçme Listesi" oluşturulmuştur. Liste, olayların stres yükü ile ilgili genel bir bilgi vermek için bu bölüme alınmıştır. Kendinize uygulayabileceğiniz ölçek ve uygulama yöntemi üçüncü bölümdedir.

SOSYAL UYUMU ÖLÇME LİSTESİ

Hayat Olayı	Ağırlık Puanı
1. Eşin ölümü	100
2. Boşanma	73
3. Eşle ayrı yaşamak	65
4. Hapsedilmek	63
5. Aileden yakın birinin ölümü	63
6. Önemli bir kişisel yaralanma ve hastalık	53
7. Evlilik	50
8. İşten atılmak	47
9. Eş ile barışma	45
10. Emekli olma	45
11. Bir aile üyesinin sağlığında veya davranışlarında önemli bir değişiklik	44
12. Hamilelik	40
13. Cinsel problemler	39

14. Aileye yeni birinin katılması (doğum, evlat edinme, büyüklerin eve yerleşmesi vb.) 39
15. İş açısından önemli bir yeniden uyum dönemi (işi yönetenlerin değişmesi, bir başka kurum veya işletme ile birleşme, yeni bir organizasyon, iflas) 39
16. Ekonomik durumda önemli bir değişiklik (süregelenden çok daha kötü veya çok daha iyi) 38
17. Yakın bir arkadaşın ölümü 37
18. İşte farklı bir bölüme geçmek 36
19. Eşle olan tartışmalarda bir artış (çocuk yetiştirme, kişisel alışkanlıklar gibi konularda alışılmıştan daha farklı yaklaşımlar) 35
20. Büyük miktarda borçlanmak (ev almak, iş kurmak vb. sebeplerle) 31
21. İpotek veya ikrazda mala veya paraya elkonması 30
22. İş sorumluluklarında önemli değişiklikler (terfi, statü kaybı, bir başka servise geçiş vb.) 29
23. Erkek veya kız çocuğun evden ayrılması (evlilik, yüksek tahsil, yatılı okul vb. sebeplerle) 29
24. Polis veya kanunla ilgili problemler 29
25. Önemli bir kişisel başarı 28
26. Kadının ev dışında çalışmaya başlaması veya işten ayrılması 26
27. Resmi olarak eğitime başlamak veya bitirmek 26
28. Yaşama şartlarında büyük değişiklik (yeni bir ev kurmak, yeniden döşemek, daha kötü bir ev veya semte taşınmak) 25
29. Kişisel alışkanlıklarda değişiklikler (giyim, tarz, ilişkiler vb.) 24
30. Patron veya amirle problem 23
31. İş saatleri veya şartlarında büyük değişiklikler 20
32. Başka bir yere taşınmak 20
33. Yeni bir okula başlamak 20
34. Alışılmış tipinizde büyük bir değişiklik 19
35. Dini alışkanlık ve uygulamalarda önemli bir değişiklik 19
36. Sosyal faaliyetlerde önemli bir değişiklik (kulüp, kahve, sinema, ziyaret vb.) 18
37. Çok büyük olmayan bir miktarda boçlanmak (araba, renkli TV, video veya ev eşyaları almak için) 17
38. Uyku alışkanlığında önemli bir değişiklik (daha çok veya daha az uyumak veya uyku saatinde bir değişiklik) 16

39. Aile bireylerinin bir araya geliş sıklığında önemli bir değişiklik (alışılmıştan daha çok veya daha az) 15
40. Yeme alışkanlığında önemli bir değişiklik (daha fazla veya daha az yemek veya yemek saatlerinin değişmesi) 15
41. Tatil 13
42. Yılbaşı 12
43. Yasalara karşı işlenmiş küçük suçlar (trafik cezaları vb.) 11

Bu listede yer alan olaylar hiç şüphesiz araştırmanın yapıldığı Amerika Birleşik Devletleri toplumunun olaylara bakışını ve bu olaylardan etkilenme derecesini göstermektedir.

Japon kültürü ile yapılan kıyaslamalı çalışmada iki farklı Japon topluluğunun olayları birbirine oldukça benzer, ancak ABD'den biraz farklı yorumladığı ortaya konmuştur. Örneğin "Hapse girme" olayının Japonya'da daha yüksek puanlanması, bu olayın o ülkede toplumsal saygınlığı daha çok zedelediği biçiminde yorumlanmıştır.

HAYAT DEĞİŞİKLİKLERİ VE HASTALIK

Hayat Olayları Listesinin ön çalışması sırasında, 88 hekimden son 10 yılı içine alacak biçimde her yıl için bir tane liste doldurmaları istenmiş ve her yılın puanları ayrı ayrı hesaplanmıştır. Bunun yanı sıra her hekimin ayrıntılı bir sağlık hikâyesi alınmıştır. Yapılan inceleme sonunda alerjik enfeksiyona bağlı, psikosomatik ve iskelet kasları ile ilgili hastaların % 93'ünün, 150 veya daha yakın "hayat değişikliği" alınan iki yıl içinde ortaya çıktığı görülmüştür.

Bunu izleyen diğer araştırmaların sonucunda 300'den yukarı puan alanların % 80 ile en yüksek, 150-299 arasında puan alanların % 50 ile orta, 150 ve daha aşağı puan alanların % 30 ile düşük risk grubu için aday oldukları bildirilmiştir.

Hayat değişiklikleri ile sağlık problemleri arasındaki ilişki çok sayıda araştırmaya konu olmuştur. Aşağıda bu araştırmalardan birkaç tanesi, konunun boyutlarıyla ilgili fikir vermek amacıyla sıralanmıştır.

Küçük hastalıklar ile hayat değişiklikleri arasındaki ilişki ABD ve Norveç'te 4000 uzun yol gemicisi üzerinde araştırılmıştır. Altı aylık bölümler halinde 3 yıl süreyle sürdürülen çalışmanın sonunda daha genç ve özellikle bekâr olan gemicilerin daha yaşlı, evli ve tecrübeli denizcilere kıyasla daha yüksek hayat değişikliği puanı topladıkları görülmüştür. Daha sonra gemi sağlık defteri üzerinde yapılan incelemede, seyahatten önceki altı ay içinde yüksek hayat değişikliği puanı alanların daha çok sağlık problemi ile karşılaştıkları bulunmuştur.

G. Engel psikosomatik alanındaki araştırmalarıyla çok tanınan bir bilim adamıdır. Bu araştırmacı kaza ve intihar hariç, gazetelere yansımış 170 ani ölüm olayını soruşturmuş ve vakaların % 59'unda ölüm olayından bir süre önce, kişinin hayatında herhangi tipte bir kaybın meydana geldiğini saptamıştır. Örneğin, 36 kişinin aileden çok yakın birisini kaybettikten sonra, 35 kişinin çok önemli bir buhranı izleyen 16 gün içinde, 16 kişinin aileden çok yakın birinin kayıp tehlikesi karşısında, 9 kişinin sosyal statüsünü veya toplum içindeki saygınlığını kaybettikten sonra ve 5 kişinin de önemli bir kaybın yıl dönümünde öldükleri görülmüştür.

L. Hinkle, bir araştırmasında *beklentilerine, sosyal sınıflarına uygun* olarak yaşayan, *yeteneklerine uygun* bir işte çalışanların, işlerinden memnun olmayan, eğitim ve sosyal sınıfları açısından mesleklerinde beklentileri ölçüsünde gelişme göstermeyenlere kıyasla daha sağlıklı olduğunu ortaya koymuştur. *Bu araştırmada ikinci grupta yer alanların aynı zamanda sağlık açısından daha problemli kimseler olduğu da bildirilmiştir.*

Aynı araştırmadaki bir başka ilginç bulgu, *sosyal sınıflarını, hayatlarını* ve işteki pozisyonlarını değiştirmeyenlerin, farklı işlerde aynı pozisyonu sürdürenler ve sık sık terfi edenlere kıyasla daha az hastalandıklarıdır. Farklı işlerde, aynı pozisyonda çalışmak zorunda kalmak, donmuş bir hareketliliğin sebep olduğu hayal kırıklığının; diğeri ise sürekli olarak uyum yapma zorunluluğunun getirdiği stresin yol açtığı bir sonuçtur.

Kaza sonucu meydana gelen yaralanmalar

Yakın Zaman Hayat Olayları Listesinin sporcular için yapılan düzenlemesi ABD'de Amerikan futbol ligindeki 79 sporcuya uygulanmıştır. Futbol sezonuna başlamadan yapılan uygulamada, *oynanacak sezon içinde sakatlanma riski yüksek olan sporcular* tahmin edilmiş ve sezon tamamlanınca sakatlanan 26 sporcunun toplam hayat değişikliği puanının 632, sakatlanmayan 46 sporcunun 494 olduğu görülmüştür.

Aynı şekilde hastanede kol veya bacak kırığı ile yatan 37 kişi üzerinde yapılan araştırmada, bunların 30 tanesinin bir yıllık geçmişlerinde orta veya şiddetli derecede hayat değişiklikleri olduğu bulunmuştur.

Selzer ve Vinokur adlı iki araştırmacı, hayat değişiklikleri ile trafik kazaları arasındaki ilişkiyi incelemişler ve *trafik kazası yapan grubun hayat değişikliği puanının daha yüksek olduğunu saptamışlardır.*

Kalp-damar hastalıkları ve hayat değişiklikleri

ABD'de çalışan nüfusun, kalp-damar hastalıkları ve bu hastalıkların yol açtığı problemler sebebiyle yılda % 12 zaman kaybına uğradığı tahmin edilmektedir. İlerdeki sayfalarda bu konu çeşitli yönleri ve ayrıntıları ile ele alınacağı için, burada sadece kalp-damar hastalıkları ile kayıp ve hayat değişikliklerini ele alan araştırmalardan birkaç örnek verilecektir.

Son 35 yıl içinde yapılan ayrıntılı ve çok yönlü araştırmalar, kalp-damar hastalıkları konusunda öteden beri kabul edilen risk faktörlerinin bu hastalığın meydana gelişini açıklamakta yeterli olmadığını ortaya koymuştur.

Rahe ve Lind, Stokholm'de ani bir kalp krizi ile ölen 67 kişinin birinci derecede yakınları ile yaptıkları görüşmede, 39 kişide son altı ayda, daha önceki dönemlere kıyasla toplam 3 kere daha fazla "hayat değişikliği" meydana geldiğini saptamışlardır.

Bundan hemen sonra Orell ve Rahe koroner kalp hastalığından ölen ve hayatta kalanlar üzerinde kıyaslamalı bir araştırma yapmışlardır. Çalışmanın sonunda, hayatta kalanların ölenlere kıyasla daha sabit bir hayatları olduğu ve ölenlerin - en yüksek düzeyine 6 ay önce ulaşan - 7-12 ay öncesine ait önemli hayat değişiklikleri ile karşılaştıkları görülmüştür.

Helsinki'de miyokard infarktüsü geçirdikten sonra hayatta kalan 279 hasta üzerinde yapılan araştırmada, hastaların krizlerinden önceki ay içinde, sayı ve önem olarak artan ölçüde hayat değişikliğiyle karşılaştıkları ortaya konmuştur.

1970'lerden sonra birçok araştırma merkezinden gelen bilgiler, daha önce de söz konusu edilmiş bir başka faktörün koroner hastalıklar konusunda çok önemli bir rol oynadığını desteklemektedir.

A tipi davranış biçimi denilen ve koroner hastalıklara yatkınlıkta bilinen standart risk faktörleri arasında yerini almış olan bu faktör "Koroner Kalp Hastalıkları" bölümünde ele alınacaktır.

Stres hastalık şiddetini etkiler

Holmes ve arkadaşları, araştırmalarının sonuçlarına dayanarak - hangi hastalık olursa olsun - hastalığın şiddeti ile, belirtilerin ortaya çıkmasından önceki bir yıl içindeki, *"hayat değişikliklerinin sayısı ve önemi"* arasında doğrudan bir ilişki olduğunu ileri sürmüşlerdir.

"Hastalık şiddeti" ifadesi ilk bakışta sübjektif bir kavram gibi gözüktüğü için önce kısaca bu konuya değinmekte yarar vardır.

125 hastalıktan oluşan bir liste, hekimler ve tıp konusu ile ilgili olmayan kimseler tarafından ayrı ayrı değerlendirilmiş ve her hastalığın şiddeti için verilen ağırlıklı puanlarla "hastalık şiddeti"ni gösteren bir ölçek elde edilmiştir.

Bu ölçeği kullanarak yaptıkları araştırmada Wyler ve arkadaşları 42 farklı hastalık sebebiyle hastanede yatan 232 kişide, hastalığın başlamasından önceki 2 yılı incelemişler ve hayat değişiklikleri ve hastalık şiddeti arasında – özellikle kronik hastalıklar konusunda – son derece kuvvetli bir ilişki bulmuşlardır.

Bu ve benzeri araştırma verilerinden kalkarak *hayat değişiklikleri ve bunlara uyum sağlamak için gerekli olan çaba ne kadar kuvvetli olursa, hastalığa karşı bedenin direncinin de o ölçüde düşmekte olduğu* söylenebilir.

Akut enfeksiyon (mikropların yol açtığı) hastalıklarında patolojik (hastalığa sebep olacak) bir mikrobun (ajanın) varlığı ve hastanın direnç düzeyi kavramlarına bugün artık bir yenisinin eklendiğini düşünmek hatalı olmaz; "Hayat değişiklikleri" kavramının *hastalığa yakalanma*, hastalığın *başlama zamanı* ve *hastalığın şiddeti* ile yakından ilişkili olduğu birçok araştırmanın ortak bulgusu olarak sunulmaktadır.

Akut enfeksiyon hastalıklarının sık görüldüğü dönemlerde uzmanların zihnini en çok kurcalayan sorulardan biri, hastalığa aynı mikrop (ajan) sebep olduğu halde, hastaların hastalıklarının seyirlerinde görülen farklılıktı. Bu sorunun akla gelen ilk cevabı "her hastanın direnç düzeyinin farklı oluşu"ydu. Bugün bu farklılığı doğuran önemli faktörlerden bir tanesinin *"hayat değişiklikleri"* olduğu anlaşılmıştır. Ancak bu bilgi de sorunun bütününü cevaplayamamaktadır. Çünkü "hayat değişikliği" miktarı daha fazla olan bazı kimseler, daha az olanlardan daha dirençli olabilmektedirler. Bu konudaki ana belirleyici "streslerle başaçıkma becerisi"dir.

Hayat değişiklikleri ve bu değişikliklerin sebep olduğu stresin insanın hastalığa karşı direncini nasıl etkilediği daha geniş bir biçimde "Stres ve Bağışıklık Sistemi" bölümünde ele alınacaktır.

İş Stresi

İş hayatından yansıyan stresler ve bunların sonuçları – doğrudan veya dolaylı – gerçekte dünya üzerindeki herkesi ilgilendirmektedir.

İş hayatı, insanın çalışırken geçirdiği saatleri fazlasıyla aşan ve hayatın her cephesine yayılan bir öneme sahiptir.

Kişinin sahip olduğu iş, onun toplumsal statüsünü, hayattan aldığı doyumu, ailesine sağladığı imkânları ve hayattan aldığı zevki belirler.

Yüzyılın başında S. Freud, "İnsanın sağlığını koruyan iki faktör vardır. İşini sevmesi ve hayatı sevmesi," demiştir. Hans Selye ise streslerle başaçıkabilmenin reçetesini şöyle yazmıştır: "Stresten kurtulmak için görevinizi en iyi şekilde yapın."

Dünya düşünce tarihini etkileyen bu iki bilim adamının işaret ettiği gibi iş hayatı ve sağladığı doyum, bireyin beden ve akıl sağlığıyla doğrudan ilişkilidir.

Her ne kadar hayatı güzelleştirmek ve sağlığı korumak için bireysel çabaların hiçbir zaman elden bırakılmaması gerekirse de, iş hayatından yansıyan stresler o kadar geniş bir çerçeveyi kapsamaktadır ki, bu stresleri sağlığı tehdit etmeyecek düzeye indirmek esas olarak bireysel çabaları aşmaktadır.

Stres olarak bilinen problemleri doğuran iş şartları, çalışanlar üzerinde baskı ve zorlanma yaratır. Bu zorlanmanın uzun sürmesi de sağlıkla ilgili ciddi sonuçların doğmasına sebep olur.

Burada konu hem bireysel boyutuyla, hem de organizasyonu ilgilendiren boyutuyla ele alınacaktır.

YÖNETİCİ STRESİ

Bundan on yıl kadar önce iş hayatıyla ilgili stres araştırmaları bütün yoğunluğuyla başladığında üst düzey yöneticilerine, "iş hayatının zavallı kurbanları" olarak bakılıyordu. Büyük ve orta düzey şirketlerin üst düzey yöneticileri, "hayatlarını şirketlerine adamış ve kendilerini bekleyen ölüme koşar adım giden fedailer" olarak görülüyordu.

Ancak araştırmalardan elde edilen sonuçlar konuyla ilgilenenleri hayrete düşürdü. Çünkü *üst düzey yöneticilerin büyük bölümü içinde yaşadıkları bütün zorluklara rağmen sağlık açısından mükemmel durumdaydılar.* Araştırma sonuçları "hayatlarını şirkete adamış kurbanlar"ın "orta düzey yöneticiler" olduğunu ortaya koydu. Çünkü üst düzey yöneticilerin önemli ölçüde belirli bir çerçeve içinde ve kendi koydukları kurallar içinde oldukça serbest hareket etme imkânına sahip kimseler olmalarına karşılık, orta düzey yöneticiler bu imkândan yoksundurlar.

Orta düzey yöneticileri çok kere üst yönetimin baskısı ile alt kademenin direnci arasında sıkışıp kalmakta ve işletme için sağlıklarını gerçekten kurban eden kişiler olmaktadırlar.

İŞKOLİK MİSİNİZ?

İnsanın işini sevmesi, doyumlu ve sağlıklı bir hayat için esastır. Ancak aşırı iş yükü, kişi işinden hoşlansa bile, doğrudan ağır bir strestir. Bazı insanlar yaptıkları işle kendilerini eğlendirirler, iş dışı zamanlarında kendilerine zevk verecek bir şey bulamazlar ve kendilerini işe vermeye tercih ederler. Bu tür kimselere "işkolik" denmektedir.

İşkolik olup olmadığınızı anlamanıza yardımcı olması için aşağıdaki soruları cevaplandırabilirsiniz:

1-	Saat kaçta yatarsanız yatın, erken kalkar mısınız?	-------	-------
2-	Eğer öğle yemeğinizi yalnız yerseniz, yerken okur veya çalışır mısınız?	-------	-------
3-	Her gün yapılacak işler listesi tutar mısınız?	-------	-------
4-	"Hiçbir şey yapmamayı" zor bulur musunuz?	-------	-------
5-	Enerjik ve rekabetçi misiniz?	-------	-------
6-	Hafta sonları ve tatil günleri çalışır mısınız?	-------	-------
7-	Her yerde ve her zaman çalışabilir misiniz?	-------	-------
8-	Tatile çıkacak vakti bulmakta zorluk çeker misiniz?	-------	-------
9-	Emeklilikten korkar mısınız?	-------	-------
10-	İşinizden gerçekten zevk alıyor musunuz?	-------	-------

Eğer bu sorulardan 8 veya daha fazlasına "evet" diye cevap verdiyseniz, muhtemelen siz de bir "işkolik"siniz.

Tükenme Belirtisi
(Burnout Syndrome)

Hayatının büyük bölümünü işkolik olarak geçiren ve çeşitli sebeplerle yoğun iş yükü altında yaşayan kişiler "tükenme" durumuyla karşı karşıya kalırlar.

Böyle insanlar bazen yoğun olarak "hayat çekilmez" duygusunu yaşarlar. Bu duygu, Dr. Freurenberger tarafından "tükenme belirtisi" olarak tanımlanmıştır.

Bu tablonun belirtilerinin anlaşılması bazen güç, bazen de oldukça kolaydır. Bedensel belirtiler uykusuzluk, canlılığı kaybetmek, baş ağrısı, ciddi göğüs ağrıları ve genel sağlıkla ilgili belirsiz şikâyetlerdir.

Davranışlar ve duygularla ilgili belirtiler daha önce ortaya çıkar ve daha kolay tanınır: Ani öfke patlamaları, sürekli kızgınlık, yardımsızlık, yalnızlık ve umutsuzluk duyguları, çaresizlik, engellenmişlik, güceniklik, şüphecilik, cesaretsizlik ve can sıkıntısı en sık dile getirilen şikâyetlerdir.

Tükenme belirtisi, genellikle "çok başarılı" olmak için yoğun ve dolu bir programla çalışan, her çalışmada, kendi üzerine düşenden fazlasını yapan ve sınırlarını tanımayan kişilerde görülür.

Belirtilerin ağırlaştığı dönemlerde, bu kişiler "Etrafımdaki her şey ters, bunlara ne oluyor?" diye sorarlar. Cevap "kendilerinin tükendiği"dir.

Kendinizde tükenme belirtileri görüyor musunuz? Yoksa kendinizi tükenme yolunda mı hissediyorsunuz? Bunu anlamak istiyorsanız kendi durumunuzu "Tükenme Ölçeği" üzerinden değerlendirin.

TÜKENME ÖLÇEĞİ

Aşağıdaki ölçekte, her cümlenin yanına, "Benim için doğru" anlamına gelen D veya "Benim için yanlış" anlamına gelen Y harfi koyun.

— 1- İş veriminiz düşüyor mu?
— 2- İş üzerindeki inisiyatifinizi kaybettiğinize inanıyor musunuz?
— 3- İşe karşı ilginizi kaybettiniz mi?
— 4- İşin stresini eskisinden olduğundan daha fazla mı hissediyorsunuz?
— 5- Kendinizi yorgun veya bitkin hissediyor musunuz?
— 6- Baş ağrılarınız var mı?
— 7- Mide ağrılarınız var mı?
— 8- Yakın zamanda zayıfladınız mı?
— 9- Uyumakta güçlük çekiyor musunuz?
— 10- Nefes darlığı çekiyor musunuz?
— 11- Mizacınızın sık sık değiştiğini veya hayattan zevk alamadığınızı hissediyor musunuz?
— 12- Kolayca öfkeleniyor musunuz?
— 13- Kolayca bozuma uğrar mısınız?
— 14- Her zaman olduğunuzdan daha şüpheci misiniz?
— 15- Her zaman olduğunuzdan daha umutsuz musunuz?
— 16- Mizaç üzerinde etkili maddeler kullanıyor musunuz? (sakinleştirici ilaç veya alkol)
— 17- Esnekliğinizi kaybedip, katılaştınız mı?
— 18- Kendinize ve çevrenizdekilere karşı daha eleştirici mi oldunuz?
— 19- Daha çok çalıştığınız halde, eskisinden daha az iş yapıyor duygusuna kapılıyor musunuz?
— 20- Gülme isteğinizi kaybettiniz mi?

Yukarıdaki maddelerin yarısından fazlasına "doğru" cevabı verdiyseniz "tükenme" yolunda olduğunuzu düşünebilirsiniz. Eğer 15 veya daha fazla soruya "doğru" dediyseniz, siz "tükenmekte"siniz (veya belki çoktan "tükendiniz"). Durumunuzun buna uyduğunu düşünüyorsanız, "Stresle Başaçıkma" ve "Daha İyi Bir Hayat İçin" bölümlerini dikkatle okuyun. Mutlaka size uyan ve yararlanabileceğiniz bazı öneriler bulacaksınız.

İŞ SAĞLIĞININ TANIMI

İş sağlığının ve çalışma şartlarının dünyadaki en üst sağlık kuruluşu olan Dünya Sağlık Teşkilatı (WHO) tarafından nasıl değerlendirildiğini bilmenin yararlı olacağına inandığımız içi - birçoğu bize yabancı olan kavrama rağmen - bu tanımı aşağıya alıyoruz.

"Her türlü işte çalışanların bedensel, ruhsal ve sosyal refahlarını en üst düzeye yükseltmek; çalışanların sağlıklarında iş şartlarından kaynaklanan bozulmaları önlemek; çalışanları sağlığa aykırı risk faktörlerinden korumak; her çalışanı kendi iş çevresinde bedensel ve psikolojik şartlarına uygun yere yerleştirmek ve orada muhafaza etmek".

Bu tanımda özellikle dikkat edilmesi gereken üç temel nokta vardır.

1. Sağlıklılık sadece hasta olmamak değil, kendini iyi ve sağlıklı hissetmektir. Burada mutlulukla, refah ve hastalıktan korunmak kastedilmektedir.

2. Sağlıklılık sadece bedenin fizyolojik fonksiyonlarının doğru çalışmasını değil, aynı zamanda doyumlu bir ruhsal ve sosyal hayat yaşamayı da içerir.

3. İş şartları çalışanların refahlarını yükseltmek üzere organize edilmeli ve çalışan her bireyin ihtiyacı, becerisi ve amaçlarına uygun biçimde düzenlenmelidir.

Bu tanımı kabul edecek olursak, hiç şüphesiz çalışanların çok büyük bir bölümünün sağlıklarını ve refahlarını yükseltmeyecek işlerde çalıştıklarını itiraf etmek zorundayız. Bu durumda da çalışan birçok kişinin iş stresleri sebebiyle katlanılması imkânsız zorlanmalarla sağlıklarını kaybetmesi ender rastlanan bir durum değildir.

Şekil 14'te iş stresleri, yol açtıkları bazı sonuçlarla birlikte özetlenmeye çalışılmıştır.

Bu tablodan da kolayca anlaşılabileceği gibi iş hayatı içinde her çalışanın belirli zamanlarda etkilenebileceği son derece çeşitli ve yüksek bir stres potansiyeli vardır.

Çalışanlar iş hayatı ile ilgili streslerden çeşitli derecelerde etkilenirler. Birçok kişi işten kaynaklanan bazı endişeleri sebebiyle zaman zaman uykusuz kalır. Bazıları işin sebep olduğu endişeler ve gerginlikler yüzünden baş ağrısı ve hazımsızlık çeker. Acaba işte birine olan kızgınlığını evine getirmemiş, eve işle ilgili konulardan ötürü yorgun, sıkıntılı, tahammülsüz, patlamaya hazır gelmemiş kimse var mıdır?

Şekil 14.
STRESLER, ZORLANMALAR VE BUNLARIN UZUN DÖNEMDEKİ SONUÇLARI

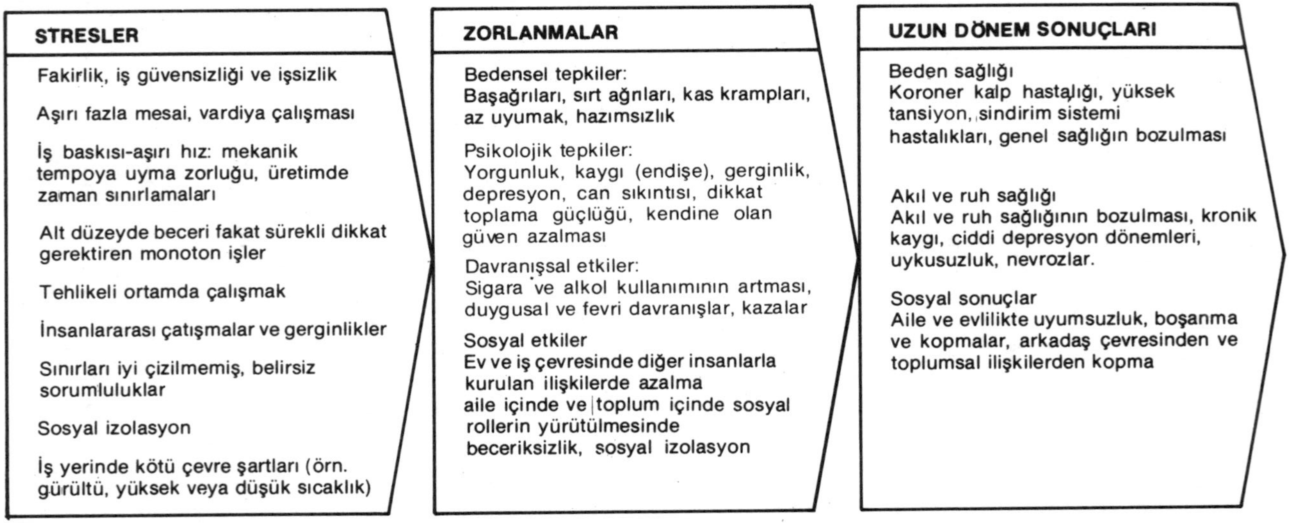

STRESLER

Fakirlik, iş güvensizliği ve işsizlik

Aşırı fazla mesai, vardiya çalışması

İş baskısı-aşırı hız: mekanik tempoya uyma zorluğu, üretimde zaman sınırlamaları

Alt düzeyde beceri fakat sürekli dikkat gerektiren monoton işler

Tehlikeli ortamda çalışmak

İnsanlararası çatışmalar ve gerginlikler

Sınırları iyi çizilmemiş, belirsiz sorumluluklar

Sosyal izolasyon

İş yerinde kötü çevre şartları (örn. gürültü, yüksek veya düşük sıcaklık)

ZORLANMALAR

Bedensel tepkiler:
Başağrıları, sırt ağrıları, kas krampları, az uyumak, hazımsızlık

Psikolojik tepkiler:
Yorgunluk, kaygı (endişe), gerginlik, depresyon, can sıkıntısı, dikkat toplama güçlüğü, kendine olan güven azalması

Davranışsal etkiler:
Sigara ve alkol kullanımının artması, duygusal ve fevri davranışlar, kazalar

Sosyal etkiler
Ev ve iş çevresinde diğer insanlarla kurulan ilişkilerde azalma
aile içinde ve toplum içinde sosyal rollerin yürütülmesinde beceriksizlik, sosyal izolasyon

UZUN DÖNEM SONUÇLARI

Beden sağlığı
Koroner kalp hastalığı, yüksek tansiyon, sindirim sistemi hastalıkları, genel sağlığın bozulması

Akıl ve ruh sağlığı
Akıl ve ruh sağlığının bozulması, kronik kaygı, ciddi depresyon dönemleri, uykusuzluk, nevrozlar.

Sosyal sonuçlar
Aile ve evlilikte uyumsuzluk, boşanma ve kopmalar, arkadaş çevresinden ve toplumsal ilişkilerden kopma

Not: Konut problemi, aile içi problemler gibi iş dışındaki faktörler de iş stresleriyle birleşerek çalışan kişi üzerindeki zorlanmanın artmasına sebep olur.

Bütün bu şikâyetler nispeten küçük ve önemsiz gibi gözükebilir, ancak bunlar bile stresin iş hayatının kaçınılmaz bir parçası olduğunu ortaya koymaktadır.

Bundan sonraki sayfalarda çalışanların iş hayatında karşılaştıkları belli başlı stresler anlatılacaktır.

Düşük ücret

Yetersiz kazanç, çalışanın ailesini gerektiği gibi besleyemeyeceği, giydiremeyeceği ve yeterli konfora sahip bir evde oturmasını sağlayamayacağı anlamına gelir. Ailenin tatil ve boş vakitlerini geçirmesi ve kendileri için asgari şartları sağlaması aşırı fazla mesaiye ve gece mesailerinden sağlanacak ek gelirlere bağlı olacağı için bu durumdan aile hayatı ve sosyal hayat büyük zarar görecektir.

Teşvik edici ödeme sistemleri

Prim sistemleri çalışma temposunu ve üretim hızını artırmaya zorlar. Böyle bir düzen içinde çalışanlar güvenli çalıştıkları için değil, hızlarını artırdıkları için ücretlerini yükselteceklerinden, bu durum kaygıya (endişeye), yorgunluğa ve sisteme dahil olanlar arasında rekabetten doğan düşmanca duygulara sebep olur.

Teşviği sadece para olarak düşünmemek gerekir. Ücretli tatil, daha kısa çalışmak, özel sağlık sigortası kapsamına alınmak, konut kredisinden yararlandırılmak, emeklilik primine katkı uygulanabilecek teşviklere örnektir.

Teşvik sistemlerinin çok önemli bazı incelikleri vardır. Teşvik sistemini geçersiz kılan teşviğin otomatik (kendiliğinden) olması veya ulaşılmaz hedeflerde gerçekleşecek olmasıdır. Bu iki durumda da teşvik anlamını kaybeder.

Diğer önemli nokta her yaş için farklı teşvik sistemlerinin geçerli olduğunun bilinmesidir. Her yaş grubunda ve bütün sosyo-ekonomik ve sosyo-kültürel düzeyde çalışanlar aynı teşvik sisteminden yararlandırılamaz. Bu sebeple teşvik sisteminin seçiminde bu özelliklerin gözönünde tutulması gerekir.

Vardiya çalışması

Bu çalışma biçimi, çalışanın normal biyolojik, psikolojik ve sosyal yaşama kalıbını ciddi biçimde bozar. Vardiya çalışması bedenin normal biyolojik ritmi ile çeliştiği için kronik yorgunluğa ve bireyin aile ve sosyal hayatının yıkılmasına sebep olur.

Çalışma düzeni

Modern çalışma sistemleri, yapılacak işleri gittikçe daha düşük beceri gerektiren, iş başarmaktan kaynaklanacak hiçbir doyum duygusu vermeyen, fakat çalışanı çok sıkı bir makine denetimi altında tutan gittikçe daha küçük parçalara bölmüştür. Bu tür işler "insanlığa aykırı" olarak kabul edilmektedir.

Çalışma organizasyonu

Modern çalışma organizasyonları çoğunlukla otoriter bir denetime yol açan, üst kademedekilerin alt kademedekileri yönlendirdikleri ve kontrol ettikleri otoriter bir hiyerarşiyle düzenlenmiştir. Bu tür hiyerarşik düzenlemeler organizasyon içindekiler arasında sık sık çatışma ve gerginliğe sebep olmaktadır.

Modern yönetim anlayışında Batı ve Japon modellerindeki farklılıklardan kaynaklanan aynı düşünce ve uygulamalar vardır. Ancak ister Japon modelindeki gibi hiyerarşik katları azaltarak olsun, ister çoğaltarak, *eşitler arasında ve ast-üst ilişkileri içinde insanlararası ilişkilerin düzenlenmesini sağlayan modern iletişim sistemleri uygulanmadıkça,* çatışmalar kaçınılmaz olur. Bu da işletmenin verimliliğini doğrudan etkileyen olumsuz sonuçlar verir.

ÜCRET, ÜRETİM VE STRES

Bir çalışanın ürettiği değer ile bunun karşılığında alacağı ücret arasındaki ilişki bir ticari kuruluşun temel fonksiyonudur. *Çalışanın ücretini artırarak hayat şartlarını yükseltme çabası, kurumların en az yatırım ve harcamayla en çok "kâr"ı elde etme düzenlemeleriyle çatışır.* İş hayatındaki streslerin büyük çoğunluğu bu çatışmadan kaynaklandığı için, biz de konuya buradan giriyoruz.

Emeğin piyasa fiyatı birçok faktör tarafından belirlenir. Ancak çalışanların pazarlık gücünün sınırlanması onlar adına birçok stresi de beraberinde getirir. Düşük ücret, iş güvencesi, geçimi sağlayabilecek ücret uğruna fazla mesailere ve vardiyalardan sağlanacak primlere aşırı bağlanma çalışan birey ve ailesi için büyük streslerin tetikleyicisidir. Çünkü yukarıda sıralanan – ve bilmeyen için basit gibi görünen – bu dört sebep, kötü evde yaşamanın, yetersiz beslenmenin, çocuklarına iyi bir eğitim yaptırtamamanın, hayatın zor günleri için küçük bir tasarruf bile verememenin, hiçbir zaman borçtan kurtulamamanın uzun vadede ruh ve beden sağlığı üzerinde doğuracağı sonuçları içinde barındırmaktadır.

Fakirlik, tek başına hem ruh hem de beden sağlığı açısından ciddi problemler getirir. Şikago'da gettoda yaşayan zenciler arasında kansere rastlanma sıklığı hem siyahlardan hem de genel ulusal ortalamadan 1,5 kere daha fazladır.

Gerek ABD, gerek İngiltere'de alt gelir düzeyinde boşanma sıklığı, orta ve üst gelir düzeyine kıyasla iki kere daha fazladır.

Fakirlik, sebep olduğu sonuçlar bir yana, kendisi başlı başına büyük bir stres kaynağıdır. Çünkü insanı sevdiklerine ve çevresindekilere çok basit bile olsa bir şeyler vermekten alıkoyar. Vermek güçlülüktür. İnsanın duygularını ifade etmesi ve ilgisini ortaya koyması için - maddi değeri küçük bile olsa - sevdiklerine verecekleri bir araçtır. Fakirlik bu imkânı insanın elinden önemli ölçüde alır. Hiç şüphesiz hediye maddi değeriyle ölçülmez, duyguları ortaya koymak için madde şart değildir. Ancak yine de fakirlik "verme"yi - eli açık olmak bir yana - gönül zenginliğini bile önemli ölçüde sınırlar.

İşsizlik

İşsizlik düşük ücretle beraber gitmektedir. Çünkü düşük ücretli işler, genellikle iş güvenliği açısından da zayıf işlerdir. İngiltere'de işsizlik, niteliksiz işgücünde, genel ortalamadan 2,5 kere daha fazladır. Düşük ücret alan niteliksiz işçi, kapıya en yakın kişinin kendisi olduğunun farkındadır ve böyle sürekli tehdit altında bulunmak bir kaygı doğurur.

İşsizliğin doğuracağı sonuçların ciddiyeti, iş kaybının sürpriz olması, işsizlik süresi gibi birçok faktöre bağlıdır. İşsizlik süresinin uzaması, birikmiş olan paranın azalması kaygı ve depresyona sebep olur. Depresyon yerleşmiş bir ruh hali durumuna gelince, kişinin enerjisi bütünüyle tükenir, günün tamamını yatakta geçirmeye başlar. Ayrıca özellikle erkeklerde kendine güven ve saygının azalması, değersizlik duyguları görülür. Böyle bir durum gerek eşler arasında, gerek ana-baba ve çocuk arasında yıkıcı problemlerin doğmasına sebep olur.

İşsizliğin doğurduğu sonuçlar bu sayılanlardan ibaret değildir. İşsizliğin doğurduğu bazı sonuçlar yanında, yukarıda sayılanlar hafif kalmaktadır. İşsizlikle intihar arasında, işsizlikle alkol ve uyuşturucu kullanımı arasında ve işsizlikle suçluluk arasında bilimsel araştırmalarla ortaya konmuş çok açık ilişkiler vardır.

VARDİYA ÇALIŞMA DÜZENİ VE STRES

Vardiya düzeni ile çalışma ülkemizin endüstrileşmesine ve gelişmesine paralel olarak artmaktadır. Bu sistemi çok uzun süreden beri uygulamakta olan ülkelerde yapılan araştırmalar, sistemin insan sağlığı üzerinde son derece olumsuz ve yıkıcı etkileri olduğunu ortaya koymuştur.

Vardiya düzeni ile çalışma çeşitli fabrikaların yanı sıra, ulaşım, posta ve haberleşme, sağlık hizmetlerinde de uygulanmaktadır.

Vardiya uygulamaları çeşitlidir. Gece vardiyası olmaksızın gündüz iki vardiya, gece vardiyasıyla beraber üç vardiya, hafta sonunu da içine alan üç vardiyalı sistemler, vardiya düzeninin belli başlılarıdır. Birçok işte, 24 saatin bütününü içine alan, hafta sonlarının bütününü içine alan sistemler uygulanmaktadır. Ayrıca vardiya sistemleri dönüşüm düzenleri açısından da çeşitlidir. Aynı vardiyada 7 günden fazla çalışmak, uzun süre olarak kabul edilir.

Vardiya düzeni sağlığı ve esenliği iki temel noktadan etkilemektedir. Birincisi vardiya düzeni özellikle uyku ve sindirim açısından bedenin biyolojik ritmi ile çelişir; ikincisi aile hayatını ve sosyal hayatı bozar.

İnsanın temel bedensel faaliyetlerinin belirli bir kalıbı vardır. Uyku uyanıklık düzeni bunun en belirgin ve önemlisidir. Beden sıcaklığı ve çeşitli hormonların düzeyi insanın günlük hayatını sürdürmesi için gün içinde dalgalanma gösterir. Bedensel aktivite uyanmayı izleyen günün ilk saatlerinden başlayarak artar ve uyku saatine doğru azalır.

Şekil 15 beden sıcaklığı ve aktiviteyi belirleyen en önemli hormonlardan biri olan adrenalinin 48 saatlik süre içindeki dalgalanışını göstermektedir.

Sindirim ve uyku faaliyetleri de birçok başka beden faaliyeti gibi çok sıkı bir günlük ritme bağlıdır. Bu biyolojik ritmler sosyal çevre ile eşzaman (senkronize) olmuşlardır ve böylece çoğu kez saate bakmadan zamandan haberdar olabiliriz.

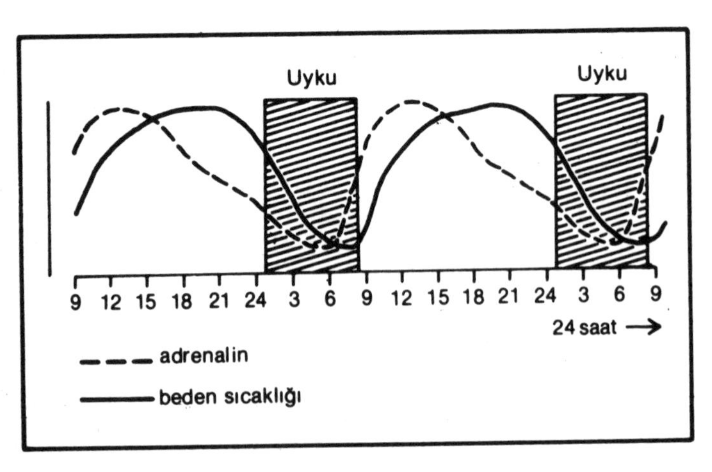

Şekil 15. Normal Biyolojik Ritmler.

Biyolojik ritm, değişikliğe karşı çok dirençlidir ve çalışma, yeme, uyuma düzeninde yeni bir kalıba uyum son derece yavaş olmaktadır. Bilimsel olarak birçok araştırmayla ortaya konmuş olan bu olgunun doğurduğu önemli sonuç şudur: Çalışma günleri sırasında vardiya düzenine uyum göstermeye başlayan biyolojik ritm, dinlenme günleri sırasında hızla eski kalıbına geri dönecek ve dinlenme günlerini izleyen çalışma döneminde zorunlu olarak yeni bir uyum süreci başlayacaktır.

İş stresi başlığı altında insanların iş hayatından yansıyan streslerin genel bir çerçeve içinde ele alınması amaçlanmıştır. Vardiya düzeninde çalışma bunlardan biridir. Ancak vardiya düzeninde çalışmanın birey hayatında öylesine özel ve kaçınılmaz etkileri vardır ki, bunları genel hatları ile de olsa yazmanın – konu ile ilgilenmeyenleri sıkmak pahasına – yararlı olacağını düşündük.

Uyku

Gece vardiyasında çalışmak gündüz uyumak demektir ve bu da uykunun *hem süresini, hem kalitesini* etkiler. Bu etkinin nasıl meydana geldiği uyku bölümü okunduğunda kolayca anlaşılabilir.

Yapılan araştırmalar gece vardiyası çalışanlarının bir ila ikibuçuk saat daha kısa uyuduklarını, rüyalı uykunun daha kısa olduğunu, dış dünyadan yansıyan uyaranlarla daha sık kesildiğini ortaya koymuştur. Muhtemelen bütün bunların sonucunda azalan uyku miktarı zaman içinde birikerek kişinin kendisini sürekli olarak yorgun, huzursuz, sinirli ve gergin hissetmesine sebep olmaktadır.

Yapılan çeşitli araştırmalarda uyku bozukluğuna rastlama sıklığı gündüz çalışanlarda % 5 - % 11 arasında değişirken, gece vardiyasında çalışanlarda % 50 - % 62 arasında değişmektedir.

İştah ve sindirim

Birçok araştırma gece vardiyasında çalışanlarda görülen temel sağlık problemleri arasında başta ülser olmak üzere çeşitli sindirim sistemi hastalıklarının olduğunu ortaya koymuştur.

Bu sonucu iki biçimde yorumlamak mümkündür. Birincisi, gece vardiyasında çalışanlarda görülen sindirim sistemi hastalıklarının sebebi doğrudan doğruya düzensiz yemek yemeye bağlanabilir ve sindirim faaliyetinin zamanının biyolojik ritme uygunluk göstermemesi olarak yorumlanabilir. İkincisi sindirim problemleri ve ülser psikosomatik olarak yorumlanabilir. Aşırı ve sürekli yorgunluk, vardiya düzeninde endişe ve stres böyle bir hastalığın gelişmesi için yeterlidir.

Bütün bunlara ek olarak bilinmektedir ki; çay, kahve, alkol ve sigara sindirim faaliyetini bozmaktadır ve bu maddeler gece vardiyasında çalışanların çoğunluğu tarafından çok kere yaygın olarak, aşırı ölçüde kullanılmaktadır.

Aile hayatı

Vardiya düzeninde çalışmanın kaçınılmaz sonuçlarından biri de, aile hayatının – çeşitli ölçülerde değişen – *zarar görmesidir.* Vardiya düzeninde çalışan kişinin çocuklarıyla bir masa başında toplanması, eşiyle dost toplantısına gitmesi, çocuğunun okul problemleriyle ilgilenmesi, düzenli bir cinsel hayatı sürdürmesi mümkün gözükmemektedir. Eğer vardiya düzeninde çalışan evin kadınıysa, üzerindeki yük daha da ağırlaşmakta, evin düzeni daha derinden sarsılmaktadır.

Her türlü sosyal faaliyet gündüz çalışan insanlara göre düzenlendiği için, gece vardiyasında çalışanların durumlarını ifade eden en iyi tanım "sosyal ölüm"dür. Çünkü gece vardiyasında çalışanlar bir süre sonra kendilerini kaçınılmaz olarak çevrelerinden soyutlanmış olarak hissetmeye başlamaktadırlar.

Sonraki yıllar

Yapılan çok sayıda araştırma gece vardiyasında çalışmanın doğurduğu sonuçların sadece çalışılan süreyle sınırlı olmadığını da ortaya koymaktadır.

Norveç'te yapılan böyle bir araştırmada gece vardiyasında çalışanlarda akıl ve ruh sağlığı problemlerine ve sindirim sistemi hastalıklarına rastlanma sıklığının gündüz çalışanlara kıyasla çok daha yüksek olduğu görülmüştür.

Bu araştırma, daha önce de belirttiğimiz bu gerçeklerden başka, bir önemli gerçeği daha ortaya koymuştur. *Gece vardiyası çalışması sırasında sağlıklı kalmış birçok kişi, bu şekilde çalışmayı bıraktıktan sonra, eski çalışma düzeninden ötürü hastalanmaktadır.*

Vardiya düzeninde çalışmaya uyum sağlanabilir mi?

Bu soruya bedensel açıdan verilecek cevap "hayır"dır. Daha önce de anlatıldığı gibi insanlık tarihinin başından beri gündüze göre düzenlenmiş olan biyolojik ritmin bütünüyle ve tam anlamıyla geceye göre düzenlenmesi mümkün değildir.

Genel olarak gençlerin vardiya düzenine daha kolay alıştıkları bilinmektedir. Ancak vardiya düzeninde çalışma süresi uzadıkça sağlık problemleri görülme ihtimali de artmaktadır.

Yine yapılan araştırmalar yaşı kırk ve ellinin üzerinde olanların gece vardiyasında çalışmaya başlamalarının birçok açıdan sakıncalı olduğunu ortaya koymuştur. Aynı şekilde gece vardiyasında çalışmaya başlayacak kişinin geçmişinde sindirim sistemiyle ilgili bir problem olmaması gerektiğini, epilepsisi olanların, diyabetiklerin (şeker hastalarının) ve tiroid beziyle ilgili bir problemi olanların da gece vardiyasında çalışmaya uygun olmadıkları bildirilmektedir.

İŞ HAYATINDA SOSYAL İLİŞKİLER VE PSİKOLOJİK BASKI

İnsan sağlığının bedensel ve ruhsal açıdan iş hayatından yansıyan çok yönlü streslerin etkisi altında kaldığı açıktır. İş hayatının doğurduğu en önemli stres kaynaklarından birisi - pek çok kişi için birincisi - insanlararası ilişkilerdir. Birçok araştırma, koroner kalp hastalıkları, sindirim sistemi hastalıkları, yüksek tansiyon, gerginlik ve depresyona kişinin işinden ve çalışma şartlarından memnun olmayışının sebep olduğunu bildirmektedir.

İş hayatında strese yol açan durumların başlıcalarına birlikte göz atalım:

Amirlerle doğrudan çatışma

Çalışanın kendini amirinden daha yetenekli veya üstün görmesi, ya da amirin ilişkiyi böyle algılaması amirin çalışanın işinden bütünüyle memnun olmaması, amirin kılı kırk yarar, vesveseli olması çalışanlar için büyük bir stres kaynağıdır. Böyle bir amiri memnun etmek mümkün olamayacağı için çatışma, sürtüşme ve bunların doğal sonucu gerginlik günlük hayatın bir parçası olur.

Bazı yöneticiler görevlerinin sadece "yanlışları görmek" ve bunları düzeltmek olduğuna inanırlar. Oysa modern yönetim önemli ölçüde, "doğruları yakalamak" ve onunla ilgili olumlu geri-bildirimlerde bulunmak, daha sonra yanlış olanı birlikte bulmak ilkesine dayanır.

Bazı yöneticiler ise her işi kendileri yapmak isterler ve yetkilerini kullandırmayı, kendi önemlerinde azalma olarak görürler. Böylece hem zamansızlıktan hem de birlikte çalıştıkları insanların beceriksizliklerinden şikâyet ederler. *"Kendileri gibi" bir çalışana rastlayamamış olmaktan ötürü çok üzgündürler.* Oysa, kendileri gibi biriyle bir hafta bile çalışamayacaklarını düşünmezler.

Çalışan kişinin amiriyle uyum içinde olması, işinden aldığı doyumu ve verimliliğini doğrudan etkiler. Siz, kendi üst yöneticinizle ne kadar uyum içindesiniz? Bunu öğrenmek isterseniz, aşağıdaki ölçeği doldurun.

AMİRİNİZLE NE KADAR UYUM İÇİNDESİNİZ?

Aşağıdaki ifadelerin sizin için gereklilik derecesini şu ölçüleri kullanarak belirtin.

0- Kesinlikle geçerli değil

1- Kısmen geçerli değil

2- Kısmen geçerli

3- Bütünüyle geçerli

— 1) Amirimin, aldığım kararların arkasında olacağını bilirim.

— 2) Amirim benimle oturmak ve meseleleri konuşmak ister.

— 3) Amirim benim görüşlerime saygı duyar ve ihtiyaç hisseder.

— 4) Amirim işimde bana iltifat eder.

— 5) Fikirlerimle işe yaptığım katkılardan ötürü amirimden tam güven alacağımı biliyorum.

— 6) Amirimi hiçbir endişe duymadan eleştirebilirim.

— 7) İşimi etkileyen kişisel bir problemimi amirimle konuşabilirim.

— 8) Amirim beni işte ne olup bittiğinden haberdar ederek kendimi güçlü hissetmemi kolaylaştırır.

— 9) Almış olduğum bir kararı gözden geçirmesini rahatlıkla amirimden isteyebilirim.

Cevaplama puanlarınızı toplayarak, kendinize uyan gruba göre yorumlayınız.

21-27 puan: Olumlu desteklenme, düşük iş stresi.

14-20 puan: Orta düzeyde desteklenme, orta düzeyde iş stresi.

0-13 puan: Düşük desteklenme, yüksek iş stresi.

Rol çatışması

Özellikle ara kademelerde olanların problemidir. Üst kademeden gelen emirle en alt kademedekilerden yapılması beklenenleri gerçekleştirmek her zaman çok kolay olmaz. Genellikle bu tür görevlerde kişilere verilen sorumluluklarla yetkiler aynı ölçüde değildir. Ara kademedeki kişi çok sınırlı yetkileriyle geniş sorumluluklarını gerçekleştirmek zorundadır. Bu durum da çok kere özellikle alt ve orta kademeler arasında gerginlik ve sürtüşmeye yol açar.

Rolde belirsizlik

İşin amaçlarının ne olduğunu tam anlamıyla bilmemek, yaptığı işin bütün içinde ne anlam taşıdığından haberdar olmamak, çalışanlarda gerginliğe ve isteksizliğe sebep olmaktadır. Aynı şekilde kişinin sorumluluk sınırlarının iyi çizilmemiş olması, görevin kişiden beklediklerinin açık olmaması, çalışanları çelişkiye düşürmektedir.

Örneğin, ülkemiz havayollarında çalışan hostesler görevlerinin Türk insanına hizmet etmek olduğunu bilmemektedirler. Başlangıçta bu kendilerine söylenmiş olsa bile, ortalama iç ve dış hat havayolu yolcusunun nitelikleri ve muhtemel talepleri yeterli açıklıkta ortaya konmamaktadır. Bunun sonucu olarak ülkemiz havayolu hostesleri kamuoyunda, asık suratlı, yolculardan gelecek herhangi bir talepte insanı terslemeye hazır kişiler olarak tanınmaktadır. Eğer bu genç insanlara başlangıçtan itibaren açık seçik, ortalama altı ve üstü Türk insanı ve beklentileri ayrıntılı olarak tanıtılsa ve görevlerinin bu insanlara hizmet etmek olduğu ve bu konuda ödün verilemeyeceği anlatılsa, hem çalışanlar açısından, hem de yolcular açısından önemli bir stres kaynağı ve olumsuz propaganda vesilesi ortadan kalkar.

Meslek olarak hizmet sektörünü seçmiş genç kabin memurları, görevlerini "İyi yolcuya iyi hostes olunur, kötü yolcuya kötü hostes çok bile" şeklinde algılamaktadırlar. Bunun sonucu olarak "uçuş güvenliği" gerekçesi, yolculara yapılması gereken hizmet ve sağlanması gereken konforun önüne geçmekte ve çatışmalar kaçınılmaz olmaktadır. Birçok hostes durumu yukarıda açıklandığı gibi değil "tam biz ne güzel gezip dolaşacaktık, bu görgüsüz insanlar bize güçlük çıkartıyor, canımızı sıkıyor" şeklinde değerlendirmektedir.

Bu durumu gören ve değerlendiren THY yönetimi, her düzeydeki aksaklıkları gidermek üzere çok geniş çaplı bir eğitim projesi başlatarak, yolcularına gülen ve onları mutlu etmeyi hedefleyen yeni bir hostes imajı yaratmak için çaba harcamaktadır.

Ülkemiz havayolları çalışanlarının durumu bu konuda verilebilecek birçok örnekten sadece biridir. Devlet dairelerinde, hatta birçok özel bankada çalışanlar görevlerini, karşılarındaki insan hoşlarına giderse veya kendileriyle istedikleri gibi – egolarını okşayarak – ilişki kurdukları takdirde yapmak eğilimindedir.

Çok fazla sorumluluk

Çok önemli stres kaynaklarından biridir. Ya kişiye yüklenen sorumluluk çok yüksektir veya çalışan sorumluluğu kendi kişilik özelliklerinin sonucu daha yüksek olarak algılar. Bu durum kısa zamanda sağlığın bozulmasına yol açar.

Çok fazla sorumluluk taşımanın çalışan kişiyi zorladığı durumların başında, sorumluluğa paralel olarak verilmemiş olan yetkiler gelir. Böyle bir gelişme kişinin stres yükünü artırarak sağlığını ve verimini olumsuz yönde etkiler.

Gerek çok fazla sorumluluk, gerekse çok fazla iş yükünün tam karşı ucunda yer alabilecek bir durum da çok önemli bir stres kaynağıdır.

Çok fazla sorumluluk ve çok yoğun iş yükü kadar olmasa bile, çok az sorumluluk ve çok hafif bir iş de önemli bir stres kaynağıdır. Yakın zamanda yapılan araştırmaların ortaya koyduğu bu ilginç bulgu, birçok bilim adamını da hayrete düşürmüştür.

Bu anlayış açısından düzenlenmiş bir "İş Stresi Ölçeği" bölüm sonuna eklenmiştir.

Kesin zaman sınırlamaları

Bazı işler kesin zaman sınırlamalarına sahiptir. Vergi dairesinde çalışanlar, muhasebeciler, öğretmenler yılın belirli zamanlarında, kesin bir tarihte bitmesi gereken yoğun bir yükle karşılaşırlar. Bu durum, kişilerin özel durumlarına ve sorumluluklarını algılayışlarına göre önemli bir stres kaynağı oluşturur. Gazeteciler ise sadece yılın belirli dönemlerinde değil, günlük olarak bu baskıyı hissederler.

Aşırı çalışmak

Bu iki türlü olabilir. Ya kişinin yapacağı iş miktarı çoktur veya iş, kişinin gücünü aşacak kadar zordur. Her iki durumda da bireyin ruh ve beden sağlığının bozulması kaçınılmazdır. Çok kere özel sektörde çalışanlar ağır bir iş baskısı altındadırlar ve yine birçok kuruluşta çalışanlar iradeleri dışında fazla mesaiye zorlanmaktadırlar. Bu durum onların ailelerine ayırdıkları zamanın azalmasına, kendilerine dinlenmek ve hobileri için ayırdıkları zamanın daralmasına veya böyle bir zaman kalmamasına ve kişilerin çalışan bir makineye dönmelerine sebep olmaktadır.

Dedikodu

Ülkemizde çalışan insanlara iş hayatından yansıyan önemli stres kaynaklarından biri de "dedikodu"dur. Çalışanların zamanlarının ve enerjilerinin önemli bir bölümünü alan bu olgu ne yazık toplumsal bir hasta-

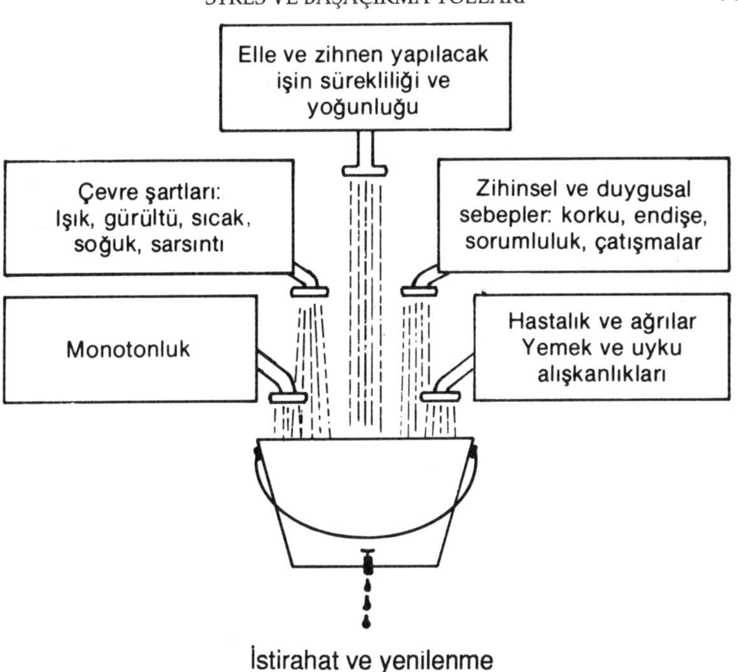

Şekil 16. Yorgunluğun sebepleri.

lık durumundadır. Toplumsal kültürümüz kişileri yüzüne karşı eleştirmeye yönelik değildir. İnsanlar genellikle birbirlerine ya birbirlerinin hoşlarına gidecek şeyleri söylemektedir, ya da başkalarıyla ilgili olumsuz düşüncelerini. Bu sebeple toplumumuz insanları *kendi başarısızlıklarını ve yetersizliklerini ve özlemlerini* başkalarını arkalarından eleştirerek, davranışlarına kendilerine göre anlamlar yükleyerek gidermeye çalışırlar. Bu durum da özellikle iş yerlerinde önemli ölçüde zaman ve enerji kaybına sebep olduğu gibi, kişisel ilişkilerde de gerginliğe yol açar.

OTOMATİZASYON

Üretim teknolojisindeki gelişmeler ve "bilimsel yönetim" ilkelerinin uygulanması, çalışanların gerek elle, gerek zekâyla yapılacak katkılarının son derece basitleşmesine yol açmıştır. Bunun sonucu büyük endüstri kuruluşlarında çalışanların son derece küçük bir beceriyle kendi yaratıcılıklarını, inisiyatiflerini ve kararlarını kullanmalarına imkân bırakmayan sistemler kurulmuştur.

Bu durumun çalışanlar üzerinde yarattığı strese ek olarak, çalışanların çalıştıkları işletmenin kime ait olduğunu ve hangi güce hizmet ettiklerini bilmemekten kaynaklanan özdeşleşme problemleri de konunun önemli bir bölümünü oluşturur. Ayrıca yine kime ve neye hizmet ettiği belli olmayan merkezi bir otoritenin yarattığı bürokrasi de çalışanlar üzerinde ciddi bir stres faktörüdür. En önemli stres kaynağı da hareket eden bir kayış üzerinde çalışmak zorunda olmaktır.

Verimliliğin iş hayatında gittikçe daha büyük önem kazanması, yapılacak her işin gittikçe daha az beceri gerektiren – çoğunlukla hiç beceri gerektirmeyen – parçalara bölünmesine sebep olmuştur. Bunun sonucu olarak da üretimde en üst verimlilik düzeyine ulaşmak, işgücü üzerinde son derece sıkı bir disiplin ve kontrol kurmayı gerektirmektedir.

Hareket eden bir kayışta çalışmak ve doğurduğu sonuçlar

"Bilimsel Yönetim"in işgücünde verimliliği en üst düzeye çıkarmak konusunda varacağı son nokta, büyük bir ihtimalle hareket eden kayış sistemidir. Böyle bir sistem içerisinde iş, her biri ayrı bir işçi tarafından birbirinin tekrarı hareketlerin yapılmasıyla dakikalar içinde tamamlanacak şekilde organize edilmiştir.

Her iş bölümü yaklaşık 1 dakika sürer ve iki veya üç kısım işlemin yapılmasını gerektirir. Böyle bir iş ne herhangi bir beceriye ne de herhangi bir hazırlık ve eğitim sürecine ihtiyaç gösterir.

Yapılacak işin sayısı, hareket eden kayışın hızıyla kontrol edilir. Belki de bu tür bir çalışma sisteminin en kötü yönü hıza olan bu bağımlılıktır. Birbiri ardınca gelen işleri yetiştirmek zorunda olmanın baskısı büyük bir yorgunluk ve tükenme hissi doğurur ve işçiyi ezer.

Bunlardan başka, bir kayış çevresinde topluca çalışmanın monotonluğundan kaçış yoktur. Örneğin, tuvalete gitmek demek, kendi yerine bakacak birini bulmak zorunluluğu demektir.

Kısaca, bu sistemde işçinin bireysel zekâsı ve yaratıcılığıyla beraber her konudaki özgürlüğü de ortadan kaldırılmıştır. İşçinin hareketleri otomatik bir makine veya robota uygulanacak biçimde saniye düzeyinde kontrol altına alınmıştır. Bütün bu sayılan sebeplerden ötürü böyle bir iş "insanlık dışı" (dehumanised) olarak nitelendirilmektedir.

Araştırmalar kırk yaşından yaşlı işçilerin bu düzenin getirdiği güçlüklerle daha zor başedebildiklerini ve bu sistemde çalışma süresinin yaklaşık 10 yıl olduğunu göstermektedir.

Kayış sisteminde işçiler her ne kadar toplu olarak çalışıyorlarsa da, yaptıkları işin çok dikkat ve yüksek konsantrasyon gerektirmesi sebebiyle aralarındaki ilişkinin son derece yüzeysel olduğu bilinmektedir.

Bu tür işyerlerinin çoğundaki yüksek ses ayrı bir gerginlik ve zorlanma sebebi olmaktadır. Böyle bir işte çalışmak, çalışan kişiye hiçbir doyum sağlamamakta ve işçi "sadece para için orada" olduğunu bilmektedir.

Aşağıdaki sözler hareket eden kayış sisteminde çalışan bir işçiye aittir: "Burada hiçbir şey elde edemezsin. Yaptığımızı robot da yapar. Buradaki kayış kafasız insanlara göre yapılmıştır. Hiçbir şey düşünmene ihtiyaç yok... Zaten açık açık 'Size düşünmeniz için para vermiyoruz,' diyorlar. Herkes yaptığı işin önemli bir iş olmadığını biliyor. Bütün yapılacak olan kayışın önünde durmak... Para için... Hiç kimse başarısız bir insan olduğunu düşünmekten hoşlanmaz. Bir makine olduğunu bilmek çok kötü. Sadece aldığın paraya bakıyorsun ve bunun çocukların ve karın için ne anlama geldiğini düşünüyorsun. İşte bütün bunlara neden katlandığımızın cevabı."

İŞ ORGANİZASYONUNDA YENİ BİR MODEL

Böyle bir model için tam bir tanım yapmak çok zordur. Her şeyden önce her işin kendi özelliği böyle bir şeyi imkânsız kılmaktadır. "Dehumanize" sistem gökten zembille inmemiştir. Daha önce de belirtildiği gibi bu sistem bilim adamlarının katkısıyla, milyonlarca dolar yatırımla, araştırma ve geliştirme laboratuvarında adım adım oluşturulmuştur. Bu sistemi hazırlayanlar için amaç en üst düzeyde verimliliği sağlamaktı. Artık pek çok ülkede en üst verimliliğin "ne pahasına" olduğu da sorulmaya başlanmıştır. Bugün için hayali ve biraz romantik gözükse bile cevabın aşağıdaki çerçeve içinde bulunacağı kanısındayız.

1- Yapılacak işin değişik işlemlerden meydana gelmesi sıkılmayı ve yorgunluğu önleyecektir.
2- İşçilerin ürettikleri malın niteliği ve niceliğini denetleyecek kendi ölçülerini geliştirmeleri ve üretimlerinin sonuçlarından haberdar olmaları yararlı olacaktır.
3- Üretilmekte veya yapılmakta olan işlemlerin bir dereceye kadar gayret, beceri, bilgi veya özen istemesi gerekir.
4- Mümkün olan yerlerde veya ölçüde, işin bireysel olmaktan çok grup çalışması şeklinde organize olması ve aynı çalışma alanı içinde grup üyeleri arasında işin çeşitli kademelerinde de dönüşüm sağlanarak hem grup dayanışması, hem de yapılan işe anlamlılık katması mümkün olacaktır.

Kısacası işçilerin ruh ve beden sağlıkları açısından her işin toplum tarafından bir ölçüde takdir edilecek bir beceri gerektirmesi ve böylece işçinin toplumsal bir birimin uyumlu bir parçası olması sağlanabilir.

ÇALIŞANLARIN MOTİVASYONUNU ARTIRMAK İÇİN

İnsanların daha istekle ve daha verimli çalışmasını sağlamak için, "İnsan neden çalışır? Nasıl daha iyi çalışır?" sorularının cevaplarını bilmek gerekir.

İşbölümü ve organizasyonun sistemli hale gelmeye başladığı geçen yüzyıldan 1950'lere kadar, insanlar önemli ölçüde "hayatlarını sürdürmek için" çalışıyorlardı. Buna uygun yönetim anlayışı, mutlak bir hiyerarşi ve otoritenin uygulanmasıydı.

Oysa günümüzde insanlar hayatlarını sürdürmelerini sağlamak yerine, kendilerinin sosyal çevrelerini ve ilişkilerini geliştirecek, kendilerine saygınlık kazandıracak ve başarılı oldukları duygusunu yaşatacak işlerde çalışmak isteğini duymaktadırlar.

Yapılan birçok araştırmanın ortak sonuçlarını genelleyerek özetleyecek olursak, insanların çalışma sebepleri olarak şunlar bulunmuştur.

1- Başarı isteği

2- Bir topluluğa ait olma isteği

3- Güç sahibi olma isteği

4- Para

Çok alt düzeyde ücret alanlar bu değerlendirmenin dışında bırakılırsa ilk üç sırada yer alan ihtiyaçların sırası kişiden kişiye değişmektedir.

İnsanların bu ihtiyaçları gözetilmeksizin yapılacak iş düzenlemeleri işletme içinde kaçınılmaz olarak iş terklerine veya verimsiz çalışmaya yol açar. Bu sebeple "İş Organizasyonunda Yeni Bir Model", başlığı altında yazılanların büyük önemi vardır.

İnsanların daha iyi çalışmalarına imkân verecek bir yaklaşımı son derece basite indirgeyerek şöyle özetlemek mümkündür.

1- Yapılması gereken iş için hedefleri, hedefi gerçekleştirmekten sorumlu kişiler saptamalıdır. Alt yönetim gerçekçi olmayan bir hedef saptayabilir. Bu durumda üst yönetime hedefi koyanlara bunu görmelerini sağlamak düşer.

2- Hedefin gerçekleşme aşamalarında, çalışanları sonuçtan haberdar etmek ve hedefin gerçekleşme şansı üzerinde sürekli bilgi vermek gerekir. Üretim veya ciro ile ilgili bilgileri "sır" kabul etme modası geçmiştir.

3- Hedefe ulaşıldığında çalışanlar mutlaka ödüllendirilmelidir. Bu ödül topluluk içinde takdir edilmek, ek haklar kazanmak gibi para dışında ödüller olabileceği gibi, para da olabilir.

Bir işte bu sayılanlar ne ölçüde eksik yapılıyorsa, çalışanların işe o ölçüde yabancılaşmaları kaçınılmaz olur. İşletme içinde yukarıda anlatıldığı gibi bir anlayış egemen olduğu takdirde ise, o işletmede çalışmak gerçek bir mutluluk olur.

Endüstriye robotların girmesi şimdilik Japonya ve ABD'de yukarıdaki problemlerin bir bölümünü ortadan kaldırmıştır. Basit ve tekrarlayıcı işlerin birçoğu robotlara devredilmiştir. Diğer taraftan robotların devreye girmesi işsizliğe sebep olmakta ve işçilerin ruh ve beden sağlıklarını bozan işlerini özlemelerine ve benzeri işler aramalarına sebep olmaktadır. Günümüzde 2000 saat dolayında olan çalışma süresinin geçen yüzyılda 5000 saat dolayında olduğu düşünülürse, önümüzdeki 20 yıl içinde başka tür çözümlerin devreye girerek işsizlik ve verimlilik konularına çözüm getireceği muhakkaktır. Büyük bir ihtimalle gelecek yüzyılda çalışma süresi 1000-1500 saat olacaktır. Bu da haftada 20-30 saat çalışmak demektir.

Robotların ürettiği ve hizmet ettiği bir dünyada sadece yaratmak ve tüketmek için yaşayan insanları hayal etmek konusundaki önemli engel, üçüncü dünyanın kontrol edilmeyen nüfus artışıdır. Umarız bu konuda bulunacak çözümler, insanlığın yüzünü ağartacak çözümler olur.

İŞ STRESİ ÖLÇEĞİ

Aşağıda iş hayatıyla ilgili bazı durumlar sıralanmıştır. Bu durumlarla ilgili olarak düşüncelerinizi verilmiş olan sayıları kullanarak belirtiniz.

1- Hiçbir zaman 3- Bazen 5- Hemen hemen her zaman
2- Ender olarak 4- Sık sık

1- Sorumluluklarınızı yerine getirmek için yeterli yetkinizin olmadığını hisseder misiniz? [ ]
2- İşinizin amacı ve taşıdığınız sorumluluklar konusunda tereddüde düşer misiniz? [ ]
3- İşinizde gelişme ve ilerleme konusunda sizin için varolan imkânlardan şüpheye düşer misiniz? [ ]
4- Normal bir iş gününde bitirilemeyecek kadar ağır bir iş yükünüz olduğunu hisseder misiniz? [ ]
5- Çevrenizdeki kimselerin birbirleriyle çatışan taleplerini karşılayamayacağınızı düşünür müsünüz? [ ]

6- İşinizin gerektirdiği eğitime tam olarak sahip olmadığınızı hisseder misiniz? ☐
7- Amirlerinizin iş başarınız konusundaki değerlendirmelerini bilir misiniz? ☐
8- İşinizi yapmak için gerekli olan bilgileri elde etmek konusunda güçlükle karşılaşır mısınız? ☐
9- Tanıdığınız insanların hayatlarını etkileyecek kararlar konusunda endişe duyar mısınız? ☐
10- İşte, çevrenizdekiler tarafından hoşlanılmadığınızı ve kabul edilmediğinizi hisseder misiniz? ☐
11- Amirinizin sizi etkileyen karar ve davranışlarını yönlendiremediğinizi hisseder misiniz? ☐
12- Birlikte çalıştığınız kimselerin sizden tam olarak ne beklerdikleri konusunda tereddüde düşer misiniz? ☐
13- Yapmak zorunda olduğunuz işin miktarının işinizin kalitesini olumsuz yönde etkilediğini düşünür müsünüz? ☐
14- Daha iyisinin nasıl yapılacağını bildiğiniz halde, işinizi bunun dışında yapmak zorunda kalır mısınız? ☐
15- İşinizin aile hayatınıza engel olduğunu hisseder misiniz? ☐

Puanlarınızı toplayın ve 15'e bölün. Elde edeceğiniz sayı sizin iş stresi puanınızdır.

STRES PUANI

1,0 — 1,3	B
1,4 — 1,9	C
2,0 — 2,5	D
2,6 — 3,1	E
3,2 — 3,4	F
3,5 — 4,0	A

A- Sağlığı ve verimliliği ciddi olarak tehdit eden ağır risk düzeyi.

B- Kişiye önemli olduğunu hissettirmeyen, onun kapasitesini kullanmasına imkân vermeyen ve yeterli uyarım sağlamayan, dolayısıyla can sıkıntısından ve önemsizlik duygusundan kaynaklanan stres düzeyi.

C- Uyarıcı yönleri olan, ancak hafif bir iş. Başarı güdüsü yüksek biri için sıkıcı, mücadeleci olmayan biri için uygun bir iş stresi düzeyi.

D- Sağlık ve verimlilik açısından en elverişli iş stresi düzeyi.

E- Uyarıcılığı yüksek, sorumluluğu fazla ancak kişiye çekici gelen iş stresi düzeyi. Bazı yönleriyle kişiyi zorlayarak verimliliği artırırken, bazı yönleriyle de sağlığı tehdit edebilir.

F- Sorumluluk düzeyi yüksek, kişiyi zaman açısından zorlayan, dinlenmeye ve aile ilişkilerine imkân tanımayan, bu sebeple sağlık ve verimlilik için tehdit oluşturan stres düzeyi.

Uygun iş stresi düzeyi kişinin iyi akord edilmiş bir keman teli gibi, uygun gerginlikte olmasına imkân veren stres düzeyidir. Ne gevşek tellerden iyi bir ses alınabilir, ne de çok gergin tellerden uyumlu bir ses çıkar.

BÖLÜM II

Stresin Ortaya Çıkardığı Problemler

Stres ve Aile

Holmes ve Rahe'in geliştirdiği Yakın Zaman Hayat Olayları Listesi'ne (Bkz. 3. Bölüm) bir göz atıldığı zaman, insanın en çok uyum yapmasını gerektiren 14 olayın 10 tanesinin aile ilişkileri ile ilgili olduğu görülür. Bu da aile ilişkilerinin bireyin sağlığını ne kadar yakından ilgilendirdiği ve bu ilişkilerin bireyin hayatında ne kadar önemli rol oynadığı konusunda kolayca fikir vermektedir.

İnsanların kalplerinin kırılmasının onları ölüme sürüklediği yolundaki eski inanç, bugün bilimsel olarak bir ölçüde doğrulanmaktadır.

Eşini kaybetmiş 55 ve daha yukarı yaşta kimseler arasında yapılan bir araştırmada, 6 ay içinde meydana gelen ölümlerin böyle bir problemi olmayan aynı yaş dilimi içindeki insanlara kıyasla % 40 daha fazla olduğu bulunmuştur. Bu ölümlerin en başta gelen sebebi de, tahmin edilebileceği gibi kalple ilgili rahatsızlıklardır.

Avusturyalı Bartrop'un bir araştırmasında ise eşlerini kaybetmiş erkek ve kadınlarda, 8 hafta sonra bedenin bağışıklık cevabının son derece azalmış olduğu ortaya konmuştur. Böyle önemli bir kaybın meydana getirdiği stres insanlarda sadece hormon sistemini etkilememekte, aynı zamanda bedeni dışardan gelecek (enfeksiyona bağlı hastalıklar gibi) ve içerde meydana gelebilecek (kanser gibi) her türlü tehlikeden koruyacak olan direnç sistemini de (bağışıklık sistemini) etkilemektedir.

Görüldüğü gibi aile ilişkileri yolun sonunda bu kadar önem taşımaktadır. Ya başında!

EVLİLİĞE BAŞLARKEN

Aile, sosyal, kültürel ve ekonomik bütünlüğü içeren bir sistemdir. Daha önce stres tepkisi anlatılırken, stresin bir uyum cevabı olduğu söylenmişti. Holmes ve Rahe geliştirdikleri ölçeklerinde ortalama bir evliliği 50 stres puanı karşılığı değerlendirmişlerdir.

Evlilik, geçmiş birikimleri, içlerinden yetiştikleri aileler, eğitim ve öğrenimleri, kültürleri birbirinden farklı olan iki kişinin hayatlarının geri kalan bölümünü birlikte geçirmeye karar vermesidir.

Evlilikte iki yetişkin insanın, birbirlerinin ruhsal ve fiziksel ihtiyaçlarını karşılamaları ve ekonomik bir denge kurmaları beklenir. Hiç şüphesiz bir evliliğin getireceği uyum problemi sadece bu sayılanlardan ibaret kalmayacak, bu kişiler aynı zamanda birbirlerinin aile çevrelerini paylaşacak, çocuk yetiştirecek, dost edinecek ve bunlar gibi sınırları kesin olmayan birçok konuda uzlaşmak zorunda kalacaklardır.

İnsanların aile, kültür, eğitim ve geçmiş birikim gibi özellikleri, bu alanlarda karşılarındakinden beklentileri bir bilgisayara verilse, bu özellik ve beklentilerle bütünüyle uyuşan bir eş bulmak mümkün olamazdı. Buna rağmen insanların pek çoğu bu karmaşık ve zorunlu programa, bir bölümü birbirlerini hiç tanımadan, aileleri tarafından verilen kararlara uyarak, daha büyük bir bölümü de çok kısa bir tanışıklık süresinden sonra kendileri karar vererek girişirler.

• • •

"Beni hasta ediyorsun" veya "Bu davranışın beni hasta ediyor". Birçok ailede bu sözlerin karşılıklı olarak söylendiğini hepimiz biliriz. Her ne kadar bu ifadeleri kullananlar söylediklerini kelime anlamı olarak düşünmüyorlarsa da, bu ifade gerçekte çok kere duygusal gerginlik ve çatışmaların insanı bedensel bir hastalığa sürükleyeceğini çok kesin bir biçimde yansıtmaktadır.

Aile içindeki çatışmaların, hastalık belirtilerinin ortaya çıkmasını hızlandırdığı, bugün kesin olarak kabul edilmektedir.

Bu konuda bilim kitaplarına geçmiş bir örnek hayli ilginçtir. Damadıyla ilişkileri olumlu olmayan bir kayınvalidenin kızını ziyaretinden bir gün sonra, anne uykusuzluk, damat egzama, kız depresyon sebebiyle doktordan yardım istemiş, annenin evine dönmesiyle her üç hastanın da belirtileri kendiliklerinden ortadan kalkmıştır.

Bir hastalığın meydana gelmesinde kalıtımla ilgili yatkınlıkların, belirli organ veya beden sistemlerinin zayıflıklarının, kişilik yapısının, streslerle başaçıkma gücü ve becerinin, inançlar ve beklentilerin derece derece çok önemli roller oynadıkları bilinir ve kabul edilir. Ancak hiç şüphesiz birinci derecede sebep olmasa bile, aile içi çatışmaların çeşitli hastalıkların ortaya çıkışını ve seyrini çok önemli ölçüde etkilediği gözden kaçırılmamalıdır.

Herhangi bir bedensel hastalığı olanların aile içi ilişkileri üzerinde yapılan araştırmalarda, çok büyük çoğunlukla hastalıktan nispeten kısa bir süre önce meydana çıkan veya alevlenen çatışma ve gerginlikler bulunmuştur.

• • •

UYUMLU BİR EVLİLİK İÇİN

Eşlerin içlerinde yetiştikleri toplumsal yapılar ne ölçüde farklı olursa, evlilik içinde sağlanacak uyumsuzluk, beraberliğin sürmesi için harcanacak çaba ve gündelik ilişkiler içinde tarafların yaşayacakları stres de aynı ölçüde artar.

Benzer güçlük eğitimle ilgili farklılıklar için de kaçınılmazdır. Erkeğin kadına kıyasla bir basamaktan daha fazla eğitim üstünlüğü, zevklere yansıyacak farklılıklardan başlayarak, özellikle çocuk eğitiminde zorlanmalar yaratacaktır. Eğitim üstünlüğünün kadın tarafında olması ise, akla gelebilecek her durumun ailenin bütünlüğünü tehdit edici bir öğe olmasına yol açacaktır.

Aynı biçimde eşlerin kendi ailelerinin birbirlerinden oldukça farklı ekonomik güçte olmaları da, birlikte sürdürülecek bir hayat için, özellikle başlangıçta, önemli uyum güçlükleri getirecektir.

Eşler arasındaki yaş farkının makul ölçüleri aşması bir evlilikte kaçınılmaz olarak çeşitli uyum güçlüklerine ve gündelik ilişkilerde gerginliklere yol açar. Makul yaş farkının kesin bir sınırı olmamakla beraber, eşlerin aynı heyecanı paylaşacakları konuların varlığı – ve bunların devamlılığına imkân verecek bir fark – "makul yaş farkı" sayılabilir. Bu fark, istisnalar bir yana bırakılır ve kişiden kişiye değişiklik gösteren özel durumlar da dikkate alınmazsa, 10 yaştan fazla değildir.

Aile hayatı içinde gündelik hayatın getireceği stres ve uyum güçlüklerini en aza indirmek konusunda, hiç olmazsa başlangıçta şanslı görülebilecek bir evlilik için bu evliliği paylaşacak eşlerin önemli ölçüde benzer toplum şartlarından gelmeleri, birbirlerine yakın bir eğitime sahip olmaları, ekonomik açıdan birbirlerinden çok farklı olmamaları ve makul bir yaş farkına sahip olmaları tavsiye edilebilir.

AİLE İÇİ İLİŞKİLER VE SAĞLIK

Halk arasındaki yaygın inanca göre, evli çiftler yıllar sonra birbirlerine benzemeye başlarlar. Her ne kadar eşler arasında fizyolojik bir benzerliğin zamanla doğması biraz şüpheli ise de, eşlerin hayatındaki birçok şeyin birbirine benzemeye başladığı doğrudur.

Eşler uzun yıllar boyu aynı evi, çocukları, cinselliği, ekonomik şartları ve aynı yaşantıları paylaşarak birbirleriyle aynılaşırlar, iç ve dış ritmleri bütünleşir. Bu açıdan bakıldığı zaman, *eşlerin birbirlerinde potansiyel olarak var olan hastalıkla ilgili yatkınlıkları, ilişkilerindeki gerginlik ve aralarındaki çatışma biçimiyle artırabileceklerini* düşünmek şaşırtıcı olmaz.

Bugün insanlığı tehdit eden birçok hastalık, *kişide bir gece içinde meydana gelmemektedir.* İnsanlar yüksek tansiyon, kalp, şeker, kanser gibi hastalıklara 46 veya 58 yaşında, yoldan veya içtikleri sudan kaptıkları bir mikrop sonucu yakalanmamaktadırlar. Bu hastalıklar genetik yatkınlıklarla birlikte, *belirli kişilik yapılarının belirli hayat biçimleri ile etkileşmesi sonucunda* meydana gelir. Bu etkileşim içinde aile ilişkileri çok önemli bir yer tutar.

Aile ilişkileri hastalığı başlatmak ve şiddetini etkilemek konusunda nasıl belirleyici olabiliyorsa, aynı şekilde aile içi ilişkiler hastalığın tedavisini etkilemek konusunda da önemli bir rol oynar. Yukarıda sadece birkaç tanesi sayılan günümüzün hastalıklarında "tedavi", mikroba bağlı hastalıklarda olduğu gibi kısa süreli olmayıp, hasta bireyin önündeki hayatının bütününde devam edecek bir bakım ve dolayısı ile, hayat biçimidir.

Bu sebeple bu aşamada en önemli faktör, *ailenin hastalıklı bireyini yaşatmaya yönelik ilişki, tutum ve yaşama biçimini benimsemesidir.* Bu durum hem ailenin bütünlüğü açısından, hem de "hasta" açısından "hayati" önem taşımaktadır.

Bazı aileler bir hastalığın ortaya çıktığı durumlarda, kendiliklerinden hastayı yaşatmayı sağlayacak tutum ve tavır içine girerler. Ancak az sayıdaki bu tür ailenin dışında kalan büyük çoğunluk, *içlerinden birini hasta etmiş davranış biçimlerini sürdürmeye devam eder.*

İşte bu sebeple her türlü hastalığın tedavisinde hekimlerin sadece hastalığı olan kişiyi "hasta" olarak ele almak yerine, "aile ünitesini" bir hasta olarak ele almalarında büyük yarar vardır.

Akıl ve ruh sağlığının tehdit edildiği durumlarda, ruh sağlığı uzmanları, büyük çoğunlukla, bu gerçeği gözönünde tutarlar. Ancak "Stres Neden Günümüzün Problemi" bölümünde de değinildiği gibi, gerek hekimlerin yetişme biçimlerinin tek tek organlar konusunda uzmanlaşma yönünde olması, gerekse toplu sağlık hizmeti veren kuruluşlardaki (hastanelerin) hasta trafiğinin çok yüklü olması sebebiyle, ruh sağlığı dışında kalan tıp dallarında hasta ile ilgili aile ve çevre ilişkileri bütünüyle hesap dışı tutulur. Tıp eğitiminde ve günlük uygulamada yeni yetişen hekimler arasında, hastayı aile ve çevresi ile bir bütün olarak ele almayı gereksiz ve lüks görenlerin sayısı hiç de az değildir.

Aile ilişkileri nasıl hastalıkları başlatabiliyorsa, uygun iletişim ve işbirliği sağlandığı takdirde hastalığın tedavisinde ve bir daha ortaya çıkmamasında aile bireyleri arasındaki ilişki, yakınlık ve destekten yararlanmak da aynı ölçüde mümkündür.

ÇATIŞMAYA GÖTÜREN SEBEPLER

Önceki sayfalarda aile hayatı içinde gündelik hayatın getireceği stres ve uyum güçlüklerini en aza indirmek konusunda, hiç olmazsa başlangıçta şanslı sayılabilecek bir evlilik için, gerekli görülen şartlar sıralanmıştı. Ancak şurası muhakkaktır ki, bir aile içinde bu faktörlerin kusursuz olarak tamam olması durumunda bile, ailenin stres ve gerginliklerden uzak bir hayat sürdürmesine "muhakkak" gözüyle bakılmaz.

Aile hayatında günlük ilişkiler içinde gerginlik ve stresin önemli bir bölümü, aile bireylerinin, birbirleriyle olan *ilişki biçiminden* kaynaklanır. Aileyi oluşturan kişilerin birbirlerine yargılayıcı, denetleyici, üstünlük belirten tavırları, bu tavrın yöneldiği kişileri problemin özünden koparıp, kendilerini savunmaya zorlar. Bu durum hem eşler arasındaki ilişkiler için hem ana-baba ve çocuklar, hem de kardeşler arasındaki ilişkiler için geçerlidir.

Yargılamaya, denetlemeye ve üstünlük belirtmeye yönelik tavırlar, "kötü", "yanlış", "ayıp" biçimindeki yaklaşımlar aile ilişkisi içinde bu tavrın yöneldiği kişilerin daha yetersiz olduğu varsayımına dayandığı için, aile bireyleri arasında hem sürekli bir gerginliğin doğmasına, hem de daha önemlisi, gelecek günlerde benzer sürtüşme tohumlarının atılmasına sebep olur.

Toplumumuzda kişisel olarak yaptığımız ilginç gözlemlerden bir tanesi, *aile bireylerinin birbirlerinin davranış ve hayatlarını sınırlamak konusundaki önüne geçilmez istekleridir.* Çocuklukları, anne-babaları tarafından yöneltilen bu sınırlamalarla geçen bireyler, kendi yetişkinliklerinde ve anne-babalarının yaşlılıklarında adeta kendi çocukluklarının rövanşını almakta ve hayatlarıyla ilgili son derece anlaşılmaz gibi gözüken, antidemokratik bir tavır içine girmektedirler. Bu tavır içinde bir önceki paragrafta sözünü ettiğimiz yargılamaya, denetlemeye ve üstünlük belirtmeye yönelik yaklaşımlara bol miktarda rastlamak mümkündür.

Aile ilişkilerinde samimiyetsizliğe ve gerginliğe yol açacak tutumlar arasında "Bakalım bunun altından ne çıkacak?" izlenimini veren yaklaşımlar önemli yer tutar. İçten pazarlıklı ve dürüst olmayan böyle bir yaklaşım biçimi, aile üyelerinin birbirlerine yakınlaşmasını önler.

Aynı şekilde, "bu konuda bir tek doğru vardır, o da benim söylediğimdir" diye formüle edilebilecek olan, "kesin" üsluplu tavırlar da, aile geleneği içindeki otoriter ve kestirme yaklaşımın uzantısıdır. Tartışmaya ve karşılıklı uzlaşmaya kapalı bu tür antidemokratik yaklaşımlar ister eşler arasında olsun, ister çocuklara yönelsin, belki ilk bakışta aile içinde bir denge varmış izlenimini verirse de, temelde aile bireylerini birbirlerinden duygusal olarak uzaklaştırır ve yaralar.

Nasıl davranmalı?

Aile içinde dostça bir sıcaklığın ve yakınlığın doğmasına imkân verecek yaklaşımlar arasında, duyguların doğal olarak ifade edildiği karşılıklı bir ilişki zemini oluşturmak, aile bireyleri arasında karşılıklı güveni ve işbirliğini sağlayacak eşit ilişki şartlarını yaratmak ve bir konu ile ilgili çeşitli çözüm yolları olabileceğini kabul edip, kesin ve mutlak bir tavır içine girmemek sayılabilir. Aynı biçimde, aile içi ilişkilerin gerginleştiği ve sık sık çatışmaların çıktığı durumlarda, aile bireylerinin *günlük problemlere geçmiş olayların bilançosunun verdiği birikimle yaklaşmamaları ve doğrudan o sıradaki probleme yönelmeye gayret göstermeleri*, aile içi çatışmaları yatıştırıcı çok önemli bir yaklaşım şeklidir.

Rol kavramındaki değişimden yansıyan stresler

Türk toplumunda çekirdek aile yapısında yaşanan önemli stres sebeplerinden bir tanesi rol kavramındaki değişimdir. Batı toplumlarında da günümüzde kadın ve erkeğin giyim, toplumsal davranış, öğrenim ve meslek açısından yüzyıllardır yerleşmiş olan farklılıkları giderek azalmaktadır. Batı tarzı hayatın Türk toplumunda gittikçe daha yaygınlık kazanması, en azından şekilsel olarak bu hayat biçimine karşı özlemin artması beraberinde kaçınılmaz olarak bazı çatışmaları da getirmektedir.

Geleneksel aile yapısının en önemli özelliği, erkeğin mutlak üstünlüğü ve kadının ailedeki hak ve söz sahibi olma ölçüsünün, ailenin erkeklerinin uygun gördüğüyle sınırlı oluşudur. Öncelikle kadının ev dışında çalışmaya başlamasının, daha sonra diğer alanlarda da toplum içinde erkeklerle birarada bulunmasının bir sonucu olarak, erkekler kadınların eşit hak talepleriyle karşı karşıya kalmışlardır. Özellikle Cumhuriyet döneminde bu hakların kâğıt üzerinde tanınmış, ancak uygulanmasının – belediye yasaklarında olduğu gibi – yıllarca erkeklerin keyfine kalmış olması, ekonomik şartların zorlaması sonucu çalışmaya başlayan kadını *geleneksel görevlerini de sürdürmeye* mecbur bırakmıştır. Fakat artık kadınların çalışma hayatına girişinden bu yana iki kuşağın geride kalmış olması bazı şeyleri yavaş da olsa değiştirmeye başlamıştır.

Eşi günboyu kendisi gibi çalışan bir erkek, kendisinden yardım isteyen karısını reddetmek konusunda tereddüde düşmektedir. Bir taraftan, eşine yardımcı olmazsa ona haksızlık edeceğini hissetmekte, diğer taraftan eşine yardımcı olursa babasından ve büyükbabasından kendisine miras kalan erkeklik üstünlüğünü kaybettiğini düşünerek rahatsız olmaktadır.

Aile geleneğinde mutfakta eşine yardım etmek, çocuğun bakımı ve beslenmesi ile ilgilenmek bulunmayan erkek, çalışan eşine yardımcı olduğu zamanlarda, bu sıkıntıyı sık sık yaşamaktadır. Bir bölüm erkek nişanlılık ve ilk evlilik döneminde bu yardımı eşine vaat etmekte ve vermekte, ancak evliliğin ilerleyen yılları içinde çeşitli nedenlerle kendisini bu işlerin dışına atmaktadır. Bu da eşler arasında kaçınılmaz olarak gerginlik ve sıkıntıların doğmasına sebep olmakta ve çoğunluk kadının haksızlığa uğradığı duygusundan kaynaklanan birikimler, patlamaların başka alanlarda ortaya çıktığı çatışmalara yol açmaktadır.

Evlilik hayatının düzenli ve uyumlu yürümesini sağlayacak önemli öğelerden bir tanesi dayanışmadır. Her evliliğin kendine ait çok özel şartları ve dengeleri vardır, ancak bu özel şart ve dengeler içinde de "dayanışma" kavramı önemini ve ağırlığını korumaktadır.

Evlilikte amaç; eğer bir hayatın beraberce mutlu ve uyum içinde yaşanması ise, *mümkün olan en çok şeyin birlikte yapılması*, bu amacı gerçekleştirmeye imkân sağlar.

Evlilikte denge

Daha önceki sayfalarda bir evlilik içinde uyumu kolaylaştıracak şartlar sıralanmıştı. Bu dış şartlar arasında sıralanmamış, ancak en az bu şartlar kadar önem taşıyan başka şartlar daha vardır.

Bunların başında eşlerin kişilik özellikleri gelir. Bir beraberlik içinde uyumu ve dengeyi en çok zorlaştıracak olan kişilik özelliği "katılık"tır. Katılığın tam tersi olan kişilik özelliği de "esneklik"tir.

Olaylara ve ilişkilere sadece ve sadece kendi açısından bakan, günlük hayatın akışı içinde, *kendi kafasında planladığından başka bir şeye kesinlikle tahammülü olmayan* kimseler, bir beraberliği kısa sürede "yaşanmaz" hale getirirler.

Halk arasında evlilikle ilgili son derece yaygın bir inanç vardır. "Evlilik uzlaşmadır" denir. Kulağı ve gönülleri okşayan bir ifade ne yazık ki, bunu kullananların kastettiği anlamda geçerli değildir. Eğer bir karıkocanın herhangi bir tutum veya zevk konusunda iki ayrı uçta olduğu düşünülüyor ve bir orta noktada buluşulacağına inanılıyorsa, bu yanlıştır. Çünkü başlangıçta eşler böyle bir iyi niyet gösterisinde bulunsalar bile, bir süre sonra yapmak veya uymak istemedikleri bir durumu sürdürmenin yaratacağı stresle, karşılarındaki insana başka alanlarda tahammülsüzlük göstereceklerdir. Kendisinin fedakârlık yapmakta olduğunu düşünen kişi, bunun bedeli olarak karşı taraftan da fedakârlık bekleyecektir. Bunu bulamazsa huzursuz olacak, bulursa karşı tarafı zorlamış olacak ve bu gerginliklerin başka alanlarda çatışmaları alevlendirmesi kaçınılmaz olacaktır.

Aynı biçimde bir uyum çabasının yorduğu kişi, ilk fırsatta bundan vazgeçmenin çarelerini arayacak, karşı tarafı suçlayacak ve bir sebep yaratacak, kendi uyum çabasının ya takdir edilmediği, ya da önemi olmadığı düşüncesiyle veya başka bir bahane ile eski noktasına – kendi tutum ve davranışına – geri dönecektir.

Bu sebeple evlilik gibi hayat boyu sürmesi amaçlanmış bir beraberliğe başlarken, temel şart *karşısındakini olduğu gibi görmek ve – en önemlisi – olduğu gibi kabul etmektir.*

Karşısındakini ve kendisini değiştireceğini düşünmek, başlangıçta zevkli ve heyecanlı ancak sonuçta hayal kırıklığı ve üzüntü doğurucudur. Beraberlik içinde işler çok iyi giderse, o zaman belki taraflar, birbirlerine doğru bir küçük adım atarlar. Ancak yine de, çok mesafeli durulan bir konuda orta noktada birleşileceğini düşünmek hatalı olur.

Konuya bu açıdan bakıldığı zaman, başlangıçta sözünü ettiğimiz "esnek" kişilik özelliğinin önemi kendiliğinden ortaya çıkar. Kişiliğinde "esnek"lik, özelliğini barındıran kimse, olayları ve insanları oldukları gibi görmeye ve insanları kendi biriciklikleri içinde kabul etmeye ve saygı göstermeye daha yakındır. Kabul edemediği noktada da, problemi gerçek cephesi ile teşhis edip, tedbirlerini ona göre alabilir.

"Evlilik uzlaşmadır". Doğru! Ancak *evlilik önce kişinin kendisiyle uzlaşmasıdır.* İnsan kendisi ile uzlaşmayı başarabilirse, beraberliğini gerginlik ve stresten uzak sürdürebilir. Böylece en başta kendi, daha sonra da eşinin ve yetiştirdiği çocukların ruh ve beden sağlıklarına doğrudan katkıda bulunmuş olur.

EVLİLİK KONUSUNDA BİLGİLİ OLMAK

Bir evlilik içinde stres azaltacak önemli öğelerden bir tanesi de evliliğe ve onun getirebileceği problemlere "hazırlık"tır. Böyle bir hazırlıktan yoksun bireyler – hazırlıklı olanlara kıyasla – beraberlikleri konusunda çok daha fazla tereddüde kapılmakta, bu da sürekli bir stres kaynağı olmaktadır.

Yalnızlık

Erken yaşta yapılan bazı evliliklerin başarısız olma sebeplerinin önemli bir tanesinin altında "yalnızlık" duygusunu ve olgusunu yeterince tanımamak yatmaktadır.

İlkgençlik döneminin yakın ilişkileri, şakacılığı ve eğlencesi içinde evlenen gençler, daha sonra yılların geçmesi ve çeşitli birikimlerin beraberliği yıpratması sonucu, kendi kendilerine şu soruyu sorar duruma gelmektedirler: "Bu beraberliği neden sürdürüyorum?"

Bu arada çevrelerinde gördükleri karşı cinsten çeşitli kimseleri hiç olmazsa zihinlerinde tartmakta ve hayatlarını o sıradaki eşleriyle sürdürmek yerine, "şu veya bu kişiyle de" bir beraberliği pekâlâ sürdürmenin mümkün olduğunu *hissetmekte veya düşünmektedirler.*

İç ve dış gerginliklere dayanamayarak çözülen evliliklerde, kişiler serbest kalmanın verdiği rahatlığı kısa bir süre yaşadıktan sonra, büyük bir boşluk ve yalnızlık duygusunun içine düşmektedirler. Çünkü ilkgençliğin sürekli yakın ilişkileri – her gün gitmek gelmek, telefonlaşmak gibi – orta yaşlarda kurulamamaktadır. Bu ilişkilerin bir zamanlar kurulmuş olduğu eski arkadaşların hepsi dağılmıştır. Yeni arkadaşlarla da benzer ilişkiler ya aynı zevki vermemekte veya böyle bir ilişki mümkün olmamaktadır.

Diğer taraftan kişi evliliği süresinde zihninde tarttığı ve "cazip" bulduğu kimseler konusunda da hayal kırıklığına uğramaktadır. Çünkü ya bu cazip kimselerin bir bölümü zaten *"angaje"*dir, ya yüzeysel bir yaklaşımla cazip gibi gelen kimselere biraz yakınlaşmak onların hiç de sanıldığı kadar cazip olmadıklarını ortaya koymaktadır veya "cazip" gibi görünen ve orta yaşlarına kadar yalnız kalmış kimselerin, sürekli bir beraberlik kurmamak için *kişiliklerinden veya şartlarından kaynaklanan sebeplerinin* olduğu fark edilmektedir.

Böylece kişi her günün sonunda geceler boyu uzayıp giden bir yalnızlığı ve çaresizliği yaşamaya başlamakta, bir davete veya gece gezmesine gidecek bir arkadaş bulmak, kendine özgü sebeplerinden ötürü, erkekler için de kadınlar için de kolay olmamaktadır.

• • •

Yalnızlık duygusunu tanımak, hiç şüphesiz genç yaşta yapılmış ve boşanmayla sonuçlanmış evliliklerin hepsini kurtarabilirdi, diye düşünmek hatalı olur. Ancak *evliliği sürdürmeye kararlı olmak ve onun getireceği problemlere "hazırlıklı" olmak, kişinin olayları algılayış, yorumlayış ve dolayısı ile davranış biçimini etkileyecek çok önemli bir öğedir.*

Cinsellik

Aile ilişkisi içinde eşler arasında doğacak ve gündelik hayatın getirdiği streslerin sınırını aşacak, önemli gerginlik kaynaklarından bir tanesi de cinselliktir. New York Üniversitesi'nden G. Ferben'in, bütün ülkeyi temsil eden bir örnekler grubunu oluşturan, çoğunluğu evli 18-40 yaşları arasında 1008 kişiyle sürdürdüğü bir araştırmada en büyük stres kaynağının *toplumun cinsellik konusundaki tutumunun değişikliği* olduğu bildirilmiştir. Cinsel ilişkilerde daha çok serbestlik ve daha çok hoşgörü yönünde olan bu tutum değişikliğinin Amerika Birleşik Devletleri gibi bir toplumda en önemli stres kaynağı olarak yorumlanması ilginçtir.

Bu bulgunun Türk toplumunda yaşayanları düşündürmesi gereken önemli yönleri vardır. Cinsel açıdan büyük tabular, baskılar altında olmak ve cinsel eğitimi aile, okul gibi her türlü kurumun dışına çıkarmak nasıl stres verici, gerginlik ve kaygı doğurucu sağlıksız sonuçlar yaratabiliyorsa, bu konuda elde edilen özgürlüğün de büyük bedelleri olmaktadır.

Evlilik kurumunu ayakta tutan önemli öğelerden biri "sadakat" olduğu için, bu konudaki sapmalar beraberlikleri derinden sarsmakta ve hayatın bütününe yansıyan birlikte yaşamayı güçleştiren önemli bir stres kaynağı olabilmektedir.

• • •

Duygusal olgunun ölçütlerinden bir tanesi, tatmin edici bir cinsel ilişki içinde bulunmaktır. Diğer taraftan cinsel uyum fiziksel rahatlığı da beraberinde getirdiği için, hayatın bütününü daha kolay karşılamayı mümkün kılar.

Cinsellik, ruh ve beden sağlığı açısından "mutlak" bir gereklilik olmamakla beraber, çok önemli bir tamamlayıcıdır. Bu konudaki daha önemli bir belirleyici, kişinin cinsellik konusundaki tavrıdır.

Cinselliği hiç tanımayan bir insanın, bunun yokluğuna katlanması, tanıyan birine kıyasla daha kolaydır. Bu konuda evlenmemiş hanımlar arasında, cinsel tecrübesi olanlarla olmayanlar örnek verilebilir. Diğer taraftan cinsellik konusunda beklentisi ve özlemi olanların, bu konuda özlemi ve beklentisi olmayanlardan daha gergin olmaları kaçınılmazdır. Çünkü özlem ve beklenti içinde olanlar kendilerini zihinsel olarak uyaracak, bu da cinsel açıdan fizyolojik sonuçlar (bazı salgı bezlerinin harekete geçmesi gibi) doğuracaktır.

Cinsellik konusunu kafalarından uzak tutanlar ise, organik açıdan bu tür bir faaliyet içinde olmayacaklar ve dolayısı ile daha az gerginliğe sürükleneceklerdir. Hayatlarını, cinselliği tatil etmiş veya bu olguyu bütünüyle hayatından çıkartmış olarak sürdüren ve aşikâr bir güçlük çekmeyen birçok kişi vardır.

Ancak daha önce de belirtildiği gibi *cinsel uyum ruhsal ve fiziksel açıdan rahatlık sağlar, bu da hayatın bütün cephelerine yansıyan bir rahatlığın doğmasına sebep olur.*

• • •

Evlilik içinde eşlerin kendi yeterliliklerinden şüpheye düştükleri, tatmin olamadıkları, çekiciliklerini kaybetmekten korktukları zaman olur. Bunlar evlilik içinde öteden beri var olan stres ve kaygı kaynaklarıdır. Ancak bugünün ailesi için yeni olan, G. Serban'ın araştırmasında ortaya koyduğu gibi cinselliğin geçmişe kıyasla daha açık düşünülmesi ve konuşulabilmesidir.

Cinsel problemler, sadece cinsel eylemle sınırlı kalmadıkları, ilişkinin ve hayatın bütününe yansıdıkları için özellikle önem taşırlar.

Cinsellik konusunda bütünüyle kapalı kalmanın ve cinselliği yok saymanın yarattığı stresleri kendi toplumumuzdan, bu konuda ileri düzeyde serbestlik içinde olmanın doğurduğu stresleri ABD'den öğrendikten sonra, cinsellik gibi çok yönlü bir konuda alınacak tavrın "açıklık" veya "kapalılık" gibi basit yaklaşımlarla saptanamayacağı ortadadır.

Cinsellik konusu insan hayatının bütün alanlarına uzanan sonuçlar veren çok boyutlu bir konu olduğu için, cinsellikle ilgili bilgilerin mutlaka eğitim sistemi içinde yer alması gerektiğini belirtmekte yarar vardır.

AİLE HAYATINDA ÇOCUK VE STRES

Eşlerin kendi aralarında bir denge kurup uyumlu bir beraberlik sürdürmeleri durumunda bile aileye katılacak *bir çocuk önceden kestirilmesi imkânsız uyum problemlerini de beraberinde getirir.* Çünkü aileye yeni bir bireyin katılması, iki kişi arasında var olan etkileşimi pek çok açıdan değiştirmektedir.

Türk toplumunda halk arasındaki yaygın bir inanç, yolunda gitmeyen bir evliliği, *doğacak bir çocuğun kurtaracağıdır.* Böylece evin dışında ilişkileri veya içki, kumar gibi alışkanlıkları olan erkeğin evine bağlanacağı varsayılmaktadır. Halbuki eğer eşler kendi aralarında sağlıklı bir iletişim zemini oluşturamamışlarsa, aileye eklenecek bir çocuk, anlaşmazlıkları daha da derinleştirecektir.

Aynı durum aileler için de geçerlidir. Eğer iki aile, birbirleri ile anlaşmaya, çocuklarının hatırına, birbirleri ile uzlaşmaya özen gösteriyorlarsa, doğacak olan bir çocuk iki aileyi birbirine yaklaştıracaktır. Böyle bir ortamda, eğer varsa anlaşmazlıklar törpülenecek, ilişkiler yumuşayacak ve aileye katılan küçük bebek yakınlaşmayı ve mutluluğu geliştirecektir.

Fakat iki aile arasında sözlere dökülmüş veya dökülmemiş olumsuz duygular, anlaşmazlıklar varsa, doğan çocuk bu anlaşmazlıkları ve ayrılıkları artıracaktır. Çünkü çocuk, ailelerin birbirleri ile ilgili karşılıklı eleştirilerini ve karşı tarafta yetersiz buldukları yönleri ifade etmeleri, dışlaştırmaları için bir araç olacaktır. Çocuğa yönelik fikir ve eleştiriler, ailelerin esas olarak kendi dünyaya bakış ve davranış biçimlerine yönelik olarak değerlendirilecek, bu durum ise saldırılar ve alınganlıklar için mükemmel bir zemin hazırlayacaktır.

Diğer taraftan, daha önce de belirtildiği gibi, doğacak bir çocuğun, alkol, kumar gibi alışkanlıkları olan bir erkeği evine bağlayacağı düşüncesi ise, ne yazık tam bir "hüsnükuruntu"dur. Bu dilek belki ilk birkaç ay için geçerli olabilir, ancak daha sonrası için asla!... Sebebine gelince:

Alkole ve kumara eğilim, zayıf kişilere özgü kaçış ve sığınma yollarıdır. Zayıf kişiliği olan insanlar sorumluluk yüklenmekten hoşlanmazlar. Sorumluluklar bu tür insanları daha çok zorlar ve bunun sonucu alkole ve kumara olan ihtiyacın artması ve dolayısı ile erkeğin evinden daha çok uzaklaşması kaçınılmaz olur.

Çocuk veya çocukların aileye katılması önce fizik varlıklarıyla, bunun hemen ardından psikolojik varlıklarıyla, daha sonra da kendi toplumsal özellikleriyle farklı bir dinamizmi aile yapısına sokmaktadır. Böylece aile içindeki ikili iletişim, üçlü, dörtlü, iletişime dönüşerek, çok yönlülük ve zenginlik kazanmaktadır. Uygun olan, eşlerin artan bu iletişim zenginliğine en olumlu biçimde katkıda bulunacak tahammül ve hoşgörüde olmaları, bu konuda hazırlıklı ve donanımlı bulunmalarıdır.

Çocukluk ve gençlik, gelişimi açısından hızlı bir dönem olduğu için, bu dönemin özünde gelişimsel nitelikteki stresler vardır. Bu sebeple çocukluk ve gençlik aileye, uyum sağlanması gereken birçok yeni durumu da beraberinde getirir.

Dünyaya gelen bir çocuğun, dengesi ve uyumu "mükemmel" olan bir aile düzeninde bile strese yol açıp bir uyum problemi doğurduğu düşünülürse, kendi iç dengelerini kuramamış ailelerde bir çocuğun çok daha büyük problem ve gerginliklere sebep olması kaçınılmazdır.

Hasta çocuk

Aile ve çocuk ilişkisinin ilginç yönlerinden bir tanesi de, "hasta çocuk" veya başka bir ifadeyle "hastalıklı çocuk"tur. Gerek araştırmaların ortaya koyduğu sonuçlar gerekse klinik gözlemler açısından, hasta çocuğun büyük çoğunlukla aile içindeki sağlıksız ilişkilerin ve çatışmaların bir aracı olduğu defalarca yazılmış ve söylenmiştir.

Çok büyük ve önemli hastalıklar bir yana bırakılırsa, çocuk bütün özellikleri, beceri ve beceriksizlikleri, ruh ve beden sağlığı ile ailesinin ürünüdür. Bu sebeple sağlık ve davranış problemleri olan çocuğa eşler arasındaki bir "kısa devre", bir "masum kurban" gözüyle bakmak fazla abartılmış bir bakış açısı değildir.

Minuchin, çocukta meydana gelen psikosomatik krizi iki döneme ayırmıştır. Başlangıç döneminde aile içinde meydana gelen herhangi stres verici bir olay, çocukta hastalığın meydana çıkmasına sebep olan bedensel cevabı tetiklemektedir. Bu hastalık astım, diyabet veya karın ağrısı olabilir. İkinci dönem stres verici olayın çözülmesi ve aile içindeki krizin bitmesiyle – ve böylece – bedensel cevabın normal düzeye dönmesi dönemidir. Ancak bazı ailelerde stres düzeyi her zaman yüksek kalmakta, kriz bitmemekte veya biten krizi bir yenisi izlemektedir. Böyle ailelerde çocuğun hastalığı devam etmekte ve çoğunlukla belirtileri tıbbi yardımla kontrol etmek güçleşmekte veya imkânsız hale gelmektedir.

Minuchin'in bu görüşü hiç şüphesiz bütün hasta çocukların durumunu anlatan bir açıklama değildir, ancak bu yaklaşım, aile içi uyum veya uyumsuzlukla açıklamanın kimsenin aklına getirmediği birçok hastalığa ve "hasta çocuğa" ışık tutmaktadır.

Bazı ailelerde dengenin, ailenin hasta bir bireyi sayesinde ayakta durduğu, aile psikolojisi veya tedavisini konu alan kitapların vazgeçilmez bölümüdür. Konuyla ilgili olmayanlara yabancı geleceği için açıklama yapmak yararlı olacaktır. Ailenin hastalıklı bireyi ve onun getirdiği problemler, ailenin dikkat noktası olarak, aile içindeki temel anlaşmazlık ve çatışmaların ortaya konmasına engel olur.

İşte bu tür birçok ailede, aileyi dağılmaktan koruyan ve sahte bir dengenin sürmesini sağlayan hasta birey, "hastalıklı çocuk"tur. Bazı kitaplarda; ailenin, hasta çocuğunun iyileşmesine tepkide bulunduğu ve bunu engellediği bile yazılmıştır. Bu gibi durumlarda yapılacak olan, aileye kendi çelişki ve çatışmalarını tanımaları konusunda yardımcı olmaktır.

BOŞANMA VE STRES

Eşler beraberliklerini sürdürmelerinin imkânsız olduğunu anladıkları zaman boşanma yolunu seçerler. Boşanma karşılıklı anlaşılarak ortak bir karar olsa bile, *insan hayatında birçok değişikliği de beraberinde getiren çok önemli bir stres kaynağıdır.* Boşanma Holmes ve Rahe'nin ölçeğinde en çok stres veren olaylar sıralamasında – eşin ölümünden sonra – ikinci sırada yer almaktadır.

Bir evliliğin sona erdirilmesi taraflar için önceden bütün yönleri kestirilmesi imkânsız birçok problemi de beraberinde getirir. Bu problemlerin boyutu ve şiddeti, evlilik süresinin uzunluğu ve çocukların sayısı ile doğru orantılı olarak artar.

Kısa süreli evliliklerde – eğer çocuk da yoksa – tarafların yüklendiği stres, başlangıçta ailelerin yaptıkları maddi harcamalar ve bir evliliği sürdürmek konusundaki *başarısızlık duygusundan* kaynaklanır. Ayrıca taraflardan birisinin diğerini açık olarak istememesi durumunda da, reddedilen tarafın incinen gururunu onarması zaman alır. Erkeğin reddedildiği bazı durumlarda, hoş olmayan tavır ve davranışların ortaya çıkmasına, fizik güç kullanılmasına ve saldırganca davranışların görülmesine rastlanabilir.

Kısa süren evliliklerde, bir taraftan ortak kazanılanların fazla olmayışı, diğer taraftan eşlerin her ikisinin de önlerinde yaşanacak bir hayat ve beklentilerinin olması, yeni bir uyum yapmayı ve boşanmadan doğan stresi yenmeyi kolaylaştırmaktadır.

Ancak uzun süren evliliklerde, karı-kocanın *beraberlikleri süresinde ortak olarak biriktirdiklerini* – her iki tarafı da ikna edecek dürüstlük ve hakkaniyet ölçüleri içinde- *bölüşmeleri mümkün olmamaktadır.* Gerçekten de, iki kişinin ortak olarak sürdürdükleri hayat içinde kazanılan her şey konusunda hangi tarafın daha çok hakkı olduğuna karar vermek imkânsızdır.

Bir taraftan uzun yılların biriktirdiği *olumsuz duygular,* diğer taraftan böyle bir *bölüşmenin* tarafları memnun edecek biçimde yapılmaması ve hepsinden önemlisi kişilerin *gelecekle ilgili beklenti* ve şanslarının bir hayli *sınırlanmış* olması yüzünden, 20 yıldan uzun süren beraberliklerin ayrılıkla sonuçlanması, taraflar için son derece önemli bir stres sebebidir.

• • •

Uzun yıllarını belirli bir kişi ile geçirmiş, olumlu veya olumsuz birçok alışkanlık edinmiş ve ortak dostlar kazanmış olan kişi; evinde, alışkanlıklarında, dostlarında hatırı sayılır değişikliklere katlanmak zorunda kalacaktır. Bir de bütün bu sayılanlara ortak çocukların bölüşülme zorunluluğu ile ilgili güçlükler eklenirse, boşanmış eşlerin karşı karşıya oldukları zorluklar konusunda çok basit düzeyde bir fikir edinilmiş olur.

Bir başka önemli konu da, eşlerin – kaçınılmaz olarak zaman içinde karşılıklı oluşan – birbirleri ile ilgili olumsuz duygu ve düşüncelerinin onları zorlaması, gerginlik yaratması ve dolayısı ile ruh ve beden sağlığını olumsuz etkilemesidir.

Bu sayılanların dışında eşlerden birinin, ya evlilik içinde geliştirdiği bir beraberliğe yönelmesi veya boşanmanın hemen ardından yeni bir beraberlik içine girmesi, yalnız kalan eş için ayrı ve önemli bir stres kaynağıdır. Durum, yeni bir beraberliğe yönelen kişi açısından da çok kolay değildir. Çünkü uzun yılların getirdiği alışkanlıkları kısa sürede terk edip, yeni beraberliğin yeni şartlarına uyum sağlamak da zaman alacak zahmetli bir durumdur.

Boşanma uzun yıllar içinde kazanılmış maddi imkânların sağladığı belirli bir konfor ve rahatlığın da terk edilmesini zorunlu hale getirir. Eşlerin – birinin veya her ikisinin çok varlıklı olmaları durumu dışında – hayat standardında kaçınılmaz olarak bir düşüş olur ve daha sınırlı yaşamak zorunluluğu ortaya çıkar. Konunun bu yönü ayrı ve hayatın bütününü ilgilendirdiği için, çok önemli bir stres kaynağıdır.

Boşanma ve Çocuk

Boşanmanın en olumsuz yönlerinden birisi de çocuklar üzerindeki etkisidir. Hangi yaşta olurlarsa olsunlar, çocuklar anne ve babalarını mutlu görmek isterler. Özellikle bir ayrılığa tahammül etmek ve anlayışla karşılamak konusunda çok zorlanırlar. Çocukların yaşı küçüldükçe, bu ihtiyacın ve güçlüğün şiddet ve yoğunluğu da artar, çünkü cinsiyetleri ne olursa olsun, çocuklar anne ve babalarına farklı ihtiyaçlarla bağlıdırlar. Bunu anne ve babanın tek başına karşılaması mümkün değildir. Anne ve babanın beraber yaşarken dikkat etmeyebilecekleri bu özellik, ayrıldıktan sonra bütün şiddeti ve ağırlığıyla tarafları zorlayan önemli bir stres kaynağı olur.

Çocuk güven duygusunu hayatının ilk yıllarında sevgi nesneleri ile olan ilişkisi içinde kazanır. Çocuk için en temel ve vazgeçilmez sevgi nesneleri anne ve babadır.

Depresyonlu hastalar üzerinde yapılan araştırmalar, çocuğun sevgi nesneleri ile olan ilişkisinde bir bozulmanın, hayatın ileri yıllarında, kendine güvenin kaybı anlamına gelen depresyona yol açtığını ortaya koymaktadır.

Bu konuda yapılan birçok araştırmanın ortak sonucu depresyonlu hastaların mutsuz ve zor bir çocukluk ve hayat geçirmiş olduklarıdır. Anne-babanın ayrılığının çocuğun mutsuzluğunun en başta gelen ve kesin sebebi olduğunu ayrıca hatırlatmaya gerek yoktur herhalde!

Anne ve babanın ayrılmasıyla çocuk sadece ileri yaşlarda güçlük çıkartmaz. Bu çocuklar büyük çoğunlukla gerek çocukluk, gerek ergenlik döneminde uyumsuz, hırçın, kötümser, saldırgan davranışlar gösteren, "problem-çocuk", "problem-genç" olarak ortaya çıkar, doğrudan ve dolaylı sonuçları da anne ve babalarının yeni hayatlarına getirirler.

Boşanmaktan vaz mı geçmeli?

Bütün bu yazılanlardan çıkartılacak sonuç, boşanmanın çok kötü ve hiçbir zaman başvurulmaması gereken bir yol olduğu değildir. Hiç şüphesiz birlikteliği yürütmenin iki taraf için de imkânsız hale geldiği ve beraberliğin ıstırap kaynağına dönüştüğü bazı durumlarda boşanma kaçınılmaz olur.

Böyle bir durum sözkonusu olduğunda, konuya çocuklar yönünden daha farklı bir açıdan bakmak mümkündür: *Bir çocuk için çatışma içinde ve sürekli gerginliğin hüküm sürdüğü bir aile ortamında yaşamak yerine ayrı yaşayan bir anne ve babanın çocuğu olmak daha iyidir.*

Burada anne ve babaya önemli görevler düşmektedir. Bunların başında çocuğun yanında *eşini kötülememek* gelir. Daha önce de belirtildiği gibi – kaç yaşında olursa olsun – çocuğun anne ve babasının iyi insanlar olduğuna inanmaya ihtiyacı vardır. Bu inancı ne pahasına olursa olsun sarsmamak gerekir.

Bu konuda en çok yapılan hata; "küçüktür, anlamaz", veya "oyun oynuyor, bizim konuştuğumuzun farkında değildir", diye düşünerek çocuğun yanında annesi veya babasıyla ilgili olumsuz konuları konuşmaktır.

Şunu her zaman akılda tutmak gerekir ki, çocuklar en geç bir yaşından başlayarak bu konuları şaşılacak kadar iyi anlarlar ve neyle meşgul görünürlerse görünsünler, kendileri için böylesine önem taşıyan bir konuda söylenen her sözü ses kayıt cihazı hassaslığı ile kaydederler.

Boşanmadan önce

Daha önceki sayfalarda boşanma ile ilgili olarak sıralanan olumsuzluklar, eşleri bekleyen güçlükler konusunda fikir verebilmek için kaleme alınmıştı. Hiç şüphesiz boşanma kararlarının pek azı eşler tarafından "bir anlık" kızgınlık sonucu verilmektedir. Ancak diğer taraftan boşanma kararı alan eşlerin yine pek azı, konunun yukarıda sıralamaya çalıştığımız karmaşıklığını gözönüne alarak böyle bir karara yönelmektedir.

İşte bu sebeple Holmes ve Rahe'nin uyum gerektiren hayat olayları ölçeğinde "boşanma", "eşin ölümü"nün ardından 70 puanla ikinci sırayı almaktadır. Çünkü boşanma, kişinin sadece bir başka kişiyle birlikteliğini noktalaması anlamının çok ötesinde, karmaşık ve önceden kestirilmesi imkânsız sonuçlar veren ve kişiyi hayatın her alanında yeni bir uyum yapmak zorunda bırakan bir olaydır. Bu sebeple – mümkün olan durumlarda – eşlerin *bir süre* ayrı yaşamayı denemeleri, kararlarını bir kez daha gözden geçirme imkânı vermesi açısından çok yararlıdır. Bu süre içinde tarafların birbirleriyle olan ilişkilerini en alt düzeyde tutmaları veya – mümkünse – hiç görüşmemeleri de yerinde olur.

Bu bölüm içinde "yalnızlık" konusuyla ilgili olarak anlatılanlar burada da aynen tekrarlanabilir. Eşlerin bir süre ayrı yaşamaları, onlara başkalarına veya karşılarındaki kişiye "bir şeyleri" ispat etmek için verilmiş acele boşanma kararlarının sakıncalarını düşünmek imkânı tanıması açısından yararlıdır.

Boşandıktan sonra

Bütün bu anlatılanlardan sonra, beraberliği sürdürmenin iki taraf için de imkânsız olduğunun anlaşılması üzerine alınacak "ayrılık" kararının hızla uygulanması çok yerinde olur. Çünkü boşanma olayının ve bunu ortaya çıkaran gelişmelerin iki taraf için de "uzayıp gitmesinin" kronik bir stres doğurması ve olumsuz duyguları pekiştirmesi kaçınılmazdır.

İşlerin bu noktaya varmasından sonra yapılacak olan, *yeni şartlara hızla uyum sağlamaya çalışmaktır.* Bu amaçla en başta eski ile ilgili, kendi kendine düşünce düzeyindeki hesaplaşmalardan, ortak dostlar arasındaki sonuç vermeyecek tartışmalardan uzak durmak yerinde olur. Kişi geçmişe hayıflanmak yerine, hayatla ilgili şanslarını gözden geçirmeli ve bu şansları kullanmaya yönelmelidir.

Hiç şüphesiz insan, ne kadar gençse bu şanslar o kadar fazladır. Ancak unutmamak gerekir ki, insanın hayattan bekledikleri ve zevk aldığı konular her yaşta değişmektedir. Bu sebeple *insanın kaç yaşında olursa olsun, hayat karşısında daima şansı vardır.* Önemli olan, en başta bu şansları kullanmaya karar vermesi, daha sonra da bunu uygulamak üzere *harekete geçmesidir.*

Muhakkak ki, böyle bir davranışa yönelmek her zaman çok kolay olmaz. Unutmamak gerekir ki, çıkış yolu sadece ve sadece bu yöndedir; hayıflanmak, üzülmek ve suçlamakta değil! Kişinin bütünüyle geçmişin olumsuzlukları ile kuşatıldığı ve yeni bir hayata başlamakta güçlük çektiği durumlarda ruh sağlığı uzmanlarının çok değerli yardımlar yapmakta olduklarını hatırlatmakta yarar vardır.

STRESE KARŞI DİRENÇLİ AİLELER

Bazı ailelerde gerek dış dünyadan yansıyan streslerin aile hayatına yansıyan olumsuz etkileri, gerekse aile bireylerinin kendi aralarındaki ilişkilerden kaynaklanan çatışmalar, hem aile hayatını, hem de ailedeki kişilerin sağlığını tehdit etmektedir. Oysa bazı ailelerde bunun tersi yaşanmakta, aile hem dış dünyaya karşı daha dirençli olmakta, hem de kendi ilişkilerini sağlıklı ve çatışmasız sürdürmektedir.

Aileler arasındaki bu farkı belirleyen özellikler nelerdir? Aşağıda, bu soruya cevap vermek için yapılmış birçok araştırmadan elde edilen sonuçlar bir araya getirilerek toplu halde sıralanmıştır:

1. *Ailenin dayanıklılığını sağlayan, aile üyelerinin ortaklaşa paylaştıkları inanç ve değerler sistemlerinin varlığıdır.* Bireylerin katı kişilik yapısına sahip olmamaları gerekir. Görüş ve inançların tartışılabilir, gözden geçiri-

lebilir ve yenilikler yapılabilir olması, farklılıklara saygı gösterilmesi aile içi uyumu kolaylaştırır.

2. *Aile bireylerinin aktif, inisiyatif sahibi ve birbirlerine bağlı olması ve* akıl ve beden sağlığının sürekli olarak eğitim, kültürel ilgiler ve fizik egzersizlerle yenilenip devam ettirilmesi büyük önem taşımaktadır.

3. Bu aileler, *kuşakları açık seçik belirleyen bir yapıya* sahiptirler. Eşler birbirlerine duygusal olarak bağlı, bütünleşmiş ve eşit ilişki için çocuklar kararlara katılır ancak hiçbir zaman aileyi yönetemezler.

4. *Var olan problemler inkâr edilmek yerine kabul edilir* ve bu problemlerle mücadele edilir. Bu aileler çoğunlukla daha az stres duyarlar.

5. *Strese karşı dirençli aileler dostlarla, toplumla ve çeşitli topluluklarla çok sayıda ilişki ve bağ sürdürürler.*

• • •

Ancak stres verici zor durumların sağlığı tehdit edecek boyutlara ulaşmaması için yapılması gereken, bu hayat dönemlerine ve bu dönemlerin özel güçlüklerine karşı hazırlıklı ve bilgi açısından donanımlı olmaktır.

KÜLTÜRE BAĞLI DESTEKLEYİCİ ÖZELLİKLER

1960'lı yıllarda, ABD'nin Pensilvanya eyaletine bağlı Roseto'da incelemelerde bulunan bilim adamları, elde ettikleri bazı sonuçlar karşısında şaşkınlıklarını gizleyemediler. ABD'de kalp krizinden ölüm oranı her 1000 kişide 3,5 olmasına karşılık, İtalyan asıllı Amerikalıların yaşadığı Roseto'da bu oran her 1000 kişi için sadece "1" dir. Roseto'da ayrıca başta ülser olmak üzere daha birçok hastalık Amerika ortalamasının çok altındaydı.

Doktorlar bu şehirde yaşayan insanların mükemmel sağlığına hayret etmekte haklıydılar. Çünkü Rosetolular kalp hastalığına yol açan standart risk faktörlerine önemli ölçüde sahiptiler. Örneğin, oldukça şişman olan Rosetolu kadın ve erkekler civar şehirlerde yaşayanlar kadar hayvansal yağ yiyorlar, yine civar şehirlerde yaşayanlardan fazla farklı olmayan ölçüde kolesterol, yüksek tansiyon ve diyabet problemleri ile karşı karşıya bulunuyorlar, tükettikleri sigara miktarı ve egzersiz düzeyleri de farklılık göstermiyordu. Fakat bütün bu faktörlere rağmen, genel sağlıkları civar şehirlerde oturanlardan çok daha iyiydi.

Araştırmacılar bütün genetik ve etnik faktörlerden doğabilecek farklılıkları ayırdıktan sonra Rosetolularda görülen genel sağlıklı durumunun "kültüre bağlı destekleyici özelliklerden" kaynaklandığını tespit etmişlerdir. Pensilvanya St. Lukes Hastanesi'nden S. Wolf, *"Roseto kültürü eski dünyanın değerleri ve alışkanlıklarına inatla bağlılığı yansıtmaktadır"* demiştir. Aile ilişkilerinin son derece yakın ve karşılıklı dayanışma esasına dayanması; bu yakın ilişki biçiminin aile sınırlarını aşarak komşuları ve topluluğun bütün üyelerini birleştirici bir nitelik kazanması da yapılan gözlemler arasında yer almıştır.

Araştırmacılar bundan başka yaşlıların sevilip saygı gördüklerini, hastalanmaları halinde ailelerinin evinde bakıldıklarını ve aile içinde birisinin veya bütün ailenin maddi bir problemle karşılaşması durumunda, akrabaların ve hatta bütün topluluğun ihtiyacı olan kimseye yardım elini uzattığını ve destek sağladığını gözlemlemişlerdir.

1960'ların ikinci yarısından sonra, Roseto'da bazı değişmeler meydana gelmiş. Örneğin, 30 yaşından genç Rosetolular geleneklere bağlılık ve çevrelerinden bir ölçüde kopuk yaşamaktan duydukları memnuniyetsizliği dile getirmişler ve orta sınıf Amerikalılar için geçerli olan belirli amaçlara yönelmeye başlamışlar. Bu amaçlar arasında işte ilerleme, daha geniş bir evde yaşama ve hayatı kolaylaştırdığı iddia edilen araç ve gereçlere sahip olmak sayılabilir. Bir süre sonra genç Rosetoluların birçoğu Cadillac araba sahibi olup, eski geleneksel ahşap evlerinin yerine yeni stil banliyö villalarında oturmaya başlamışlar. Bütün bunların sonucu olarak Roseto'da hayatın görüntüsü kısa zamanda değişmiş.

Yukarıda sayılanların yanısıra Roseto'da bir şey daha değişmiş. Kalp krizlerinden ölüm oranı! Özellikle 55 yaşından genç erkekler arasında kalp krizinden ölüm oranı ABD ortalamasına yaklaşmış.

Hiç şüphesiz Roseto bu konuda tek örnek değildir. Her ne kadar bir hastalığa yol açan birçok faktör varsa da, yapılan araştırmalar, kültürel bağların kopmasının ve insanların bağımsızlaşmasının birçok hastalığın ortaya çıkması, hızlı seyretmesi ve güç tedavi edilmesi konusunda çok önemli bir belirleyici olduğunu ortaya koymaktadır.

Hamilelikte duygusal desteğin önemi

Bağımlılık ve sosyal destek konusunda Holmes ve Rahe'ın "hayat değişikliklerini" ölçen "Stres Düzeyleri Ölçeği" ile yapılan bir araştırma da oldukça ilginç bir sonuç vermiştir.

Yüksek hayat değişiklikleri puanına sahip olan ve yakın çevrelerinden gördükleri destek yetersiz kalan kadınlarda, hamilelik ve doğum komplikasyonuna rastlanma ihtimalinin çok yüksek olduğu görülmektedir.

Buna karşılık, benzer yükseklikte hayat değişiklikleri puanına sahip olan kadınlar, eğer eşlerinden, ana-babalarından veya kardeşlerinden duygusal ve ekonomik destek göreceklerine inanıyorlarsa, hamilelik ve doğum komplikasyon düzeyi son derece düşük olmaktadır.

Bir başka ifadeyle, *"sosyal destek", insanları hayat değişikliklerinin stres dolu etkilerinden koruyabilmektedir.* Bu noktada önemli olan, kişinin sevildiğine ve grup tarafından kabul edildiğine olan inancıdır. Bir başka önemli nokta da, kişinin ait olduğu toplumsal değer ve normlarının, kişinin içinde yaşadığı toplumsal çevrenin ortak değer ve ölçüleri ile uyuşmasıdır (Bu konudaki en iyi örnek, Batı ülkelerinde yaşayan Türk işçilerinin durumudur).

GENİŞ AİLE - ÇEKİRDEK AİLE

Büyükanne ve babaların da birlikte yaşadığı geniş aile düzeni içinde bulunmanın doğurabileceği bazı kaçınılmaz sonuçlar vardır.

Yaşlıların gençleri denetleme istekleri, onların büyüyüp yetişkin bir insan olduklarını kabullenmekte güçlük çekmeleri, kardeşlerin birbirleriyle olan ilişkilerinden doğan gerginlikler, bu konuda kolayca akla gelen sakıncalardır. Bunun hemen ardından, geniş aile düzenlerinin kaçınılmaz sonuçları arasında, evli kardeşlerin ve onların eşlerinin ve çocuklarının birbirleriyle ilişkilerinden kaynaklanacak problemlerin, bazen bu şartlar içinde yaşayan insanların hayatlarını bütünüyle gölgeleyebilmesi sayılabilir.

Bütün bunlardan başka, yaşlı veya hasta aile üyelerine bakmak için, kendi hayatlarından maddi ve manevi fedakârlık yapmak zorunda kalan kimselerin, duydukları sorumluluk duygusuyla, hayatlarını sınırladıkları veya bütünüyle akışını değiştirdiklerine sık sık rastlanabilir.

Geniş aile topluluklarının en önemli özelliği, kişisel bağımsızlığa ve bireysel tercihlere son derece az yer vermesidir. Bunun doğal sonucu olarak da, bireylerin bazen kişisel istekleri ile ailenin tutum ve kuralları karşısında sıkışıp bunalmaları ender rastlanan bir durum değildir.

Kalabalık aile çerçevesinin olumsuz özellikleri ile ilgili listeyi sayfalarca uzatmak mümkündür. İşte gerek ekonomik şartların zorlamasının, gerek bir ölçüde sayılan sakıncaların sonucu olarak, 20. yy'ın ikinci yarısında ABD ve Avrupa'dan başlayarak çekirdek aile düzenine hızlı bir geçiş gerçekleşmiştir. Ancak bu toplumlarda yapılan araştırma ve gözlemlerde görülmüştür ki, geniş aile yapısı ve buna bağlı olarak – çoğunlukla – var olan dayanışma ve yoğun duygusal ilişki ve bağlar insanların en çok ihtiyaç duydukları şeyi, "güveni" vermek konusunda hiçbir şekilde yeri doldurulamayacak bir rol oynamaktadır. Aile ve yakın çevrenin gerektiğinde sağlayacağına inanılan destek, özellikle hayatın güç ve krizli dönemlerinde büyük önem taşımaktadır.

İnsan içinde yetiştiği aile ve yakın çevre ile derin ve anlamlı bağını kaybettiği, bu kişiler veya grupla olan sevgi bağları zedelendiği, "aidiyet" ve bütünleşme duygusunu kaybettiği, hayatın amacı konusunda tereddüte düştüğü zamanlarda, içine hastalık tohumları atılmaya ve gelişmeye elverişli bir zemin bulmaktadır.

• • •

Dr. Thomas'ın yaptığı bir araştırmada 1948-1964 yılları arasında tıp fakültesinde okuyan 1337 kişinin sağlık dosyası incelenmiş ve daha sonra bu kişilerin uzun dönem içindeki sağlık durumları izlenmiştir. Okuldan ayrıldıktan sonra kanser, akıl hastalığı ve intihar gibi olumsuz sağlık gelişmeleri gösterenlerin birçoğunun dosyasında iki özelliğe rastlanmıştır. Bu özelliklerden birincisi, *"aile ilişkilerinde duygusal yakınlığın bulunmayışı"*, ikincisi de *"aileye karşı olumsuz bir tavır içinde olmak!"*

Yukarıdaki ve buna benzer birçok araştırmanın ortaya koyduklarının düşündürdüğü *yakın aile ilişkilerinin* ve buna yakın ilişkilerden doğması beklenen dayanışmanın - içerdiği bütün sakıncalara rağmen - *akıl ve ruh sağlığı ve dolayısı ile de beden sağlığı açısından çekirdek aile düzenine kıyasla çok daha yararlı olduğudur.*

Bizde durum

Türkiye, endüstri toplumlarına özgü ve Batı tarzı hayat biçiminden kaynaklanan birçok stresi kaçınılmaz olarak yaşamaktadır. Ancak gelişmiş Batı toplumları bir taraftan maddi imkânlarının katkısıyla, diğer taraftan yerleşmiş ve organize bir toplum olmalarının sonucu olarak; gürültü, çevre kirliliği gibi birçok konuda stres vericilerin etkilerini kontrol etmek ve azaltmak yolunda ciddi çabalar harcamaktadır. Türkiye için henüz bu çabalar ya hiç söz konusu değildir, ya da çok yetersizdir.

Ülkemizde toplu taşıma araçlarının durumu düşünülürse, kalabalıktan doğan stresin ülkemizde bütünüyle hesap dışı tutulduğunu görürüz. Bütün bunlar Türkiye'de yaşayan insanların Batı'da yaşayan insanlara kıyasla ek stresler altında olduğunu düşündürmektedir. Bu konudaki listeyi uzatmak çok kolaydır. Ayrıca endüstrileşmiş Batı ülkelerinde gerek işsizlik, gerek hastalık, yaşlılık dönemlerinde sağlanan kurumsal destekten Türkiye'de yaşayan insanlar çok önemli ölçüde yoksundurlar.

Ancak Türkiye'de eksik olan kurumsal desteğin yerini ailenin, akrabaların ve birçok kapalı yerleşim bölgesinde "topluluğun" sağladığı toplumsal destek ve dayanışma almaktadır. Kısa bir süre önce Türkiye'de üç büyük şehirde (İstanbul, Ankara, İzmir) yapılan araştırmada, başları sıkıştığında yardım alabilecekleri en az bir komşuları olduğuna inananların oranı % 84 idi.

Bu oran – büyük bir ihtimalle – Batı'daki herhangi bir metropolde ulaşılacak oranın çok çok üstündedir.

Aynı şekilde Ç. Kâğıtçıbaşı'nın tanınmış araştırmasında, özellikle kırsal bölgede yaşayanların çocuk sahibi olma isteklerinin arkasında, "yaşlanınca bakılmak" motifi yatmaktadır.

Belki bütün bu yazılanları şu şekilde ifade etmek daha doğru olacaktır: Endüstrileşmiş Batı toplumlarında kişilerin aile ve yakın çevrelerinden alamadıkları desteğin yerini, "kurumsal destek" almaya çalışmakta, ancak "duygusal içerikten" yoksun böyle bir destek bir öncekinin yerini – en azından bugün için – tam olarak dolduramamaktadır.

Birçok yönden Batı ülkelerinden farklı ve yoğun stresler altında yaşayan toplumumuz bireyleri – en azından bu araştırmaların sağladığı bilgiler doğrultusunda değerlendirildiğinde – aile, akraba ve yakın çevre ilişkileri açısından – hiç olmazsa şimdilik – çok önemli bir şansa sahip gözükmektedirler.

Kaygı

Genel olarak olumsuz duyguların yaşandığı durumlar kaygının ortaya çıkmasına sebep olur. Kaygıya ait belirtiler, kaygıyı oluşturan dış şartlardan onu yaratan kişiye doğru yaklaştıkça ağırlaşır. Duruma bağlı kaygı o şartlar içinde yaşanır ve kişiyi zorlayan durumun bitişi ile birlikte kaygıya ilişkin belirtiler de ortadan kalkar. Halbuki sürekli kaygı kişiye ait bir vasıf olarak var olur ve çeşitli durumlarda daha fazla hissedilmekle beraber hayatın bütününü kaplar. Böyle bir kişide gerçek tehlike ile uyuşmayan tepkiler ortaya çıkar.

Kaygılı olduğunu söyleyen bir insandaki ortak bedensel tepkiler; hızlı kalp atışları, titreme (özellikle bacaklarda), ağız kuruluğu, kısık ses, aşırı terleme ve buna bazen eşlik eden idrarı tutamamadır.

Öte yandan kaygılı bir kişinin dış görünüşü, aynı anda her tarafa yetişmek isteyen ama bir türlü seçimini yapamayan haldedir. Yüz ifadesi acil yardıma ihtiyacı olan panik halindeki bir insanı yansıtır.

KORKU – KAYGI

Kaynağı belirsiz korkuya "kaygı" denir. O zaman akla "Korku nedir?" sorusu gelmektedir. Korku insanın canının, malının, sevdiklerinin, inançlarının ve toplum içindeki yerinin tehdit edildiği durumlarda yaşanan, bedensel belirtilerin eşlik ettiği duygusal bir tepkidir.

Korku sırasında duygusal tepkinin şiddeti tehditle orantılıdır ve tehdidin varolduğu süreyle sınırlıdır. Korku sırasında insan, bedensel ve zihinsel güçlerini, korku yaratan tehdidi ortadan kaldırma amacına yönelik olarak uygun biçimde kullanır. Bu sebeple *korku normal bir tepkidir.*

Kaygı durumunda ise duygusal tepkinin şiddeti hem tehditle orantılı değildir hem de tehdidin varlığından bağımsız olarak devam eder. Bu durumda da insan bedensel ve zihinsel güçlerini korku yaratan tehdidi ortadan kaldırma amacına yönelik olarak kullanamaz.

SINAV KAYGISI

Sınav kaygısı Türkiye'de toplumun çok geniş bir bölümünü ilgilendirmektedir. Her yıl bir milyon dolayında öğrenci ortaokul veya üniversiteye girmek için sınava girmektedir. Bu sınavlara hazırlığın da en az iki yıllık bir süreyi içine aldığı düşünülürse her yıl iki milyon aile (yaklaşık 8-12 milyon kişi) doğrudan ve dolaylı olarak sınavın ve sınav kaygısının doğurduğu sonuçlardan etkilenmektedir.

İşte bu sebeple sınav kaygısını, öğrenme ile aynı başlık altında ele aldık. Çünkü dilimizden düşürmediğimiz "öğrenme"nin ne olduğunu bilmeden, sınavın neden kaygı doğurduğunu anlamak pek mümkün değil. Son yıllarda basın ve kamuoyunda, öğrenmenin bizzat kendisinin sağlığa zararlı olduğu, çok öğrenmenin sağlık üzerinde, "gencecik beyinler" üzerinde yıkıcı etki yaptığı, bu "genç beyinleri" doldurduğu gibi, bilimsel gerçek ve olgularla bağdaşmayan bir hava yaratılmıştır.

ÖĞRENMENİN ESASLARI

Öğrenme konusunda mutlaka bilinmesi gereken, öğrenmenin soyut bir olay veya durum olmadığıdır. Öğrenme, beyindeki sinir hücreleri arasında kurulan protein zincirleriyle meydana gelir.

Öğrenme konusunda bu iki temel adımdan sonra, konunun en can alıcı noktasına gelelim. Sinir hücresi, sahip olduğu özellikler gereği kas hücresinden bütünüyle farklıdır. Birçok ayrılığın yanı sıra bilimsel adı "cevapsızlık süresi" olan bu farktan ötürü, koşan bir atletin veya ağır yük taşıyan birinin kaslarında meydana gelen yorulmaya benzeyen bir yorgunluğun "çok çalışmak" sonucu beyinde meydana gelmesi söz konusu değildir.

Çünkü bilimsel araştırmalar hassasiyet kazandıkça görülmektedir ki, beynin sınırlarına ulaşmak bugün için pek mümkün gözükmemektedir. Bu sebeple *öğrenme yoluyla beynin "dolması" ve "yorulması" imkânsızdır.*

Sınavlara hazırlığı at yarışlarına benzetmek, çok çalışmanın, antrenman fazlalığı anlamına gelen "sürantrene" olma durumu yaratacağını düşünmek, konunun bilimsel temel ve esaslarından habersizliğin işaretidir.

Öğrenme sırasında yorgunluk olmaz mı? Olur tabii. Ancak öğrenme sırasında meydana gelen yorgunluk, ya bedeni belirli bir biçimde tutmaktan kaynaklanan kas yorgunluğudur, ya da başka bir şey yapmak isteğinden kaynaklanan duygusal yorgunluktur. Yoksa öğrenme sırasında meydana gelen olayların hiçbiri yorgunluk yapmaz. Veya daha açık ifade edersek, öğrenme sırasında beyinde meydana gelen yorgunluğu atmak için bir derin nefes almak yeterlidir.

SINAVDAN KORKMAK - SINAV KORKUSU

Sınavdan korkmakla, sınav korkusu arasında büyük fark vardır. Sınavdan korkan bir öğrenci yaklaşan sınava göre zamanını programlayarak çalışır ve zaman geçtikçe de korkusu azalır. Hiç şüphesiz öğrenci sınavdan hemen önce bir heyecan duyar, ancak bu heyecan onu başarıya götürecek, canlı ve diri tutacak ölçüde olan olumlu ve gerekli bir duygudur.

Sınav korkusu duyan bir öğrencinin ise sınav yaklaştıkça korkusu ve telaşı artar. Bu korku öğrencinin çalışmasına ve öğrenmesine engel olur ve sınav gelip çattığında ise tutulur kalır.

Öğrenmek için stres gerekli

Gerçekte sağlıklılığın korunması ve aşama yapılması için belirli bir düzeyi aşmayan stres vericilere ihtiyaç vardır. Ancak bu düzeyin kişiden kişiye büyük değişiklik gösterdiğini unutmamak gerekir.

Kaygı, temelde kişiye rahatsızlık veren olayın kendisinden değil, olayın kişi için taşıdığı anlamdan kaynaklanmaktadır. Birçok öğrenci *sınavla birlikte, kendi kişiliğinin ve varlığının değerlendirildiğini* düşünür. Böyle bir değerlendirmenin doğurduğu kaygı sırasında, beden kimyasında meydana gelen değişiklikler, *beyinde öğrenme için gerekli olan protein zincirlerinin oluşumunu engeller.* Daha açık bir ifadeyle, kaygı *akıl yürütme ve soyut düşünme yönündeki zihinsel faaliyeti bozar.* Bu sebeple yüksek sınav kaygısı, öğrenci başarısızlığına yol açan en önemli faktörlerden biridir.

Araştırmalar, yüksek kaygının özellikle orta zekâlıların başarısında olumsuz rol oynadığını ortaya koymuştur.

Araştırmalar çok başarılı öğrencilerin başarılarının kaygının yüksek veya düşük olmasına bağlı olmadığını gösteriyor. Aynı şekilde az başarılı öğrencilerin başarısı da kaygıdan fazla etkilenmiyor.

Ancak *tehdit edici faktörlerin varlığı yüksek kaygıların başarısını daha da olumsuz yönde etkilemektedir*. İşte bu cümle, konunun can alıcı bir noktasını ortaya koymaktadır. Çünkü ana-babalar ve öğretmenler, çocuklarının veya öğrencilerin güdüsünü artırmak, onları kamçılamak için sürekli olarak kaygı artırıcı yaklaşımlarda bulunmaktadır.

Sınava hazırlanan öğrenciler sık sık, ana-babalardan "Kazanamazsan, herkese rezil oluruz", "Âlemin yüzüne nasıl bakarız", "Verdiğim emekleri helal etmem"; öğretmenlerden, "Bunları çalışmazsan sınavı nasıl kazanırsın?", "Bu kadar çalışmayla kazanamazsın", "Bu kafayla bu işi başaramazsın" türünden sözler duymaktadır. Çocuklar için tehdit edici olan, sağlıklarını bozan bu yöndeki yaklaşımlardır.

Sınava hazırlanmak stres yaratır mı?

Ortaokullara hazırlığın ülkemizde böylesine büyük bir rekabet doğurması, bundan 15 yıl önce hiç kimsenin aklına gelmeyecek gelişmelere sebep olmuştur.

Eğer olaya psikologların elindeki klasik ölçme ve değerlendirme araçları açısından bakacak olursak, çocuklar kronolojik yaşlarının ötesinde bilgilerle yüklenmektedirler. Örneğin klasik zekâ testlerinden Stanford-Binet'in 12 yaşındaki çocuklardan bekledikleri, bugün 10 yaşındaki çocukların programında yer almaktadır. Hem de özel hazırlık kurslarında değil, ilkokul programlarında.

Buna karşılık psikolojideki yeni öğrenme çalışmaları çocukları mümkün olan en erken yaştan başlayarak alabilecekleri kadar bilgiyle yüklemenin, onların zihin gelişiminde büyük hamleler yapmalarını sağladığını düşündürmektedir. O zaman da kronolojik yaş ve kazanılabilecek bilgilerin bu gelişimler ışığında yeniden gözden geçirilmeleri ve yorumlanmaları gerekmektedir.

Bir araştırmanın ortaya koydukları...

Bir süre önce ilkokul beşinci sınıflar üzerinde sınavın ne kadar stres verici etki yaptığı araştırıldı. Bunun için İstanbul'da kendi öğrencilerine sınavsız ortaokula devam etme hakkı veren bir okulun öğrencileri denek olarak araştırmaya alındılar. Böylece benzer sosyo-ekonomik ve benzer sosyo-kültürel şartlara sahip ailelerin çocuklarında, sınava hazırlanmaya ve hazırlanmamaya bağlı olarak ortaya çıkan etkiler ve stres faktörü incelendi. Ve hayretle stres puanlarının sınava hazırlananlarda değil, hazırlanmayanlarda daha yüksek olduğu görüldü.

Muhtemelen sınava hazırlanan çocuklar kendilerine benimsetilmiş hazırlık içinde olmaktan ötürü fazla şikâyetçi değildiler. Buna karşılık sınava hazırlanmayanlar – belki de – kendilerinin böyle bir yarışa layık görülmemiş olmalarından ötürü, daha yüksek bir strese sahiptirler.

Burada üzerinde durulması gereken en önemli nokta, *yüksek stres doğuranın sınava hazırlanmak, yoğun eğitim programları içinde bulunmak olmadığıdır. İlkokul çocukları için stresi doğuran ana-babaların ve eğitimcilerin davranışlarıyla şekillenen bakış; üniversite adayları için yukarıdakilere ek olarak, öğrencinin olayı algılayış ve yorumlayış biçimidir.*

Bu noktaya tekrar dönmek üzere bir önemli konuyu daha belirtmek istiyoruz. Ortaokula hazırlanan öğrenciler konusunda ana-babaların ve eğitimcilerin kaygı duymalarını gerektiren bir durum gerçekten vardır. *Kaygı duyulmasını gerektiren, çocukların sınav sonrasındaki durumlarıdır.* Sınavlara hazırlık süresince çok yüksek bir antrenman düzeyinden, sınav sonrası okul eğitiminde çok düşük bir antrenman düzeyine inen çocuklar, bir boşluk içine düşmektedirler. Bu boşluk özellikle sınavı kazanamayıp normal okullara giden öğrenciler açısından daha belirgindir.

Ortaokul sınavlarına hazırlanan öğrencilerin kaygılarını azaltmak için ne yapılabilir?

Öncelikle eğitimcilerin kaygı ve başarı arasındaki ilişkiyi iyi öğrenmeleri, kendi ana-babalarından onlara miras kalmış yaklaşımları ve öğrenci güdülendirme yollarını terk etmeleri gerekir. Daha sonra kitle iletişim araçlarının konuyu sadece duygu sömürüsü yapacak yaklaşımlardan uzaklaşarak, ana-babaları aydınlatacak ve yukarıda anahatları belirtilmiş çözüm yollarını gösterecek bir tutumu benimsemesi gerekir. Bundan sonra da, daha önce uzmanlar tarafından sıkça tekrarlanmış önerileri kulak arkası etmemek gerekir. Ana-babaların çocuklarından kendi özlemleri doğrultusunda değil, onların gerçek kapasiteleri doğrultusunda beklentileri olmalıdır. Bunun için hem uzmanların görüşlerine başvurulabilir, hem de çocuğun geçmiş başarı düzeyine bakılarak gerçeğe oldukça yakın bir karar verilebilir.

Üniversite sınavlarına hazırlanan öğrencilerin kaygılarını azaltmak için ne yapılabilir?

Daha önce de belirtildiği gibi, hiç şüphesiz başarı için belirli bir düzeyde kaygıya gerek vardır. *Üniversite sınavları hazırlığı içindeki bir genç –* çok istisna durumunda olanlar hariç – *öğrenme ve başarı için gerekli olan düzeyde kaygıya sahiptir.* Ancak çevrenin, ister teşvik, ister tehdit amacıyla olsun, gençteki kaygıyı çok daha yükseltici yaklaşım ve tavırları benimsemesi, öğrenciyi yüksek kaygı sebebiyle adeta "kıpırdayamaz" duruma getirmektedir.

Eğer küçük ve büyük gevşeme egzersizleri ve nefes egzersizlerini yapmak düzenli bir alışkanlık haline gelmişse, bireysel planda kaygıyı azaltmak konusunda çok temel bir adım atılmış sayılır. Bundan başka, daha önce de belirtildiği gibi, öğrencinin yakın çevresinin ve özellikle eğitimcilerin öğrencinin zaten yaşamakta olduğu kaygıyı daha da artırmaktan kaçınmaları gerekmektedir. Ne yazık ki, eğitimcilerin büyük bölümü - kendilerince - haklı sebeplere dayansa da, sürekli olarak kaygı artırıcı bir yaklaşım içindedirler.

Acaba eğitimciler neden öğrencilerde kaygıyı artırıcı ve dolayısıyla başarıyı engelleyici bir yaklaşım içindedirler? Bir bölümü öğrenciyi güdülemek için bu yolu seçmektedir, bir bölümü başka yol bilmediği için, bir bölümü (kendi aynı durumda olmadığından) kendine rahatlık verdiği için, bir bölümü de kendine üstünlük verdiği için öğrencilerin kaygılarını artırmaktadırlar.

Hayatın amacı kendine yeten bir insan olmak, yaşadığından memnun olmak ve bu memnuniyeti yakın çevresindeki insanlara da yaymaktır. Sınav kazanmak, diploma sahibi olmak bu temel amaca yönelik araçlardır. "Okumak", "yüksek eğitim görmek" hayatın seçeneklerinden sadece biridir. Ve neyse ki, hayat tek bir seçenekten ibaret değildir. Eğer amaç para kazanmaksa, bugün yüksek tahsil görmeden de bunu sağlamak mümkündür. Eğer amaç hayattan zevk almaksa, müzik ve sanat bu zevki ve coşkuyu insanlara vermek için hazırdır. Önemli olan insanın hayata bakış açısının bunu algılayacak kadar geniş olmasıdır.

"Başarı" sadece bir tek faktöre, hayatta ilerlenecek bir tek yöne bağlı değildir. Herkesin gönlünde kendince değişik bir "başarı" kavramı olmalıdır. Bu sebeple başarıyı bütün toplum için tek bir seçeneğe indirgemek gerçekten mutsuzluk getirmektedir.

İnsanların güçlü ve zayıf yönleri vardır. Çok iyi bir muhasebeci araba motorundan hiçbir şey anlamayabilir. Bu yüzden sınavda sınananın insanın bütün kişiliği, bütün varlığı, kimliği değil, belirli alanlardaki bilgisi olduğunu iyice kabullenmemiz ve içimize sindirmemiz gerekir.

Daha sonra gençlerin sınava hazırlanırken kendilerine başka seçenekler düşünmeleri, gerçekten "başarılı olmak" istedikleri alanın ne olduğuna karar vermeleri ve sınavı bir "ölüm-kalım" olayı olarak görmemeleri gerekir.

AİLELERİN YAPMASI GEREKENLER

Bu konuda son bir söz de anne ve babalar için... Eğer çocuğunuz bir sorumluluk anıtı değilse, bir sınava hazırlanırken kendisini başarıya götürecek kaygıya sahiptir. "Çalış" demek bir tek sonuç verir. Çocuğunuzla ilişkiniz bozulur, karşılıklı olarak birbirinize öfke biriktirirsiniz.

Eğer çocuğunuzla ilişkiniz genel olarak iyi ve yumuşak ise, ölçülü miktarda "çalış" uyarısı biraz sıkıcı gelse de çocuğunuza sorumluluğunu hatırlatacaktır. Bu eylemle kazanılacakların aile ve hayat açısından anlamı, yaşa göre yakın ve uzak ödüllerle vurgulanabilir. Ancak çocuğunuzla ilişkiniz iyi gibi gözükse de, sık sık sertleşiyorsa, o zaman "çalış" uyarıları aranızdaki gerginliğin dozunu artırmaktan başka bir işe yaramayacaktır. Böylece birbirinize kızmak için özel bir sebebe ihtiyacınız kalmayacak, eğitim ve diplomadan daha önemli bir şeyi, çocuğunuzla aranızdaki sıcaklığı bütünüyle kaybedeceksiniz.

Bazı gençler de, ana-babasının "çalış" uyarılarını beklerler. Ana-babalar bu çocukların okullarını bitirmiş, eğitimlerini tamamlamış olmalarını kendilerinin gayreti olarak görürler. Oysa yeterince sorumluluk duygusu geliştirilmemiş bu çocuklar, ana-babalarına bu yolla eziyet ederek, diğer konulardaki sorumluluklarını onlara yükledikleri gibi, bu konudaki sorumluluklarını da yüklerler. Bu çocukların önemli bir bölümü, bu uyarılar olmasa kendi işlerini mükemmelen kendileri göreceklerdir.

Bundan, çocuğunuza "çalış" demeyin, anlamı çıkmasın. Çocuğunuzun başarısı için maddi-manevi birçok katkı yaptığınız ve bunun karşılığını beklediğiniz doğrudur. Ancak inanın ki, çocuğunuz elinden geleni yapmaktadır. Sonuç doyurucu değilse, çocuğunuzun *elinden gelenin ancak bu olduğunu kabullenin. Ama inanın ki, eğer siz sofrasında kitap konuşan, güzel sanatlardan söz eden – eğitim düzeyiniz ne olursa olsun – kendisini yetiştirmeye çalışan ve okuyan bir insansanız; büyük bir ihtimalle çocuğunuzun başarısızlığı geçicidir. Bu defa olmasa da gelecek defa başarılı olacaktır.*

Ancak siz okumak için elinize gazeteden başka bir şey almıyorsanız, çocuğunuz büyürken bir kitapla ilgili tartışmaya tanık olmamışsa, o zaman o da "başarı" konusunda sizi örnek almış demektir. Sadece sözleriniz ve maddi-manevi katkılarınız sonucu değiştirmeye yetmemektedir. Çocuğunuz memnun olsanız da, olmasanız da sizin ürününüzdür.

Çocuk yetiştirme metotlarındaki farklar, ortaya çıkan sonucu hayret edilecek kadar az etkilemektedir. Olumlu sayılan sonuçları sağlayan, sıcak ve verici bir yaklaşım içinde, çocuğa örnek olacak şekilde davranmaktır.

Eğer çocuğunuz sınavlarda istediğiniz kadar başarılı olmazsa, bilin ki o yine de sizin çocuğunuzdur. Başarı konusundaki örneği sizsiniz. Esas olan onun sağlıklı olması, sizinle iyi ilişkiler içinde olması, kendine yetmesi ve hayattan zevk almasıdır.

Depresyon

"Depresyon" kelime olarak "çöküş" anlamındadır ve belirli bir düzeyden alçalmayı ifade eder. Depresyon yeni bir hastalık değildir. Ancak endüstrileşmiş ve şehirleşmiş toplumlarda bugün tarihin hiçbir döneminde görülmediği ölçüde yaygınlık kazanmıştır. Dünya Sağlık Teşkilatı (WHO)(*) dünya nüfusunun % 3-5'inin, yaklaşık 150-250 milyon kişinin çeşitli düzeylerde depresyon belirtilerine sahip olduğunu bildirmektedir. Özellikle son 30 yıldır büyük bir artış kaydeden ve psikiyatrinin temel uğraş konusu durumuna gelen depresyonun anahatları ile tanıtılmasının yararlı olacağını düşündük.

Bu noktada temel bir ayrımın okuyucu tarafından çok iyi bilinmesi gerekir. Psikiyatride depresyo – birçok bilim adamı ve yazar açısından sınırları tartışmalı bile olsa – iki farklı tür olarak ele alınmaktadır.

Depresyonun çeşitleri

Birincisi – bazı yazarlar buna içe bağlı sebeplerden meydana gelen anlamında "endojen depresyon" derler – daha çok bedenin *kendi kimyasından kaynaklanan değişikliklerden* oluşur ve dış dünyadaki değişikliklere ya hiç bağlı değildir, ya da çok az bağlıdır. Bu tip depresyonun yapısında çağlar boyu önemli bir artış saptanmamıştır.

İkincisine bazı yazarlar dış dünyada meydana gelen olaylara tepki anlamında "reaktif depresyon" derler. Bizim konumuz bu tip depresyondur.

Üzüntü günlük hayatın bir parçasıdır. Eğer bir yakınımız ölürse, bizim için önem taşıyan bir duygusal ilişki biterse, birisi bizde hayal kırıklığı yaratırsa veya bir iş istediğimiz gibi sonuçlanmazsa üzülürüz. Günlük dilimizde bu durumları anlatan birçok kelime vardır. Üzgün, sıkıntılı, hüzünlü, kederli, mutsuz... Bu kelimelere sebep olan duygular gerçekte bir anormalliği yansıtmaz. Özellikle bu duygular bir kayıptan sonra ortaya çıkarsa bütünüyle normal ve sağlıklı bir tepki olarak kabul edilir. Gerçekte belirli durumlarda üzüntü duymamak normal değildir.

(*) WHO: World Health Organization.

Depresyon olarak adlandırılan, "üzüntü" duygusundan çok daha farklı bir durumdur. Depresyon, üzüntü duygusuna insanın etkinliğini ve günlük hayatını etkileyen birçok belirtinin eşlik ettiği anormal bir durumdur.

DEPRESYON NE ZAMAN HASTALIKTIR?

Çocuğu ölen bir anneyi ele alalım. Annenin çocuğunun kaybından makul bir süre sonra günlük hayattaki görevlerine döndüğü ve enerjisini kalan çocukları üzerinde topladığını düşünelim. Anne bunu yapabilmekle, bilerek veya bilmeyerek kendine iki yönden yarar sağlamış olur. Birincisi, tekrar üstlendiği günlük hayattaki görevleri, onu sürekli olarak ölen çocuğunun anılarıyla meşgul olmaktan uzaklaştırır, ikincisi diğer çocuklarıyla olan ilişkisi ona hayattan zevk almaya başlamak konusunda bir fırsat verir ve böylece *"ıstırap denizi"nde "mutluluk ada"ları oluşmaya başlar.*

Ancak ne yazık ki, hayat her zaman böyle cömert değildir.

Şimdi bir de annenin üzüntüsünün, onun günlük hayata dönmesine imkân vermediğini, çocuklarına başkaları tarafından bakıldığını düşünelim. Annenin ıstırabı o kadar derindir ki, ne herhangi bir şeyle ilgilenebilmekte, ne de geceleri uyuyabilmektedir. Bütün gününü, üzüntüsüne ortak olan kişilere ve kendi kendine yakınmakla geçirmektedir.

Canı yemek yemek istememekte – bunun doğal sonucu kilo kaybetmekte – kendini sürekli yorgun ve her şeye karşı tahammülsüz (kolayca sinirlenir) hissetmektedir.

Gece uykusu bir veya iki saati geçmemekte, bu süre içinde de ölen çocuğu ile ilgili rüyalar görmektedir. Öbür çocuklarını ihmal ettiğini fark etmekte ve bundan ötürü de suçluluk duyup, kendini suçlamaktadır. Ancak sürekli olarak zihnini kaybettiği çocuğunun anıları işgal etmekte ve "öyle değil de, şöyle davranmış olsa" belki bugün çocuğunun hayatta olabileceğini düşünmektedir. Bu düşünce ve yaklaşım biçimi onun suçluluk duygusunu ve utancını artırmakta, sürekli olarak hiç bitmeyecek gibi gelen bir acı yaşamakta ve kendisi için geleceğe dönük hiçbir umut görmemektedir.

Bu duygu ve düşüncelerle yaşanan hayat zamanla bütünüyle anlamsız ve çekilmez bir hale gelmekte ve çocuğunun gittiği dünyaya gitmek fikri anne için bir kurtuluş olarak gözükmeye başlamaktadır.

• • •

Bu noktada durup bu genç anneyi tam bir tıbbi kontrolden geçirsek ne bedeninde hastalığa sebep olan bir virüse, ne röntgen ve rutin kan tahlillerinde bir patolojiye, ne de bedensel muayenede bir anormalliğe rastlanacaktır. Ancak hiç şüphesiz yine de bu genç kadının normal olduğu söylenemez.

İşte ister böyle aşikâr bir sebeple başlamış olsun, ister bu kadar açık bir sebep bulunmasın, günümüzde endüstrileşme ve şehirleşmenin getirdiği özel şartların da eklenmesiyle depresyon büyük ölçüde yaygınlaşmıştır.

DEPRESYONUN BELİRTİLERİ

Şimdi depresyonda görülen belirtileri en objektif (gözle görülür) olandan en az objektif olana doğru sıralayalım.

1- *İştah azalması ve kilo kaybı:* Yemek yeme isteğinin zamanla azalması ve buna bağlı olarak kilo kaybı. Bu kayıp haftada birle, ayda bir kilogram arasında değişebilir. Bu durumda ender olarak bazı kimselerin iştahlarında aşırı artış görülebilir.

2- *Uyku bozukluğu:* Uykuya dalmakta güçlük, uykunun sık sık kesilmesi, yetersiz uyku, sabah uyanılması gereken saatten çok önce uyanmak ve bir daha uyuyamamak veya zamanın bütününe yakın bölümünü uykuda geçirmek depresyonun önde gelen belirtilerinden biridir.

3- *Hayattan alınan zevkin azalması ve ilgi kaybı:* Depressif insanlar "herhangi bir şeyle ilgilenmeye" karşı ilgilerini kaybederler. Bu insanlar sürekli olarak yorgundurlar ve eskiden ilgi duydukları konulara bile isteksizdirler.

4- *Hareketlerde yavaşlama veya yerinde duramayacak şekilde huzursuzluk:* Bazı kimselerde düşünce akışında ve hareketlerde büyük bir yavaşlık görülür. Düşünce akışındaki yavaşlık en basit konularda bile "kararsızlığa" yol açar.

Depressif kişi mümkün olduğu kadar az hareket etmek ve davet, spor gibi faaliyetlerden uzak durmak ister. Konuşması bile yavaş ve isteksizdir.

Bu kimselerde görülen bir başka özellik dikkati toplamakta güçlüktür. Bu sebeple bir macera romanını, gazetedeki bir yazıyı başından sonuna okumak, televizyonda bir filmi bütünüyle izlemek konusunda güçlük çekerler.

Bazı hastalar ise duydukları kuvvetli huzursuzluk sebebiyle, durumu "içim içime sığmıyor" diye tanımlarlar ve yerlerinde duramazlar. Bu kimselerin sık sık ellerini ve parmaklarını ovuşturdukları görülür.

5- *Cinsel isteksizlik:* Hayatın bütün alanlarına yayılan isteksizlik kendini cinsellikle ilgili konularda da gösterir ve hastalar, erkek veya kadın olsunlar, cinsel bir istek ve ilgi duymazlar.

6- *Değersizlik ve suçluluk duyguları:* Depressif hastalar, sebebe ve akıl yürütmeye dirençli, kendilerini suçlayan ve değersiz bulan inançlara sahiptirler.

Bu inançlara örnek olarak genç yaşlarda görülen utanç, suçluluk ve değersizlik duyguları; orta yaşta görülen hastalık korkuları ve sağlıkla ilgili evhamlar; ileri yaşlarda görülen fakirlik ve güçsüzlük fikirleri verilebilir.

Depressif kişi, hastalığının kendi kusuru olduğunu, kişiliğinin zayıf olduğunu, geleceğinin umutsuz olduğunu, geçmişinin değersiz ve anlamsız olduğunu düşünür.

7- *Umutsuzluk ve keder duyguları:* Normal umutsuzluk ve kederden farklıdır. Bunu ayırmak için üzüntü ve kedere sebep olan olaya bakmak gerekir. Normal olmayan olumsuz duyguların boyutunun, bu duygulara sebep olan olaydan çok büyük olması, süresinin çok uzamış olması, üzerinden geçen zamana rağmen yoğunluğunu kaybetmemiş olmasıdır.

Yukarıda sayılan belirtilerin bütününe sahip olanların, eğer bu belirtileri kısa bir süre içinde geliştirmişlerse bir psikiyatri uzmanı ile işbirliği yapmaları çok yerindedir. Çünkü *depresyon ilaçla tedaviye çok iyi cevap veren ve sonunda bütünüyle iyileşme görülen bir hastalıktır.*

DEPRESYON ARTIYOR

Endüstrileşme ve şehirleşmenin getirdiği aşırı rekabet, çok yüksek bir tempoda çalışma zorunluluğu, duygusal bağ ve ilişkilerin azalması, sürekli olarak daha çok şeye sahip olma istek ve tutkusu, günümüzde yukarıdaki belirtilerin bir bölümünü, zaman içinde yavaş yavaş yerleştiği ve insanların büyük çoğunluğu tarafından paylaşılan bir durum (mizaç özelliği) haline getirmiştir.

Bilim adamlarının büyük çoğunluğu depresyona sebep olarak, "kayıp" veya "muhtemel bir kayıp"ı (kaybın beklentisini) göstermişlerdir. Bu sebeple depresyonun yerleşik bir mizaç özelliği durumuna gelmesi çoğunlukla orta yaş veya yaşdönümüne rastlar. Çünkü bu yaşlar insanların hayatla hesaplaşmalarını yapmaya başladıkları yaşlardır.

Orta yaşta gençlik hayal ve ümitlerinin gerçekleşmeyeceği belli olmuştur. Kişi ilgi ve heyecanını kaybettiği bir eşle uzlaşmak, evde ağlayan veya eğitim ve gelişim problemleri olan bir çocukla yaşamak, kendi yaratıcılığından çok fazla bir şey katamayacağı işte çalışmak, çeşitli ekonomik güçlüklerle mücadele etmek zorundadır... Ve hayatın daha cömert olmayacağı, sunacaklarının aşağı yukarı bunlar olduğu bellidir.

Yaş dönümünde de, kişi istediklerini elde etmiş olsa da olmasa da, bir boşluk, "...eee şimdi ne olacak" diye ifade edilen bir anlamsızlık içine düşer. Hayat kişiye vereceklerini vermiş, ümit edilenlerin gerçekleşme imkânı kalmamıştır. Bu arada çocukların evlenip evi terk etmiş olmaları, kişinin emekli olup toplumsal statü ve – çoğunlukla – ekonomik gücünü kaybetmiş olması, eski beden ve zihin gücüne sahip olmaması da yalnızlığı ve depresyonu körükleyen sebeplerdir.

Bu noktada *insanları kurtaracak olan duygusal bağları ve inançlarıdır.* Arkadaşlarla, akrabalarla, aileyle yakın ilişkiler kişiye yalnız olmadığını hissettirir. Evlatlarla yakın ilişkilerin yerini torunlarla yakınlaşma ve bütünleşme alır. Arkadaşlarla ayın veya yılın belirli günlerinde biraraya gelme, eski anıları konuşma kişide bir topluluğa ait olduğu duygusunu pekiştirir.

Bundan başka dini inanç, insanın içindeki en temel korkuya, ölümle birlikte yok olma korkusuna cevap verir. Ölümün bir boşluk olmayıp yeni ve sonsuz bir başka hayatın başlangıcı olduğunu bilmek, kişiyi hayatın kaybedilmekte olduğu korkusundan kurtarmaya yardımcı olabilir.

Aynı şekilde *inanç, dinî olmasa da kişiye, varlığını aşan bir duygu verir ve güçlü kılar.* Buna paralel olarak eser vermek ve verdiği eserlerin kalıcılığına inanmak da, kişide ölümle birlikte yok olmayacağı duygusunu pekiştirir.

Uyku ve Bozuklukları

Sebebi ne olursa olsun insanın ruh sağlığındaki en küçük dalgalanma bile kendisini uyku düzenindeki bir bozuklukla ortaya koyar. Kişinin karşı karşıya bulunduğu hayat güçlüklerini ve ne kadar stres altında olduğunu araştıran bütün test ve ölçeklerde "uyku" ile ilgili sorular büyük önem taşır.

Neden acaba stres, gerginlik ve yolunda gitmeyen bazı şeyler ilk işaretini "uyku" düzenindeki değişiklikle vermektedir?

Her şeyden önce şunu söylemek gerekir ki, *uyku uyanıklığa verilen bir ara değildir.* Uykunun başlaması için beyin sapındaki bir mekanizmanın harekete geçmesi gerekir. Bu mekanizmanın harekete geçmesi için de kaslardan gerimin azaldığı konusunda bilgi gelmesi gereklidir. Kas gerimi azalmadığı takdirde beyin sapındaki "uyanıklık" sistemi uyarılmaya devam eder ve kişi bir türlü uykuya geçemez. Kas gerimi iki sebeple azalmaz. Ya çevreden gelen uyaranlar çok fazladır (ses, ışık vb.) veya kişi kendi düşünceleriyle kendisini uyarır ve biyo-kimyasal açıdan bir tehditle karşı karşıya olduğu duruma benzer bir durumu yaşamasına sebep olur.

Uyku insan hayatının temel ve vazgeçilmez faaliyetlerinin en başında gelir. Genel sağlıktaki bir aksama ilk olarak kendini uykuda ortaya koyduğu gibi, uyku düzenindeki en küçük bir aksama da genel sağlık ve günlük hayat üzerinde kesin ve doğrudan etkilere yol açar.

Bu sebeplerden ötürü uyku ile ilgili bazı temel gerçeklerin bilinmesinin ve bazı yanlış varsayım ve inançların düzeltilmesinin yararlı olacağı inancındayız.

Bu tür inançların başında gürültülü çevrede uyuyanların bir süre sonra gürültüye alıştıkları gelir. Oysa otonom sistemler (kalp-damar, sindirim sistemleri gibi) gürültüden etkilenmeye devam etmekte, ancak gürültüde uyumak zorunda olan kişi bir süre sonra bir savunma mekanizmasıyla algı eşiğini yükseltmektedir. Bunun sonucu kişi uyumakta, ancak kalp vurum sayısı, tansiyonu yüksek olmaktadır. Uyku yüzeysel olduğu için de, uyku miktarı azalmakta (uyku miktarı ilerdeki sayfalarda açıklanmaktadır) ve kişi sürekli olarak eksik uyumaktadır.

Yapılan bir araştırmada dünyanın en yoğun trafiği olan hava limanlarından Los Angeles Hava Limanı çevresinde intihar oranının şehrin sessiz bölgelerine kıyasla 2,5 kere daha fazla olduğu ortaya konmuştur.

Şimdi gelelim önce uyku ile ilgili bazı temel gerçeklere:

Normal uyku süresi

Uyku süresi bazı bireysel farklılıklar göstermesine rağmen bebeklerde yaklaşık 16 saat, 12 yaş dolayında 8 saattir. Yetişkinlerde, 25-45 yaş arasında 7 saat normal uyku süresi olarak kabul edilir. 45 yaşından sonra uyku süresi yaşla beraber azalmaya devam ederek, 6,5 saate kadar iner.

Ayrıca yaşlılık dönemindeki uykunun bir özelliği de gece boyu uyanmalarla çok daha sık kesilmesi ve yüzeysel olmasıdır.

UYKUNUN ÖZELLİKLERİ

Uyku, beyin dalgalarını yüzeye bağlanan elektrotlarla ölçen EEG adı verilen bir cihazla incelenir. EEG cihazıyla insanların uykuları incelenmeye başladıktan sonra görülmüştür ki, uyku, insanın dış dünyayla ilişkilerinin sınırlandığı genel bir dönem değildir.

Uyku dört basamaktan meydana gelir.

Birinci basamak uyku ile uyanıklık arası dönemdir.

İkinci basamak hafif uykudur.

Delta basamağı denilen basamak derin uykudur. *Bedenin dinlenmesi bu dönemde gerçekleşir ve beden sağlığı ile yakından ilişkilidir.*

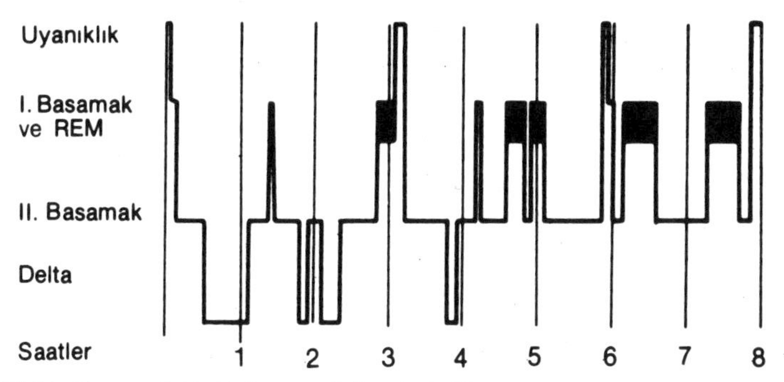

Şekil 17 : Genç yetişkin bir insanın tipik uyku kalıbı.

I. Basamak ve REM uykusu (siyah bölümler), EEG kalıplarının büyük benzerlik göstermesi sebebiyle aynı düzeyde çizilmiştir.

REM(*) basamağı adını İngilizce "hızlı göz hareketleri" kelimelerinin ilk harflerinden alır ve – kural olmasa da – rüyanın görüldüğü dönem bu dönemdir. *Ruhsal dinlenme bu dönemde gerçekleşir ve ruh sağlığı ile yakından ilişkilidir.*

Normal ve sağlıklı bir uyku için bir gece içinde hem bu dönemlerin birbirini belirli bir organizasyon içinde izlemesi, hem de her dönemin gece boyu toplamının belirli bir miktara ulaşması gerekir.

Şekil 17'de görüldüğü gibi bir gece içinde yukarıda anlatılan uyku dönemleri birbirini belirli bir sırayla izler. Önce birinci basamak, sonra ikinci basamak uykuya daldıktan 30-45 dakika sonra ilk delta dönemi, uykuya daldıktan 70-90 dakika sonra ilk REM, rüyalı uyku dönemi ortaya çıkar.

İnsan yatar yatmaz veya uyur uyumaz rüya görmeye başlamaz.

Bir ve ikinci basamaklarda da insan rüya gördüğünü zanneder. Ancak bunlar düşünce ve rüya arası kopuk hayallerdir.

Gecenin birinci dönemi delta uykusundan, ikinci dönemi REM uykusundan zengindir.

Beden sağlığı için gecenin ilk yarısındaki delta uykusu şarttır. Bu sebeple bazı kimselerin, "şunun şurasında sabaha 2-3 saat kaldı, şimdi uyumak insanı daha çok sersem eder" şeklindeki düşünüşü bütünüyle yanlıştır.

Ruh sağlığı için ise gecenin ikinci yarısında daha sık ortaya çıkan REM uykusu şarttır. Bu sebeple sabaha karşı daha çok rüya görürüz.

(*) REM: Rapid Eye Movement.

Rüya görmemek mümkün müdür?

Her insan rüya görür. Rüya görmemek diye bir şey söz konusu olamaz. Ancak her insan gördüğü rüyayı hatırlamayabilir. Bu kimseler bile, rüya gördükleri sırada uyandırılırlarsa, rüyalarını hatırlayabilirler. Sabah görülen rüyaların hatırlanma sebeplerinden biri de budur.

Uyku, gece boyu 8-15 kısa uyanmayla kesilir. Bu uyanmalar çok kısa olduğu için, çoğunlukla hatırlanmazlar. Ancak yaşlılarda hem bu kısa uyanma sayısı artar, hem de tekrar uykuya dalış güçleşir.

Daha önce yaşla beraber uykunun yüzeyselleştiğini söylemiştik. Örneğin 60 yaşın üzerinde delta uykusu son derece azdır. I. Basamak uykusu çocuklukta % 5'tir, yaşlılıkta % 15'e çıkar.

Uykunun yüzeyselleşmesinin önemi

Uykunun yüzeyselleşmesi uyku miktarının azalması demektir. *Uyku miktarı uykuda geçen sürenin (en başta anlattığımız EEG ile ölçülen), uyku derinliği ile çarpılmasıyla bulunur.*

Buna göre 7 saatini uykuda geçiren herkesin aynı miktar uyumadığı kendiliğinden ortaya çıkar. Uyku miktarlarının uyku süresinden başka bir şey olduğunu bilmek, 7 saat uyuduğumuz her zaman, neden kendimizi aynı ölçüde dinlenmiş hissetmediğimizi de açıklar.

KISA VE UZUN UYUYANLARIN KİŞİLİK FARKLARI

Yetişkinler için normal uyku süresi 7 saat dolayında olmakla beraber, bazı insanların 7 saatten daha fazla uykuya ihtiyaç hissettikleri, bazılarının da çok daha kısa bir süre uykuyla yetinebildikleri bilinir. Kısa ve uzun uykuya ihtiyaç duyanların kişiliklerinin de farklı özellikler taşıyıp taşımadığı bilim adamlarının ilgisini çekmiş ve bu konuda çeşitli araştırmalar yapılmıştır. Aşağıda bu araştırmalardan elde edilen sonuçları bulacaksınız:

Kısa uyuyanların, uzun uyuyanlara kıyasla daha enerjik, daha etkin, dışadönük, kendilerinden ve hayatlarından memnun, ender olarak şikâyet eden, sosyal ve politik olarak sistemle uyumlu oldukları görülmüştür.

Buna karşılık uzun uyuyanların daha sıkıntılı, kendilerini ve çevreyi eleştirme eğiliminde, kendilerine güvenleri zayıf ve politik ve sosyal sistemle çatışmalarının daha fazla olduğu bildirilmiştir. Uzun uyuyanların daha fazla rüya gördükleri ve artistik yeteneklere sahip, daha yaratıcı kişiler olduğu da araştırma bulguları arasındadır.

KISA UYUMAK ÖĞRENİLEBİLİR Mİ?

Yapılan araştırmalar insanların kısa uyumayı öğrenebileceklerini ortaya koymuştur. Normal uyku süreleri 7-7,5 saat olduğu halde yatış saatleri üçer hafta süreyle sürekli yarım saat ileri atılan ve kalkış saatleri sabit tutulan bir grubun, 4-6 ay içinde uyku sürelerini 4,5-5,5 saat düzeyine indirdikleri görülmüştür.

Bu kişilerin uykularında I. ve II. basamaklar azalmış, delta uykusu artmış, REM süresi sabit kalmıştır. Böylece insanların kısalan süreyi daha etkin biçimde kullanarak "uyku miktarlarını" sabit tuttukları ortaya konmuştur. Aynı kişiler bir yıl sonra izlendiklerinde uyku sürelerinin 6 saat dolayında sabitleştiği görülmüştür. Bu bulgular sistemli ve düzenli bir çalışmayla, sağlığı olumsuz etkilemeden uyku miktarını sabit tutarak, uyku süresini kısaltmanın mümkün olduğunu göstermesi açısından son derece ilginçtir.

UYKUYU ETKİLEYEN FAKTÖRLER

Halk arasında iyi uyku uyumak için yapılması ve yapılmaması gerekenler yolunda birçok tavsiye vardır. İyi uyumak için ne yapmalı? Sert yatakta mı yatmalı, soğuk bir odada mı uyumalı, boş bir mideyle mi yatağa girmeli, yalnız mı yoksa bir eşle mi yatmalı? Şimdi gelin bu soruların cevaplarını arayalım:

Egzersizin uykuya etkisi

Sürekli spor (egzersiz) yapanlar daha iyi uyurlar. Fakat düzenli egzersiz yapmayan birinin günün birinde yaptığı tek egzersiz, uykuyu iyileştirmez, aksine bozar.

Egzersiz yapanların iyi uyumaları zannedildiği gibi yorgunlukla ilgili değildir. Egzersiz sırasında bedende serotonin denen bir madde salgılanır. Serotonin aynı zamanda derin dinlenmeyi sağlayan delta uykusunu da düzenleyen maddedir.

Sabah erken saatte yapılan egzersizin gece uykusuna katkısı çok azdır. Aynı şekilde hemen yatmadan önce yapılan egzersiz uykuyu olumsuz olarak etkiler.

Uyku açısından ideal egzersiz zamanı, öğleden sonra veya akşamüstüdür.

Gürültünün uykuya etkisi

Uykuyu bozan ses miktarı pek çok faktöre bağlıdır. Uyanma eşiği öncelikle uykunun hangi basamağında olunduğuna bağlıdır. Birinci basamakta çok kolay uyanılırken, ikinci basamak ve REM derin, delta ise en derin uykudur.

Gecenin ikinci yarısında ilk yarısından daha kolay uyanılır. Ayrıca uyanma konusunda önemli bireysel farklılıklar olduğu herkesin malumudur.

Uyanma konusundaki en önemli faktörlerden biri de, sesin birey için ifade ettiği anlamdır.

Çevre yolu yakınındaki evinde uyuyan annenin, bebeğinin nefesinin değişmesi üzerine uyandığı bilinir.

Uyanma eşiğini etkileyen bir diğer faktör, uyuyan kişinin yaşıdır. Her ne kadar insanın işitme yeteneği ilerleyen yaşla birlikte azalmaktaysa da, yaşlılar gençlere kıyasla daha kolay uyanır.

Son olarak uyanmaya yol açacak sese karşı duyarlılığın kadınlarda erkeklere kıyasla daha fazla olduğunu söyleyelim.

Gürültü, gürültülü çevrede yaşayan ve böyle bir çevrede uyumaya alışık olanların da uykusunu etkiler. Gürültü altında uyku süresi değişmeyebilir, ancak uyku miktarı değişir.

Gürültülü çevre şartlarında uyuyanların uykularında daha az delta, daha az REM, daha çok bir ve ikinci basamak uykusu vardır.

Tarih boyunca iyi uyku için yapılan tavsiyeler tahta üzerinde yatmaktan, 18. yy.'da insanın neredeyse içinde oturur hale geldiği yumuşak yataklara kadar büyük değişiklikler göstermiştir. Ayrıca Avrupalılar yüksek yastıklar kullanırken, Amerikalılar son derece alçak yastıklar kullanırlar.

Gerçekte bel kemiğinin duruş şekli, yani sert veya yumuşak zeminde olması uykuyu etkilememektedir. Bu sebeple yerde yatan Japonlar da, ortası çukur hamakta yatan gemiciler de "iyi" uyurlar. Yeter ki o zeminde uyumaya alışmış olsunlar.

Fizik şartlarla ilgili bir araştırma bulgusu da şudur: Sert zemin, daha sık uyanmaya sebep olduğu için, daha yüzeysel uykuya ve dolayısıyla uyku miktarında azalmaya sebep olmaktadır.

Uykuyu, tek veya eşle beraber uyumak ne kadar etkiliyor?

Bu konuda yapılmış bir araştırma, aradığımız cevabı verecektir. Uyku problemi olmayan ve uzun yıllar birlikte uyumaya alışık çiftler uyku laboratuvarında birlikte ve ayrı ayrı uyutularak incelenmiş ve çiftlerin ayrı uyuduklarında delta uykularının arttığı, ancak REM uykularının azaldığı görülmüştür. Hatırlanırsa deltanın beden sağlığı, REM'in ruh sağlığı için gerekli olduğunu söylemiştik. O halde bu araştırmanın sonucunu şöyle özetleyebiliriz: Beraberliklerinden hoşnut çiftler beden sağlığı için tek, ruh sağlığı için birlikte uyumalıdırlar.

Soğukta daha iyi mi uyunur?

Halk arasındaki yaygın inanç soğukta daha iyi uyunduğu yönündedir.

Sıcakta uyumanın uykuyu bozduğu doğrudur. 24°C'tan sıcakta uyumak, daha çok uyanmaya, REM ve delta uykusunda azalmaya sebep olmaktadır. Ancak oda sıcaklığının 17°C'tan 12°C'a kadar düşürülmesi, görülen rüyaların içeriğini olumsuz olarak etkilemektedir. Bir başka ifadeyle soğuk odada uyuyanlar daha kötü ve hoş olmayan rüyalar görmektedirler.

İYİ BİR UYKU İÇİN DİKKAT EDİLMESİ GEREKENLER

İsterseniz şimdi bütün bu söylediklerimizi toplayalım ve daha iyi uyumak için bilim adamlarının saptadıkları kuralları görelim:

1- Ertesi gün, dinlenmiş ve iyi bir gün yaşamak için ihtiyacınız olduğu kadar uyuyun, daha fazla değil. Yatakta geçen süreyi biraz kısaltmak uykuyu bütünleştirmeye yaramaktadır. Yatakta fazla uzun zaman geçirmek, uykuda bölünmeye ve yüzeyselleşmeye yol açar.

2- Sabahları düzenli olarak belirli bir saatte uyanma alışkanlığı, bedenin günlük ritmini düzene sokmakta ve dolayısıyla düzenli olarak belirli bir saatte uykuya dalmayı kolaylaştırmaktadır.

3- Düzenli olarak her gün belirli bir miktar egzersiz yapmak, uzun süre içinde uykuda derinleşmeyi sağlamaktadır. Ancak günün birinde yapılan tek bir egzersizin ertesi gece uykuya olumlu katkısı olmamaktadır.

4- Gürültülü çevre şartları, bundan etkilenmediğini söyleyenlerde dahi uykuyu bozmaktadır. Bu sebeple gürültülü çevre şartlarında olanların, yatak odalarını sesten arındırmaları gerekmektedir.

5- Fazla sıcak bir odanın uykuyu bozduğu doğrudur, ancak soğuk bir odada uykunun "iyi"leştiği yolunda hiçbir bilimsel kanıt bulunamamıştır.

6- Açlık uykuyu bozar. Uykudan önce ılık bir süt veya benzeri içecek uykuya yardımcı olur.

7- Alışkanlığı olmayanlarda alınan tek bir uyku hapı, uyumayı sağlar. Ancak uyku haplarının sürekli kullanılması, uykusuzluk şikâyeti olanlara yarar sağlamamakta, hatta bazılarına zararlı olmaktadır.

8- Akşamları içilen kahve, uykuyu bozmaktadır. Kahveden etkilenmediğini söyleyenlerde bile uyku miktarının azaldığı ortaya konmuştur.

9- Alkol, gergin insanların uyumasını kolaylaştırmakta ancak uykunun bölünmesine sebep olmaktadır. Fazla miktarda alkol alımı REM uykusunun azalmasına yol açmaktadır.
10- Uykuya dalamadığınız bir gece uyumak için daha büyük bir gayret sarfedeceğinize, ışık yakıp herhangi bir işle meşgul olmayı deneyin. Çünkü uykuya dalmakta güçlük, insanın öfkeli ve gergin olmasına sebep olur. Uykuyla bağdaşmasına imkân olmayan ruhsal durum ve buna eşlik eden beden kimyası ise öfke ve gerginlikten doğar.

Bir tavsiye de uykusuzluk şikâyeti süreklilik kazanmış olanlara: *Yatağı uykunun dışında işler için,* örneğin, istirahat etmek, kitap okumak, yemek yemek gibi, kullanmayın. *Yatağı sadece uyumak için kullanın.*

Bakarsınız bu küçük ve basit tavsiye, uykusuzluk şikâyeti olanların yarısına yakınına yararlı olduğu gibi, size de yararlı olabilir.

Stres ve Koroner Kalp Hastalığı

İnsan ister bedensel (elektrik şoku gibi), ister psikolojik (kişiliğine yönelmiş bir suçlama gibi) bir tehdit karşısında kalsın, buna sonuç olarak kalp-damar sistemiyle cevap verir. Bu sırada bedenin bütün temposu değişir. Nabız hızlanır, kan basıncı yükselir, eller serinler, kan beden yüzeyinden içeri çekilir vb.

Daha önce ayrıntıları ile anlatılan bu stres tepkisiyle sağlanan sağlıksız uyum eğer alışkanlık haline gelirse, zaman içinde kalp-damar sistemine bağlı birçok hastalıktan birinin – veya birkaçının – gelişmesi kaçınılmaz olur.

"Kalp krizi"(*) bazı uzmanlara göre oldukça yeni, bazı uzmanlara göre ise yeni değil, ancak önemi ve sıklığı son 50 yılda anlaşılmış bir hastalıktır. İnsana ait birçok hastalık, modern tıbbın kurucusu sayılan Hipokrat'ın kitabında, o gün bilinen ayrıntıları ile yer alırken, koroner hastalıklara bu kitapta rastlamak mümkün değildir. Hatta 1920 yıllarında

---

(*) Kalp krizi: Kardiyoloji'de çoğunlukla "kriz" deyimi kullanılmaz. Çünkü "kalp krizi" halk dilinde, miyokard infarktüsü, koroner iskemi (kalp spazmı), akut kalp yetmezliği gibi farklı durumları içine alır. Bu ayrıntılara girmemek için burada bu genel ifade kullanılmıştır.

bile bu hastalık ABD'de oldukça ender rastlanan bir hastalıktı. Ancak bu tarihten itibaren – aynı ülkede – kalp hastalıklarında ulusal gelir ve refah artışına uygun geometrik bir artış gözlenmiştir. Örneğin kalp-damar hastalığına tutulma oranı ABD'de 1940-1950 yılları arasında 35-64 yaşları arasındaki beyaz erkeklerde % 23 olarak bulunmuştur. 1975 yılı için "Ulusal Kalp Ciğer ve Kan Enstitüsü" bir yıl önceden 1,3 milyon Amerikalının koroner kalp hastalığı geçireceğini tahmin etmiştir. 1.300.000 kişiden 675 bininin öleceği ve 175 bin kişinin de 65 yaşın altındaki hastalardan oluşacağı, adı geçen 175 bin kişiden pek çoğunun daha sonra meydana gelecek "erken ölümler"e (*premature death*) kurban gideceği de aynı tahmin içinde yer almıştır. "Çağımızın Hastalığı-Kalp" kitabının yazarı Dr. Yiğiter'e göre Türkiye'de de her üç ölümden bir tanesi kalbe bağlı hastalıklardan meydana gelmektedir.

Koroner kalp hastalığı

"Corona" Latince'den gelen bir kelimedir. Astronomide güneşin çevresindeki ışık halkasına, botanikte bitkilerin çevresindeki halkalara İngilizcede "crown" denmektedir. "Die Krone" Almanca'da taç anlamına gelmektedir. Koroner damarlar kalbi çepeçevre taç gibi saran damarlardır. "Koroner Kalp Hastalığı" ise, koroner damarlarda meydana gelen arızaların (lezyonların) sebep olduğu bir hastalıktır.

Koroner kalp hastalığı klinik olarak iki biçimde seyreder. "Angina pectoris" ve "Miyokard infarktüsü".

Angina pectoris, koroner damarların bir veya birkaç tanesindeki daralmadan ötürü kalp kasına yeterli oksijen gelmemesi sonucu meydana gelen ve *kendisini göğüsteki ağrı ile hissettiren* bir rahatsızlıktır. Bu rahatsızlık çoğunlukla bedensel aktivite veya psikolojik stresle ortaya çıkar ve istirahatle, kan damarlarını genişletici ve kan basıncını düşürücü ilaçlarla, meydana gelme sıklığı azalır.

"Akut miyokard infarktüsü" hastalığını bazı kitap ve hekimler, "koroner tıkanma", "koroner tromboz" ve "miyokard infarktüsü" şeklinde de isimlendirirler. Halk arasında "kalp krizi" olarak anılan hastalık çoğunlukla budur.

Bir *miyokard infarktüsü*, nispeten uzun bir zaman süresi içinde oksijenle beslenmesinin yetersiz olması sebebiyle, *kalp kası dokusunun bir bölümünün ölmesidir*. Koroner damarlarından biri veya ikisinde aterosikleroz sonucu gelişen ve koroner damarları yer yer daraltan plaklar (aterom plakları) vardır. Ya bu plakların üzerinde pıhtı (trombus) gelişerek damar boşluğu ani olarak tıkanır (çoğunlukla böyledir) veya plak içinde kanama meydana gelerek damar boşluğu ani olarak tıkanır. Damarın pıhtılarla tıkanmasıyla, kalp kasına giden kanın önemli bir bölümü azalır ve dokudaki yıkıma sebep olur.

Koroner damar hastalığı veya aterosikleroz, en belirgin özelliği koroner damar çeperinin daralması olan ve bir süre belirtisiz seyreden bir hastalıktır. Daralma on yaşından sonra başlayabilir ve kalbe kan taşıyan damarların, taşıma sırasındaki hareketlerinden meydana gelen küçücük zedelenmelerin bu duruma sebep olduğu düşünülür. Bu durumda damarlar kendilerini yenilemek ve iyileştirmek amacıyla lezyonun üstünü yeni bir doku tabakasıyla örterler ve böylece ortaya çeperi daralmış damarlar çıkar ve bu faaliyet çocukluk, ergenlik ve yetişkinlik dönemlerinde sürer gider.

Damar çeperinin daralmasını sağlayan madde, büyük ölçüde bir yağ çeşidi olan "lipid"lerden oluşur. Bu "lipid"ler daha sonra "koroner damar hastalığı"na yol açan plaklardır.

KORONER KALP HASTALIKLARINDA GELENEKSEL RİSK FAKTÖRLERİ

Geniş kitleler üzerinde yapılan araştırmalar sonucunda koroner kalp hastalıkları konusunda bu hastalıklara yatkınlığın belirli özelliklere bağlı olduğu ortaya konmuştur. Her ne kadar bu risk faktörleriyle doğrudan ilgili deneysel klinik araştırmalar yoksa da, *Framingham Enstitüsü,* uzun yıllar süren ve çok sayıda vaka birikimine dayanan ve "koroner kalp hastalığı" için *yüksek risk niteliği taşıyan özellikleri* şöyle sıralamıştır.

1. Yaşlanma
2. Cinsiyet (erkek olma)
3. Kan sıvısında yüksek kolesterol düzeyi (100 ml.' lik kan serumu örneğinde 250-275 mg.'dan fazla)
4. Yüksek tansiyon (160/95 mm Hg ve yukarısı)
5. Fazla miktarda sigara içmek (günlük 20 tane veya daha fazla)
6. Şeker hastalığı
7. Sol ventrikül hipertrofisiyle ilgili EKG bulgusu
8. Serum lipoprotein ve trigliseridlerinde artış
9. Günlük beslenme içinde fazla miktarda hayvansal yağ ve kolesterol bulunması
10. Genetik yatkınlık
11. Belirli hastalıklar (hipertiroidi gibi)
12. Şişmanlık
13. Bedensel açıdan hareketsiz olmak

Amerikan Kalp Birliği, yayınladığı risk listesinde, bu faktörlerden ilk 7 tanesine yer vermiştir.

Hemen belirtmekte yarar vardır, risk faktörlerinin sayısındaki artış veya her bir risk faktörünün şiddet derecesi, kalp hastalığı tehlikesini artırmaktadır.

Koroner hastalıklara yol açan geleneksel risk faktörlerinin birçok yeni vakayı açıklamakta yetersiz kaldığı çeşitli araştırmacılar tarafından ileri sürülmüştür. Son 10 yıl içindeki araştırmalar koroner kalp hastalığı olan birçok vakada, serum kolesterol düzeyinin 250 mg'ı aşmadığı, çok azının yüksek tansiyonu olduğu ve daha da azının şeker hastası olduğunu kanıtlamıştır. Birçok araştırma geleneksel risk faktörlerinin bu hastalıkların ancak yarısını açıklamakta yeterli olduğunu ortaya koymuştur.

Geleneksel risk faktörleri ile ilgili çok önemli bir nokta da sigara gibi birkaç istisna dışında, bu faktörlerin hangi mekanizma üzerinden çalışarak koroner hastalıklara yol açtıklarının açık seçik ortaya konulamamış olmasıdır.

Bu yazılanlardan bu risk faktörlerinin geçerli olmadığı yolunda bir sonuç çıkartılmamalıdır. Bu faktörler koroner hastalıklı veya bütünüyle sağlıklı çok geniş topluluklar üzerinde yapılan araştırmalar sonucunda ortaya konmuştur. Ortaya konamayan, bu risk faktörlerinin hangi bedensel mekanizmalarla etkileşerek hastalığa yol açtığı ve daha önemlisi, son 10 yıl içinde *hastaların yarısında* bu faktörlerin hastalığı açıklamaya yetmediğidir.

BESLENME VE KALP HASTALIĞI

Günümüzden 40 yıl kadar önce ABD'de Minnesota'da beslenme uzmanlarının çoğunlukta olduğu bir araştırmacı grubu, ulusal felaket halini almış kalp hastalıklarına yüksek kolesterol içeren bir beslenme tarzının yol açtığına kesin gözüyle bakıyorlardı. Bu konuda dayandıkları araştırma Japonlar üzerinde yapılmıştır. Japonya'da yaşayan ve son derece düşük bir yağlı beslenme sistemine sahip olan Japonlar, Hawaii'de yaşayan ve Japonya'dakinden daha yüksek yağ içeren bir beslenme içinde olan Japonlarla ve ABD'de yaşayan ve yüksek yağlı Amerikan beslenme sistemini benimsemiş olan Japonlarla, kalp hastalıkları açısından kıyaslanıyordu. Araştırmanın sonuçlarına göre Japonya'da son derece düşük olan kalp hastalıkları Amerikan ölçülerine ulaşarak son derece yüksek bir düzeye çıkıyordu.

Bugünün araştırmalarının "metod" konusunda içermesi gereken özelliklere ve göstermek zorunda oldukları hassasiyete sahip olmayan bu araştırma, uzun yıllar beslenme ve kalp hastalıkları arasındaki ilişkiye dayanak olmuştur.

Bu konuya ışık tutmak amacıyla Harvard Beslenme Okulu göz kamaştırıcı bir araştırma düzenlemiştir. Bu araştırmada Boston'a göç etmiş ve bir kardeşi İrlanda'da kalmış 579 İrlandalı incelenmiştir. İrlanda doymuş yağ, özellikle tereyağı tüketimi dünyada en yüksek olan yerlerden biri olduğu için seçilmişti. *Amerika'da yaşayan göçmenler İrlanda'daki kardeşlerinden daha az doymuş yağ yedikleri ve kalp hastalığı açısından daha güvenli olmaları gerektiği halde,* yılları içine alan izleme sonucunda, *İrlanda'daki kardeşlerinden çok daha fazla kalp hastalığı geliştirdikleri görülmüştür.*

Buna karşılık yüksek kolesterol içeren bir beslenme içindeki Fin çiftçileri arasında kalp hastalıkları oranı çok yüksek bulunmuş, daha yüksek kolesterollü beslenme içinde olan Afrikalı Masai yerlileri arasında kalp hastalığı hiç görülmemiştir.

DAVRANIŞ BİÇİMİ İLE KALP HASTALIĞI ARASINDAKİ İLİŞKİ

Geleneksel risk faktörlerinin koroner damar hastalıklarının ancak yarısını açıklayabilmesi, bilineni tekrarlamaktan hoşlanmayan bilim adamlarını farklı arayışlara yönlendirdi.

Psiko-sosyal streslerin kalp damar sistemi üzerinde etkilerinin olduğu, bütünüyle yeni bir görüş değildir. Celsus yaklaşık ikibin yıl önce duygusal hayattaki dalgalanmaların kalbi etkilediğini gözlemiştir. 1628'de W. Harvey, her tür duygunun kalbe uzanan etkileri olduğunu yazmıştır. 18 yy.'da yaşayan İngiliz hekimlerinden Heberden, Parry ve Hunter da duygusal hayatın angina pectoris'i etkilediğini farketmişlerdir.

Ancak 1897'de W. Osler, "modern hayatın gerginlik ve endişelerinin, damar dejenerasyonunu sadece çok görünür hale getirmekle kalmayıp, aynı zamanda da daha erken yaşta ortaya çıkmasına sebep olduğunu" yazmıştır.

Kalp cerrahı olan Rosenman ve Friedman uzun yıllar San Francisco Kalp Damar Araştırmaları Kurumunda, daha önce sıralanan standart risk faktörleri konusunda araştırmalar yapmışlardır.

Geçmiş günleri anlatırken Friedman şöyle demektedir: "Bir laboratuvar adamı olduğum için ben öncelikle kolesterol konusunda çalışmayı tercih etmiştim. Üstelik deney şartlarında hayvanlarda kolesterolün hastalık yaptığını da mükemmelen gösterebiliyorduk. Fakat bu sırada bazı bulgular ve yeni araştırmalar bazı hipotezleri veya o güne kadar doğru kabul edilen varsayımları doğrulamıyordu. Örneğin Amerikalı kadınlar arasında kalp krizine daha az rastlanırken, Meksika'da bu konuda bir fark göze çarpmıyordu. Aynı şekilde Güney İtalya'da kalp hastalıkları açısından kadın ve erkekler arasında bir eşitlik söz konusuyken, Kuzey İtalya'da bu oran dört erkeğe karşılık, bir kadın olmaktaydı".

Cinsiyet açısından daha ilginç bir durum Chicago'da ve Kuzey Carolina'daki zenciler arasında ortaya çıkmıştı. Buralarda kadınlar erkeklerden daha fazla kalp krizine yakalanıyorlardı. Böylece cinsiyet hormonunun hastalık konusunda bir belirleyici olmadığı anlaşılmıştır. "Bence," diyor, Friedman, "Bir bilim adamı istisnalara bakmayı bilmelidir."

1950'lerde Friedman'la Rosenman muayenehanelerinin bekleme salonundaki sandalyeleri tamir eden tamirciden gelen faturalarda, yapılan onarımın çok büyük çoğunlukla sandalyelerin ön tarafına ve uçlarına ait olduğunu görmüşlerdir. Böylece Friedman, kendilerine gelen hastaların hayatları mücadele dolu, sabırsız kişiler olduğu yolundaki ilk işareti aldığını söylemiştir.(*)

Bu basit başlangıcı yüzlerce kişinin katıldığı, onbinlerce saatin harcandığı ve yüzbinlerce dolara malolan araştırma projeleri izledi. İlk araştırma bulguları, orta yaştaki Amerikalılarda görülen kalp krizlerinden, stresi, davranış ve yaşama biçimini sorumlu tutuyordu.

Daha sonra San Francisco'da bir grup reklamcı ve mühendisten, yakın çevrelerinde kalp krizi geçiren insanların hangi sebeple bu krizle karşılaştıklarını değerlendirmeleri istenmiştir. Bu kimselere, başta sigara ve beslenme gibi bilinen bütün standart risk faktörlerinin yanı sıra endişe, iş, aşırı rekabet, stres ve bir iş yapmak için zaman sınırlamalarını içeren bir liste verilmiştir.

Sonuçta hayretle, araştırmaya katılanların sadece % 3'ünün standart risk faktörlerini, % 70'ten fazlasının ise stres ve zaman baskısı altında çalışmayı yakın çevrelerinde meydana gelen kalp krizlerinden sorumlu tuttukları görülmüştür.

Daha sonra 1958 yılında muhasebeciler üzerine yaptıkları birer araştırma, Friedman ve Rosenman'ın çalışma yönünün bütünüyle değişmesine sebep olmuş.

(*) İlginç olan Türkiye'de benzeri durumun gözlenmesidir. Kardiyolog Dr. Feruh Korkut bu bölümü okurken, kendi muayenehanesinde de aynı durumu gözlediğini ifade etmiştir.

Bir dönüm noktası: Muhasebeciler araştırması

ABD'de muhasebecilerin işlerinin en yoğun olduğu iki dönem, vergi formlarının verildiği Ocak ile, vergi iadelerinin hesaplandığı Nisan ayı içindeki birer haftalık dönemlerdir. O tarihlerde müşteriler mutlaka öngörülen tarihlere yetiştirilmesi gereken belgelerle, muhasebecilerinin kapısını çalarlar.

Friedman grubu yaptıkları araştırmada, bir grup muhasebecinin 6 ay süreyle, ayda iki defa serum kolesterol düzeylerini ölçmüşler ve söz konusu iki kritik dönemde de yemekleriyle ilgili kayıt tutmalarını istemişler. Sonuçta muhasebecilerin serum kolesterollerinin Ocak ve Nisan aylarında vergi formlarının tarihinden önceki 15 gün içinde Şubat ve Mart aylarına kıyasla çok yüksek olduğu görülmüştür.

Bu araştırmanın ortaya koyduğu ilginç bulgular arasında, *herkesin stresten aynı düzeyde etkilenmediği ve serbest yağ asitlerinde tespit edilen fırlayışın* alınan gıda, kilo ve yapılan fizik egzersizden bağımsız olarak gerçekleştiği vardır.

Bu araştırma, laboratuvar bulgularının da açık seçik desteklediği biçimde, herkesin stresten farklı düzeylerde ve şekillerde etkilendiğini ortaya koymuştur. Bunun üzerine Friedman ve Rosenman hangi kişilik özelliklerinin strese ve zararlarına daha yatkın olduklarını araştırmaya yönelmişlerdir.

"A TİPİ DAVRANIŞ BİÇİMİ"

A tipi davranış biçimi içinde olan kimseler, *yoğun dürtüleri olan, saldırgan, ihtiraslı, rekabetçi, yapılması gereken birçok işin baskısını üzerlerinde hisseden ve zamana karşı yarışan insanlardır.*

A tipi davranış biçiminin özelliklerine sahip kimseler *kendilerini hiç bitmeyen bir mücadele içinde hissederler* ve bu mücadele sonucunda mümkün olan en kısa zamanda çevrelerinden *çoğunlukla sınırları çok iyi belirlenmemiş, en fazla sayıda şeyi elde etmek* isterler. Büyük çoğunlukla da elde edilecek olanları aynı çevreyi *paylaşan insanlara karşı ve onlara rağmen* elde etmeyi tercih ederler.

Hiç şüphesiz bu mücadele çağdaş Batı dünyasının yaşama biçimi ile teşvik edilen ve ödüllendirilen bir tavırdır. Çünkü dünyada bundan önce hiç görülmediği biçimde, çevrelerindeki insanlardan daha hızlı ve saldırgan olarak düşünen, başaran, konuşan, hareket eden, yaşayan ve hatta oynayan, boş vakitlerini bile aynı özellikteki uğraşlarla dolduran insanlara da özel ödüller sunulmaktadır.

Bu davranış biçiminin tam karşısında da, gevşek, sakin ve zaman baskısını hissetmeyen B tipi davranış biçimi yer alır.

A tipi davranış biçimi içinde olan insanları belirleyen üç ana özellik vardır. *Rekabet içinde başarıya ulaşma çabası, abartılmış bir zaman darlığı, saldırganlık ve düşmanlık.* Bütün bu özellikler bir davranış ve duygu yumağı olarak bütünleşir ve kendisini ortaya koyar.

Hemen belirtmek gerekir ki, dünyada hiçbir insan A tipi davranış biçiminin bütün özelliklerine sahip değildir. B tipi davranış biçiminin özelliklerini taşıyan birçok insan, derece derece bazı A tipi davranış biçimi özelliği gösterebilir. Her iki davranış biçimini birbirinden ayıran, A tipi davranış biçimi özelliklerinin sayısı ve şiddetidir.

Bir başka önemli nokta, bir sınıflama ile yapılanın, insanları A ve B olarak ikiye ayırıp, yeni bir tip görüşü getirmek olmadığıdır. "A tipi insan" diye bir kimse yoktur. "A tipi", bir davranış biçimidir ve her türlü insan A tipi veya B tipi davranış biçiminin bazı özelliklerine sahip olabilir.

Aynı şekilde A tipi davranışın "stres"le aynı şey olmadığını hatırlatmakta yarar vardır. A tipi davranış ne stres verici bir durum, ne de strese karşı verilen tepkidir. A tipi davranış biçiminin nörozla da karıştırılmaması gerekir. Yine bu davranış tek başına doğrudan endişe, korku ve depresyon gibi ruh hallerini ne başlatır, ne de devam etmesini sağlar. Ayrıca A tipi davranış biçimi çevresel uyaranlara karşı verilen refleks biçiminde bir tepki de değildir. Tam tersine, insanı zora sokan, mücadeleyi gerektiren durumlara, bu davranış biçimine yatkın kişilerin sürekli olarak yöneldikleri bir davranış biçimidir.

A tipi davranış biçimi, bir insanın sahip olduğu temel kişiliğinin, bu davranışın ortaya çıkmasına imkân veren toplumsal şartların sonucu ve sürdürülme sebebidir.

A Tipi davranış biçiminin özellikleri

Büyük bir ihtimalle, hiçbir psiko-sosyal faktör, koroner hastalıklara yatkın, "A tipi davranış biçimi" ölçüsünde ilgi görmemiş ve doğrulanmamıştır. Bu sebeple A tipi davranış biçiminin temel özelliklerine biraz daha derinlemesine göz atmakta yarar vardır.

1. *Hareketlilik:* A tipi davranış biçimini benimsemiş bir kişinin kesin bir konuşma biçimi vardır. Bu kimseler konuşmalarını belirli bir noktaya yönelik sürdürürler ve bazı kelimeleri patlayıcı olarak vurgular, sık ve kuvvetli jestlerle konuşurlar. Cümleler arasında kuvvetli nefes aralıkları bulunur (Friedman bu özelliği "tükenişin ölümcül işareti" olarak adlandırmıştır).

2. *Dürtü ve ihtiras:* A tipi davranış biçimine sahip kimseler, kendileri ve başkaları için yüksek bir beklenti (ideal-amaç) düzeyleri koyar ve bunun gerçekleşmemesi durumunda kuvvetli bir rahatsızlık duyarlar. Bu kimseler "başarıların" az ve kısa bir mutluluk verdiği, harekete (eyleme) yönelik insanlardır.

3. *Rekabet, saldırganlık ve düşmanlık duyguları:* A tipi davranış biçimi içindeki birey, kendisi ve başkalarıyla sürekli bir yarış içindedir. Zaptetmek için gösterdikleri gayrete rağmen, düşmanlık, öfke duygu ve davranışları kolayca ortaya çıkartılabilir.

4. *Zaman baskısı:* A tipi davranış biçimini benimsemiş kişi zamanın amansız zorlayıcılığı altında sonsuz bir mücadele içindedir. Bu kimseler devamlı olarak daralan bir zamanda, her an daha fazlasına ulaşmanın gayreti içindedirler.

5. *Tek açılı kişilik:* A tipi davranış biçimine sahip bir kişi, çoğunlukla kendisiyle meşgul ve "benmerkezci"dir. Bu kimseler büyük çoğunlukla, hayatın diğer cephelerini ve ailelerini ihmal edecek ölçüde kendilerini işlerine vermişlerdir.

A tipi davranış biçiminin dahil olduğu konuları ve alanları daha iyi tanıyabilmek amacıyla aşağıdaki ölçek bir fikir verebilir.

KENDİNİ DEĞERLENDİRME: HAYAT BİÇİMİ SORU CETVELİ

Gördüğünüz gibi aşağıdaki her ölçek, yatay bir çizgi ile birbirinden ayrılmış bir çift sıfat vaya cümleden oluşmaktadır. Her çift birbiriyle bütünü ile zıt iki davranış tipini temsil etmektedir. Her insan, bu iki kutup arasındaki çizgi üzerinde herhangi bir noktada bulunmaktadır.

	1	2	3	4	5	6	7	
1. İşleri geçici olarak askıda bırakmakta sakınca görmez.								Bir kere başladığı işi mutlaka bitirir.
2. Randevular konusunda sakin ve acelesizdir.								Randevulara hiçbir zaman gecikmez.
3. Bütünüyle rekabet duygusundan uzaktır.								Yüksek derecede rekabet duygusu içindedir.

	1	2	3	4	5	6	7	
4. İyi dinleyicidir, başkalarının konuşmasına imkân verir.								Karşıdakinin sözünü tamamlamasını sabırsızlıkla bekler (sözünü keser, onun cümlelerini tamamlar).
5. Baskı altında olduğu zamanlarda bile telaşsızdır.								Her zaman telaş içindedir.
6. Sakin olarak bekleyebilir.								Beklerken huzursuzdur.
7. Yumuşak başlıdır.								Her zaman kafasının dikine gider.
8. Sadece bir tek işi üstlenir.								Pek çok işe birden girişir.
9. Yavaş konuşur ve konuştuklarını tartar.								Coşkun ve vurgulu konuşur (birçok jest kullanır).
10. Başkalarını değil kendi kendini memnun etmeye çalışır.								Başarılı bir biçimde tamamlanmış bir iş için başkalarının takdirini bekler.
11. Her şeyi yavaş yavaş yapar.								Her şeyi hızlı yapar (yemek, yürümek vb.)
12. Sakin ve yumuşak araba kullanır.								Sert araba kullanır.
13. Duygularını açık olarak ifade eder.								Duygularını içinde tutar.
14. Çok geniş bir ilgi alanı vardır.								İş dışında az sayıda ilgisi vardır.
15. İşinden hoşnuttur.								Sabırsızdır, işinde hızlı ilerleme bekler.
16. Kendine zaman sınırlaması koymaz.								Çoğunlukla kendine zaman sınırlamaları koyar.

	1	2	3	4	5	6	7	
17. Sınırlı bir sorumluluk duyar.								Kendini her zaman sorumlu hisseder.
18. Hiçbir zaman sayısal olarak değerlendirme yapmaz.								Verimi çoğunlukla sayısal olarak değerlendirir (ne kadar, kaça gibi).
19. İş konusunda yüzeyseldir.								İşi çok ciddiye alır (hafta sonları çalışır, eve iş getirir).
20. Kusursuzluk meraklısı değildir.								Mükemmellik meraklısıdır (ayrıntılar konusunda dikkatlidir).

Puanlama: Her madde için 1'den 7'ye kadar bir değer verin ve bunları toplayın. Gruplar aşağıda gösterilmiştir.

Toplam puan: 140-110: Tip A 1: Kalple ilgili bir rahatsızlık geliştirme ihtimaliniz çok yüksek. Bu konuda standart risk faktörlerinin de varlığı ve yokluğu sonucu belirleyecektir.

Toplam puan: 39-20: Tip B 1: Kalple ilgili bir hastalık geliştirenlerin karşı kutbunda bulunuyorsunuz.

Bu test size A tipi davranış özelliğinin neresinde bulunduğunuz konusunda bir fikir verecektir. Puanınızın yüksek olduğu oranda, kalple ilgili bir hastalık geliştirme eğiliminiz de artmaktadır. Şunu unutmamak gerekir ki, bazen B tipi davranış özelliğine sahip olanlar bile, belirli şartlarda A tipi davranışlara kayabilmektedirler ve bu davranış özellikleri zaman içinde değişebilmektedir.

Boston Tıp Fakültesi'nden David Jenkins'in kişilikteki A-B boyutunu ölçmek üzere geliştirdiği 21 maddelik ölçekte yer alan bazı maddeler şunlardır:

1- Eşiniz veya bir arkadaşınız şimdiye kadar hiç çok hızlı yemek yediğinizi söyledi mi?
A cevapları: "evet", "sıklıkla"
B cevapları: "evet, bir veya iki defa" veya "hayır hiç işitmedim"

2. Eşiniz veya en yakın arkadaşınız sizi nasıl tanımlar?
   A cevapları: "geçinilmesi çok zor ve rekabetçi" veya "geçinmenin pek kolay olmadığı ve rekabetçi"
   B cevapları: "çoğunlukla sakin ve geçimi kolay" veya "her zaman sakin ve geçimi kolay"
3. Eşiniz veya en yakın arkadaşınız genel çalışma temponuzu nasıl değerlendirir?
   A cevabı: "çok aktif ve çok çalışan, biraz yavaşlaması gerekli"
   B cevabı: "çok ağır, biraz daha hızlanması gerek"
4. İşte veya evde kendinize zaman sınırlamaları koyar mısınız?
   A cevabı: "evet, haftada bir veya daha sık"
   B cevapları: "hayır" veya "evet, çok gerektikçe"

BÜYÜK BİR GRUP ARAŞTIRMASININ ORTAYA KOYDUKLARI

Friedman ve Rosenman tarafından ayrıntılı olarak tanımlanan A tipi davranış biçimi, en sağlıklı ve isabetli bir şekilde, yine kendilerinin geliştirdikleri ve eğitilmiş bir görüşmeci tarafından uygulanabilen 20 dakikalık özel bir görüşme sonucunda saptanabilmektedir.

A tipi davranış biçimi ile koroner kalp hastalıkları arasındaki ilişkiyi inceleyen birçok araştırma "geriye dönük" olarak yürütülmüştür. Yani araştırmacılar, araştırmaya denek olarak koroner kalp hastalığı geçirmiş kimseleri alıyorlar ve onlara "Jenkins Aktivite Soruşturması" veya "Friedman ve Rosenman'ın Görüşme Metodu"nu uygulayarak, hastalar arasında A tipi davranış biçimine sahip kimselerin büyük bir çoğunluk oluşturmalarından kalkarak, bu davranış biçiminin bilinen risk faktörleri ölçüsünde – hatta bazı durumlarda da önemli – bir risk faktörü olduğunu söylüyorlardı.

Bu sebeple yapılan araştırmalara eleştiriler geldi. Bu eleştirilerin en yaygın olanı, kalp hastalığının, hastaların kişilik yapısını ve dünyayı algılayış biçimini etkilediği ve bu sebeple, hastalanmış kimselerden kalkarak geriye dönük olarak yapılan araştırmalarla A tipi davranış biçiminin koroner kalp hastalığı konusunda bir risk faktörü sayılamayacağı şeklindeydi.

Bunun üzerine Friedman ekibi, 1960 yılında *10 yıldan fazla sürecek* bir büyük araştırma başlattılar. "Batı Ortak Grup Araştırması" adını taşıyan bu çalışmaya *39-59 yaşları arasında 3524 erkek katıldı.* Çalışma, araştırma metodolojisinde "çift-kör" diye nitelendirilen kontrol sistemi ile yürütüldü. Buna göre ne deneklerin davranış biçimini değerlendiren araştırmacılar, ne daha sonra deneklerin sahip oldukları diğer risk faktörlerini soruşturan araştırmacılar birbirlerinden haberliydiler. Daha sonraki 15 yıl boyunca araştırmaya katılan denekleri koroner kalp hastalığı açısından değerlendiren hekimler ise, daha önce toplanan bilgiden bütünüyle habersiz olarak çalıştılar.

Araştırmanın başlangıcından on yıl geçtikten sonra *koroner kalp hastalığı geçiren 257 kişiden % 70'inin A tipi davranış biçimine sahip kimseler olduğu görüldü.* Araştırmadan elde edilen daha ilginç bir bulgu, A ve B tipi davranış biçimlerini benimsemiş kişilerin bilinen standart risk faktörleri açısından kıyaslanmalar sonucunda elde edildi.

A tipi davranış biçimi içinde olanlar sigara içmedikleri, normal tansiyona sahip olmaları ve aile hikâyelerinde koroner hastalık hikâyesi bulundurmamaları durumunda bile, B'lere kıyasla daha fazla kalp krizi geçiriyorlardı. Buna karşılık, *B'ler bütün bu faktörlere sahip olmaları halinde bile,* nispeten daha az kalp kriziyle karşılaşıyorlardı.

Bilinen risk faktörleri arasında bir tanesi gerçekten çok önemli gözüküyordu. Kandaki *kolesterol düzeyi.* A grubunda olanların kolesterol düzeyleri B grubunda olanlardan daha yüksekti. Ancak kalp krizi geçirdikleri sırada *A grubunda olanların kolesterol düzeyi 220 veya daha düşükken, B grubunda olanların 260 veya daha yüksek bulunmuştu.* Sadece bu bulgu bile B tipi davranış biçimini benimsemiş olanların, koroner kalp hastalıkları açısından ne kadar avantajlı olduklarını ortaya koymaktadır.

Araştırmanın ortaya koyduğu iki önemli sonuç daha vardı. Birincisi, *A tipi davranış biçimine sahip olanlar, kalp krizinin şiddeti ve öldürücülüğü açısından B'lere kıyasla çok daha şanssızdılar. İkincisi, A grubunda ikinci bir miyokard infarktüsüne, B grubuna kıyasla 5 kere daha sık rastlanıyordu.*

Diğer araştırmalar

Bu araştırma sırasında aynı araştırmacılar tarafından başka gruplar üzerinde A tipi davranış biçimi ile standart risk faktörleri arasındaki ilişki incelenmişti. Bu çalışmaların sonucunda da koroner kalp hastalığına yol açan ve bilinen tıbbi risk faktörleri ile A tipi davranış biçimi arasında son derece sıkı ilişkiler saptanmıştır.

Koroner anjiyografi yönteminin yardımı ile saptanan ortalama damar daralması düzeyinin, A tipi davranış biçimine sahip olanlarda – cinsiyet ve yaş faktörü hesaba katıldıktan sonra – B grubuna kıyasla anlamlı ölçüde yüksek olduğu görülmüştür.

Yine serum kolesterol düzeyi ile davranış biçimi arasındaki ilişkiyi araştırmak için yapılan bir araştırmada, A tipi davranış biçimine sahip olanların ortalama serum kolesterol düzeylerinin, B tipi davranış biçimine sahip olanlara kıyasla çok daha yüksek olduğu bulunmuştur.

Daha önce anlatılan muhasebeciler araştırmasının ortaya koyduğu ilginç bulgulardan bir tanesi de A tipi davranış biçimine sahip olanlarda, kan pıhtılaşma hızının B'lere kıyasla çok daha yüksek olduğunun saptanmış olmasıdır. Hatırlatmak amacıyla hemen eklenebilir ki, kan pıhtılaşma hızının yüksek olması, kalbin kendisini besleyen koroner damarların daralmasına ve tıkanmasına zemin hazırlamaktadır.

Üniversite öğrencileri üzerinde yapılan bir araştırmada, bir problemin çözülmesi sırasında A tipi davranış biçimine sahip öğrencilerin, B tipi davranış biçimine sahip öğrencilere kıyasla 40 defa daha fazla kortizol ve 4 kere daha fazla adrenalin salgıladıkları – kaslarını kullanmalarında bir fark olmadığı halde – kaslarına 3 defa daha fazla kan gittiği saptanmıştır.

A TİPİ DAVRANIŞ BİÇİMİNİN HAYATA YANSIMASI

A tipi davranış biçiminin kalp hastalığına yol açış mekanizmasına geçmeden önce, artık oldukça iyi tanıdığımız bu davranış özelliğinin, hayat içindeki görünüşünden bazı örnekler verelim.

Bu kimseler bir arkadaşlarını ziyarete veya dişçiye gittikleri zaman bile telefonla iş görüşmesi yaparlar. Doktora çok seyrek olarak giderler. Bu kimselerin bir ruh sağlığı uzmanına görünmeleri neredeyse görülmüş şey değildir. Yeni araştırmaların ortaya koyduğuna göre, *bir kalp krizi sırasında bile, yardım istemeyi reddettikleri ve geciktirdikleri* için ölenlerin sayısı inanılmayacak kadar yüksektir.

A tipi davranış biçimine sahip kimseleri doktora götüren en önemli hastalık peptik ülserdir. Doktora gittikleri zaman da bu kimselerin en önemli özellikleri *sabırsızlıklarıdır.*

Geçimi zor insanlar oldukları söylenmişti. *İdeal ve beklenti düzeyleri yüksektir.* Ancak çevrelerindeki insanlara karşı, kendilerine karşı olduklarından daha acımasız değildirler. Fakat çevrelerindeki insanların problemleri ile vakit kaybetmek istemedikleri için, çevrelerine sevimsiz göründükleri çok olur. Sevilmek yerine kendilerine saygı gösterilmesini tercih ederler.

İnsanları işten atmaktan hoşlanmazlar. Ancak birini işten çıkarmaları gerekse, bu büyük çoğunlukla işyeri çapında bir krize dönüşerek gürültülü biçimde gerçekleşir. A tipi davranış biçimine sahip biri, eğer kendisi işten çıkartılmışsa, bu hiçbir zaman başarısızlık sebebiyle olmayıp, iş arkadaşları veya amirlerle olan kişilik çatışması sebebiyledir.

Bu kimseler tütün kullanıyorlarsa – ki çoğunlukla kullanırlar – sigara içerler. Pipo içene pek rastlanmaz, çünkü pipo ile zaman kaybedemeyecek kadar sabırsızdırlar. Herhangi bir yerde ve özellikle restoranda bekletilmekten nefret ederler. Yemeklerinin tadına bakmadan tuzlar, büyük bir aceleyle yerler.

Kendilerine, sağlıklarına ve tatile çok az zaman ayırırlar. Fizik egzersiz için zamanları çok azdır. Yaptıkları zaman da, varsa başkalarıyla, yoksa kendilerinin bir önceki dereceleriyle yarışırlar. *Takım oyununda* veya kazanma-kaybetmeyi gerektiren sporlarda *geçinilmesi zor insanlardır.* Mümkünse *tatil ve işi birleştirir,* tatilden hiçbir zaman geç dönmezler. Büyük çoğunlukla, önceden planlanan tatil bitmeden, işlerinin başına dönerler.

En belirgin özelliklerden biri, *kafalarında hep sayıların* olmasıdır. Yalnız oldukları zamanın çoğunu, çeşitli alanlardaki sayıları düşünerek, durumu kendi lehlerine çevirecek veya farkı açacak sayısal hesaplar yaparak, sayısal hayaller kurarak geçirirler.

Üst düzeydeki yöneticilik pozisyonları için yapılan mücadelelerde, çok kere B'lere yenilirler. Çünkü içinde bulundukları *şiddetli rekabet duygusu ve ihtiras, görüş alanlarını daraltır,* zekâlarından gerektiği ölçüde yararlanmalarını engeller. Günler içinde alınması gereken bir karar, hızla birkaç dakika içinde alınabilir. Ve bu durum da – ender olmayarak – iş konusunda ciddi hataların ortaya çıkmasına sebep olabilir.

Karşılarındaki insanın *sözünü bitirmesini sabırsızlıkla beklerler.* Bu bekleyiş sırasında sözü onların yerine tamamladıkları veya onların sözünü keserek, araya o sırada akıllarına geleni soktukları çok olur. Hiç olmazsa bu bekleyiş sırasında kafa sallayarak, 'ıhı-ıhı' diyerek konuşana aktif katkıda bulunurlar.

A tipi davranış biçimi içindeki kimselerin, B tipi davranış biçimini benimsemiş olanlara saygıları oldukça azdır. Onları "yavaş"lıklarından ve "sorumsuz"luklarından ötürü çekilmez buldukları çok olur. Ancak *akıllı B'ler A'ları yanlarında çalıştırmayı tercih ederler.* Satıcılığı gerektiren işleri en iyi başaranlar A'lardır. Büyük işletmelerin başında da çoğunlukla B'ler oturur.

A TİPİ DAVRANIŞ BİÇİMİNİN KALP HASTALIĞINA SEBEP OLUŞ MEKANİZMASI

Koroner damar hastalıkları Türkiye'de her üç ölümden birine sebep olduğu gibi, ABD'de 100 milyona yakın insan hastalıkla – çeşitli derecelerde – mücadele etmektedir. Bu hastalığın sebebi ise, ne bakteridir, ne virüstür, ne de tümördür. Sebep, damarlarda meydana gelen dejenerasyondur. Bu da daha önceki sayfalarda anlatılan faktörlerden bir veya birkaç tanesinin biraraya gelmesiyle gerçekleşir.

A tipi davranış biçimine sahip kimselerin damarlarındaki bu değişim, er veya geç gerçekleşir. A tipi davranış biçimi içindeki insanların, B tipi davranış biçimindekilere kıyasla serum kolesterolleri daha yüksektir, serum yağları daha fazladır, şeker hastası olmaya daha yatkındırlar, daha fazla sigara içerler - vakitleri olmadığı için - daha az egzersiz yaparlar, kolesterol ve hayvan yağlarından zengin bir beslenme tarzları vardır, tansiyonları daha yüksektir ve koroner damarlardaki bozulmaya yol açacak olan bazı içsalgı (hormon) bezleri daha fazla çalışır.

Burada hemen bir hatırlatma yapmakta yarar vardır. Bu risk faktörlerinden birine veya hepsine sahip olmak, bir kimseyi A tipi davranış biçimine sahip bir insan haline getirmez. Örneğin, kolesterol düzeyi her ne olursa olsun ve kolesterol kanda istediği kadar çok biriksin, bu durum herhangi bir insanda *"mümkün olan en kısa zamanda, en çok işi başarmak"* isteğini doğurmayacağı gibi, aynı kişiyi olduğundan *daha saldırgan ve öfkeli* bir kimse haline de getirmez.

Diğer taraftan, deneylerle defalarca gösterilmiş ve ispat edilmiş olduğu gibi, bu şekilde davranmak serum kolesterolü ve kan yağ düzeylerini yükseltir. Ayrıca bu tür bir mücadele ve davranış biçimi, sigara ve alkol alımının da içinde olduğu diğer risk faktörlerini de artırır ve böylece kişi koroner kalp hastalığına her gün biraz daha yaklaşmış olur. Birçok A tipine karşılık, çok az B tipinin bu hastalığa yakalanmasının sebebi işte budur.

Şimdi herhangi bir hayal kırıklığı veya üzüntünün bedensel ve biyokimyasal sonuçlarını gözden geçirelim. Hissedilen ve algılanan her türlü duygu, önce beynin belirli bölgeleri tarafından değerlendirilir (bu bölgeler neo-korteks ve limbik sistemdir). İster "bir görüntü" gibi bir duyum olsun, ister "bir düşünce" gibi zihinsel uyaran olsun, bu bölgeler ilk değerlendirmeyi hızla yaptıktan çok kısa bir süre sonra, derhal hazırladıkları yeni mesajı beynin en karmaşık bölgesine (kendi kendine çalışan sinir sisteminin - otonom sinir sisteminin - merkezine), hipotalamusa gönderirler.

Hipotalamus, beynin tabanına yakın bir yerdedir ve - bir mercimek büyüklüğünde olan - hipofiz bezi ile doğrudan ilişki içindedir. Hipotalamusun birinci görevi, beyin tarafından algılanan bir uyarana karşı bedeni hazırlıklı tutmaktır. Bu sebeple hipotalamus, algılanan uyaranın cinsine göre hassas bir ayrım yapar ve kendine göre kodladığı özel sinyalleri ilgili yerlere gönderir.

Örneğin, kişi üzüntü verici herhangi bir durumla karşılaşmışsa, hipotalamus sinyallerini gözyaşı bezlerine, yüzdeki kan damarlarına, ciğer ve kalpteki sinirlere gönderir. Böylece kişi gözyaşlarına boğulur ve muhtemelen kalp atışları da yavaşlar.

Diğer taraftan insan öfkeleneceği veya sınırlarını zorlayan bir durumla karşılaşırsa, hipotalamus hipofiz aracılığı ile saniyenin onda biri kadar bir zaman içinde böbreküstü bezine (adrenal medulla) ve böbreküstü bezi kabuğuna (adrenal korteks) özel olarak kodlanmış mesajlarını gönderir.

Böbreküstü bezi kendisine yönelmiş mesajı alır almaz derhal – ortak isimleri katekolamin olan – adrenalin ve noradrenalin denilen (bu maddelere epinefrin ve norepinefrin de denir), iki maddeyi salgılar. Bu maddelerin salgılanması kitabın başında anlatılan "savaş veya kaç" tepkisini başlatır. Bu, bedenin canlılığını korumaya yönelik faaliyetin başlaması demektir.

Böbreküstü bezinin salgıladığı katekolaminler doğrudan sempatik sinir sistemine ulaşır. İnsan bedenindeki sinir ağının iki bölümünden birini oluşturan sempatik sinir sistemi, doğrudan kişinin kontrolü altında değildir. Bir başka deyişle, kalbin hızlı çarpması, kanın yüzeyden içeri çekilmesi, solunumun hızlanması, vb. "savaş veya kaç" tepkileri önemli ölçüde kişinin iradesi dışında çalışır.

Kişinin içinde bulunduğu öfke anında hipofiz aracılığıyla aynı zamanda bütün hormon bezlerine, üretmiş bulundukları ve hazırda tuttukları hormonları salgılamaları için mesaj gönderilir. Böylece mesaj tiroid bezinden, pankreasa kadar her yere gönderilmiş ve bol miktarda hormon salgılanmış olur.

Kimyasal banyo

Bu noktada önemli olan, herhangi bir öfke veya mücadele anında zannedildiği gibi sadece katekolaminlerin salgılanmış olmayıp, aynı zamanda bedenin içinde insülin ve cinsiyet hormonlarının da (testosteron veya östrojen) bulunduğu bir *kimyasal banyo* yaptığıdır. Her mücadele, her gerginlik yukarıda anlatılan banyoya sebep olmaktadır.

İşte eğer bir kimse sürekli bir mücadele içindeyse, sürekli bir yarış, sürekli bir kızgınlık, sürekli bir rekabet içindeyse, bu aynı zamanda demektir ki, bu kimse sürekli olarak söz konusu banyosunu yapmaktadır.

A tipi davranış biçimine sahip bir insan, az veya çok ama her zaman bu zinciri harekete geçirecek bir mücadele içindedir. Yemek beklemek veya yemek, herhangi bir şey için sırada beklemek, karşısındakinin sözünü bitirmesini beklemek gibi her gün defalarca yaşanabilecek durumlar bile hep sözkonusu faaliyeti başlatacak mücadelelerdir.

Hipotalamustan mesaj alan hipofiz bezinin salgıladığı hormon ACTH adını taşır. Bu hormon böbreküstü bezinin kabuk kısmını uyarır ve en başta kortizol adı ile bilinen glikokortikoid hormonların salgılanmasına yol açar.

Bundan başka A tipi davranış biçimi içinde olan bireylerin kanına sık sık pankreasın salgıladığı bir hormon olan insülin bol miktarda karışır. İnsülin miktarındaki artışın bedendeki yağ ve şeker dengesindeki önemli bir bozukluğun işareti olduğuna inanılır.

Böbreküstü bezi aracılığıyla sinir uçlarından salgılanan fazla miktardaki katekolaminler ve hipofiz, böbreküstü bezi kabuğu ve pankreastan salgılanan yüksek düzeydeki hormonların sonucunda A tipi davranış biçimi içindeki bir kimsede şunlar görülür:

1. Kanda yüksek düzeyde kolesterol ve yağ
2. Yiyecekler yoluyla alınan kolesterolün kandan atılışında önemli ölçüde yavaşlama
3. Kanda pıhtılaşmayı sağlayan (fibrinojen ve trombosit gibi) maddelerde artış
4. Şeker hastalığına yatkınlık

Eğer benzetmek doğru olursa, *A tipi davranış biçimi içinde olan bir kimse, günlük hayatın "düşük voltajlı" dönemlerinde bile, damarlarında "yüksek voltajlı" kimyasal maddeler barındırmaktadır.*

Friedman ve Rosenman birçok A tipi hastasında bu özelliği tespit ettikleri için, hipotalamusun yol açtığı bu durumu farelerde deneysel olarak meydana getirmişlerdir. Hipotalamus fonksiyonu değiştirilen farede, sadece A tipine benzeyen davranışlar görülmemiş, aynı zamanda da hormonal ve biyokimyasal anormallikler ortaya çıkmıştır.

Bütün bu normal dışı durumların ve etkilerin ortaya konması, A tipi davranış biçimi ile koroner damar hastalıkları arasındaki ilişki konusunda şüphe bırakmamaktadır. Ancak bir açıklık getirmenin zor olduğu nokta, *her faktörün olayda aldığı rolün önem derecesidir.*

Örneğin A tipi davranış biçimine sahip olanlar, B tipine göre sadece yüksek bir serum kolesterol düzeyine sahip olmakla kalmayıp, aynı zamanda da bu yemekten sonra aldıkları kolesterolün kandan çıkartılması için üç veya dört kere daha fazla zamana ihtiyaçları vardır. Bu sebeple koroner damarların iç yüzlerinde sürekli olarak en tehlikeli biçimde yüksek miktarlarda kolesterol birikir.

Normal şartlarda damarların iç yüzleri kandan damar duvarına sadece çok az miktarda bir kolesterolün geçmesine imkân vermektedir. Ancak tabii ki, kanda ne kadar çok kolesterol olursa, o kadar yüksek bir miktar damar duvarına sızmaktadır. Ve yemek yoluyla alınan kolesterol bir kere damar duvarına geçtikten sonra, kolayca çözülmez. Damar duvarına yerleşmiş kolesterol haftalar, aylar süren misafirliği sırasında bir taraftan yıkıma sebep olurken, diğer taraftan hücresel deformasyona ve plak oluşmasına yol açar.

Bu oluşum 20-40 yıl gibi bir süre devam ettiği takdirde, esas mucize bir damarın günün birinde tıkanıp kapanması değil, bu tıkanmanın hangi sebeple çok daha önce olmadığıdır.

A tipi davranış biçimini benimsemiş kimselerin koroner damarlarını tehdit eden tehlike sadece davranışa bağlı olan kolesterol değişiklikleri değildir. Daha önce de anlatıldığı gibi, bu kimselerde aynı zamanda yüksek miktarda ve sık sık adrenalin ve noradrenalin salgılanır. Bu insanların önemli şanssızlıklarından bir tanesi de, *katekolaminlerin* – birçok zararlarının yanı sıra – *damar içinde pıhtılaşma maddesinin birikimini artırmalarıdır.* Böyle bir birikim özellikle koroner damarların içyüzlerinde meydana gelir ve pıhtılaşma faktörünün artmasıyla damar içi yüzeyinde plakların oluşmasına yol açar.

Buraya kadar anlatılanlar içinde bilim adamlarının üzerinde fikir birliği etmedikleri tek nokta, aterosikleroza ve sonra giderek damarların tıkanmasına yol açan olayın başlatılmasında pıhtılaşma faktörünün payıdır.

Ancak hangi yolla olursa olsun, A tipi davranış biçimine sahip bir kimsenin damarlarının içindeki plaklar; iç yüzlerinden kolesterolün sızmasıyla, dış yüzlerinden de kandaki yüksek miktardaki katekolaminin yol açtığı pıhtılaşma faktörünün birikimiyle devamlı olarak genişler.

Plakların rolü

A tipi davranış biçimini benimsemiş kimselerin koroner damarlarını tehdit eden ketakolaminlere bağlı bir tehlike daha vardır. Fazla miktardaki katekolamin sadece yukarıda anlatıldığı gibi pıhtılaşma faktörünü artırmakla kalmaz, aynı zamanda da koroner kan damarlarının kendisini besleyen küçük damarcıklarda ciddi daralmalara sebep olur ve plakların beslenmesini engeller. Bu tür bir daralma eğer sürekli olarak devam ederse, koroner damarların sağlam kalmış olan bölümlerinin beslenmesini bozmakla kalmayıp – çok daha önemlisi – *oluşmakta olan plakların iç yüzlerinin canlılığını tehdit eder. Bu en son faktör, şimdiye kadar sıralananlar arasında en tehlikeli olanıdır.* Çünkü bir plağın büyüme hızı hiçbir zaman onu yeterli miktarda besleyecek olan kan damarları ile paralel gitmez. Bu sebeple zaten yetersiz beslenmekte olan bir plağa giden kan miktarının biraz daha azalması, plağın geniş bir bölümünün ölümüne (nekroz'una) sebep olur.

Bir plağın yarattığı en büyük tehlike – boyutundan daha önemli olarak – *plağın iç yapısındaki bozulma ve ülserleşmedir.* Plaktaki bozulmanın çok önemli olmasının sebebi, dışarıya herhangi bir belirti vermeden süregiden ve nispeten tehlikesiz olan koroner damar hastalığının, böyle bir bozulma sonucunda "öldürücü" nitelikteki koroner kalp hastalığına dönüşmesidir.

İnsülin eklenince

A tipi davranış biçimine sahip bir kimse, eğer damarlarını aşırı katekolamin salgılanmasına bağlı olarak meydana gelen üç *ciddi tehlikeden kısmen de olsa kurtarabilmişse, kendisini dördüncü bir tehlike beklemektedir.*

Hipotalamusun başlattığı, sempatik sinir sisteminin aşırı uyarılması aynı zamanda *aşırı insülin salgılanmasına* ve dolayısı ile de bu insülinin *kanda birikmesine* sebep olur. İşte bu durum sağlık açısından hayati önem taşımaktadır. Çünkü, koroner damar hastalığına yol açan şartların hiçbiri, kandaki fazla miktardaki insülin kadar kesin ve yıkıcı bir rol oynayamaz.

Kandaki insülin birikiminin mi, yoksa aşırı insülin birikmesine sebep olacak şekilde yağ ve şeker metabolizmasındaki bir anormalliğin mi, damarlarda böylesine hızlı ve kesin bir yıkıma yol açtığı sorusunun cevabı henüz verilmiş değildir. Ancak, ne yazık ki, birçok A tipi davranış biçimli insan, her iki anormalliği de barındırır. Bu sebeple, yukarıdaki sorunun cevabı sadece akademik bir anlam taşımaktan öteye gitmemektedir. Çünkü her iki durumda da, damarlarda geriye dönüşü olmayan bir yıkımın meydana gelmesi kaçınılmaz olmaktadır.

A tipi davranışın bir insanda sürekli bir davranış biçimi durumuna gelmesinin yol açtığı, sıralanan bütün anormal mekanizmalar arasında damarlar için en zararlı olanı acaba hangisidir? Bu cevaplandırılması son derece güç bir sorudur. Çünkü, A tipi davranışın henüz araştırılmamış biyokimyasal ve biyofizik anormalliklerle ilişki derecesi bilinmemektedir. Friedman ve Rosenman "Bu soruya sadece bugünkü bilgilerimiz açısından cevap vermek gerekirse" demektedir, "Kanaatimiz *katekolaminlerin aşırı salgılanması ve dolaşımda kalması, olayın bütün seyri içinde damar yıkımına ve tromboza yol açan ana faktördür.*"

Yine Friedman ve Rosenman, gördükleri koroner kalp hastaları arasında, kan insülin düzeyleri ve kolesterol, yağ, şeker metabolizmaları nispeten normal olan kimselere rastladıklarını belirtmektedirler. Fakat araştırmacılar, bütün hastaları arasında *katekolamin salgılama düzeyinin düşük olduğunu düşünebilecekleri hiçbir hastaya* rastlamadıklarını ifade etmektedirler.

Hiç şüphesiz çok uzak olmayan bir gelecekte, A tipi davranış biçimine sahip insanlardaki aşırı katekolamin salgılanmasını nötralize edecek yeni bir kimyasal madde veya ilaç bulunacaktır. Aynı şekilde A tipi davranan kimselerin, fazla miktardaki yağ, kolesterol, insülin ve ACTH'ları da kontrol edilebilecektir. Fakat bunlar şimdilik mümkün değildir. Bu sebeple, Türkiye'deki her üç ölümden bir tanesinin sebebinin kalple ilgili hastalıklar olduğunu gözönünde bulundurmak ve konuya gereken önemi vermek gerekmektedir.

Türkiye'nin şansı

Daha önceki bölümlerde de belirtildiği gibi, Türkiye kaçınılmaz olarak Batı tarzı hayat biçimine yönelmektedir. Batı tarzı hayat biçiminin içindeki mücadeleden belki uluslararası standartlara uygun iyi ürünler elde edilecek, ulusal gelir düzeyi yükselecektir. Ancak nasıl teknolojik olarak Batının tecrübeleri, bizleri bilineni keşfetmek zahmetinden kurtarıyorsa, durum sağlık alanında da farklı olmamalıdır.

Çünkü Batı tarzı yaşama biçimi endüstrileşmiş ülkelerde, *ürünün kalitesini ve ulusal gelir düzeyini yükseltmiş,* ancak bu durum insanların akıl ve ruh sağlığı alanında *ödedikleri yüksek bir bedel karşılığı gerçekleşmiştir.* Konuya biraz daha yakından bakınca bu bedelin sadece akıl ve ruh sağlığı alanlarında ödenmediğini görüyoruz. Bugüne kadar bütünüyle organik, bütünüyle mekanik zannedilen birçok hastalığın arkasında bu hayat biçiminin izleri görülmektedir.

Batı tarzı hayat biçimini yaşamaya her alanda çok hızla geçtiğimiz 1980'li yıllarda Batıya kıyasla bazı şanslarımız ve şanssızlıklarımız vardır. Şanslarımızın başında "Stres ve Aile" bölümünde anlatıldığı gibi, Türk toplumundaki aile yapısının ve özelliğinin içerdiği birçok sakıncaya rağmen, son tahlilde stresi önleyici bir rol oynamasıdır. Olaya A tipi davranış biçimi açısından baktığımızda, zamanın baskısını sürekli olarak üzerinde hissetmenin, toplumumuzun büyük çoğunluğu için henüz geçerli bir problem olmadığını düşünebiliriz.

Ancak bunlara karşılık, gerek toplumdaki örgütlenmenin düzenli olmayışının yarattığı sakıncalar, gerek ekonomik şartlardan (ve enflasyondan) kaynaklanan genel bir belirsizlik durumu, gerekse bilgilenme ve okuma konusunda toplumumuzun son derece yavaş, yetersiz oluşu ve sağlık hizmetlerindeki koruyuculuk özelliğinin, tarama ve tedavi hizmetlerinin Batı ile kıyaslanamayacak düzeyde olması, bizim şanssızlıklarımız hanesindedir.

Sonuç olarak ABD'de neredeyse 2 kişiden biri herhangi bir düzeyde koroner problemi ile karşı karşıyaysa, Türkiye'de her üç ölümden bir tanesinin kalple ilgili bir hastalığa bağlı olduğu bildiriliyorsa, konu ülkemiz için bugün önemli bir problemdir, yarın bu önem çok daha artacak ve büyüyecektir.

Sanıyoruz yazdıklarımız, konunun bugüne kadar ihmal edilmiş ve pek üzerinde durulmamış bir yönüne ışık tutmak açısından yeterli ve inandırıcı olmuştur.

Bundan sonra akla gelen soru şunlar olacaktır: *A tipi davranış biçimi değiştirilebilir mi? Değiştirilebilirse nasıl?* A tipi davranış biçimini değiştirmek, çok kolay olmamakla beraber mümkündür. Bu değişimin nasıl olacağı sorusunun ayrıntılı cevabı "Stresle Başaçıkma Yolları" bölümünde ele alınmaktadır.

Stres ve Başağrıları

Bu başlık altında başağrısı şikâyetlerinin bütününe yakın bölümünü oluşturan gerilim başağrısı ve migren ele alınacaktır.

GERİLİM BAŞAĞRISI

Başağrısı çağlar boyu doktora gitmenin en başta gelen sebeplerinden biri olmuştur. Başağrısı günümüzde endüstrileşmiş ve şehirleşmiş topluluklarda en yaygın sağlık problemlerinden biridir. Ayrıca başağrısı, uyuşturucu özellik taşımayan ağrı kesici ilaçların en çok kullanıldığı hastalıktır.

Yakın zamanda Batı ülkelerinde yapılan araştırmalarda son bir yıl içinde şiddet ve süresi değişiklik göstermekle beraber, genel nüfus içinde başağrısına % 80-90 oranında rastlanmıştır. Bu ağrıların bütününe yakın bölümünü migren ve gerilim başağrıları oluşturmaktadır.

Gerilim başağrısı, başta devamlı bir gerginlik ve basınç hissi olarak tarif edilir. Gerilim başağrısında duyulan ağrı künt, zonklayıcı olmayan, süreklilik gösteren ve başı çember gibi sıkan bir ağrı olarak anlatılır. Ağrı bazı kimselerde enseden, bazılarında ise alından veya gözlerin üzerinden başlayarak başın iki tarafına yayılır. Ağrı biraz artarak devam etmekle beraber, şiddeti çoğunlukla aynı kalır ve bazen şiddetlenerek kişinin herhangi bir iş yapmasını engelleyebilir. Ancak kişi rahatsız olsa da, günlük faaliyetlerini ağrıya rağmen sürdürebilir. *İçilen bir veya iki kadeh alkollü içki, çoğunlukla ağrıyı hafifletir veya geçirir.*

Yukarıdaki satırlardaki gibi gerilim başağrısı olan birçok kimsenin, bu ağrılarına ek olarak zaman zaman gelen migren nöbetleri de vardır. Bu durumda olanlar geri planda fon müziği gibi devam eden bir ağrının üzerinde arada şiddetli migren nöbetleri yaşarlar.

GERGİNLİK VE STRESİN AĞRIYA YOL AÇMA BİÇİMİ

Gerginlikle ağrı arasındaki ilişkiyi kavrayabilmek için, bu konudaki temel bilgilere kısaca gözatmak gerekmektedir:

Stres ve stresin doğurduğu gerginlik ve ağrı arasında önemli bir ilişki vardır. Stresin sebep olduğu gerginlik damarların daralmasına, kafanın belirli bölgelerine giden kan akımının bozulmasına ve o bölgeye giden kanın bir hayli azalmasına yol açar. Diğer taraftan bir dokunun kansız kalması doğrudan ağrıya sebep olur. Çünkü muhtemelen *bir taraftan gergin dokunun daha çok oksijene ihtiyaç göstermesi, diğer taraftan dokunun zaten yetersiz kanla* (dolayısıyla eksik oksijenle) *beslenmesi özel ağrı alıcılarını uyarır.*

Bir başka ifadeyle gerginlik, öncelikle kasılan kas içinde kan damarlarını sıkıştırıp kan akımını azaltır. Ayrıca gerginlik kasın oksijen ihtiyacını artırır. Böylece *oksijen ihtiyacı artmış, dokuda, kansızlığın yaratacağı etki* büyüyerek ağrıya duyarlı özel alıcıların uyarılmasına ve böylece ağrının doğmasına sebep olmuştur.

Bu arada adrenalin ve noradrenalin gibi stres sırasında sinir sistemini etkileyen maddeler de salgılanmış olur. Bunlar da doğrudan veya dolaylı olarak kasların gerginliğini artırır ve hızlandırır (Klasik stres tepkisinde tehlike sırasında gerginliğin koruyucu özellik taşıdığını hatırlayın). Böylece ağrı gerginliğe, gerginlik kaygıya, kaygı da ağrının şiddetlenmesine yol açar.

KİŞİLİK ÖZELLİKLERİ VE GERİLİM BAŞAĞRISI

Çevrenin, hastanın kişilik kapasitesinin ötesinde ekonomik, sosyal ve entelektüel beklentileri başağrısının önde gelen bir belirti olduğu bedensel tepkilere yol açmaktadır. Bu sebeple gerilim başağrısına her yaşta insanda rastlanır. Ancak orta yaş bu başağrısının en sık görüldüğü dönemdir. Çünkü orta yaş hayatla hesaplaşmanın yapıldığı yaştır. Bu devrede gençlik yıllarının heyecanı ve şakaları geride kalmış, kişi toplumdaki yerine (statüsüne) oturmuştur. Eğer bu "yer" kişinin gençliğinde özendiği "yer"den oldukça aşağıda ise, *iç hesaplaşma,* çevreye ve kendine yönelik suçlama ve sebep arayışları kaçınılmaz olur.

Bir araştırmacı, gerilim başağrılı 1000 kişi üzerinde yaptığı araştırmada, bilimsel çalışmalarda pek sık rastlanmayan bir durumla karşılaşmış ve gerilim başağrılılarda % 100 oranında duygusal faktörlerin varolduğunu görmüştür.

Tek bir psikolojik faktör gerilim başağrısına sebep olmaz. Gerilim başağrısı çekenlerde çoğunlukla birden çok çatışma görülür. Ancak gerilim başağrısı olanların yetersiz bir kişiliğe sahip olduklarını düşünmek konuyu ileri derecede basitleştirmek olur. *Gerilim başağrılılar arasında başarısız birçok insan olduğu gibi, hayatta başarılı olmuş birçok kimsenin de gerilim başağrısı vardır.*

Gerilim başağrılılarda ağrı çoğunlukla bağımlılık, cinsellik ve öfkenin kontrol edilmesinde güçlük çekilen durumlarda ortaya çıkmaktadır. Bunlara ek olarak evi terk etme, baskı kuran bir eşle yaşamak, evlilikten kopuş, erkeklerde cinsel güçsüzlük, kadınlarda cinsel soğukluk, işte başarısızlık gibi problemler ve bu problemlerin yarattığı stresler ağrıyı ortaya çıkartır.

Gerilim başağrısı hafif hastalarda herhangi bir stresle ortaya çıkar. Ciddi hastalarda hoş olmayan durumların beklentisi ağrıyı ortaya çıkartabilir. Örneğin sınavda başarısız olma, akşam eve dönünce eşle çatışma, vadesi dolan senedi ödeyememe ihtimalleri başağrısını başlatabilir. Ancak gerginlik başağrısının süreklilik kazandığı kimselerde ağrı, uykudan kalktıktan biraz sonra başlayıp günün duygusal içeriğinden ve muhtemel streslerden bağımsız olarak devam eder. Özellikle bu kimselerde başağrısı her zaman duygusal durumlarla ve stres verici olaylarla sınırlanmış değildir. Bu sebeple bazı gerilim başağrılılar hayat problemlerini reddedip, problemin kaynağını psikolojik değil organik olarak görmeyi tercih ederler. Bu kimselerin ağzından sık sık, "sevdiğim arkadaşlarımla beraberken de başım ağrıyor", "eğlenceye gittiğim zaman da başım ağrıyor" gibi sözler duyulur.

Ne yapılabilir?

Bilinen tıbbi yaklaşımların yanı sıra, gevşeme cevabının öğrenilmesi ve uygulama alışkanlığının kazanılması son derece olumlu sonuç vermektedir. Böyle bir şikâyetiniz varsa kitabın "Nasıl Başaçıkılır?" adını taşıyan üçüncü bölümündeki "Gevşeme Cevabının Kazanılması" konusunu dikkatle okuyun ve uygulayın.

MİGREN

Hemen belirtmek gerekir ki, her başağrısı kesinlikle migren değildir ve daha önce verilen sayılar, toplumda migrene rastlanma sıklığını vermemektedir. Biraz sonra anlatılacağı gibi migren, sınırları çok kesin çizilemese de, belirli özellikler taşıyan bir hastalıktır.

Genel nüfusta migrene rastlanma sıklığı konusunda yapılan araştırma ve tahminler % 8-10 arasında değişen sonuçlar vermektedir.

Nasıl bir hastalık?

Migren en genel tanımı ile, ne zaman geleceği belli olmayan nöbetlerin, çoğunlukla başlangıçta başın bir yarısından zonklayıcı bir biçimde başlayıp, bütün başa yayılmasıyla şekillenen ve *nöbet dışındaki zamanlarda hastanın bütünüyle sağlıklı olduğu bir hastalıktır.*

Bir migren nöbetine çoğunlukla bulantı, kusma, iştahsızlık, titreme, terleme ve ürperme eşlik eder. Hasta başağrılı dönemden sonra uyumadığı takdirde kendini bitkin hisseder. Eğilmek, hareket etmek zonklayan türde başağrısına yol açabilir.

Migren nöbeti sırasında hasta son derece keyifsiz, bitkin ve depressif (çökkün) bir görünüşe sahiptir. Bu dönemde hasta, kimseyle görüşmek istemez ve patlamaya hazırdır. Nöbet sırasında düşünmek ve akıl yürütmekte güçlük çeker, kızgın ve düşmanca duygular içindedir. Kızgınlık ve öfkesini çoğunlukla kendi yakın çevresindeki insanlara yöneltir. Ağrılı dönemde hastanın dikkati, hafızası ve belirli bir konuya kendisini yöneltme becerisi zayıflamıştır.

MİGRENİN ÖZELLİKLERİ

Migren genellikle ilk ergenlik döneminde başlar, kadınlarda çoğunlukla menopozdan sonra kaybolur.

Migrenliler üzerinde yapılan araştırmalarda, bu kimselerin ailelerinde % 70 oranında migrenlilerin bulunması, hastalığın ilginç ve ayırıcı özelliklerinden biridir. Bu özellik bir yönü ile genetik yatkınlığı, ancak diğer yönü ile de aile içinde öğrenilmiş bir ağrı davranışını düşündürür.

Migren nöbetlerinin şiddeti ve sıklığı hem hastadan hastaya, hem de aynı hastada zaman içinde büyük değişiklikler gösterebilir.

Şiddet bakımından bu nöbetler orta, ağır veya hastaya hiçbir şey yaptırtmayacak kadar şiddetli olabilir. Sıklık açısından bazı hastaların payına yılda bir-iki nöbet düşerken, bazı hastalar haftada 2-3 büyük nöbet yaşayabilirler.

Bazı migren nöbetlerinin 15-30 dakika sürmesine karşılık, nöbetler büyük çoğunlukla saatlerce sürer ve yine büyük çoğunlukla ağrıyı uyku izler. Hemen hemen bütün hastalar nöbet sırasında sessizliği ve karanlığı seçerler. Nöbet sırasında migrenli hastalar küçük seslere bile tahammül edemez, ışıksız veya loş yerleri tercih ederler.

Dışardan gözlenen özelliklerine göre birkaç çeşit migren vardır. Ancak migrenin en önemli özelliklerinden bir tanesi de nöbet sıklığının, ağrı şiddetinin ve süresinin, ayrıca nöbet ve ağrı sırasında görülen diğer belirtilerin hasta tarafından anlatılmasında ve genellenmesindeki güçlüktür.

Migren nöbetleri sıklaşıp, kişi günlük hayatını sürdürmekte güçlük çekmeye başlayınca sağlık konusunda bir yardım aramaya yönelir.

Doktora gidenler arasında sağlık bilinci yüksek olanların, eğitim ve varlık düzeyleri nispeten daha iyi olanların çokluğu göz önüne alınınca, bu hastalık üst sosyo-kültür ve sosyo-ekonomik gruba ait bir hastalık olduğunu bildirmiştir.

1940'lı yıllarda yapılan araştırmalarda migrenlilerin akıllı, ihtiraslı ve en azından orta sınıftan oldukları, migrenin meslek sahipleri arasında daha yaygın olduğu ileri sürülmüştür.

1960'lardan sonra başlayan modern araştırmaların hiçbirinde migrenin varlıklılar arasında daha sık görüldüğü doğrulanmamıştır. Eski araştırmacılar, hasta gruplarının seçiminde bugünün bilimsel verilerini kullanmadıkları yolunda eleştirilmiştir.

Deubner ve Markus, başağrısı ve migrenin alt sosyo-kültürel ve sosyo-ekonomik sınıflarda daha sık görüldüğünü ileri sürmüşler, ancak yapılan pek çok araştırmanın sonunda *migrenin toplumun bütün kesimlerinde aynı oranda görülen bir hastalık olduğu görüşü tekrarlanmıştır.*

Cinsiyet faktörü

Migrende cinsiyet faktörünün ne kadar rol oynadığına bakıldığında ortaya ilginç bir durum çıkmaktadır. Başlangıçta erkek çocuklar ve kız çocuklar arasında migrene rastlanma sıklığı açısından bir fark görülmezken, daha sonra hastalar arasında kadınlar hem daha çok yer tutmakta, hem de hastalığın şiddeti açısından daha şanssız oldukları görülmektedir.

Ostfeld'in yaklaşımı ise, migrenli kadınlarla erkeklerin sayısının aynı olduğu, ancak kadınların doktora gidip, erkeklerin gitmedikleri yolundadır. Bu yaklaşım belki erkeklerin hoşuna gitmekte, ancak gerçeği yansıtmamaktadır.

Kitle tarama esasına göre yapılan bir araştırmada her üç migrenli kadına karşılık iki migrenli erkeğin bulunduğu bildirilmiştir. Böyle bir dağılıma yol açabilecek olan sebep, çok araştırılmış olmasına rağmen, bulunamamıştır.

Ancak kadınların ağrılarının erkeklere kıyasla daha şiddetli oluşunu, ağrı konusunda yapılan araştırmalara dayanarak açıklamak bir ölçüde mümkündür.

Ağrıya erkeklerin mi, yoksa kadınların mı dayanıklı olduğunun incelendiği araştırmalarda – erkeklerle kadınlar arasında bir fark olmadığını bildiren birkaç çalışmanın dışında – çoğunlukla, erkeklerin ağrıya kadınlardan daha dayanıklı olduğu sonucuna varılmıştır.

Bu bilgiden yola çıkarak kadınların "şiddetli" dediği bir ağrının, erkekler tarafından "orta" olarak değerlendirildiği düşünülebilir. Ancak tabii bütün bunların bir varsayım olduğunu unutmamak gerekir, çünkü ağrı kişiye özgü bir yaşantıdır ve henüz ağrıyı objektif olarak ölçmek mümkün olmamıştır.

Migren konusunda yapılan araştırmaların ortaya koyduğu tek kesin gerçek, *migrenin endüstrileşme ve şehirleşme ile arttığıdır.* Gerek endüstrileşmiş bölgelerde, gerek kırsal alanlarda yapılan kıyaslamalı çalışmalara göre, migrene rastlanma sıklığının bu faktörlere bağlı olarak büyük artış gösterdiği anlaşılmıştır.

KİŞİLİK ÖZELLİKLERİ VE MİGREN

Migrene yatkın kişilerin, migrenli olmayan insanlardan farkları var mıdır? Bu soruya cevap bulmak için akıl almayacak kadar çok çalışma yapılmış, çeşitli fikir ve görüşler ileri sürülmüştür.

Genel olarak her düzeyde ilgi çeken bu konuya girmeden önce, aşağıda sıralanacak kişilik özelliklerinin migren için hiçbir zaman kesin şart olmadığını belirtmek gerekir. Birçok migrenli kimse bu özelliklere sahip olmayabileceği gibi, hayatı boyunca migren nöbeti geçirmemiş pek çok kişi bu özelliklerin bir bölümüne veya bütününe sahip olabilir.

Bastırılmış öfkenin başağrısını harekete geçiren bir faktör olduğu öteden beri bilinmektedir. 1935'lerde Fromm ve Reichman, migrenlilerin karşılarındaki kişilere engel olamadıkları bir düşmanlık duyduklarını ve bu düşmanlığı farkında olmadan bastırdıklarını söylemişlerdir.

Migren konusunu derinlemesine ve bütün yönleri ile işleyen Wolf'ın 1940'larda yaptığı araştırmaların sonucunda ortaya koyduğu "migren kişiliği"nin ana hatları şöyledir:

Migrenli hastalar çocukluk dönemlerinde utangaç, vazgeçmeye yatkın, anne-babalarına itaat eden, iyi huylu, okul ödevlerini düzenli yapan; oyuncaklarına, elbiselerine, temizliğine özen gösteren çocuklar olarak tanınırlar.

Bu kimseler ergenlik ve daha ileri dönemlerde ahlak kurallarına – özellikle cinsellikle ilgili konularda – önem veren kimseler olarak görülürler.

Migrenlilerin baskın bir ortak özellikleri ihtiras ve başarı konusundaki tutkularıdır. Bu kimseler çevrelerine hâkim olmak ve *girdikleri yere düzen* getirmek eğilimindedirler.

Mükemmelcilik migrenli hastaların bir başka önde gelen özelliğidir. Bu "mükemmelcilik"ten ayrı bir tatmin duyarlar. Tipik migren kişiliği özelliklerine sahip kimseler iş konusunda çok ciddidirler ve çok çalışırlar. Sorumlulukları altındaki basit işleri bile – başkalarına devretmektense – kendileri yapmayı tercih ederler.

Bu kişiler aynı anda *birden çok iş yüklenip,* başladıkları işi mutlaka bitirmek isterler. Çalışma saatlerinin dışında da iş yapıp, iş düşünürler.

Migrenli hastaların en belirgin ve önde gelen özelliği *düzenliliktir.* Liste, kart ve düzen konusunda aşırı duyarlıdırlar.

Migrenlilerde esnek olmamaktan kaynaklanan bir gücenme eğilimi vardır. *Çok zor affeder ve anlaşılmayı beklerler.*

Sosyal ilişkilerinde sınırlı ve mesafelidirler. İnsanlarla aralarına bir perde koyarlar ve kendilerine eleştiri gelmeyecek mesafeyi korurlar. İlk bakışta soğuk ve politik kimseler olarak gözükürler. Sosyal ilişki ve toplantılarla ilgili kaygı ve endişe verici beklentiler nöbetleri başlatabilir. Davet ve yemekli, danslı toplantılardan önce başlayan migren nöbetleri, bu konuda karikatür ve fıkralara malzeme olmuş örneklerdir.

Migrenli kadın hastaların bir bölümü, ergenlik öncesinde cinsel rollerine ve mensturasyon (ay hali) gibi cinsiyet özelliklerine iyi hazırlanmamışlardır. Bu kimseler tahmin edilebileceği gibi cinsellikle ilgili yönünden ötürü evliliğe zor geçer ve zor uyum sağlarlar.

Bütün bu sayılan özellikleri özetlersek, çeşitli konu ve düşünceleri kafasına takan (obsessif) bir kişilik, çökkünlük (depresyon) ve kaygı (anksiyete) migrenli hastalarla ilgili olarak sık sık karşılaşılan özelliklerdir.

Ancak migrenlilerde depresyon ve kaygıya, gerilim başağrısı çeken insanlara kıyasla daha az rastlanır. Gerilim başağrılı hastaların %94'ünde çeşitli derecelerde depresyon ve kaygı bulunmasına karşılık, bu oran migrenlilerde % 54 olarak bildirilmiştir.

"Migrene yatkın kişilerin migrenli olmayan insanlardan farkları var mıdır?" sorusunun cevabını vermeye çalışırken, sayılacak kişilik özelliklerinin bütün migrenlilerde bulunmasının şart olmadığını kesin bir dille belirtmiştik. Ayrıca bu kişilik özelliklerinin sadece migrene bağlı olmadığını da eklemiştik.

Bugünkü bilimsel araştırma yöntemleri ile yapılan çalışmalar, bu özellikleri bir bütün olarak doğrulamamakta, ancak migrenlilerin depresyon ve anksiyete eğilimlerinin normallerden biraz daha kuvvetli olduğunu ortaya koymaktadır. Biz de Türkiye'de yaptığımız çalışmalarda bu görüşü destekler sonuçlar elde etmiş bulunuyoruz.

Ancak yine de bu kişilik özelliklerinin tanınmasında büyük yarar vardır. Çünkü bu kişilik özelliklerinin bütününe değilse de bir bölümüne sahip olan kişi, herhangi bir stresle karşılaştığı zaman duygusal tepkiler vermektedir. Migrene yatkın hastalarda nöbetler çoğunlukla bu tepkiler sırasında meydana gelmektedir. Bu nedenle bu kimselerin kişilik fonksiyonları ve özellikleri önem kazanmaktadır.

Kesin olarak bilinmektedir ki, *migren nöbetlerinin tek sebebi stres verici durumlarla karşılaşmak değildir.* Ancak migren nöbetlerinin en az yarısının duygusal bir stres sebebiyle başladığı bilinmektedir.

Migrenli kimselerin yarısının hayatlarındaki ilk nöbetin de stresli bir dönem sırasında ortaya çıktığı bildirilmektedir.

Kısaca ifade etmek gerekirse, psikolojik açıdan migren, *başka yollarla doğrudan ifade edilmesi bireyin kendisi tarafından kabullenilemeyen, bir "duygu ifade biçimi"dir.*

Stres kalkınca...

Bir önemli nokta da bazı migren nöbetlerinin gelişindeki şaşırtıcı çelişkidir. Yukarıda, saydığımız kişilik özelliklerinin, stres verici durumlarda verilen duygusal tepkiler aracılığı ile nöbetleri başlattığını söylemiştik. Oysa bazı hastalarda bunun tam tersi olmakta ve stres faktörü ortadan kalkınca nöbet ortaya çıkmaktadır.

Strese bağımlı insanlarda, kişinin günlük rutininden, yani yönlendirmek, biçimlendirmek zorunda olduğu şartların ve stres faktörünün *ortadan kalkmasından sonra nöbetler görülebilmektedir.* Böyle insanlar hafta sonlarında, yıllık tatilin ilk günlerinde büyük nöbetler yaşayabilirler. Aynı şekilde programdaki ani değişiklikler, disiplinin kalkması, gerilimin azalması da bir nöbetin başlamasına sebep olabilir.

Bu konuda bilim kitaplarına geçmiş bir örnek hayli ilgi çekicidir. Yıllarca sık gelen migren nöbetleri olan iki Amerikalı Protestan misyonerden biri II. Dünya Savaşı yıllarında Kore'de, diğeri de Çin'de görev yapıyormuş. Her ikisi de "mükemmeliyetçi", yorulmadan çalışan ve işlerinde başarılı kimselermiş. Japon askeri birliklerinin, sorumlulukları altındaki bir bölgeyi ele geçirmelerinden sonra her ikisi de harp esiri olmuşlar. Esaret hayatı, ağır iş şartları, sert bir disiplin, kötü beslenme, hastalık, yokluk, aileden uzak ve birbirine benzeyen günlerle dolu üç yıllık esaret süresinde her iki misyonerin de bir tek migren nöbeti olmamış.

Özgürlüklerine kavuştuktan, normal beslenme ve günlük hayatlarına döndükten sonra her iki din adamının da migren nöbetleri eski düzenlerinde tekrar ortaya çıkmış.

Bu kişiler esirlik sürelerinde son derece olumsuz şartlar içinde yaşamakta olmalarına rağmen, migren nöbetlerinin başlamasına sebep olan çok önemli iki faktörden uzaktılar. "Kişisel sorumluluk" ve "işte başarısız olma ihtimali"

Bağışıklık Sistemi ve Kanser

Stresin yol açtığı duygular hastalıkta kilit rolü oynar. Çünkü beden tehlike ve tehlike doğuracak şartlar karşısında, bu tehlikelerle başaçıkma gayretinin bir parçası olarak seferber olur. Bu durum canlıların hayatlarını sürdürme mekanizmasının bir parçası olmasına rağmen, eğer bu uyum çabası çok uzun sürerse veya çok şiddetli olursa hastalığa yol açabilir.

Birçok araştırma stres verici şartlarla çeşitli hastalıklar arasında ilişki olduğunu açık seçik ortaya koymuştur. Fareler üzerinde yapılan araştırmalarda tek başına yaşayan farelerde kanserli hücrelerin, kalabalık bir grupla yaşayanlardan daha hızlı çoğaldığı tespit edilmiştir. Benzer araştırma maymunlar üzerinde yapılmış, onlarda da aynı sonuçlar alınmıştır. Daha ayrıntılı çalışmalarda bağışıklık sisteminden sorumlu lenf bezlerinde T hücrelerinin(*) sayılarında ve faaliyetlerinde değişiklikler görülmüştür.

İnsan canlısında veya farede, *belirli bir organizmanın hayatını tüketme hızı, kısmen genetik kalıtıma, kısmen de çevresel faktörlere* yani psiko-sosyal faktörlere bağlıdır. Psiko-sosyal darbeler; *canlılığı, bozulmuş nöroendokrin(**) ve bağışıklık fonksiyonları* üzerinden etkilemektedir.

YOĞUN VE UZUN SÜRELİ STRESİN ETKİLERİ VE KANSER

Psikolojik veya fizik (gürültü, soğuk vb) stres konusundaki çalışmalar *uzun süren yoğun bir stresle karşılaşıldığı zaman hormonal dengeye bağlı olarak bağışıklık cevabında bir düşüş olduğunu* ortaya koymuştur. Kanser dahil birçok hastalığın ortaya çıkış ve şiddetinin hayat stresleriyle ilişkili olduğu (Değişiklik-Kayıp ve Stres bölümünde ayrıntılı olarak anlatıldığı gibi) bilinmektedir. Fakat stres verici şartlar her insanın sağlığı için aynı ölçüde zararlı olmamakta ve verilen bedensel tepki bireyin olaya yüklediği duygusal anlama ve bireyin gücüne göre değişmektedir.

(*) T hücreleri: İmmun sistemin kumandanıdırlar. Düşman yapıları tanır ve savaşacak diğer hücrelerin üretimi için dalak ve lenf düğümlerini uyarırlar.

(**) Nöroendokrin: Sinir sistemini etkileyen hormonlar.

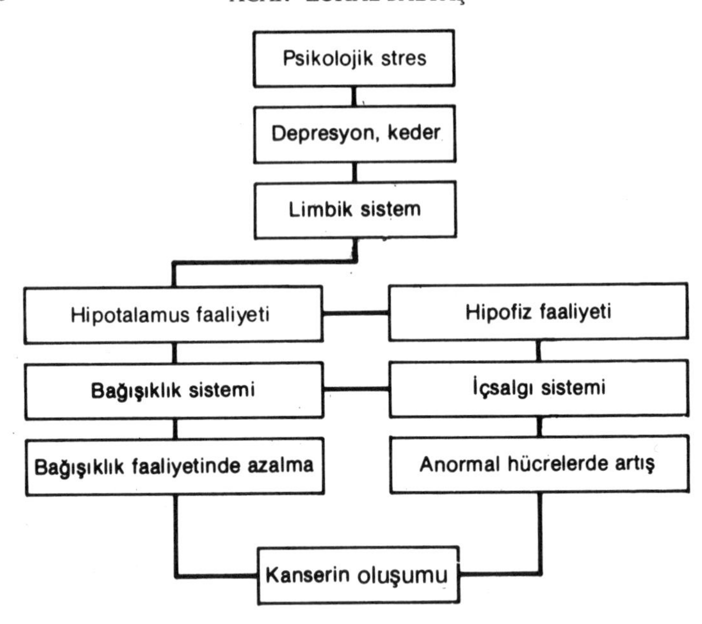

Şekil 18. Kanser oluşumunun psikofizyolojik modeli.

Şekil 18'de görüldüğü gibi stres verici bir olay veya sürekli olarak stres veren bir durum, duygusal bir tepki doğurur. Kanserli hastada bu duygusal tepki büyük çoğunlukla keder ve umutsuzluktur. Duygusal olaylar, beynin duygusal merkezi olan limbik lobdaki faaliyetiyle bağlantılıdır. Bu sistemin bir parçası olan hipotalamus, bağışıklık sisteminin de içinde bulunduğu bedenin temel düzenleyici faaliyetlerinin kontrol merkezidir. Hipotalamik yapılarda çeşitli faaliyetler olduğunda hipofiz bezi – insanın en önemli iç salgı bezi ve otonom sistemin merkezi – sinirsel ve kimyasal bağlantılarla uyaranları alır.

Hipofiz bezi bedenin bütün hormonal faaliyetini düzenler. Kanserli bir dokunun gelişmesinde mekanizma yeterince bilinmemekle beraber, bazı hormonların fazla, bazılarının yetersiz salgılandığı konusunda şüphe yoktur.

Kanserli hücrelerdeki artış, hormon salgısındaki dengesizlikle artar ve kanserli hücrelerin azalması hipotalamus faaliyetinin sonucuna bağlı olarak azdır. *Klinik olarak kansere tek bir faktör sebep olmaz.* Kanserli hücrelerdeki çoğalmaya beden direncinin düşmesi ve anormal hücre üretimindeki artış birlikte sebep olur. Bu faktörlerin ikisi de psikolojik olarak stres verici olayları izleyebilir. Ancak hemen belirtmek gerekir ki, buraya kadar anlatılanlardan, ne "her tür kanser gelişimi kesin olarak bu yolu izler", ne de "kansere sadece psikolojik olarak insanları zorlayan olaylar sebep olur", anlamı çıkartılmamalıdır. Örneğin, kanser teşhisi hastada şiddetli depresyona sebep olabilir ve limbik-hipotalamik-hipofiz faaliyetini başlatabilir.

Kanserli hastaya psikolojik yardım

Genel hatları ile psikolojik yardım olarak *olumlu bir duygusal tepki doğuran her türlü yaklaşım kastedilmektedir*. Bunun içinde tavırdaki değişiklikler, haz veren olaylar, düzenli gevşeme ve görsel hayaller vardır. Psikolojik yardımı izleyen olumlu değişikliklere depresyon, korku ve kaygı düzeyinde azalma eşlik eder ve bunu hipotalamus ve hipofizin etkilediği alanlarda yeni bir dengenin kurulması izler. Böylece bastırılmış olan bağışıklık sistemi serbestler ve anormal hücrelerin üretiminde düşüş olur ve bu da Şekil 19'da olduğu gibi tümörün gerilemesine yol açar.

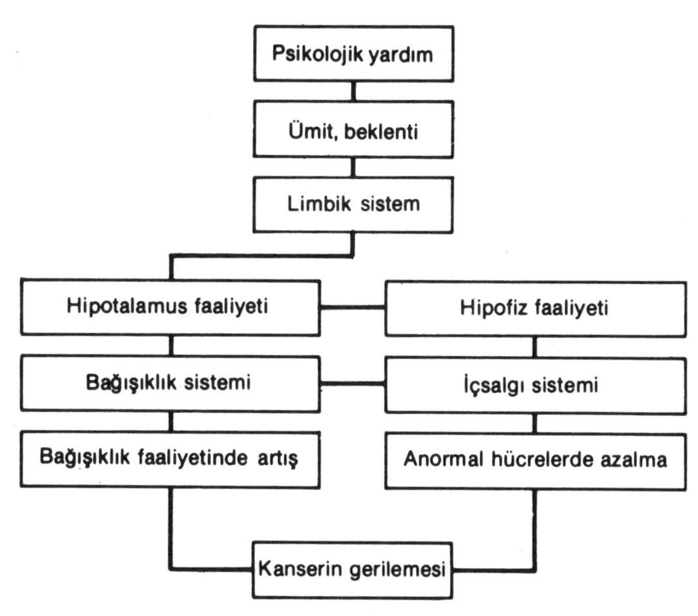

Şekil 19. Kanser gerilemesinin psikofizyolojik modeli.

Stress, Psychological Factors and Cancer'den.
(Ed by. Achterberg, J., Simonton, O., Simonton, SM. Cancer Counseling and Research Center, 1976.)

İlaç tedavisi, ışın tedavisi ve cerrahi girişim gibi çeşitli tedavi yöntemleri anormal hücreleri azaltmaya yönelik olmakla beraber, bağışıklık sistemi tedavisi, bedenin doğal bağışıklığını harekete geçirmeyi amaçlamaktadır. *Olumlu bir tavır ve yaşama isteği, yapılan her türlü tedavinin etkisini artırmaktadır.*

SAĞLIĞINIZI SÜRDÜREBİLMENİZ İÇİN ŞANSINIZ NEDİR?

1- Boyunuza göre kilonuz istenen sınırlarda mı?
2- Aynı yaş grubundaki arkadaşlarınızla yürürken, nefesiniz kesilmeden normal bir konuşmayı sürdürebilir misiniz?
3- Nefes nefese kalmadan, üç katın merdivenlerini çıkabilir misiniz?
4- Haftada en az üç kere nefes nefese kalacak ve terleyecek düzeyde fizik egzersiz yapar mısınız?
5- Gece rahat bir uyku uyur ve sabah güne hazır ve enerjik olarak başlayacak şekilde uyanır mısınız?
6- Bir işgününün sonunda, gece sosyal bir faaliyetin zevkini çıkartacak durumda olur musunuz?
7- Ortalama olarak günde, iki şişe bira (veya iki kokteyl veya iki bardak şarap)dan daha az içer misiniz?
8- En az 15 senedir sigara içmiyor musunuz?
9- Hayatınızdan memnun musunuz ve hayata karşı olumlu bir bakış açınız var mı?
10- Dikkatli (ve saldırgan olmayan) bir sürücü müsünüz ve her zaman kemerlerinizi bağlar mısınız?
11- Aynı zamanda birden çok faaliyette görev almaz mısınız?
12- Akşamları ve hafta sonları eve iş getirmez misiniz?
13- Bir oyunu kazanmak için oynamak yerine zevk için oynamayı tercih eder misiniz?
14- Eşinize ve çocuklarınıza yeteri kadar zaman ayırabiliyor musunuz?
15- Bir kuyrukta önünüze geçen kişiyle kavga etmekten veya susmaktan başka yollar olduğunu düşünür müsünüz?

Yukarıda 15 maddeye verdiğiniz cevaplarda ne kadar çok "evet" varsa, sağlığınızı sürdürebilmek için şansınız o ölçüde yüksektir.

BÖLÜM III

Stresle Başaçıkma Yolları

Stresle Başaçıkılabilir

Stresin verdiği zararları nasıl ortadan kaldırabiliriz ve stresi nasıl gelişme yolunda bir araç olarak kullanabiliriz?

Şurası muhakkak ki, sağlıklı yaşamak için "stresi olmayan bir hayat dileyerek", stresin yol açtığı zararlardan ve muhtemel tehlikelerden uzak duramayız. Çünkü hem stres veren pek çok şey hayatın içinde vardır, hem de stres vericilerin bir bölümü başarı için gerekli olan dinamizmin ve gelişmenin sebebidir.

Hayatı daha zengin ve doyumlu yaşamanın ön şartı alternatif yaratabilmektir. "Bu durumda bir tek şey yapılabilir, o da benim yaptığım" diye düşünmek veya "Aynı durumla karşılaşsam yine aynı şeyi yaparım" demek hayatı daraltmak, tecrübelerden ders almamak ve başarısızlık ihtimalini artırmaktır. *Alternatif yaratabilmek için zekâ, bilgi, cesaret ve istek gerekir.* Hayatın kontrolünü ele almak için gerekli olan *bilgiyi edindikten sonra, bu bilginin verdiği cesaretle girişimde bulunma isteği alternatif yaratmayı mümkün kılar.* Elinizdeki kitabın ve Stresle Başaçıkma Programının kaleme alınma amacı da budur.

Her ne kadar stres sırasında bedende meydana gelen düzenlemeler canlının, canlılığını sürdürmek amacını taşıyorsa da, 20.yy'ın tehlike ve tehditlerinin yol açtığı stresler büyük çoğunlukla orijinal stres tepkisi sırasındaki bedensel düzenlemelere ihtiyaç duyurmamaktadır. İnsanın kendisinden güçlü olan düşmanıyla mücadele etmek için kanına boşalan şeker ve yağa ihtiyacı vardır, ancak tiyatroya geç kaldığı için veya trafikte bir araba kendisini güç durumda bıraktığı zaman kanına boşalmış olan yağ ve şekere hiç ihtiyacı yoktur.

Daha önce de belirtildiği gibi beynimiz çağın hızla gelişen şartlarına uyarken, bedenimiz bu konuda geride kalmış ve canlılık tarihi içinde geliştirip getirdiği tepki zincirini kullanmaya devam etmiştir.

Ekte anlatıldığı gibi, evrimin mantığı açısından bakıldığında uzun dönem içinde hiç şüphesiz insana zararlı olan bu mekanizma değişecektir. Önceki bölümlerde kullandığımız ifade burada da tekrarlanabilir: Günümüz insanlarının büyük atalarından daha zayıf, daha akıllı ve daha becerikli olmalarının sebebi bu değişimdir. Evrim felsefesinin özündeki mantık budur. Türler yeni bir mücadelenin gerektirdiği şartlara, bedensel yapılarını, fizyolojik organizasyonlarını ve davranışlarını değiştirerek uyarlar. Fakat – bilindiği gibi – bu son derece yavaş işleyen bir süreçtir. Şartlar böyle devam ettiği takdirde belki 500 bin yıl sonra, insan organizması kendini bu yanlış alarm tepkisinden kurtaracaktır. Fakat şüphesiz bu gelişimin bugünü yaşayan ve faturayı ödeyen insanlara yararı olmayacaktır.

Bir tek cümleyle özetlemek gerekirse, canlılık "değişen şartlara uyum" olduğuna göre, hayatta kalmak ve sağlıklı yaşamak için şartların değişmesi beklenemez. Bu sebeple insan, sağlıklı yaşamak için "stresi olmayan bir hayat" dileyemez.

İnsana stres tepkisini yaşatan sebeplerin çok çeşitli olduğu daha önceki bölümlerde anlatılmıştı. Ancak kısaca tekrarlamak gerekirse, stres insanın dışındaki şartlardan ve içinden – dünyaya bakış biçiminden – kaynaklanmaktadır.

"Bu yaştan sonra değişebilir miyim?"

"Değişebilir miyim?" Gönül bu soruya hiç duraksamadan "Evet" diyebilmeyi isterdi. Ancak...

Bu soruya kolayca "evet" diye cevap vermek ne yazık ki çok zordur. İnsan temel alışkanlık ve tavırlarını çok önemli ölçüde hayatının ilk yıllarında kazanır. Öfkemizi, sevincimizi dışlaştırma biçimimiz, yemek yeme alışkanlığımızın belirlenmesinde ilk yıllar "hayati" önem taşımaktadır. Bu alışkanlık ve tavırlar beyindeki hücreler arasında kurulan çok kuvvetli bağlarla, yıllarca süren tekrarlarla binlerce-onbinlerce defa pekişerek ve kuvvetlenerek kişiye mal olur.

Kişi günün birinde bunların veya sonradan edindiği başka tavır ve alışkanlıkların kendisi için yararlı olmadığını, hayatını zorlaştırdığını görürse ne olur?

Kısacası, insan kendisini değiştirebilir mi, alışkanlıklarından vazgeçip yeni alışkanlık ve tavırlar geliştirebilir mi? EĞER

1- Değişimin gerekli olduğuna inanır ve değiştirmek isterse
2- Bu değişimin *nasıl* olacağı konusunda *bir yol gösterenle* işbirliği yaparsa
3- Yeni öğrendiğini bıkmadan usanmadan defalarca *tekrarlarsa*
EVET

Yukarıda sıralanan faktörlerin hepsi çok önemli olmakla beraber, üçüncü madde en büyük önem derecesine sahiptir. Çünkü birçok kimse birinci maddedeki isteği zaman zaman duyup, ikinci maddeye adım atar, ancak üçüncü maddede belirtilen "sebat"ı gösteremez. Halbuki değişimi gerçekleştirecek en önemli faktör budur.

Öğrenme, tekrar veya yaşantı yoluyla davranışta veya bilgi düzeyinde meydana gelen oldukça devamlı bir değişikliktir. Öğrenme soyut bir olay değildir. İnsanın herhangi bir davranış veya bilgiyi öğrenmesi ve kendisine "mal etmesi" için beyindeki sinir hücreleri arasında kalıcı bir bağlantının kurulması gerekir. Sinir hücreleri arasındaki bu kalıcı bağlantıyı sağlayacak olan, tekrarlardır.

Stresle başaçıkmak, ruh ve beden sağlığını korumak, üretici ve verimli bir hayat yaşayabilmek için gerekli olan beceriler bir program çerçevesinde öğrenilebilir.

Stresle başaçıkma becerisi 8-12 kişinin yer aldığı bir gruba katılarak yürütülebileceği gibi, bu bölümde ana hatları verilen yaklaşımlar adım adım ve sadakatle izlenerek de geliştirilebilir.

Yıllardır stres ve stresin yol açtığı problemlerle ilgilenmenin ve stresle başaçıkma konusunda programlar yönetmenin sonucu olarak bizde uyanan izlenim şudur: Bir grup insan stresle, görünüşte kendileriyle aynı ölçüde zor ve mücadeleli yaşayanlardan daha iyi başaçıkmakta, stresten daha az etkilenmektedir.

İkinci bir grup, stresle nasıl başaçıkılacağı konusunda, takvim arkasından öğrenecekleri veya yarım saatlik bir konuşmayı dinleyerek edinecekleri sihirli formüllerle hayatlarını değiştireceklerine inananlardır.

Üçüncü grupta yer alanlar, hayat biçimlerinden veya sürdürdükleri hayatın kendi üzerlerinde bıraktığı izlerden memnun olmayıp bunu değiştirmek için ciddi istek duyanlardır. Bu gruba girenler hayata yaklaşımlarında bir şeylerin aksadığının farkında olup, bunu nasıl değiştirebileceklerinin arayışı içindedirler.

Dördüncü gruptakiler ise, hayatlarında bir şeylerin aksadığını bildikleri halde, bundan hem şikâyetçi, hem de memnun olanlardır. Bu gruba girenler, edindikleri bilgileri yeri geldikçe uygulama ve kullanma eğilimindedirler.

Bu kitapta yer alan bilgiler, özellikle "Stresle Nasıl Başaçıkılır?" bölümü, yukarıda sıralanan dört gruba da, ancak özellikle üçüncü ve dördüncü grupta yer alanlara yönelik olarak kaleme alınmıştır.

Stresle başaçıkma programından öğrenilecek olanlar farklı bir hayat yorumunu beraberinde getirecektir. Seminerlere katılanlara da söylediğimiz gibi, stresle başaçıkmak konusunda "her şey" bu kitabın okunmasından sonra bitmeyecek, hatta – deyim yerindeyse – "her şey" bu kitabın okunmasından sonra başlayacaktır.

Dış dünyada meydana gelmiş olanın önüne geçilemez. Ancak biz tepkimizi kontrol edebiliriz. Oysa çok kere tersini kabul etmek işimize gelir.

Bu bölümde hayatın çeşitli cephelerinden yansıyan mesajlarla ve karşılaşılan durumlarla ilgili gerçekçi yorumlar yapmanıza ve bunlarla etkili biçimde başaçıkmanıza yardımcı olacak, somut, pratik ve gerçekçi bilgi, öneri ve teknikler yer almaktadır.

BİRİNCİ ADIM: AMACIN BELİRLENMESİ

Bir işe başlarken amaçların belirlenmesi her zaman yararlıdır. Bu sebeple stresle başaçıkma programını uygulamak için belirlediğiniz amaçları ve sebepleri aşağıya kaydedin.

AMAÇLAR

1) ....

2) ....

3) ....

BU AMAÇLARIN SEBEPLERİ

1) ....

2) ....

3) ....

Daha önce de belirtildiği gibi, stres dış dünyanın bireyi tehdit eden, zorlayan şartlarından kaynaklanabileceği gibi, insanın dünyaya bakış ve dış dünyadan gelen bilgileri yorumlayış biçiminden de kaynaklanabilir.

Aşağıda yer alan ölçekte stres vericiler dört esas grupta toplanmıştır. İnsan ilişkilerinden kaynaklanan, "sosyal" stres vericiler, iş hayatından kaynaklanan "işle ilgili" stres vericiler, fizik çevreden kaynaklanan, gürültü ve hava kirliliğini de içine alan "fizik çevre" stres vericileri ve kişinin dünyadan yansıyan bilgileri yorumlayış biçiminden kaynaklanan "kendini yorumlama" (iç konuşma) ile ilgili stres vericiler.

Bu ölçeği kendinize uygulayarak hayatınızda sizi zorlayan, bunaltan ve sağlığınızı tehdit eden stresin kaynağı konusunda bilgi sahibi olmanız mümkündür.

Bu bölümün daha sonraki sayfalarında fizik çevreden kaynaklanan stres vericiler dışındaki stres kaynakları ile daha etkili bir biçimde mücadele etmenize yardımcı olacak bilgileri bulacaksınız.

STRES KAYNAĞI ÖLÇEĞİ

Aşağıdaki durumlar, stres verici bulduğumuz günlük şartlardır. Her birini okuyarak, kendinize uyan durumları satırın soluna işaretleyiniz. Sonra işaretlenmiş durumlara dönerek sizin için bunlar hangi sıklıkta oluyorsa o sıklığın numarasını daire içine alınız.

Aşağıdaki ifadelerin yanında parantez içinde bulunan semboller vericilerin türünü belirtmektedir. F (Fizik çevre stres vericileri), S (Sosyal stres vericiler), İ (İş hayatındaki stres vericiler) ve KY (Kendini yorumlama biçiminden kaynaklanan stres vericiler).

			Asla	Seyrek olarak	Bazen	Sık sık	Her zaman
....	1-	Yabancılarla karşılaşmaktan rahatsız olurum (S)/(KY).	1	2	3	4	5
....	2-	Bir grup önünde konuşurken rahatsız olurum (KY).	1	2	3	4	5
....	3-	İstediklerimi yapıp yapamayacağım konusunda kuşku duyarım (KY).	1	2	3	4	5
....	4-	Birlikte çalıştığım insanların yaptığım iş konusunda fikirleri yok (İ).	1	2	3	4	5
....	5-	Amirlerimle görüş ayrılıklarım var (İ)/(S)	1	2	3	4	5
....	6-	İşte zamanımı alan, birbirleri ile çatışanlardır (İ).	1	2	3	4	5
....	7-	"Yöneticilik" konusunda kendime güvenmiyorum (İ).	1	2	3	4	5
....	8-	"Yönetim" işim arasında yeni taleplerde bulunarak beni engeller (İ).	1	2	3	4	5
....	9-	Çalışmam gerekenlerle benim bölümüm arasında çatışma var (İ).	1	2	3	4	5
....	10-	Sadece yaptığım iş yetersiz olduğu zaman beni hatırlarlar (S).	1	2	3	4	5
....	11-	Beni etkileyecek olan kararlar veya değişiklikler, bilgim olmadan veya bana sorulmadan yapılır (İ).	1	2	3	4	5
....	12-	Yapacak çok işim ve çok az zamanım var (KY).	1	2	3	4	5
....	13-	İşimde yaptıklarımdan daha fazla niteliklerim olduğunu düşünüyorum (KY).	1	2	3	4	5
....	14-	Şu sırada yapmakta olduğum iş için yetersiz olduğumu hissediyorum (KY).	1	2	3	4	5
....	15-	Yakın olarak çalıştığım mesai arkadaşlarım, benden daha farklı alanlarda eğitim yapmışlar (İ).	1	2	3	4	5
....	16-	İşimi yapabilmem için, başka bölümlere de gitmem gerekir (İ).	1	2	3	4	5
....	17-	İşyerimdeki insanlarla veya ailemle olan çatışmaları çözümleyemem (İ)/(S).	1	2	3	4	5

		Asla	Seyrek olarak	Bazen	Sık sık	Her zaman
....	18- Diğer bölümlerle olan çatışmaları çözümleyemem (İ).	1	2	3	4	5
....	19- Birlikte çalıştığım insanlardan çok az kişisel destek alırım (S).	1	2	3	4	5
....	20- Bir plan üzerine çalışmak yerine vaktimi onunla ilgili güçlükleri yenmek için harcıyorum (İ).	1	2	3	4	5
....	21 Fazla mesailer ve hafta sonunu da içine alan iş koşullarım sebebiyle ailemin baskısını hissediyorum (S).	1	2	3	4	5
....	22- Kendi kendime zaman sınırlamaları koyarım (KY).	1	2	3	4	5
....	23- Daha alt derecedeki kişilere (veya çocuklara) olumsuz bir şey söylemem zor olur (S).	1	2	3	4	5
....	24- Saldırgan kişilerle başa çıkmakta güçlük çekerim (S).	1	2	3	4	5
....	25- Pasif kişilerle iş yapmakta güçlük çekerim (S).	1	2	3	4	5
....	26- Birbirleri ile çakışan sorumluluklar beni güç durumda bırakır (İ).	1	2	3	4	5
....	27- Yaşıtlarım arasındaki bir çatışmada hakemlik yapmaktan rahatsız olurum (S).	1	2	3	4	5
....	28- Benden küçükler (veya çocuklar) arasındaki bir çatışmada hakemlik yapmaktan rahatsız olurum (S).	1	2	3	4	5
....	29- Yaşıtlarımla çatışmaya girmekten kaçınırım (S).	1	2	3	4	5
....	30- Amirlerimle çatışmaya girmekten kaçınırım (S).	1	2	3	4	5
....	31- Astlarımla çatışmaya girmekten kaçınırım (S).	1	2	3	4	5
....	32- Karmaşık işler canımı sıkar (İ).	1	2	3	4	5
....	33- Kişisel ihtiyaçlarım, işyerim ile çatışma halindedir. (İ)/(KY).	1	2	3	4	5
....	34- Gürültülü çevrem beni rahatsız ediyor (FÇ).	1	2	3	4	5
....	35- Bir iş üzerinde dikkatimi toplamakta zorluk çekiyorum (KY).	1	2	3	4	5
....	36- Eşimin benden birçok istekleri var (S).	1	2	3	4	5
....	37- Ebeveynimin sağlığı ile ilgilenmem gerekli (S).	1	2	3	4	5
....	38- Çocuklarımla iletişim kurmakta güçlük çekiyorum (S).	1	2	3	4	5
....	39- Hissettiklerimi söylemekte güçlük çekiyorum (KY).	1	2	3	4	5
....	40- Çalıştığım yerde çok sigara içiliyor (FÇ).	1	2	3	4	5
....	41- Çalıştığım yerdeki koku beni rahatsız ediyor (FÇ).	1	2	3	4	5
....	42- Oldukça gürültülü bir yerde çalışıyorum (FC), (İ).	1	2	3	4	5
....	43- Oturduğum yerdeki çevre kirliliğinden şikâyetçiyim (İ)/(FÇ).	1	2	3	4	5

Şimdi stres verici şartlarınız açısından kendi kendinize bir değerlendirme yapabilirsiniz.

Sosyal stres vericilerden toplanması mümkün en yüksek puan 85, işle ilgili stres vericilerden 80, kendini yorumlama biçiminden 50, fizik çevreden yansıyanlar açısından ise 25'tir.

Her stres vericiden alınan puanları dört grupta değerlendirmek gerekir.

1. grup: Sağlığı tehdit edici bir nitelik taşımıyor.
2. grup: Hastalık geliştirme ihtimali var.
3. grup: Hastalık geliştirme eğiliminde.
4. grup: Hastalık geliştirme ihtimali oldukça yüksek.

Sosyal stres vericilerden	85-60 puan alanlar 4. gruba 59-40 puan alanlar 3. gruba 39-25 puan alanlar 2. gruba 24-17 puan alanlar 1. gruba girerler.
İşle ilgili stres vericilerden	80-60 puan alanlar 4. gruba 59-40 puan alanlar 3. gruba 39-25 puan alanlar 2. gruba 24-15 puan alanlar 1. gruba girerler.
Kendini yorumlama biçiminden kaynaklanan stres vericilerden	50-35 puan alanlar 4. gruba 34-25 puan alanlar 3. gruba 24-15 puan alanlar 2. gruba 14-10 puan alanlar 1. gruba girerler.
Fizik çevreden yansıyan stres vericiler açısından	25-18 puan alanlar 4. gruba 17-13 puan alanlar 3. gruba 12-8 puan alanlar 2. gruba 7-5 puan alanlar 2. gruba girerler.

GERİLİM VE KAYGI ÖLÇEĞİ

Her insan için gerilim ve kaygıyı belirleyen farklı tepkiler sözkonusudur. Aşağıda stres sırasında verdiğiniz bedensel tepkiyi ortaya koyduğunuz organı veya bölgeyi işaretleyiniz.

	Asla	Arasıra Seyrek Olarak	Bazen	Sıksık	Her zaman
1- Gerginliği nerenizde hissedersiniz?					
a) Alınınızda	___	___	___	___	___
b) Ensenizde	___	___	___	___	___
c) Göğsünüzde	___	___	___	___	___
d) Omuzlarınızda	___	___	___	___	___
e) Midenizde	___	___	___	___	___
f) Yüzünüzde	___	___	___	___	___
g) Diğer yerlerde	___	___	___	___	___
2- Terler misiniz?	___	___	___	___	___
3- Kalbiniz hızla çarpar mı?	___	___	___	___	___
4- Kalbinizin atışını hissedebilir misiniz?	___	___	___	___	___
5- Kalbinizin atışını duyabilir misiniz?	___	___	___	___	___
6- Yüzünüze ateş basar mı?	___	___	___	___	___
7- Elleriniz soğuk ve nemli midir?	___	___	___	___	___
8- Titreme veya seğirmeleriniz olur mu?					
a) Ellerinizde	___	___	___	___	___
b) Bacaklarınızda	___	___	___	___	___
c) Diğer yerlerde	___	___	___	___	___
9- Mideniz bir asansörün ani duruşundaki gibi kalkar mı?	___	___	___	___	___
10- Mideniz bulanır mı?	___	___	___	___	___
11- Kendinizi sımsıkı tutulmuş, sıkıştırılmış gibi hisseder misiniz?	___	___	___	___	___
12- Vücudunuzun belirli bir bölümünü kaşır mısınız?	___	___	___	___	___
13- Ayak ayak üzerine attığınızda, ayağınızı sallar mısınız?	___	___	___	___	___
14- Tırnaklarınızı yer misiniz?	___	___	___	___	___
15- Dişlerinizi gıcırdatır mısınız	___	___	___	___	___
16- Konuşma probleminiz var mı?	___	___	___	___	___
17- Boğuluyormuş gibi bir duygunuz olur mu?	___	___	___	___	___
18- İsteksizlik hisseder misiniz?	___	___	___	___	___
19- Sersemlik hisseder misiniz?	___	___	___	___	___
20- Soluk soluğa olduğunuzu fark eder misiniz?	___	___	___	___	___

Gerilimli ve kaygılı olduğunuz zamanlarda bu duygudan kurtulmak için ne yaparsınız?

Gerilim ve Kaygı Ölçeği'nde "sık sık" ve "her zaman" sütunlarını işaretlediğiniz tepkiler, sizin kişisel olarak gerilim karşısında ve kaygı doğuracak bir durumla karşılaştığınız zaman, stresinizi bedensel olarak ifade ettiğiniz özel yerlerdir.

Daha sonraki sayfalarda "gevşeme egzersizleri"ni uygulamaya başladıktan sonra, bedeninizde "gerginliği tararken" dikkatinizi özellikle Gerilim ve Kaygı Ölçeği'nde "sık sık", "her zaman" olarak işaretlediğiniz yerler üzerinde toplayın.

İnsanların hayatlarında meydana gelen olayların ve günlük hayat akışlarındaki değişikliklerin hastalığa nasıl sebep oldukları, sağlığı nasıl temelinden etkileyebildikleri "Değişiklik, Kayıp ve Stres" bölümünde ayrıntılarıyla anlatılmıştı.

Aşağıda Holmes ve Rahe tarafından geliştirilen ve birçok araştırmaya konu olan Yakın Zaman Hayat Olayları Listesi yer almaktadır.

Görüleceği gibi ölçeğin birinci bölümünde yer alan 12 olay bir kere bile yaşanmış olsa işaretlenmesi gerekmektedir. İkinci bölümde yer alan 30 olayın ise son bir yıl içinde yaşanıp yaşanmadığı, yaşandıysa kaç kere yaşandığı sorulmaktadır. Bu bölümde yer alan olaylardan bir tanesini son iki yıl içinde üç kere yaşayan bir kişinin o maddeye ait ağırlıklı puanı üçle çarpması gerekmektedir.

"Değişiklik, Kayıp ve Stres" bölümünde ayrıntılarıyla anlatıldığı gibi, insan, hayatında ne kadar çok değişiklik ve kayıp yaşamışsa, sağlığını kaybetme ihtimali o ölçüde artmaktadır.

Yakın Zaman Hayat Olayları Listesi'nden aldıkları puan 300'ün üzerinde olanların "yakın gelecekte" hasta olma ihtimalleri % 80'dir. Puanı 150-299 arasında olanlar için yakın gelecekte hastalık ihtimali % 50'dir. Puanı 150'nin altında olanlar için bu risk % 30'dan daha azdır.

Yukarıdaki ürkütücü sayıları bir başka biçimde ifade etmek gerekirse puanı yükseldikçe, kişinin sağlığını korumak için daha çok aktif çaba harcaması gerekmektedir.

Ayrıca bazı streslerin, üç veya beş yıl önce meydana gelmiş olsa bile, etkilerinin ve doğurduğu sonuçların devam etmesi mümkündür. Bu sebeple etkilerini halen sürdürmekte olduğuna inandığınız daha eski yaşantılarınızı da, ağırlıklı puanını hesaplayarak, toplam puanınıza ekleyebilirsiniz.

Türkiye ile ilgili değerler

Holmes ve Rahe'in geliştirdiği Yakın Zaman Hayat Olayları Listesi, ABD hayat biçimi ve normlarına göre düzenlenmişti. Bu sebeple Ege Üniversitesi'nden Dr. Salamon Sorias yeni yaşantılar ve kayıpların Türkiye için ağırlıklı stres puanlarını saptamak üzere girişimde bulunmuştur.

Biraz daha ayrıntılı ve uzun olan bu ölçekteki değerlerden bazıları şöyledir:

Çocuk ölümü	92
Eşin ölümü	90
Eşin aldatması	87

Ana-baba ölümü	87
Hapis	86
Çocuğun ağır hastalığı ve yaralanması	85
Evlilik dışı hamilelik	83
Aile tarafından istenmeyen evlilik	83
Eşin ciddi hastalığı veya yaralanması	79
Ana-babanın ağır hastalığı veya yaralanması	78
İşten çıkarılma	76
Boşanma	73
Hakkında dedikodu çıkartılmak	72
İstenmeyen hamilelik	65

YAKIN ZAMAN HAYAT OLAYLARI LİSTESİ(*)

Aşağıda insanların hayatları boyunca karşılaşabilecekleri olayların bir listesi vardır. Lütfen bunları dikkatle okuyun. Listede yer alan ilk 12 olayı son bir yıl boyunca yaşadıysanız, olayın stres değerini yandaki sütuna yazın.

BÖLÜM 1

	Stres değeri	Hayat değişikliği birimi
1) Patron veya amirle problem	23 =	________
2) Uyku alışkanlığında önemli bir değişiklik (daha çok veya daha az uyumak veya uyku saatinde bir değişiklik)	16 =	________
3) Yeme alışkanlığında önemli bir değişiklik (daha fazla veya daha az yemek veya yemek saatlerinin değişmesi gibi)	15 =	________
4) Kişisel alışkanlıklarda değişiklikler (giyim, tarz, ilişkiler, vb)	24 =	________
5) Alışılmış tipinizde büyük bir değişiklik	19 =	________
6) Sosyal faaliyetlerde önemli bir değişiklik (kulüp, kahve, sinema, ziyaret, vb)	18 =	________
7) Dinî alışkanlık ve uygulamalarda bir değişiklik	19 =	________
8) Aile bireylerinin bir araya geliş sıklığında değişiklik (alışılmıştan daha çok veya daha az)	15 =	________
9) Ekonomik durumda önemli bir değişiklik (süregelenden çok daha kötü veya daha iyi)	38 =	________
10) Polis veya kanunla ilgili problemler	29 =	________
11) Eşle olan tartışmalarda önemli bir artış (çocuk yetiştirme, kişisel alışkanlıklar gibi konularda alışılmıştan daha farklı problemler)	35 =	________
12) Cinsel problemler	39 =	________

(*) Yakın Zaman Hayat Olayları Listesi: *Recent Life Experience Scale*

Son bir yıl içinde aşağıda belirtilen olaylardan hangileri ile kaç kere karşılaştığınızı işaretleyip her olayın stres değerini, meydana geliş sayısı ile çarparak, o olay için "hayat değişikliği birimi"ni en sağdaki sütuna yazın.

BÖLÜM 2

	Stres değeri	Meydana geliş sayısı	Hayat değişikliği birimi
13) Önemli bir kişisel yaralanma veya hastalık	53	x ______	= ______
14) Aileden yakın birinin ölümü (eş hariç)	63	x ______	= ______
15) Eşin ölümü	100	x ______	= ______
16) Yakın bir arkadaşın ölümü	37	x ______	= ______
17) Aileye yeni birinin katılması (doğum, evlatlık edinme, büyüklerin eve yerleşmesi vb)	39	x ______	= ______
18) Bir aile üyesinin sağlığında veya davranışında önemli bir değişiklik	44	x ______	= ______
19) Başka bir yere taşınmak	20	x ______	= ______
20) Hapsedilmek veya gözaltında tutulmak	63	x ______	= ______
21) Yasalara karşı işlenmiş küçük suçlar (trafik cezaları vb)	11	x ______	= ______
22) İş açısından önemli bir yeniden uyum dönemi (işi yönetenlerin değişmesi, bir başka kurum veya işletme ile birleşme, yeni organizasyon, iflas)	39	x ______	= ______
23) Evlilik	50	x ______	= ______
24) Boşanma	73	x ______	= ______
25) Eşten ayrı yaşamak	65	x ______	= ______
26) Önemli bir kişisel başarı	28	x ______	= ______
27) Çocukların evden ayrılmaları (evlilik, yüksek tahsil, yatılıokul vb)	29	x ______	= ______
28) Emekli olma	45	x ______	= ______
29) İş saatleri veya şartlarında büyük değişiklikler	20	x ______	= ______
30) İşteki sorumluluklarda önemli değişiklikler (terfi, statü kaybı, bir başka servise geçiş)	29	x ______	= ______
31) İşten atılmak	47	x ______	= ______
32) Yaşama şartlarında büyük değişiklik (yeni bir ev kurmak, yeniden döşemek, daha kötü bir ev veya semte taşınmak)	25	x ______	= ______
33) Kadının ev dışında çalışmaya başlaması veya işten ayrılması	26	x ______	= ______
34) Büyük miktarda borçlanmak (ev almak, iş kurmak, vb)	31	x ______	= ______
35) Çok büyük olmayan bir miktarda borçlanmak (araba, renkli TV, video veya ev eşyaları almak için)	17	x ______	= ______
36) İpotek veya ikraz'da mala veya paraya el konulması	30	x ______	= ______
37) Tatil	13	x ______	= ______
38) Yeni bir okula başlamak	20	x ______	= ______
39) İşte farklı bir bölüme geçmek	36	x ______	= ______
40) Resmi olarak eğitime başlamak veya bitirmek	26	x ______	= ______
41) Eş ile barışma	45	x ______	= ______
42) Hamilelik	40	x ______	= ______
Toplam hayat değişikliği biriminiz			______

BEDENLE İLGİLİ TEKNİKLER

Bedenin Gevşeme Cevabı

Bütün stres azaltma tekniklerinin son amacı, stresin yol açtığı istenmeyen sonuçları tersine çevirmek ve böylece stresin olumsuz sonuçlarını ortadan kaldırmaktır. Gevşeme cevabının öğrenilmesi ile, bedende stres sırasında ortaya çıkan durumun "tam tersi" meydana gelir.

Bunu daha açık olarak anlatmaya çalışalım: İlgili bölümde stres tepkisi sırasında beden kimyasında değişiklikler meydana geldiği ve bazı kimyasal maddelerin salgılandığı anlatılmıştı. İşte gevşeme cevabının öğrenilmesi ve uygulanmasıyla stres sırasında ortaya çıkan kimyasal maddeler kaybolur. Bu maddeler özellikleri gereği *gevşeme cevabıyla aynı zamanda "var olamaz"*lar. Bir başka biçimde ifade edersek, *bedende aynı zamanda hem gerginliğin, hem de gevşemenin beden kimyası birlikte olamaz.* Bu sebeple insan eğer stresi yaşıyorsa bedende ona ait beden kimyası egemendir.

1920'li yıllarda ilk defa Jacobson tarafından fark edilen bu durum, 1960'lardan sonra bir kalp uzmanı ve araştırmacı olan Herbert Benson tarafından bilim alanına bir teknik olarak kazandırılmıştır.

"Derin Gevşeme" duygusu, gevşekliğin bedensel durum ve özelliklerine bağlı olarak ortaya çıkartılabilir. Gerçekten gevşemeyi başarmış bir insanın, solunumu derin ve rahat, elleri ve ayakları sıcak ve ağır, kalp vuruşları sakin ve düzenli, karnı sıcak, alnı serindir. Bu durumdaki bir insanın kasları gevşemiş, hormonal dengesi sağlanmış ve beden metabolizması yavaşlamıştır.

Eğer insan yukarıda anlatılan gevşeme cevabının özelliklerinden birini gösterebilirse, stresin yarattığı fizyolojik ve biyokimyasal kısırdöngü kırılmış, onun yerine gevşemenin fizyolojik ve biyokimyasal kısırdöngüsü kurulmuş olur.

Solunum derinleşmesi (stres tepkisi sırasında hızlanır) kalp vurum sayısını azaltır (stres tepkisi sırasında artar), el ve ayaklara giden kan miktarının artması bu bölgede ısınma ve ağırlaşmaya sebep olur (stres tepkisi sırasında damarlar daralır, kan içeri çekilir, dolayısıyla yüzey sıcaklığı düşer). Bu durum (kan damarlarını sıkan küçük kaslarda olduğu gibi) bedenin bütün kaslarında gevşemeye ve rahatlamaya sebep olur.

Gevşemeyle ulaşılan kalp vurum sayısının azalması, kan basıncının düşmesi gibi sonuçların genel sağlık üzerindeki olumlu birçok etkisinin yanı sıra özellikle "yüksek tansiyon" tedavisinde sağladığı yararlar çok sayıda bilimsel araştırma ile ortaya konmuştur.

Gerginliğin herhangi bir dış uyaranla veya insanın düşünerek vardığı bir sonuçla başlaması üzerine, damarların üzerindeki küçük kasçıklar büzülerek damarları daraltmakta, daralan damarlar yüzeye giden kan miktarını azaltmakta, bu da organ sistemlerinin daha az beslenmesine yol açarak, hastalığa daha açık olmalarına ve o dokunun ait olduğu sistemin hayat süresinin kısalmasına zemin hazırlamaktadır.

BEDENİ KONTROL ETME YOLUNDA BİRİNCİ BASAMAK: SOLUNUMUN KONTROLÜ

"Önce nefes almayı öğrenin"

Otonom (kendi kendine çalışan) organlarımız olduğunu biliyoruz. Kalbimizin vuruşları, kan basıncımız, beden sıcaklığımız ve daha birçokları bu sisteme örnektir. Bu organlar veya fonksiyonlar bizim doğrudan denetim ve isteğimiz dışında çalışır. Ancak yine bilinmektedir ki, eğitim ve egzersizle bu organ ve fonksiyonları kısmen veya bütünüyle kontrol altına almak mümkündür.

Bedeni kontrol etme yolundaki çabaların ilk adımı solunumu kontrol etmektir. Çünkü solunum bir yönüyle, istediğimiz zaman nefes aldığımız, istediğimiz zaman nefesimizi tuttuğumuz için, irademizle yönlendirdiğimiz bir faaliyettir. Ancak diğer taraftan solunum, beyin sapındaki bir merkez tarafından kandaki oksijen ve karbondioksit dengesine göre bütünüyle otonom (kendi kendine) olarak yürüyen bir faaliyettir.

Yukarıda sayılan sebeplerden ötürü otonom faaliyetleri kontrol etmeye, "solunumu kontrol etmekten" başlamak çok anlamlıdır. Aynı zamanda *doğru ve derin nefes almayı öğrenmek, gevşemeyi öğrenmek yolunda atılan en önemli adımdır.*

Nefes almanın kendisi bir gevşeme yolu olduğu gibi, bütün gevşeme egzersizleri içinde, egzersizin bir parçası olarak kullanılmaktadır. Ayrıca nefes egzersizleri günlük hayatın akışı içinde uygulanması en kolay egzersizdir.

Nedir nefes almayı böyle önemli kılan?

Doğru ve derin nefes almanın kendisinin doğrudan damarları genişletme ve kanın (dolayısıyla oksijenin) bedenin en uç ve en derin noktalarına kadar ulaşmasını sağlama özelliği vardır.

Hatırlayacak olursanız, stres tepkisi sırasında kan beden yüzeyinden içeri çekiliyor ve yüzey sıcaklığı düşüyordu (el ve ayaklar soğuyordu). Yine hatırlarsanız, hem stres tepkisinin biyokimyasal maddeleri, hem de gevşemenin biyokimyasal maddeleri birarada bulunamıyordu. Bu sebeple doğru ve derin nefes alarak sağlanan değişiklik özellikle kaygının da dahil olduğu birçok durumda kişinin başlayacak olan (veya başlamış olan) stres tepki zincirini kırmakta ve ters yöndeki zinciri başlatmaktadır.

İyi nefesin özellikleri

İyi nefes ağır, derin ve sessiz olmalıdır. Bunun için de denge, ölçü ve uyum gerekir. İyi bir nefes yavaş olarak burundan alınır, sessiz olur ve akciğerin bütününü doldurarak diyaframı aşağı iter.

Endüstrileşmiş ve şehirleşmiş toplumlarda yaşayan insanların büyük çoğunluğunun ciğerlerinin dörtte birini veya beşte birini kullandıkları saptanmıştır. Nefes egzersizlerinden amaç, akciğerin bütününü kullanmaktır.

Akciğerinizin üçe bölünmüş olduğunu düşünün. Derin, tam bir nefes, diyaframın aşağıya hareket etmesi ve akciğerin en alt bölümünün havayla dolmasıyla başlar. Daha sonra orta bölüm havayla dolar ve göğüs genişler. Son olarak da akciğerin üst bölümü dolar ve omuzlar hafifçe kalkabilir.

Şimdi yukarıda anlatıldığı gibi derin bir nefes alın ve anlatılan gelişmeyi gözleyin. Bu her zamanki nefes alışınıza benziyor mu?

Geleneksel eğitim biçimimizin bize kazandırdığı bir postür (beden duruşu) vardır: Mide içerde, göğüs dışarda. Ne yazık ki, bu duruş sağlıklı solunumu engelleyen bir duruştur. Doğru nefes alabilmek için diyaframın (ciğer boşluğunu, karın boşluğundan ayıran kas) akciğer boşluğunda emilim yaratmak için biraz aşağıya hareket etmesi gerekir. Aşağı doğru meydana gelen bu hareket karın boşluğunun dışarı çıkmasına sebep olur.

Bu tür nefesi daha iyi hissedebilmek ve bunu sık sık uygulayabilmek için sağ avucunuzun üstünü göbek deliğinizin hemen altına, sol elinizi de göğsünüzün üstüne, memelerinizin hizasına koyun. Eğer diyaframı harekete geçirecek şekilde nefes alıyorsanız, sağ elinizin hareket etmesi gerekir. Daha farklı şekilde söylersek, karın boşluğunuzun, yukarıdan gelen basınç nedeniyle şişmesi ve sağ elinizin dışarı itilmesi gerekir. Bu nefes biçimi sağlıklı, doğru ve derin nefestir.

Birçok kimse kaburga nefesi almaktadır. Kaburga nefesi, akciğerin ancak ortasına kadar dolan havanın göğüs kafesini hareket ettirmesi demektir. Eğer kaburga nefesi alıyorsanız, deminki pozisyonda sol elinizin hareket etmesi gerekir.

Birçok kimse akciğerin ancak en üst bölümünün kullanılmasını sağlayan üst nefes veya köprücük nefesi almaktadır. Köprücük nefesi denilen nefesi hissetmek için sağ elinizin işaret parmağını sol köprücük kemiği üzerine koyun ve diğer parmaklarınızı aralık olarak göğsünüze uzatın. Nefes aldığınızda sağ elinizin serçe, yüzük ve ortaparmaklarının hafifçe hareket ettiğini göreceksiniz.

Uzakdoğu'da "İnsanı tanımak için nefesini dinle," derler. Sakin ve olgun insanlar ağır ve dengeli; sinirli insanlar sık ve yüzeysel (köprücük nefesi); huzursuz ve endişeli insanlar yüzeysel ve kesik kesik; hırslı insanlar dengesiz ve düzensiz nefes alırlar.

TEMEL NEFES EGZERSİZİ

İyi bir nefes almak her zaman iyi bir nefes vermekle başlar. Nefes alma işleminin bütünü zihinsel olarak denetlenmeli ve *ağır, derin ve sessiz olmalıdır* (Bk. Şekil 20).

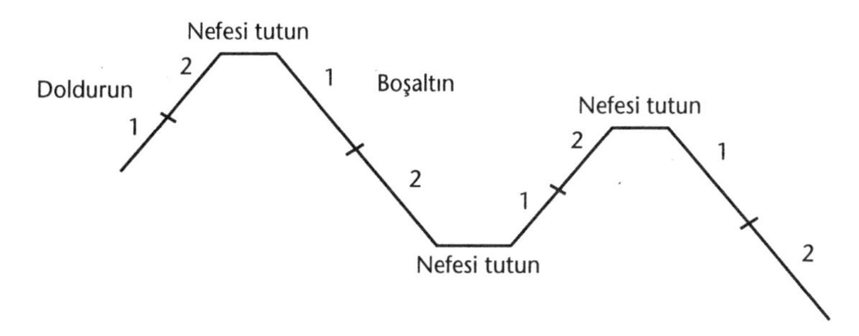

Şekil 20. Derin nefes

1) Nefes alma egzersizine başlamadan önce (daha önce anlatıldığı gibi) sağ avucunuzu göbeğinizin hemen altına, sol elinizi göğsünüzün üstüne (meme hizasına) koyun ve gözlerinizi kapatın.
2) Nefes almadan önce ciğerinizi iyice boşaltın. (Nefesi verirken ciğerler zorlanmamalı ve nefes itilmeden kendiliğinden çıkmalı).
3) Ciğer kapasitenizi hayali olarak ikiye bölün ve "biir", "ikii" diye içinizden sayarak ciğerinizin bütününü doldurun... Kısa bir süre bekleyin, "bir-iki" diye diye sayarak, nefesinizi aldığınızın iki katı sürede boşaltın. Sağ eliniz göğüs kemiklerinizin, hareketli bir köprü gibi, yana doğru açıldığını hissetmeli... Yine bir nefes almadan iki saniye bekleyin.

4) İkinci ve üçüncü maddede yazılanları tekrarlayarak bir derin nefes daha alın ve verin. Egzersizi bir kere daha tekrarlayıncaya kadar mutlaka en az 4-5 normal nefes alın.

Yararları

Yukarıda da belirtildiği gibi diyafram akciğeri dalak, karaciğer, mide ve bağırsak gibi iç organlardan ayıran bir kastır. Böyle bir nefes alışkanlığının yerleşmesi diyaframın altında kalan ve dışardan başka hiçbir şekilde ulaşılamayacak olan organlara *masaj yapılmasına* imkân verir.

Bedendeki oksijen miktarının artması ve bu oksijenin en uç ve derin dokulara kadar ulaşması, stres sırasında ortaya çıkan maddelerin (adrenalin, noradrenalin) azalmasına ve kaybolmasına sebep olduğu için, kişiyi sakinleştirir ve duygusal açıdan daha dengeli kılar.

Akciğere bütün kapasitesini kullanma imkânı verilir. Böylece hem kan dolaşımı hızlanır, hem de solunum sistemi ile ilgili hastalıklara karşı önlem alınmış olur.

Günde en az 40 defa bu şekilde nefes almak, bu tür nefes almayı alışkanlık haline getireceği için, istenen yararların gerçekleşmesini sağlar.

Bu alışkanlık yerleştikten sonra, gözleri kapamak ve elleri karın ve göğüs üzerine koymak gerekmeyecektir.

Yapılan hatalar

Sesli nefes almak burun kanatlarının kapanmasına ve zorlanmaya sebep olduğu için doğru değildir. Havayı birden solumak, havanın ciğerin ortasında toplanmasına yol açtığından istenen sonucu vermez.

Yapılan hataların en önemlisi, yukarıda anlatılan temel egzersizi ara vermeden arka arkaya tekrarlamaktır. Bu takdirde beyin sapında bulunan solunum merkezinde denge karbondioksit aleyhine bozulur ve başdönmesi, hatta baygınlığa yol açabilir. Bu sebeple ikili egzersiz grupları arasına mutlaka dört veya beş normal nefes sokmak gerekir.

Derin nefes almanın bedensel yararlarını hissedebilmek için bu nefes biçiminin kişinin günlük hayatının içine girmiş olması gerekir. Bunun için de *günde 40-60 arasında derin nefes alınması* gereklidir. Hiç şüphesiz bu sayının söylenmesi kolaydır, ancak uygulanması aynı ölçüde kolay değildir. Kolay olmayışı nefes almanın güçlüğünden değil, basit egzersizin, belki de basitliği yüzünden unutulmasından kaynaklanır.

Bu basit ancak basitliği ile kıyaslanamayacak oranda yararlı ve olumlu değişikliklere sebep olan "nefes egzersizi"ni başlangıçta unutmamak ve alışkanlık haline gelmesini sağlamak için *hatırlatıcılara* başvurmak gerekir.

Bu konudaki hatırlatıcılar iki türlüdür. Birincisi günlük hayatta sık karşılaşılan bazı durumları nefes almayla eşleştirmek veya bu durumları nefes alma vesilesi yapmaktır. Aşağıda sıralanan durumlar buna örnektir:

- asansör beklerken,
- asansörle çıkarken,
- telefon çaldığında, telefonu açmadan,
- mutlaka bir şeyin kaynamasını beklerken,
- zilini çaldığınız bir kapının açılmasını beklerken,
- telefonda hat beklerken,
- telefonda karşı tarafın cevap vermesini beklerken,
- arabayla kırmızı ışıkta durduğunuz zaman veya herhangi birisi trafiği tıkayarak arabanızı durdurduğu zaman korna çalmak yerine ağır, derin ve sessiz bir nefes alın. *Nefes aldığınız zaman dikkatinizi omuzlarınıza ve alnınıza verin, gergin olup olmadığınızı kontrol edin.*

İkinci tür hatırlatıcılar ise, "renkli küçük etiketler"dir. Bu etiketleri evinizin, kişisel eşyalarınızın ve işyerinizin birçok yerine yapıştırarak, onlarla karşılaştıkça nefes alma alışkanlığınızı geliştirebilirsiniz. Aşağıda sıralananlar bu konuda sadece birkaç örnektir.

Tuvalet aynası, gardrobun iç kapağı, ayakkabı dolabının içi, çantanızın içi, büroda çekmecenizin içi, duvardaki saatin bir köşesi. Küçük bir etiketten kesilen küçücük bir parçayı saatinizin üstüne yapıştırmanız bile mümkündür.

Bu hatırlatıcıları görmek size derin bir nefes almanız gerektiğini hatırlatacaktır. Böylece kazandığınız alışkanlığı sürdürdüğünüz takdirde, günde 40 civarında derin nefes almak sizin için hayal olmaktan çıkacak ve gündelik hayatınızın bir parçası olacaktır.

ÇEŞİTLİ NEFES EGZERSİZLERİ

Aşağıda geriliminizi kontrol etmenizi sağlayacak bir grup egzersiz verilmiştir. Gerginliğinizi teşhis etmek ve bu gerginliğin bedeninizden adım adım akıp gidişine tanık olmak için bu egzersizleri uygulamaya gayret edin. Bu egzersizleri yapmak için, daha ilerki sayfalarda gevşeme egzersizlerini uygulama konusunda verilecek genel prensiplere uygun davranın. Kısaca özetlemek gerekirse, sakin ve rahatsız edilmeyeceğiniz ve çevre şartları rahat bir yer seçin.

Birden sekize kadar sayma

Gözlerinizi kapatın, yavaş ve derin bir nefes alın. Aldığınız nefesi ciğerlerinizdeki havanın son zerresini çıkarttığınızdan emin olacak şekilde, bütünüyle verin. Tekrar derin bir nefes alın. Nefes alırken hayalinizde "1" sayısını canlandırın ve dikkatinizi aldığınız nefes üzerinde toplayın. Aldığınız nefesi üç saniye tutun. Sonra aldığınız nefesi bütünüyle verin ve içinizden "iki" diyerek, hayalinizde "2" sayısını canlandırın. Tekrar nefes alın, içinizden "üç" deyin ve nefesinizi alırken hayalinizde "3" sayısını canlandırın. Aldığınız nefesi üç saniye tutun. Sonra hayalinizde "4" sayısını canlandırıp, içinizden "dört" derken dikkatinizi aldığınız nefes üzerinde toplamayı unutmayın. "Yedi" derken ciğerlerinizi doldurun ve "sekiz" derken boşaltın.

Birden sekize kadar bütün seansı tekrarlayın ve gözlerinizi yavaşça açın.

Kendinizi daha sakin hissediyor musunuz?

Sayıları hayalinizde canlandırmakta herhangi bir güçlük çektiniz mi?

Dikkatinizi aldığınız nefes üzerinde toplayabildiniz mi?

Egzersizi tamamladınız mı?

Dikkatinizi aldığınız nefes üzerinde toplamakta veya sayıları hayalinizde canlandırmakta herhangi bir güçlükle karşılaştıysanız, zihninizi dikkatinizi dağıtan bütün öğelerden temizlemeye çalışın ve egzersizi baştan yapmayı deneyin. Egzersizi tamamlayamadıysanız, belki çok hızlı yapmaya çalıştığınız içindir. Unutmayın ki, egzersizi çok hızlı veya sert yapmak, sizi daha çok gerginliğe sürükler.

Bu egzersiz bir yarış değildir. Egzersize ve kendinize sabır göstermeyi öğrenin. Aldığınız nefesi yavaş yavaş alın ve nefesler arasında ara verin.

Gevşemek için kendinizi zorlamayın. Bu ancak gevşemenizi zorlaştıracaktır. Bunun yerine gevşemek için bir yol bulun ve kendinize gevşemek için izin verin.

Birden dörde kadar sayma

Derin ve tam bir nefes alın. Aldığınız nefesi bütünüyle verin. İçinizden birden dörde kadar sayarak yeni bir nefes alın. Nefesinizi tutun ve tekrar birden dörde kadar sayın. Nefesinizi ağır ağır verip, ciğerlerinizi bütünüyle boşaltıncaya kadar yavaş yavaş birden sekize kadar sayın.

Bütün seansı dört kere tekrarlayın.

Sekize kadar saymayı tamamlamadan önce nefesiniz tükendi mi?

Eğer tükendiyse tekrar deneyin. Hemen derin bir nefes alın ve ciğerlerinizi çok daha yavaş boşaltın. Ciğerlerinizin bütünüyle doluşunun ve boşalışının farkında olun. Gözlerinizin açık olması, içinizden saymayı zorlaştırdıysa, aynı egzersizi gözlerinizi kapayarak deneyin. Doğru yapabilirseniz, bu egzersizin çok yararlı olduğunu siz de fark edeceksiniz.

Beşten bire doğru sayma

Kendi kendinize içinizden "beş" deyin ve dikkatinizi bu sayı üzerinde topladığınız sırada yavaş, derin ve tam bir nefes alın. Ciğerlerinizdeki havanın son zerresinin boşaldığından emin olacak şekilde nefesinizi verin. İçinizden "dört" deyin ve derin bir nefes daha alın. Bu nefesi boşaltırken kendi kendinize: "Beşten daha gevşek ve sakinim" deyin. Acele etmeyin. Nefes alın ve içinizden "üç" deyin. Nefesinizi tam olarak verirken, kendi kendinize: "Dörtten daha gevşek ve huzurluyum" diye tekrarlayın.

İçinizden önce "iki", sonra"bir" sayılarını geçirin ve yine içinizden: "Şimdi birde ikide olduğumdan çok daha gevşek ve rahatım" diyerek bu kelimeleri zihninizden aynen tekrarlayarak düşünün. Gevşemenin derin basamaklarına inebilmek için kendi kendinize izin verin ve imkân tanıyın.

"Bir" sayısına ulaştığınız zaman başladığınız duruma kıyasla kendinizi çok daha gevşek, sakin ve rahat hissedeceksiniz.

Yukarıda anlatılan nefes egzersizlerini bir veya iki hafta uyguladıktan sonra kendinizi *daha rahat; daha da önemlisi, daha sakin hissedeceksiniz.* Ancak yine de kendinizde strese bağlı birçok belirti hissetmeniz mümkündür. Bunun için endişelenmenize gerek yoktur.

Yukarıda anlatıldığı gibi yavaş, derin ve doğru nefes alıyor olsanız bile, bunca yılın getirdiği alışkanlıkla bedeninizin bazı yerlerini gergin tutuyor olmanız çok mümkündür.

Önceki sayfalarda öğrendiğiniz nefes alma tekniğini sadece stres verici, kaygı doğurucu durumlarla karşılaştığınız zaman uygulamayın. *Öğrendiğiniz nefes alma biçimini mümkün olduğu kadar günlük hayatınıza mal etmeye gayret edin.* Nefes alırken ve verirken, gevşemenin verdiği huzuru ve sükûneti düşünün. Bu huzur ve rahatlık duygusunu stres verici durumlarla karşılaştığınız zaman uyandırmaya çalışın.

Nefes almak ve ona bağlı huzur ve sükûnet duygusu birbirini çağrıştıran bir şartlı refleks haline dönüşünceye kadar bu egzersizleri sürdürün. Daha sonra gerginlik veren durumlar karşısında aldığınız nefes, sizde kendiliğinden bu nefesle paralel hale gelmiş huzur ve sükûnet duygusunu uyandıracaktır.

Stresi azaltmak için yapılan mücadelede insanın *kendi stres tepkisinin bilincine varması,* bu mücadelenin yarı yarıya kazanılmasıdır.

Bu kitapta anlatılan diğer stres azaltma teknikleri, stres sırasında kendinize verdiğiniz zararı sıfırlamanıza yardımcı olacaktır. Fakat, hangi egzersizi yaparsanız yapın, bir tek şeyi unutmayın. *Nefes almayı!*

BIOFEEDBACK (BİYOLOJİK GERİ BİLDİRİM)

Gevşeme cevabının öğrenilmesini son derece kolaylaştıran yöntemlerden biri "biofeedback"tir. "Feedback" kelimesi dilimize "geri bildirim", "dönüt" olarak kazandırılmaya çalışılmıştır. Bu çerçevede biofeedback'i "biyolojik geri bildirim" olarak çevirmek mümkündür.

Biofeedback, insanın normal ve normal dışı olan ve kendisinin farkında olmadığı fizyolojik tepkilerinin bir araç yardımı ile farkında olduğu ve bir eğitim programı içinde otonom faaliyetlerini (beden sıcaklığı, terbezi salgısı vb.) istenilen yönde düzenlemeyi öğrendiği bir yöntemdir.

Biofeedback, bir anlamda *insanın kendi iç fizyolojik faaliyetlerini gözleyebileceği bir penceredir.* Biofeedback araçları, deriye bağlanan elektrotlar aracılığıyla kaydedilen bu etkinlikleri analiz ederek, kişiye aynı anda görülebilecek ve duyulabilecek sinyaller biçiminde geri yansıtır.

Biofeedback tekniği onbeş yıldır teşhise, tedaviye ve korunmaya yönelik amaçlarla ABD ve Avrupa'da kullanılmaktadır. *Biofeedback tekniği düşünceler, duygular ve beden arasındaki ilişkiyi somut bir biçimde ortaya koyar.* Böylece zihninden kendisine sıkıntı veren bir düşünce geçiren kişi, beden yüzey sıcaklığı düştüğünden, kas gerimi ve terbezi faaliyeti arttığından, anında, ses ve ışık sinyalleriyle haberdar olur. Bu yöntemle kişi kendisine yansıtılan bedensel faaliyetlerini kontrol etmek ve bunları kendi isteği doğrultusunda kullanmak alışkanlığını kazanır. Böylece beden yüzey sıcaklığını yükseltir, terbezi faaliyetini azaltır ve kas gerimini düşürerek, gevşeme için ne yapması gerektiğini öğrenmiş olur.

OTOJENİK GEVŞEME(*)

Gevşeme cevabının kazanılmasında kullanıln önemli tekniklerden bir tanesi de otojenik gevşemedir. Schulz ve Luthe adlarında iki Alman hekimi geliştirdikleri bu tekniği birçok hastalıkta denemiş ve elde ettikleri olumlu sonuçları yayınlamışlardır. Günümüzde otojenik gevşeme egzersizleri ABD'deki ağrı kontrol kliniklerinde ve gevşeme cevabının öğrenilmesinin önemli olduğu her durumda yaygın olarak kullanılmaktadır.

Otojenik gevşeme bedenin mutlak sükûnet ve rahatlık durumundaki bedensel özelliklerini tekrarlayan altı standart cümleden oluşur.

(*) Otojenik: Kelime Yunanca auto=kendi; gennon=yapmak, üretmek kavramlarından türetilmiştir. Kendi kendini gevşetmek anlamında kullanılmaktadır.

Mutlak sükûnet durumundaki bir insanın elleri ve ayakları sıcak (ve dolayısıyla ağır), kalp vuruşları sakin ve düzenli, solunumu derin ve rahat, alnı serin, karnı sıcaktır.

Gevşeme cevabını öğrenmek isteyen kişiye bu egzersizin dayandığı fizyoloji ve mantık iyi anlatılabilirse, son derece iyi sonuçlar alındığı bilinmektedir.

PROGRESSİF GEVŞEME(*)

Eğer gerginliğiniz kendisini sırt ve bel ağrısı, kas spazmı, kilitlenmiş (kasılmış) bir çene, kalkık omuzlar veya sürekli bir başağrısı şeklinde gösteriyorsa, büyük bir ihtimalle size en iyi gelecek uygulama progressif gevşemedir.

Progressif gevşeme, günlük gerginliklerinizin daha iyi farkına varmanızı sağlar. Bir devlet dairesinde olduğunuzu düşünün: Elinizdeki kâğıtla nereye başvuracağınızı bilmiyorsunuz. Bunu sormaya yeltendiğiniz birkaç görevliden yarım yamalak, baştan savma cevaplar aldınız. Bu eksik bilgilerle uzun bir kuyruğun arkasına geçip, beklemeye başladınız. Kafanızda bir dizi soru var. "Beklediğim kuyruk doğru kuyruk mu?", "Görevli benden, aklıma gelmesine imkân olmayan bir belge mi isteyecek?", "Benim işimi yapmamak için ne gibi bir bahane ileri sürecek". Bunlar endişelerinizin sadece bir bölümü. Bu devlet dairesinde geçireceğiniz zaman, günlük programınızı aksatacak ve mutlaka bulunmanız gereken yerlerde zamanında bulunamayacak, yapmanız gereken işleri yapamayacaksınız.

Böyle bir durumu yaşarken, ne halde olacağınızı hatırlamaya çalışın. Kaşlarınız çatık, enseniz taş gibi, karnınızı ve kalçalarınızı sıkmışsınız, çeneniz kilitli, elleriniz ve ayaklarınız soğuk ve nemli. Biliyorsunuz ki, bu gerginlik akşama – belki de o anda – sizde mutlaka başağrısı yapacak ve günün (gecenin) geri kalan bölümünden zevk almanızı imkânsız hale getirecektir.

Nefes egzersizleriyle kazandığınız gevşeme becerisi böyle bir durumla yeterince başaçıkmanızı sağlamaya yetmeyebilir. Daha doğrusu bedeninizde doğan gerginliklerin farkında olmayabilirsiniz. İşte progressif gevşeme egzersizleri size, bedeninizde herhangi bir yerde gerginlik doğduğu takdirde *bunu* derhal *fark etme* imkânı verecektir.

(*) Progressif: İlerleyen, gelişen.

Hatırlayacaksınız, stresle başaçıkma mücadelesinde yolun yarısını almanızı sağlayacak adım, *kendi özel stres tepkinizi tanımaktır,* demiştik. Verdiğimiz örnekte sözkonusu olan, tabii ki, bedensel tepkinizdir.

Progressif gevşeme egzersizlerini geride bıraktığınız zaman gerginliğinizi fark ettiğinizde, bu gerginliği önce artırın, daha sonra yavaş yavaş gevşetin. Derin bir nefes alın, tutun... Sonra da yavaş yavaş verin ve gerginliğinizin kaybolup, bedeninizi bir sıcaklığın ve rahatlığın kapladığını hissedin. Böyle bir durumda ne başağrısı, ne de başka bir rahatsızlık gününüzün geri kalan bölümünü tehdit edecektir.

Eğer nefes egzersizlerini, özellikle temel nefes egzersizini kendinize mal ederseniz, bu bilgi kitaptaki diğer bilgilerle bütünleşerek, böyle bir durumu kendi sağlığınıza zarar vermeden aşmanızı sağlayacaktır.

PROGRESSİF GEVŞEME EĞİTİMİ

Bu program içinde kullanılan tekniklerden ikincisi Jacobson'un geliştirdiği "progressif gevşeme"dir. Bu teknik 1920'lerde geliştirilmeye başlanmış, yaygın olarak araştırma ve inceleme konusu olmuş ve bu tekniğin kas gerginliğini azaltmak konusundaki başarısı ve yararı kanıtlanmıştır. Progressif gevşeme tekniği insan vücudundaki büyük kas gruplarının iradeli olarak gerilmesini ve gevşetilmesini içerir. Bu tekniğin uygulanması ile, kaslarımızın nerede oldukları ve gerginlik sırasında ne duruma geldikleri öğrenilir. Böylece aynı zamanda kasların aşırı gerginlik durumları ile bu gerginliğin ortadan kalkması durumundaki farkı öğrenmek mümkün olmaktadır.

Bir kas gergin durumda olduğunda, bu gerginlik ne ölçüde yoğunsa, serbest bırakıldığında yaşanacak olan gevşeme aynı ölçüde derin olacaktır. Bir başka ifade ile, yaşanacak olan gevşeme duygusu gerilim ile gevşeme arasındaki zıtlık ölçüsünde artacaktır. En basit biçimi ile söylemek gerekirse, gevşeme kas etkinliği açısından hiçbir şey yapmamaktır. Eğer kollarımız gevşekse, bir başka kişinin onları hiçbir dirençle karşılaşmadan kaldırabilmesi gerekir.

Progressif gevşeme tekniği gerçekten stresi azaltmak konusunda bir eğitime başlamak için en mükemmel adımdır. Bu teknik aracılığı ile kişi *kendi bedeni ile tanışır* ve kaslarında gerilimin, gerginliğin nerelere yerleştiğini görür.

Uzun yıllar sürdürülen uygulamalar sonucunda progressif gevşeme, gösterdiği gelişme ile kas gerginliğinin kontrolünde etkili bir teknik olarak kabul edilmiştir. Fizyolojik araştırmalar gerçekten bu tekniğin mükemmel bir derin gevşeme duygusu verdiğini açıkça ortaya koymuştur.

Bu teknikle yapılan eğitimden sonra, büyük kas gruplarındaki gerginliğin "sıfır" yüzeyine indirilebildiği çok hassas EMG(*) araçlarının yardımı ile ortaya konmuştur. Bu fizik gevşeme kişiye derin bir dinlenme, büyük bir tazelenme ve adeta yeniden doğmuşluk duygusu verir.

İlk bakışta progressif gevşeme tekniği son derece basit ve hatta bazılarınca zaman kaybı olarak bile yorumlanabilir. Buna sebep teknik için gerekli olan hareketlerin *heyecan verici ve zor olmamasıdır*. Bununla beraber bu programdan yukarıdaki faydaları sağlayabilmek ancak *sistematik egzersiz* ve *düzenli uygulama* ile mümkündür. Sistematik egzersiz ve düzenli uygulamalar ile bedenin yeni bir işleyiş kazanması sağlanmış olur. Bir progressif gevşeme egzersizinin başarılı olabilmesi için en önemli şart, dış çevreden gelecek uyaranların mümkün olan en alt düzeye indirilmesidir. Bu sebeple egzersizin uygulanması için elverişli ortam olarak, *loş ışıklı sakin bir oda* düşünülebilir. Egzersiz böyle bir odada rahat bir koltuğa *oturarak veya sırtüstü yatarak* yapılabilir. Yan yatarak veya yüzükoyun uzanarak egzersiz yapmak bu durumların bazı kas gruplarına yüklediği ağırlık sebebiyle uygun değildir. Ancak burada söylenmek istenen, gevşemeden sağlanacak yararın ancak oturarak ve sırtüstü yatarak gerçekleşebileceği değildir, fakat özellikle başlangıçtaki alışkanlık kazanma döneminde en fazla yarar bu yollarla sağlanır. Eğer yatarak yaptığınız uygulamalarda uykuya dalıyorsanız, uygulamalarınızı oturarak yapmayı tercih edin. Çünkü progressif gevşeme tekniği ile amaçlanan uykuya dalmak değil, tersine en fazla uyanıklık ile, en fazla gevşemeye ulaşmaktır.

Bir progressif gevşeme egzersizi örneği:

Oturur veya yatar durumda en rahat ettiğiniz şekli alın. Gözlerinizi kapatın... Ayak ayak üstüne atmayın. Zihninizi belirtilen kas grupları üzerinde toplayın. Rahat, sessiz, ağır ve derin bir nefes alın. Aşağıdaki cümleleri kendi kendinize sessizce içinizden tekrarlayın.

Sükûnet ve huzur içindeyim. Alın kaslarım rahat, yumuşak. Alın ve göz kaslarım yumuşak. Gözlerimi sıkıyorum... daha sıkı, daha sıkı... ve sonra yavaş yavaş gevşetiyorum... Derin bir nefes alıyorum... tutuyorum... ve bırakıyorum... Alın kaslarım, göz kaslarım bütünüyle yumuşak, gevşek...

Çenem rahat, kasları gevşek. Çene kaslarımı sıkıyorum... Sıkı... Daha sık... Sonra bırakıyorum... Çenemi yavaş yavaş gevşetiyorum...

Derin bir nefes alıyorum... Tutuyorum... ve yavaşça bırakıyorum... Çenem sarkıyor, kasları yumuşak, gevşek...

(*) EMG: Kas gerimini ölçmeye ve kaslarda çeşitli hastalıkları saptamaya yardımcı bir cihaz.

Ense kaslarım yumuşak, gevşek... Şimdi onları sıkıyorum... Daha sıkı... Daha sıkı... Sonra yavaş yavaş gevşetiyorum... Derin bir nefes alıyorum... Tutuyorum... ve bırakıyorum... Ense kaslarım da bütünüyle gevşiyor ve yumuşuyor...

Alın kaslarım... Göz kaslarım... Çene kaslarım... Ense kaslarım yumuşak ve ağır... Sükûnet ve rahatlık içindeyim... Verdiğim her derin solukla birlikte gerginliğin bedenimden akıp gittiğini hissediyorum...

Şimdi dikkatimi omuz kaslarıma çeviriyorum ve onları geriyorum... Omuz kaslarımla birlikte göğüs kaslarımı da geriyorum... Tutuyorum... Sonra yavaş yavaş gevşetiyorum... Derin bir nefes alıyorum... Bekliyorum... Ağır ağır bırakıyorum... Omuz kaslarım, göğüs kaslarım yumuşak ve rahat...

Kol ve el kaslarım gevşek. Şimdi onları sıkıyorum... Daha sıkı... Daha sıkı... Sonra yavaşça gevşetiyorum... Derin bir nefes alıyorum... Tutuyorum... ve veriyorum... Rahatlığın kollarıma ve ellerime yayıldığını hissediyorum...

Alın kaslarım... Göz kaslarım... Çene kaslarım... Boyun kaslarım gevşek ve rahat... Omuz, göğüs ve kol kaslarım da yumuşak ve gevşek... El kaslarım da bütünüyle gevşemiş durumda... Verdiğim her derin solukla birlikte bedenimden akıp giden gerginliği görür gibi oluyorum...

Şimdi dikkatimi karın kaslarıma çeviriyorum... Nefesimi tutuyorum ve karın kaslarımı sıkıyorum... daha sıkıyorum, sonra yavaş yavaş gevşetiyorum... Derin bir nefes alıyorum... Tutuyorum ve ağır ağır veriyorum... Şimdi karın kaslarım yumuşak... Rahat ve gevşek...

Kalça kaslarım yumuşak... Şimdi onları sıkıyorum... Sıkıyorum... Tutuyorum... Sonra ağır ağır bırakıyorum... Derin bir nefes alıyorum... duruyorum ve veriyorum... Kalça kaslarımın yumuşak ve rahat olduğunu hissediyorum...

Şimdi dikkatimi bacağımın üst ve alt bölümündeki kaslarda ve ayak kaslarımda topluyorum. Bunları geriyorum... Geriyorum... Tutuyorum, ayaklarımı yere doğru yaklaştırıyorum... Sonra kendime doğru kaldırıyorum... Gerginliği iyice hissediyorum ve yaşıyorum... Sonra yavaş yavaş bacak ve ayak kaslarımı gevşetiyorum... Derin bir nefes alıyorum... Duruyorum ve ağır ağır bırakıyorum...Kalça, bacak ve ayak kaslarım yumuşak... ve gevşek... Kendimi gevşemiş ve rahatlamış hissediyorum...

Bedenimin bütün kasları yumuşak... Ağır ve gevşemiş durumda...

Alın kaslarım gevşek... Göz kaslarım, çene kaslarım gevşek... Boyun ve omuz kaslarım yumuşak ve gevşek... Kol, göğüs, karın kasları da yumuşak ve gevşek... Kalça, bacak ve ayak kaslarım da gevşemiş durumda...

Bütünüyle gevşemiş durumda, sakin ve huzur içindeyim... Kendimi rahat, yumuşak ve sükûnet içinde hissediyorum. Bütün bu duyguları, sükûneti... Huzuru... Rahatlığı gün boyu kendimle taşıyacağım... Derin bir nefes alıyorum... Geriniyorum ve yavaş yavaş gözlerimi açıyorum...

Bu gevşeme programı yetkili bir psikolog tarafından öğretilir ve eğitim evde kaset bant kayıtları ile devam eder. Ancak sebatkâr bir insansanız öğrenene kadar yapacağınız tekrarlarla bu eğitimi kendi kendinize de başarabilirsiniz.

PROGRESSİF GEVŞEME EGZERSİZİ İÇİN TEMEL BİLGİLER

I- Progressif gevşeme tekniği stresi azaltmak ve stresle başaçıkmak için mükemmel bir başlangıçtır. Bu teknik sizin kaslarınızdan ve gerginlikle gevşeme arasıdaki farktan haberdar olmanızı sağlayacaktır.

II- Gerçek gevşeme, oturmak, ayakta durmak gibi farklı durumlarda kendinizi gevşek ve rahat hissetmenizdir. Bu durumlarda şüphesiz ihtiyaç duyulan kaslar gergin olacaktır. Ancak kendinizi kontrol ettiğinizde, çoğunlukla yaptığınız faaliyete katılmayan bazı kaslarınızın da gergin olduğunu göreceksiniz. Gereksiz yere en sık gerdiğimiz kaslar karın, alın ve boyun kaslarıdır. Gereksiz gerginlikleri yaşayıp yaşamadığımızı kontrol etmek için araba kullanırken, otururken, birisini beklerken sık sık bedeninizi kontrol edin.

III- Temel progressif gevşeme basamakları,

A- Gerin, 5'e kadar sayın ve gevşetin. Bunu başınızdan ayağınıza kadar her kas grubu ile yapın. Eğer gerek varsa, germe ve serbest bırakma fazını çoğunlukla gergin olan kas gruplarında yoğunlaştırarak tekrarlayın.

B- Her kas grubunu gevşettikten sonra, derin bir nefes alın ve bu nefesi yavaş yavaş bırakın.

C- Kaslarınızı kendinizi rahatsız edecek veya bir krampa sebep olacak kadar aşırı germeyin.

IV- İpuçları:

A- Gevşeme eğitiminde başarının anahtarı uygulamadır. Tercihan iki, ancak mümkün olmazsa, günde en az bir kere uygulama yapmaya gayret edin.

B- Çevrenize, bedeninizdeki ve kaslarınızdaki gerginliği kontrol etmenizi sağlayacak "hatırlatıcılar" yerleştirin.

1. Saatinize gergin olup olmadığınızı kontrol etmenizi hatırlatacak renkli bir bant yapıştırın.
2. Banyo ve gardrop aynanıza "Gevşek miyim?" sorusunu yazın.
3. Çalışma masanızın çekmecesine de hatırlatıcılar koyun.
4. Sıkıntılı olabilecek veya hesapta olmayan durumları "gevşemek" için özel imkânlara çevirin. Örneğin asansör beklerken bile küçük teknikleri uygulayabilirsiniz.

V- Her gün düzenli uygulama:

A- Progressif gevşeme tekniğini her gün sessiz, rahat bir yerde uygulayın. Mümkünse bu uygulama günde iki defa olsun.

B- Uygulamayı yatarak veya rahat bir koltukta oturarak yapabilirsiniz. Ancak bir süre sonra oturarak gevşeme becerisini kazanmanız hem yararlıdır, hem de tercih sebebidir.

C- Uygulama sırasında uykuya dalıyorsanız, dirseklerinizi dayayarak oturun ve uygulamayı bu durumda sürdürün.

D- Uygulama sırasında üzerinizde bulunan her türlü sıkı giyeceği, kravat ve ayakkabınızı çıkartın, kemerinizi açın...

E- Uygulama sırasında ayak ayak üstüne atmayın; ellerinizi veya parmaklarınızı kavuşturmayın, birleştirmeyin, üst üste koymayın. Çünkü bu pozisyonlar başlangıçta rahatlık verseler bile, bir süre sonra kan dolaşımının doğal akışını engellerler.

Fizik Egzersiz

Endüstrileşmenin ve şehirleşmenin sonucu olarak insanlar bedenlerini güç harcayacak işlerde gittikçe daha az kullanmaktadırlar. Bedenin kullanımındaki bu azalmanın yarattığı birçok sonuçtan bir tanesi de, hareketsizliğin genel olarak damar sisteminde, özel olarak da kalp damar sisteminde meydana getirdiği etkilerdir.

Londra Üniversitesi Halk Sağlığı bölümünde yapılan bir araştırmada aşikâr bir sağlık problemi olmayan bir grup insanla, kalp krizi geçiren 232 kişi incelenmiştir. Kalp hastası olan grupta % 11 olan düzenli egzersiz alışkanlığı, sağlık problemi olmayan grupta % 26 olarak bulunmuştur.

Dr. Fleck NASA'daki stres laboratuvarının yöneticisidir. Özel ilgi alanı EKG(*)'de açık bir hastalık belirtisi olmayan kalp ritimlerinin – şüpheli kalp ritmi – zamanla bazı kimselerde hastalık belirtisi olan ritimlere dönüşmesini incelemektir. Dr. Fleck'in elinde toplanan bilgiler, düzenli bir egzersiz programına katılanların şüpheli kalp ritimlerinde bir azalma olduğu yönündedir.

Dr. Kenneth H. Cooper'a "bütün dünyayı koşturan adam" diyebiliriz. Gerçekten Dr. Cooper 1970'lerden başlayarak önce ABD'de, sonra Avrupa ve dünyada koşma ve fizik egzersizin (jogging ve aerobic'in) kitlelere yayılmasında en önemli rolü oynamıştır. Dr. Cooper II. Dünya Savaşı sırasında ABD denizcileri için kondisyon ve egzersiz programları hazırlamış ve bu programların uygulayıcılar üzerindeki çok yönlü etkilerini gözlemek ve araştırmak imkânını bulmuştur. Bu zeki bilim adamı daha sonra geniş kitlelere mal olan aerobik programını geliştirmiştir.

Aerobik adı verilen programın temeli bedenin mümkün olduğu kadar çok oksijen yakmasına dayanır. Yapılan araştırmalarla da ortaya konduğu gibi, düzenli uygulama içinde olanlar teneffüs ettikleri hava içinden daha fazla oksijen kullanmaktadırlar.

Bu kimselerin normal şartlarda bu oksijene ihtiyaçları yoktur. Ancak stres şartları içinde oksijen kullanımındaki bu fazlalıktan yararlanılmaktadır ve sağlıkla hastalık arasındaki fark Dr. Cooper'a göre çok kere buradan kaynaklanmaktadır. Çünkü insan bedeninin her tarafında bulunan hücreler kanın taşıdığı oksijen ve diğer yararlı maddelerle beslenirler. Gerginlik damarlarda daralmaya sebep olduğu için, ister istemez hücrelere giden kan miktarında azalmaya yol açar. Bu durum da hücrelerin yetersiz beslenmesi demektir. Bu şartların uzun süre devam etmesi veya sık sık tekrarlanması halinde bu hücreler hem hastalığa daha açık olacaklar, hem de kaçınılmaz olarak hayat süreleri kısalacaktır.

Hücrelerin hayat süresini uzatmanın ve onları sağlıklı kılmanın bir yolu fizik egzersizdir. Artan ve hızlanan kan akımı sebebiyle hücreler daha iyi beslenir, böylece de hem daha sağlıklı hem de daha uzun ömürlü olmaları sağlanmış olur.

Fizik egzersizin sağladığı yarar sadece yukarıdaki satırlarda anlatılanla sınırlı değildir.

Geleneksel inanç doğrulanıyor

Geleneksel olarak babalarımızdan ve büyükbabalarımızdan bize yansımış olan inanç, spor yapmanın sağlıklı bir hayat sürmek için büyük ya-

(*) EKG: Kalp faaliyetini kaydeden cihaz.

rar sağladığıdır. Bütün çocukluğumuz ve gençliğimiz süresince, "Sağlam kafa sağlam vücutta bulunur" gibi ve bu fikri destekleyen birçok atasözünü hepimiz defalarca işitmişizdir.

Geleneksel inançlarımızın bazıları bugünün bilimsel araştırmaları ile çürütülmekte ve geçerliliğini kaybetmektedir. Artık "dövülerek" yetiştirilen çocukların cennetten çıkmış bir armağanla ödüllendirildiklerini düşünmüyor, tam tersine bu çocukların gençliklerinde asi ve söz dinlemez, yetişkinliklerinde saldırgan ve öfkelerini kontrol edemez bireyler olacaklarını biliyoruz.

Ancak geleneksel inançlarımızdan bazıları, bugünün araştırma imkânlarının zenginliği içinde sınandıklarında, geçmişte inanılanın ve düşünülenin de ötesinde yararlı oldukları görülmektedir. İşte spor ve fizik egzersiz bu grubun başında gelmektedir.

Önce Cooper'ın başlattığı, daha sonra birçok bilim adamı tarafından doğrulanan araştırmalara göre, düzenli bir egzersiz programı sürdürenlerde şu özellikler bulunmuştur: *Duygusal sükûnet, problemsiz uyku ve kan basıncında (tansiyonda) düşüş*. Ayrıca solunum sistemi problemli olanlarda düzenli egzersiz, eskiden hastalara tavsiye edilen istirahatten daha çok yarar sağlamış: yetişkin diyabetli hastalarda kullanılan insülin miktarı azalmış, göz tansiyonu olanlarda bu tansiyon düşüş göstermiş, ülserli birçok hastada böyle bir program içinde bulundukları süre içinde şikâyetlerinde azalma saptanmıştır.

Bütün bu anlatılanların birbirleriyle yakın ilişkisi vardır. Örneğin, öfkelenen bir insan, saldırganca duygular içine girdiğinde midesinde asit salgılar. Bunun tekrarlanması zaman içinde, ülser gibi, sindirim sistemi problemlerine yol açar. Bu sebeple ülserli hastalarda görülen iyilik hali ile, "duygusal sükûnet" arasında yakın bir ilişki vardır.

Benzeri ilişkiler hiç şüphesiz genel tansiyonun düşmesi, endişelerin azalması gibi durumlar arasında da kurulabilir.

Yukarıdaki satırları okuyanlar için, araştırmacıların düzenli fizik egzersiz programına katılanlarda, nezle ve grip gibi basit hastalıklara daha az rastlandığı ve "genel sağlıklarında bir iyileşme" görüldüğü, yargısına vardıklarını söylemek şaşırtıcı olmayacaktır.

Hiç şüphesiz düzenli bir egzersiz programından en çok etkilenen organ kalptir. Kalbin kendisi kasılma ve gevşeme özelliğine sahip büyük bir kastır. Bu sebeple, damarların daralması yüzünden kalbe gelen kanın azalması demek, hayatî önem taşıyan ve gerçekte bir kas dokusu özelliğine sahip bu organın büyük bir problemle karşı karşıya olması demektir. Gerçekte ise problemle karşı karşıya olan insanın kendisidir. Dikkatli ve düzenli bir egzersiz programının yeni damarcık (kapille) yollarının oluşmasına yardım ederek, kalbi besleyen damarlara giden kan miktarını artırdığı ve böylece kalp krizi geçirme ihtimalini azalttığı bildirilmektedir.

Ancak hiçbir zaman hatırdan çıkartılmaması gereken, bu tür kişilerde, egzersiz programının mutlaka bir hekimle yakın işbirliği içinde sürdürülmesi gerektiğidir.

FİZİK EGZERSİZİN YARARLARI

"Fizik mütenasiplik" kavramı zaman içinde değişmiştir. Eskiden kasları büyük ve geniş olan fizik açıdan güçlü kabul edilirdi. Bugün ise birisini mütenasip olarak değerlendirmek için şu üç özellik aranmaktadır:

Kalp ve ciğer dayanıklılığına sahip olması, esnek olması ve kasların güçlü ve dayanıklı olması.

1) Kalp ve ciğer dayanıklılığı, nispeten uzun bir zaman dilimi içinde yorucu faaliyetleri normal (ılımlı) olarak yapabilme becerisidir. Kalp-ciğer dayanıklılığını sağlayan faaliyetlere "aerobik" denmektedir. Aerobik egzersizler, jogging veya yüzme gibi oksijene ihtiyaç gösteren egzersizlerdir. Kısa mesafeli hızlı koşular, bu anlamda oksijen kullanımının söz konusu olmadığı bir egzersiz türüdür.
2) Esneklik ise bir eklem çevresindeki hareket genişliğidir (örneğin topukları tutmak).
3) Kas güçlülüğü ve dayanıklılık ise bir kas veya kas grubunun gösterdiği güçtür.

Ancak hiç şüphesiz, fizik açıdan "mütenasip" olarak kabul edilmek için yukarıda sayılanlardan daha önce beden ağırlığının normal olması gerekir.

1) Kalp-ciğer dayanıklılığı

Yetişkinlerde kalp-ciğer dayanıklılığı fizik mütenasipliğinin en önemli parçası olduğu için ayrıntılı olarak ele alınacaktır. Hoşunuza giden bir egzersiz programını seçtikten sonra gelen soru, bunun hangi sıklıkta hangi yoğunlukta ve ne kadar süre ile yapılacağıdır. En sık rastlanan hata, bir egzersiz programına (örneğin bir jogging programına) çok yüksek bir yoğunluk ve sıklık noktasından başlamaktır.

Bunun sonucu olarak bir hafta sonra zindelik hissi duyulacagına yorgunluk ve tükenmişlik duyulmaktadır. Ulaşılmak istenenler için buna gerek yoktur. Aşağıdaki talimata uyarsanız, egzersiz programınız zevk veren bir meşgaleye dönüşebilir.

Sıklık: Haftada en az 3 olmak üzere, 3-5 kere

Süre: Her egzersiz programı 30 dakika sürmeli

Yoğunluk: Sizi rahat ettiren bir yoğunluk.

Belirsiz gibi gözükse bile, bu güvenilen bir talimattır. Egzersiz sırasında konuşabiliyorsanız, kendinizi zorlamıyorsunuz demektir. Bunun aksine rahatlıkla sohbet edemiyorsanız, kendinizi zorlamakta olmanız çok mümkündür.

Egzersiz programını fayda sağlayacak sertlikte yürütüp yürütmediğinizi kontrol etmenin bilimsel bir yolu, kalp vuruş sayınızı dikkate almaktır. Kalp sayınız, bedeninizin egzersiz sırasında altında kaldığı yükün iyi bir göstergesidir. Başka bir ifadeyle, kalp vurum sayınız, egzersizin yoğunluğu ile orantılı olarak artar.

Birincisi, nabzınızı veya kalp vurum sayınızı saymayı öğrenmeniz gerekir. Bunun için çeşitli yerler vardır, örneğin, bilek, şakak, boyunda şah damarı veya doğrudan kalp üzerine elinizi koymak yeterlidir. Pek çok kişi kalp vurum sayısını en kolay şah damarından ölçer. Bir dakika içindeki vurum sayısı size fikir verecektir. Egzersiz sırasında kısaca yavaşlamak ve kalp vurum sayısını (KVS) 10 sn. kontrol edip, 6 ile çarpmak yeterlidir.

Egzersiz sırasında KVS ne kadar olmalıdır? Bu sorunun cevabı bireyin yaşına ve beden ölçülerine göre değişir. Genel olarak, bir kişi en fazla KVS'nin %70-85'i olarak tanımlanan "kritik kalp vurum sınırları" içinde kalmalıdır.

Bunu bulmak için de yaşınızı yıl olarak 220'den çıkartın. 50 yaşında birisi için 220-50=170 veya 50 yaşında olan ve kalbi 170 vuran birisi. Şimdi, siz kendi kritik kalp vurum sayınız sınırından 170'in %70 ve 170'in % 85'ini alarak sizin için geçerli sayıyı hesaplayabilirsiniz.

170'in % 70'i 119, 170'in % 85'i 144. Bu sayılar egzersiz sırasında sayılması gereken kalp vurum sayılarıdır. Bu demektir ki, egzersiz sırasında bu kişinin KVS dakikada 119 veya 144, 10 saniyelik süre içinde de 20 veya 24 arasında olması gerekir.

Eğer egzersiz programına yeni başlıyorsanız, alt sınırda kalmayı tercih edin.

Ancak sizin için % 70'lik sınıra ulaşmak da rahatlık vermeyen bir durumsa, o zaman daha az yoğun bir programı daha uzun bir süre uygulayarak istediğiniz yararı sağlayabilirsiniz.

Özet olarak, sadece 30 dakikalık bir programı planlıyorsanız, KVS'nız, en fazla KVS'nın % 70 ile % 85'i arasında olmalıdır. Eğer bu da size fazla geliyorsa, yani egzersiz sırasında zorlanıyorsanız, o zaman daha az yoğun fakat 30 dakikadan fazla egzersiz yapın.

Hiçbir zaman mükemmel kondisyonunuza ulaşmadıkça KVS'nin % 85'i üzerinde egzersiz yapmayın.

2) Esneklik

Her ne kadar yüksek bir esneklik sağlayan birçok aktivite varsa da yoga, yüzme, dans gibi etkinlikler de pek çok kişiye içinde bulunduğu yorucu günlük düzene rağmen yeterli bir esneklik kazandırabilir. Ancak önemli olan esnekliğin sürdürülmesidir. Çünkü esnekliğin sürdürülmesi insanı yaşlanmayla ilişkili olan "katılıktan" (sertlikten) korur, kas ağrılarını önler ve tansiyonu düşürür.

Nasıl germeli: Germek için iki yol vardır. Balistik ve statik germe. Balistik germe, beden eğitimi derslerinde öğrendiğimiz germe biçimidir. Balistik germe tavsiye edilmez. Çünkü bu tür bir germe çok kolaylıkla zedelenmeye veya kas ağrılarına sebep olmaktadır. Statik gerginlik ise herhangi bir zedelenme olmadan, 30-60 saniye sürdürülen gerginliktir. Esneklik kazanmak için tavsiye edilen budur, çünkü statik germe zedelenmeye sebep olmadığı gibi kas ağrılarını da hafifletmektedir.

3) Kas gücü ve dayanıklılığı

Kas fonksiyonunu en elverişli düzeyde tutmanın yararı enerjinin artması ve yapısal bütünlüğün korunmasıdır. Güçlülüğü artıran faaliyetler ağırlık çalışması, dans, basketbol ve yüzmedir. Kas fonksiyonunu artıracak aktiviteler, haftada en az 2-3 kere tekrarlanmalıdır.

Kas fonksiyonu nasıl artırılır: Bir ağırlık programı ile ilgilenenlerin, verecekleri ilk karar, kas gücünü mü artırmak istedikleri, yoksa kaslarını mı geliştirmek istedikleridir. Çünkü bu iki programın da antrenman teknikleri birbirinden farklıdır.

Gücü artırmaya yönelik bir çalışma kişinin kaldırabileceği en fazla ağırlığın yaklaşık % 90'ındaki bir ağırlığı, 2-3 kere kaldırmasını içerir. Kas gruplarını geliştirmeye yönelik bir programda ise, kişinin kaldırabileceği en fazla ağırlığın, yaklaşık % 60'ını, ortalama 10 kere kaldırması gerekir.

FİZİK EGZERSİZ VE CİNSEL HAYAT

Fizik egzersizin sağladığı en büyük yararlardan biri de cinsel hayat üzerine olanıdır. Düzenli yüzen 40-60 yaş erkeklerin cinsel ilişki sıklıklarının 20-40 yaşındakiler kadar olduğu bulunmuştur. Bunun önemli bir sebebi de düzenli spor yapmanın kişinin gurur duyacağı bir beden görünüşüne sahip olmaya imkân vermesidir.

Başarılı bir cinsel hayat için alınan vitamin haplarının ancak plasebo etkisi olduğu bilinmektedir. Buna karşılık düzenli fizik egzersizin dolaşım sistemi ve kan damarları üzerindeki olumlu etkileri sadece kalple ilgili olarak görülmez.

Erkeklerde 50 yaşlardan başlayarak görülen iktidarsızlığın en başta gelen sebebi damar tıkanıklıklarıdır. Damar tıkanmalarının baş sorumlusunun kolesterol olduğu koroner kalp hastalıkları bölümünde anlatılmıştı.

Bedeni formda tutmak geçici bir heves olmaktan çok, metabolizmayı düzenleyerek sağladığı çok yönlü yararlar için günlük hayatın vazgeçilmez bir parçası olmalıdır.

Bunun için de haftada en az 2000 kaloriyi fizik egzersiz içinde yakmak uygun bir ölçüdür.

Egzersiz basamakları

Egzersiz için üç temel basamak vardır. Bunlar, ısınma, egzersiz ve soğumadır.

Isınma: Bu dönemin amacı, yapacağınız egzersizlerin gerektirdiği kas ısınması ve gerginliği için bedenin hazırlanmasıdır.

Egzersiz: Aşağıdaki sıklık, yoğunluk ve süre ile ilgili talimatı izleyin.

Soğuma: Egzersizi bitirdikten sonra birkaç dakika daha harekete devam etmek temel bir şarttır. Böylece kan dolaşımı devam eder. Bu da kanın bacaklarda toplanmasını engeller, aksi takdirde bu durum bazı hallerde baygınlığa yol açabilmektedir.

Fizik egzersizin yararları

- Kas gevşemesi
- Zihinsel gevşeme
- İşte etkinlik artması
- Uyanıklığın artması
- Enerjide artış
- Duygusal boşalma ve rahatlık
- Daha iyi uyku
- Daha kuvvetli kemikler
- Endişelerde azalma
- Kalp hastalığı riskinin azalması
- Bel ve sırt ağrısından korunma ve kurtulma
- Kendine güven artışı
- Daha iyi bir sağlık

Yukarıda sayılanlar egzersizin yararlarının ancak bir bölümüdür. İnsanları egzersize yönelten sebepler büyük farklılık göstermektedir.

Bir egzersiz programına başlamadan önce, sağlanmak istenen yarara göre bir plan yapılması çok önemlidir.

ÇEŞİTLİ SPORLARIN SAĞLADIĞI YARARLAR(*)

Spor	Kalp damar sağlığı	Ağırlık kontrolü	Kas fonksiyonu	Esneklik	Huzur ve rahatlık
1. Basketbol	9	9	8	6	3
2. Bisiklet	9	9	6	4	6
3. Golf	4	5	5	5	4
4. Jogging	10	9	6	2	9
5. Paten (Tekerlekli ve buz)	6	7	6	5	2
6. Ski	8	8	8	6	3
7. Yüzme	10	8	8	7	5
8. Tenis	7	7	6	6	6
9. Yürüyüş	6	6	5	2	10
10. Ağırlık	4	6	10	2	7

Stresle Başaçıkma Programlarının Türkiye'deki uygulamalarından çıkan tecrübelerimize göre, çok az kişi eşofmanını giyerek, sabah veya akşam yollara düşecek kadar fizik egzersize kalkışmaktadır.

Programlarımıza katılan birçok grup üyesinin bu konuda çok içten niyetlendiği halde, bu niyetini gerçekleştirmek konusunda son derece zorlandığına tanık olduk.

Bu sebeple günlük hayatın akışı içinde kolaylıkla ev içinde uygulanacak ve 10-15 dakikada tamamlanacak bir egzersiz programının şekillerle ayrıntılı açıklamasını bundan sonraki sayfalarda bulacaksınız.

Böyle bir programı bir hafta uyguladıktan sonra, güne çok daha istekli ve enerjik başladığınızı görecek ve siz de hayret edeceksiniz. Ancak bu programın esası, kas içindeki oksijenin yanmasına dayandığı için, şekillerin altında belirtilen 10-15 saniyelik gerginlik sürelerine mutlaka uymak gerekir.

Uyku ile ilgili bölümde ayrıntılı olarak anlatıldığı gibi, uyku miktarı uykuda geçen zamanla ölçülmez. İnsan uykusu özel cihazlarla ölçülen birbirinden farklı nitelikte ve özellikte dönemlerden oluşur. Bedensel açıdan dinlenmeyi sağlayan özellikle gecenin ilk bölümünde uyunan delta uykusudur. Delta uykusunda en önemli rolü oynayan "serotonin" adını taşıyan özel bir sinir sistemi ileticisidir.

(*) *The Healthing Center Notebook*, 1979, Honolulu, Hawaii.

Yapılan araştırmalar *fizik egzersizden sonra da serotoninin salgılandığını ortaya koymuştur. Bu sebeple fizik egzersiz yapanların gece dinlendirici ve rahat bir uyku uyumalarının sebebi, zannedildiği gibi yorgunluktan olmayıp, tam tersine fizik egzersiz ve derin uyku sırasında salgılanan maddelerin aynı olmasındandır.*

Bu konudaki araştırmaların ortaya koyduğu bir başka gerçek, fizik egzersizin akşama doğru yapılmasının uykuyu olumlu etkilediğidir. Ancak yatmadan önce yapılan fizik egzersiz uykuya dalmayı güçleştirmektedir.

Fizik egzersiz konusunu bitirmeden önce bu konudaki üç altın kuralı hatırlatmak istiyoruz.

Birincisi Cooper'dan: İlk günlerin hamlığını üzerinizden attıktan sonra, *fizik egzersiz programınızı tamamladığınız zaman kendinizi dinlenmiş ve zinde hissetmeniz gerekir*. Eğer egzersizden sonra kendinizi yorgun hissediyorsanız, mutlaka bir şeyi yanlış yaptınız demektir. Bu durumda uyguladığınız programın sizin için ağır olduğu sonucunu çıkartabilirsiniz. Ya programı biraz hafifletin veya süreyi biraz daha uzun tutarak yoğunluğu azaltın. Göreceksiniz kendinizi çok daha iyi hissedeceksiniz. Çünkü bir fizik egzersiz programı doğru uygulanırsa, egzersizden sonra kişi kendini mutlaka daha zinde, dinlenmiş ve enerjik hisseder.

İkinci altın kural, bu konu ile ilgili bütün uzmanlardan: Eğer eşofman giyecekseniz, önceki sayfalarda anlatıldığı gibi bir egzersiz uygulamasına geçecekseniz ve *yaşınız 35'in üzerindeyse, önce mutlaka bir hekime başvurun ve fikrini alın*. Eğer yaşınız 45'in üzerindeyse ve bir hekime danışmadan böyle bir uygulamaya başlayacaksanız, emin olabilirsiniz ki, yaptığınız "rus ruleti" oynamaktan farksızdır.

Üçüncü altın kural dünyanın her yerindeki uygulamalardan çıkan bir sonuç: Böyle bir programın uygulaması içinde olanların çoğunluğunun düştüğü hata "yarışmak"tır. *Daha hızlı, daha uzak, daha çabuk...* Bu özellikle A tipi davranış biçimi içinde olan rekabetçi bireylerde çok sık ortaya çıkan bir durumdur. Birçok kimse programı yürüttüğü kimselerin daha genç, daha formda, daha antrenmanlı olduğuna aldırmaksızın onlarla yarışmaktan kendini alamaz.

A tipi davranış biçimi içinde olanlar, eğer yarışacak kimse bulamazlarsa, kendileriyle yarışmakta hiçbir tereddüt göstermezler. "Bugün dünden şu kadar daha uzun, bu kadar daha çabuk, şu kadar daha fazla koştum" diye düşünmek ve sayıları birkaç kere zihninde dolaştırarak bunun hesabını yapmak, bu kimseler için vazgeçilmez bir tutkudur. Lütfen bundan uzak durun ve *kimseyle ve kendinizle yarışmadan bir şeyler yapmanın zevkini çıkartmaya çalışın.*

EGZERSİZ HATALARI

Belirti	Sebep	Çare
1- Kalp vuruşlarında anormallik: - Vuruşların düzensizleşmesi - Aniden başlayan hızlı vuruşlar - Vuruşların birden yavaşlaması	Ekstrasistol veya kalp ritminin bozulması. Bu durumun tehlikeli olup olmadığına bir uzman hekim karar vermelidir.	Egzersiz programına devam etmeden önce hekime danışın. Bunun sonucu belki bir süre ilaç kullanarak problemi ortadan kaldırmanız ve egzersiz programını tamamlamanız mümkün olabileceği gibi belki de tehlikeli sayılmayacak bir kalp ritim bozukluğunuzun olduğu anlaşılacaktır.
2- Egzersiz sırasında veya sonra göğsün ortasında, kolda veya boğazda ağrı veya basınç.	Muhtemel bir kalp ağrısı.	Egzersiz programına devam etmeden önce hekime danışın.
3- Sersemlik, baş dönmesi, ani yordamsızlık, şuur bulanıklığı, soğuk terleme, donuk gözler, solgunluk, baygınlık.	Beyne yeterli kan gitmemesi.	Egzersizi durdurun ve ayaklarınızı havaya dikerek yere uzanın veya belirtiler geçene kadar ayaklarınızı bacaklarınızın arasına alın. Daha sonra programa devam etmek konusunda bir hekimin fikrini alın.
4- Hızlı kalp vuruşlarının, egzersiz bittikten 5-10 dk. sonra bile devam etmesi.	Muhtemelen egzersiz çok ağır.	Egzersizi hatırı sayılır ölçüde azaltın. Bu takdirde de kalp vuruşları hafiflemiyorsa, o zaman bir hekime başvurun.
5- Çoğunlukla kalça, diz topuk ve ve ağırlık taşıyan eklemlerde varolan bir artritin alevlenmesi	Eklemlerde, çoğunlukla ağrılı olan yaralanmalar.	Eklemlerinizdeki bu tür alevlenmelere aşina iseniz, bildiğiniz yolları kullanın. Dinlenin ve bu durum ortadan kalkıncaya kadar programı sürdürmeyin. Daha sonra egzersize daha alt düzeyde koruyucu bir ayak bağı ile başlayın veya zedelenmiş eklemlere daha az yük bindirecek başka bir egzersiz seçin. Örneğin kalçasında artritten şikâyetçi olan bir kimseye sadece kolların çalıştırıldığı bir yüzme programı verilebilir. Eğer artrit olayı yeni ortaya çıkan bir durumsa veya bilinen yollara cevap vermiyorsa bir hekime danışın.
6- Egzersizden sonra bulantı veya kusma.	İç organlara yeterince oksijen gitmemesi. Ya çok ağır bir program uyguluyorsunuz veya çok çabuk soğuyorsunuz.	Egzersizlerini daha hafifletin ve soğumak için daha kademeli ve uzun bir yol izleyin.
7- Egzersiz durduktan 10 dakika sonra da nefes nefese olmaya devam etmek.	Egzersizler kalp ve damar sisteminiz ve ciğerleriniz için çok ağır.	Egzersizinizi daha yumuşak düzeyde tutun. Eğer bu belirtiler devam ediyorsa, daha da yumuşak davranın. Egzersiz sırasında birlikte olduğunuz kimseyle konuşurken nefesiniz kesilmemeli.

8- Egzersizden 24 saat sonra devam eden yorgunluk	Egzersiz çok ağır.	Egzersizi hafifletin ve düzeyini yavaş yavaş yükseltin.
9- İncik kemiğinde ağrı.	Bacak kemiklerinin bağlantılarında iltihaplanma.	Kalın tabanlı ayakkabı kullanın ve çimen gibi yumuşak bir zeminde çalışın.
10- Egzersiz programından önce olmayan uykusuzluğun ortaya çıkması.	Egzersiz çok ağır.	Egzersizi hafifletin ve yoğunluğunu yavaş yavaş artırın.
11- Egzersiz sırasında baldır kaslarında ortaya çıkan ağrı.	Bu kasların kullanılmamasından olan kramplar veya sert yüzeyde çalışmak sebebiyle olabilir. Bu durum ayaklardaki herhangi bir dolaşım bozukluğundan da olabilir.	Eğer "kas krampları" geçmezse, muhtemelen dolaşımda bir problem var demektir. O takdirde başka bir tür egzersiz deneyin, örneğin farklı kasları kullanmak için jogging yerine bisiklete binmeyi deneyin.
12- Boşluğa giren sancılar. Özellikle egzersiz sırasında kaburgaların altında hissedilen ağrı.	Diyafram spazmı. Diyafram göğsü karından ayıran geniş bir kastır.	Oturduğunuz yerde öne eğilin. Karın boşluğundaki organları diyaframa doğru bastırın.
13- Kaslarda gerginlik ve sertlik hissetmek	Kaslar egzersize hazır olmadıkları ve ham oldukları için zorlanıyorlar.	Sıcak bir duş çoğunlukla en uygun çaredir. Gelecek seans daha az yorucu olacaktır.

FORMUNUZUN DEĞERLENDİRMESİNDE BASAMAK TESTİ

Bir dakikadaki kalp vurum sayısı (KVS)				Değerlendirme
Erkek		Kadın		
45 yaşın altında	45 yaşın üstünde	45 yaşın altında	45 yaşın üstünde	
K V S 72'nin altında	K V S 76'nın altında	K V S 80'nin altında	K V S 84'ün altında	Mükemmel
72 - 80	76 - 84	80 - 88	84 - 92	İyi
84 - 100	88 - 104	92 - 112	96 - 116	Orta
100'ün üstünde	104'ün üstünde	112'nin üstünde	116'nın üstünde	Kötü

20 cm yükseklikte bir basamak bulun. 1 dakikada 24 defa çıkıp inerek bu egzersizi 3 dakika yapın. (Nefes daralması veya rahatsızlık hissederseniz devam etmeyin). Tamamladıktan sonra 1 dakika bekleyin. Sonra KVS'nızı hesaplayarak yukarıdaki tablo ile kıyaslayın.

ISINMA HAREKETLERİ

1- SIÇRAMA: Ayaklarınız bitişik, kollarınız yanda dursun. Sıçrayarak ayaklarınızı açın, aynı anda kollarınızı başınızın üzerinde uzatarak birleştirin. Daha sonra yine sıçrayarak eski durumunuza dönün. Aynı hareketi yaklaşık 15 kere tekrarlayın.

2- YANLARA BÜKÜLME: Ayaklarınızı omuz hizasında açarak, kollarınızı başınızın üzerinde uzatıp birleştirerek durun. Ayağınızı yerden kaldırmadan ve bedeninizi çevirmeden belinizi sola doğru bükün ve esnetin. Başlangıç durumuna dönün. Aynı hareketi sağ tarafa yapın. Her iki tarafa acele etmeden 5'er defa tekrarlayın.

3- AYAĞA UZANMA: Ayaklarınızı yarım metre açın, kollarınızı omuz hizasında yana uzatın. Dirseklerinizi gerin, avuç içleri yere baksın. Sola doğru dönün ve sağ elinizle dizlerinizi bükmeden sol ayağınıza değmeye çalışın. Başlangıç durumuna geri dönün. Aynı hareketi sağ tarafa yapın. Her iki tarafa acele etmeden 5'er defa tekrarlayın.

4- EĞİLME VE AÇILMA: Ayaklarınızı omuz hizasında açarak durun, kollarınızı yine gergin olarak başınızın üzerine yukarı uzatın. Belden bükülerek, dizlerinizi bükmeden öne eğilerek ayaklarınıza temas etmeye çalışın. Tekrar başlangıç durumuna dönün. Hareketi acele etmeden 5 defa tekrarlayın.

5- YARIM ÇÖKME VE AÇILMA: Ayaklarınızı yine omuz hizasına açarak, elleriniz belinizde durun. Tabanlarınız yere bütünüyle temas ederken yavaş yavaş çökün. Sonra başlangıç durumunuza gelin ve bu defa kollarınızı başınızın üzerinde uzatarak topuklarınızın üzerinde yükselin, sonra tekrar başlangıç durumunuza dönün. Aynı hareketi 5 defa tekrarlayın.

6- SOLUKLANMA: 2-3 dakika veya terleyinceye kadar olduğunuz yerde hafifçe koşun. Bu harekete yavaştan başlayarak, hızlanabilirsiniz. Terlemeye başlayacağınız veya yorulduğunuzu hissettiğiniz zaman egzersizi durdurabilir veya yavaşlayabilirsiniz. Hareketi bütünü ile kendi özel şartlarınıza göre ayarlayabilirsiniz.

NEBRASKA ÜNİVERSİTESİ
10 DAKİKALIK EGZERSİZ PROGRAMI

(Şekillerdeki taranmış alanlar, egzersiz sırasında gerilecek bölgeleri göstermektedir.)

1- Dirseklerinizi başınızın arkasına koyun... İki kolunuzu da fazla zorlamadan 10 saniye, toplam olarak 20 saniye gerin.

2- Parmaklarınızı elinizin dışı yukarı bakacak biçimde arkanızda kenetleyin. Dirseklerinizi yavaşça çevirin ve bu defa avuçlarınız yukarı baksın. Bu arada göğsünüz gergin, başınız dik olmalı. Süre 15 saniye.

3- Ellerinizi başınızın üzerine uzatın ve bir elinizle diğerini kavrayın. Bir elinizle diğerini yavaşça çekerek yere doğru eğilin. Her iki tarafa da 10'ar saniye süre ile bunu tekrarlayın.

4a- Bacaklarınız gergin olarak ayakta durun. Yavaşça karnınızın üzerine eğilin. Bacaklarınızın arkasında hafif bir gerginlik duyuncaya kadar bunu sürdürün. Kaslarınızı aşırı bir biçimde germeyin. Süre 30 saniye.

4b- Yeniden ayakta durun ve yavaşça dizlerinizi bükün sonra tekrar düzelin. Böylece biraz önce kaslarınıza yüklenen gerginliğin etkisi hafifleyecektir.

5- Elleriniz belinizde olarak yavaşça dizlerinizi bükün, yarım çömelin, sonra tekrar düzelin. Bu hareket karın ve baldırınızın ön yüzündeki kaslarınızı çalıştıracaktır. Süre 2 saniye.

6- Bundan önceki 5 hareketi tekrar edin. Kaslarınızı aşırı germekten kaçının. Her defasında iyice gevşeyin ve acele etmeyin.

7- Topuklarınız birbirinden 20 santim açık, ayaklarınız gergin olarak oturun ve karnınızın üzerine yavaşça eğilin. Fazla zorlamadan bu durumu 10 saniye sürdürün. Gerginliğinizi biraz daha artırarak 10 saniye daha bekleyin. Eğer fazla zorlanmıyorsanız, gerginliğinizi kademe kademe artırabilirsiniz.

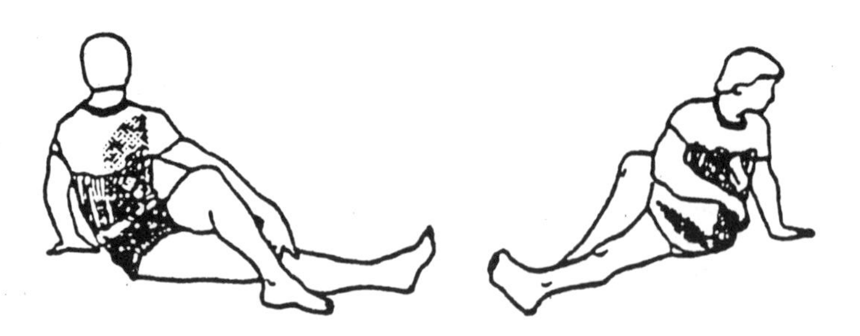

8- Ellerinize yaslanarak oturun ve kalçanızı yerinden oynatmadan her iki tarafa 10'ar saniye, bacağınızı atarak dönün.

9- Ayak tabanlarınızı birbirine yaklaştırın. Ayaklarınıza sarılarak yavaşça kendinizi yere doğru çekin ve bunu karın kaslarınızı iyice gerinceye kadar 15 saniye sürdürün. Fazla zorlanmıyorsanız, gerginliğinizi kademe kademe artırın ve her kademede 15 saniye bekleyin. Bütün egzersiz süresinde dirseklerinizin, ayaklarınızın dışında durmasına dikkat edin.

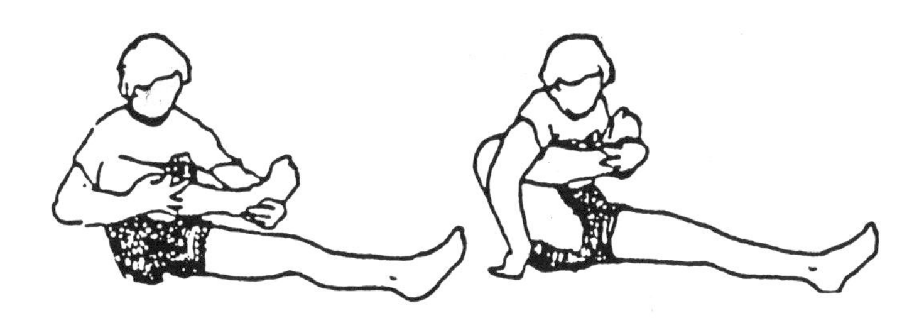

10- Yere oturun, sol bacağınızı uzatın ve gergin tutun. Sağ bacağınızı sol elinizle topuğunuzdan tutarak göğsünüze çekin. Kaslarınıza aşırı gerginlik yüklemeyin. Sonra diğer bacağınızla tekrarlayın. Süre toplam 20 saniye.

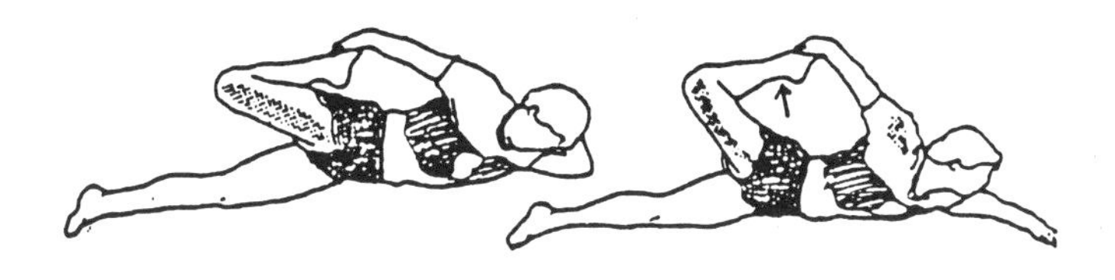

11- Yan yatın. Sağ ayağınızı arkadan sağ elinizle tutun. Baldırınızın ön yüzündeki kasları gerin. Fazla zorlanmayın. Süre toplam 20 saniye.

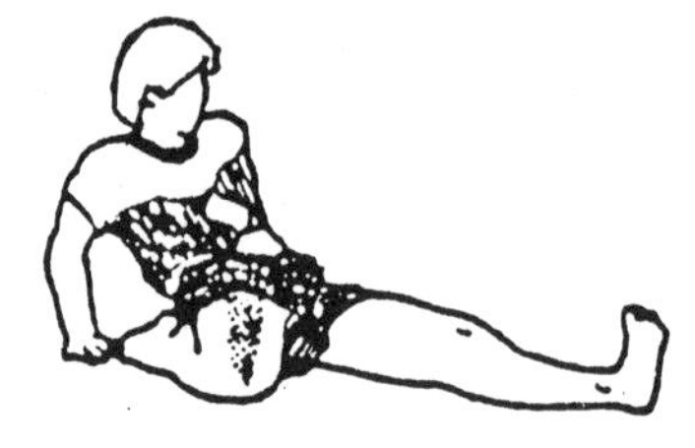

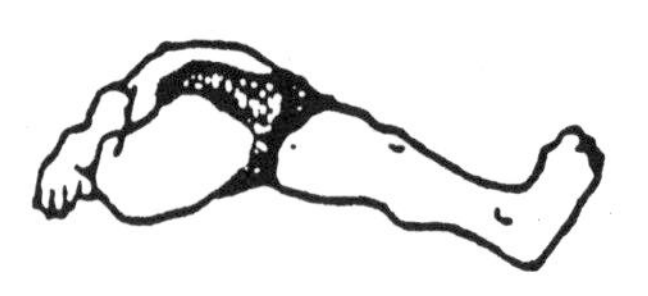

12- Şimdi bir ayağınızın üstünde oturun ve sonra kendinizi geriye yatırarak bacağınızın ve ayağınızın üzerine oturun. Kendinizi geriye yatırırken, baldırınızın ön yüzündeki kaslarda gerginlik hissedince fazla zorlamayın. Gerginliğinizi derece derece artırın ve gevşeyin. Süre 30 saniye.

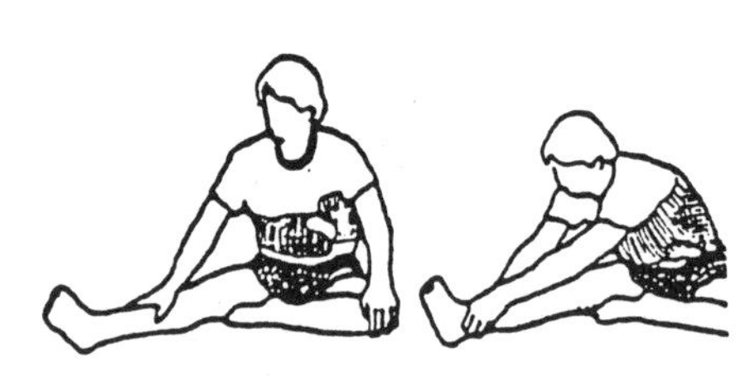

13- Daha sonra bükmüş olduğunuz ayağınızın topuğunu, gergin olarak uzattığınız bacağınızın iç yüzüne sıkıca yapıştırın. Şimdi uzatmış olduğunuz bacağınızı ayak bileğinizden tutun ve yavaşça kendinize çekin. Bu egzersiz sırasında bel, karın ve baldırınızın arka yüzündeki kasların gerilmesi gerekir. Harekete önce 5 saniye süre ile yavaş bir gerginlikle başlayın ve sonra gerginliği artırarak 15 saniye daha devam edin. Aşırı zorlanmadan kaçının. Süre 30 saniye.

14- Oturun ve dertop olun, öne ve arkaya 4-6 kere yuvarlanın. Süre 15 saniye.

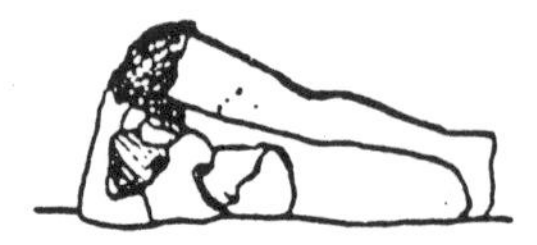

15- Bacaklarınızı başınızın üzerinden aşırın, dizlerinizi hafif kırık tutun. Elleriniz kalçanızda olsun ve kollarınızdan destek alın. Solunumunuzu tabii olarak sürdürebileceğiniz şekilde yavaş yavaş gerin. Süre 20 saniye.

16- Ayaklarınızı başınızın üzerinden aşırdığınız bu durumda bacaklarınıza dizleriniz çevresinden sarılarak yuvarlanın ve omurlarınızın teker teker yere temas edişini hissedin. Bu hareketi yavaş yavaş kontrollü olarak 10 saniyede tamamlayın.

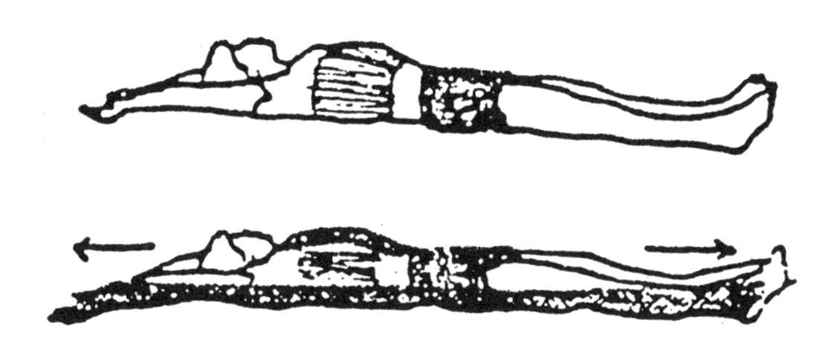

17- Sırtüstü yere yatın ve ellerinizi başınızın üzerinden uzatın. Yattığınız yerde kollarınızı ve ayaklarınızı birbirinden uzaklaştıracak biçimde gerin. Aşırıya kaçmayın. Süre 5 saniye, sonra gevşeyin.

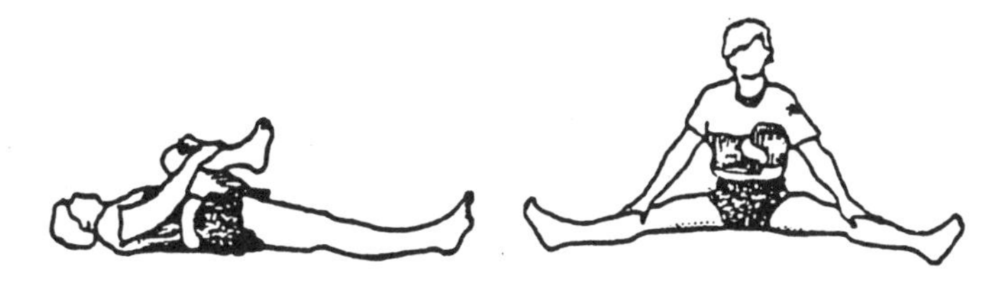

18- Bu yattığınız durumda bir bacağınızı dizinizin altından kavrayın ve göğsünüze doğru çekin. Bu arada başınızı da kaldırıp, indirebilirsiniz. Gerginlik süresi 10 saniye.

19a- Bacaklarınızı bükmeden, mümkün olduğu kadar açarak oturun. Sonra, bacaklarınızın iç yüzünde bir gerginlik duyuncaya kadar yavaş yavaş ellerinizi bacaklarınız üzerinde ayaklarınıza doğru ilerletin. Hareket sırasında dik duruyorsunuz. Süre 20 saniye.

19b- Tekrar düzelin. Bu defa bacaklarınızı bükmeden, ağırlığı bel, karın ve baldırınızın arka kaslarına verecek biçimde öne eğilin. Bu arada başınızı öne doğru dik tutun. Kaslarınızı fazla zorlamayın. Süre 20 saniye.

19c- Sol bacağınızı iki elinizle tutun ve bacağınızı yerden kaldırmadan bel, karın ve baldır kaslarınızı gererek kendinizi ayağınıza yaklaştırmaya çalışın. Aynı hareketi sonra sağ bacağınızla tekrarlayın. Her bir hareket için süre 20 saniye. Toplam 60 saniye.

20- Çömelme hareketi. Süre 10 saniye.

21- Dizinizi bükerek bacağınızı öne uzatın (diziniz ve ayağınızın aynı hizada olmasına dikkat edin). Diğer bacağınız diziniz yere değecek biçimde geriye uzatılmış olmalı. Durumunuzu değiştirmeden yavaş yavaş kalçanızı öne doğru hareket ettirin. Kaslarınızı her gerişinizde durumu 15 saniye sürdürün. Her iki bacağınızla da aynı hareketi tekrarlayın. Gerginliği kalça, kasık ve baldırınızın arka kaslarında hissetmeniz gerekir. Süre 30 saniye.

Beslenme

Sağlıklılık ve normallik, üretkenliğin ve ilişkilerin anlamlı olmasıdır. Bunun önemli gereklerinden biri de normal bir beden ağırlığıdır.

Yapılan araştırmalar erken ölümlere sebep olan en büyük dört risk faktörünü ortaya çıkarmıştır. *Şişmanlık, yüksek tansiyon, diyabet ve sigara.* Birçok kişinin de bildiği gibi, yüksek tansiyon ve diyabet büyük çoğunlukla şişmanlığa eşlik eden sağlık problemleridir. Ayrıca bu dört risk faktörünün birbirleriyle "geometrik" bir ilişkisi olduğu ortaya konmuştur.

Bu ne demektir? Bu faktörlerden 4 tanesine sahip bir insanın riski, hiçbirine sahip olmayana kıyasla 4 kere daha fazla değil, 16 kere daha fazladır.

Şişmanlık ruh sağlığı açısından "ölümcül" olmasa da önemli bir risk faktörüdür. Çünkü bilinmektedir ki, şişman insanların azımsanmayacak bir bölümü kendilerine saygıları az olan, güvensiz ve alıngan insanlardır.

Ayar Mekanizması (Set Point)

Bazı insanların akıl erdiremedikleri bir konu vardır. Nasıl kilo aldıkları! "Su içsem yarıyor", "O kadar dikkat ediyorum kardeşim, ama bünyem müsait" gibi sözler herkesin kulağına defalarca çalınmıştır.

İnsanların büyük bölümü belirli bir beden ağırlığına ulaştıktan sonra, küçük dalgalanmalar bir yana bırakılırsa, uzun süre bu ağırlık çevresinde hayatlarını sürdürürler. Bu durum büyük bir ihtimalle, insanın beden ağırlığını düzenleyen bir "ayar mekanizması"ndan (set point) kaynaklanmaktadır. Hipotalamusta bulunan ve her insan için ayrı programlanmış olan ayar mekanizması kalıtımsaldır.

Çok yakın zamanda yapılan araştırmalar, insanların kuvvetli diyet programlarından sonra neden hızla eski kilolarına döndükleri konusunda "ayar mekanizmasını" sorumlu tutmaktadır.

Bazı bilim adamları ayar mekanizmasının mutlak olarak kalıtımsal olduğunu ve değiştirilemeyeceğini; bazıları ise iki yöndeki gayretle değiştirilebileceğini savunmaktadırlar.

Ayar mekanizmasının değiştirilebileceğini söyleyenler, diyet programlarına mutlak bir fizik egzersiz programının eşlik etmesi gerektiğini söylemektedirler. Çünkü fizik egzersiz bazal metabolizmayı değiştirmektedir.

İkincisi kaybedilen kiloyu koruyarak ayar mekanizmasını değiştirmek ancak davranış düzenleme tekniklerinin uygulanmasıyla mümkündür.

Daha ilerdeki sayfalarda bir haftada 450 gr.'lık bir ağırlıktan kurtulmak için günde kaç kalorilik bir diyet uygulanması gerektiği açık ve basit bir dille anlatılmıştır. Zayıflama konusundaki temel kavramlardan biri – belki birincisi – bu basit hesabın arkasında yatmaktadır. Çünkü kısa zamanda çok kilo vermeye yönelik hızlı zayıflama programları hem kilo verirken, hem de verilen kiloları en kısa zamanda geri alırken, *"kaybedilmiş beden ve ruh sağlığı"* demektir.

Kısa zamanda çok kilo kaybetmeye yönelik hızlı zayıflama programlarında rastlanan beden sağlığı problemlerine biraz sonra kısaca değinilecektir. Ancak ruh sağlığı açısından bu programların kaçınılmaz sonucu, kilo verirken de, verdiği kiloları alırken de kişinin girdiği depresyondur.

Depresyonun en genel sebebi kayıptır. Kişi sevdiği faaliyetten – yemekten – uzak olduğu için depresyona girer, bir süre sonra onca eziyetle verdiği kiloları tekrar ve kaçınılmaz olarak geri alırken de, kaybettiği beden ölçüleri ve kendine saygısı için depresyona girer.

Bu sebeple sağlıklı bir biçimde kilo vermek için yapılacak olan; dengeli bir diyet uygulamak, beslenme ve "yeme" alışkanlığını değiştirecek bir davranış düzenlemesi içine girmektir.

Dünyanın en önde gelen tıp dergilerinden *Lancet*'de zayıflama konusunda üç yöntemin karşılaştırıldığı bir araştırma yayınlanmıştır. Benzer özellikler gösteren hastalar üç grupta toplanmışlar, birinci gruba zayıflama hapı verilmiş; ikinci gruba hap ve yeme alışkanlığını değiştirmeye yönelik davranış düzenlemesi uygulanmış; üçüncü guruba ise sadece davranış düzenleme tekniği uygulanmış.

Dört aylık incelemeden sonra, ilaç grubunun 15 kg, ilaç ve davranış düzenleme grubunun 30 kg, sadece davranış düzenlemesi uygulanan grubun ise 10 kg vermiş olduğu görülmüştür.

Bir yıl sonra yapılan izleme çalışmasında 15 kg veren ilaç grubunun 10 kg geri aldığı ve sadece verdiği 5 kg'ı koruduğu, ilaç ve davranış düzenlemesi grubunun verdiği 30 kg.'dan 24'ünü geri alarak 6kg.'ı koruduğu, 4 ay içinde 10 kg vermiş olan davranış düzenlemesi grubunun ise sadece yarım kilo almış oldukları ortaya çıkmıştır.

Bu araştırmanın ortaya koyduğu en somut bulgu, *dışardan yapılan müdahalenin sadece bu müdahalenin yapıldığı süre için geçerli olduğudur.* Görüldüğü gibi, müdahale ortadan kalkınca kişiler hızla eski alışkanlıklarına geri dönmektedirler.

SAĞLIKLI BESLENME

Bu konudaki karışıklıkların bir bölümü, her birey için "ideal diyet" tanımının yeterince bilinmemesinden kaynaklanır. İnsanların farklılığı ve beslenme ihtiyaçları yaşa, cinsiyete, beden ölçülerine, fizik aktivitelerine, hastalık ve hamilelik gibi şartlara bağlı olarak değişiklik gösterir. Günümüzde bilim adamları bireylerin beslenme ihtiyaçları ile diyet, kalp hastalığı ve kanser gibi kronik hastalıklar arasındaki ilişkiler konusunda çok daha hassas bilgileri araştırmaktadırlar.

Aşağıdaki öneriler pek çok kişi tarafından yerine getirilmektedir. Bu program, herhangi bir teşhisin gerektirdiği özel bir diyete ihtiyaç göstermeyen kimseler içindir. *Bu program, herhangi bir hastalığı olmayan kimseler için düzenlenmiştir.* Bir noktayı hatırlatmakta yarar var, hiçbir kılavuz sağlıklı olmayı mutlak olarak garanti edemez, çünkü sağlığın kendisi pek çok faktöre bağlıdır. Bu faktörlere diyeti de ekleyebilirsiniz. Yiyecek tek başına bir kimseyi sağlıklı kılamaz, ancak iyi yemek alışkanlığı düzenli egzersiz, programlı gevşeme ve olumlu tavırlarla birleşirse sağlığı geliştirebilir.

SAĞLIĞINI KORUMAK İSTEYENLER İÇİN DİYET KILAVUZU

- ***Çeşitli yiyecekler yiyin***
- ***İdeal kilonuzu koruyun***
- ***Çok yağdan ve kolesterolden kaçının***
- ***Karbonhidrattan korkmayın***
- ***Fazla şekerden uzak durun***
- ***Fazla sodyumdan kaçının***
- ***İçki içecekseniz, makul ölçüde kalın***

Çeşitli yiyecekler yiyin

Sağlıklı kalabilmek için yaklaşık 40 çeşit besine ihtiyaç vardır. Bunlar arasında vitaminler ve mineraller, proteinlerden alınan amino asitler, karbonhidrat, protein ve yağlardan alınan kaloriler, yani enerji kaynakları sayılabilir. Bu besinler normal olarak yediğiniz yemeklerin içinde mevcuttur.

Pek çok yemekte, birden çok besin vardır. Örneğin süt; başka besinlerin yanı sıra protein, yağ, şeker ve diğer B vitaminleri, vitamin A, kalsiyum ve fosfor içerir.

Hiçbir yiyecek tek başına sizin ihtiyacınız olan miktarda temel besini içermez. Örneğin süt, çok az demir veya C vitamini içerir. Bu sebeple sağlıklı bir beslenme içinde olabilmek için çeşitli besinler almak gerekir.

Ne kadar çok çeşitli yerseniz, belirli bir besinin eksikliği veya fazlalığının yol açacağı sakıncalardan o kadar uzak olursunuz.

Meyve ve sebzeler mükemmel bir vitamin kaynağıdır, özellikle C ve A vitaminleri açısından. Buğday ve diğer tahıllar B vitamini içerirler. Et ise, yağ ve protein olduğu kadar, demir de dahil olmak üzere diğer mineralleri ve thiamine ve B12'yi de içeren birçok vitamini barındırır. Süt ürünleri temel kalsiyum kaynağı olup, pek çok diğer besini de içerirler.

Yeterli Bir Beslenme İçinde Olmak İçin Aşağıda Sayılanlardan Seçilmiş Çeşitli Yiyecekler Yiyin

- MEYVELER
- SEBZELER
- TAHILLAR
- DÜŞÜK YAĞLI SÜT, PEYNİR VE YOĞURT
- ET, BALIK, YUMURTA, TAVUK
- BAKLAGİLLER (BEZELYE, FASULYE)

Herhangi bir besini fazla ölçüde almanın bilinen hiçbir yararı yoktur. Eğer çeşitli gıdalarla beslenirseniz, çok ender olarak herhangi bir vitamin veya mineral desteğine ihtiyacınız olacaktır. Bu genel yargının az sayıda önemli istisnaları vardır.

- Üretken yıllarında kadınlar, âdet kanamaları ile kaybettikleri demiri almak için, desteğe gerek duyabilirler.
- Hamile olan veya süt veren kadınların pek çok yönde desteğe ihtiyacı vardır. Özellikle demir, folic asit, A vitamini, kalsiyum ve enerji verecek besinler (karbonhidrat, protein ve yağ gibi). Bu konuda ayrıntılı bilgi ilgili hekimlerden alınmalıdır.
- Yaşlıca veya çok az hareket eden kimseler nispeten az yerler. Bu sebeple bunların kalorisi yüksek ancak beslenme değeri az olan yiyeceklerden uzak durmaya dikkat etmeleri gerekir (yağ, alkol, şeker gibi).

İdeal kilonuzu koruyun

Eğer kilonuz normalin üzerindeyse, bazı kronik hastalıkları geliştirme ihtimaliniz artmaktadır. Şişmanlık, yüksek tansiyonla, kanda yağ düzeyinin (tripliseridler) ve kolesterolün artmasıyla ve en çok da şeker hastalığı ile ilgilidir. Diğer taraftan bütün bu sayılanlar da, kalp krizi ve inme konusundaki riski artırmaktadır. İşte bütün bu sebeplerden ötürü "ideal" kiloyu korumak "hayati" önem taşımaktadır.

Ancak sizin için ideal kilonun ne olduğu nasıl belirlenecektir?

Bu sorunun kesin cevabı yoktur. Aşağıdaki tabloda yetişkinler için genellikle "kabul edilebilir" sınırlar verilmeye çalışılmıştır. Eğer çocukluğunuzdan beri şişman sayılan bir kişiyseniz, kendi ideal ağırlığınızı bu sınırlar içinde bulmakta ve sürdürmekte güçlük çekeceksiniz. Pek çok kişi, kilosunun 20 veya 25 yaşlarında olduğu ile aynı düzeyde olması gerektiğine inanır.

Bazı insanların neden çok yedikleri halde normal kilolarını koruyabildikleri tam olarak anlaşılmış değildir. Bununla beraber kesin olan bir şey vardır ki, bu da kilo vermek için yakılandan daha az kalori alınması gerektiğidir. Bunun anlamı açıktır, ya daha az kalorili yiyecekler seçeceksiniz veya aktivitenizi artıracaksınız. Belki de en iyisi ikisini birden yapmanız olacaktır.

UYGUN KİLOLAR(*)

Boy	Erkek	Kadın
155		51-57
157,5		52-59
160	57-63	54-61
162,5	59-65	56-63
165	61-67	58-65
167,5	62-69	60-67
170	64-71	62-68
172,5	66-72	63-70
175	68-75	65-72
177,5	70-77	
180	72-79	
182,5	73-81	
185	75-84	

Not: Boy ayakkabısız olarak, ağırlık günlük elbiselerle ölçülmeli.

Yemek Alışkanlığınızı Değiştirmek İçin:

- YAVAŞ YİYİN
- KÜÇÜK PORSİYONLAR HAZIRLAYIN
- KÜÇÜK LOKMALARLA YİYİN
- HER LOKMAYI İYİCE ÇİĞNEYİN

Eğer kilo vermek istiyorsanız bunu yavaş yavaş yapın. Amaçladığınız kiloya ulaşıncaya kadar düzenli olarak haftada 400-900 gr. vermek

---

(*) Kaynak: *Yaşam Boyu Spor*. Dr. N. Erkan, 1982

sağlıklı olduğu kadar, ulaşılan kilonun korunması açısından da yerinde bir yöntemdir. Uzun süreli bir başarı, daha sağlıklı yeme ve egzersiz alışkanlıklarının edinilmesine bağlıdır.

Kısa dönemde çok başarılı olan bazı diyet formüllerinin uzun dönemde başarısız olmalarının muhtemelen en önemli sebebi de budur.

Hızlı bir biçimde kilo vermeye teşebbüs etmeyin. Hızlı kilo verdirmeyi amaçlayan diyet yöntemleri yiyecek çeşitlerini önemli ölçüde sınırlamaktadır. Günlük 800'ün altında kalori alımına yönelik programlar tehlikeli olabilir. Bu tür diyet programları sonucu böbrek taşı, psikolojik sorunlar veya başka bir problemle karşılaşılması ender rastlanan bir durum değildir.

Kilo Kaybetmek İçin:

- BEDENSEL FAALİYETİNİZİ ARTIRIN
- DAHA AZ YAĞ VE YAĞLI YİYECEKLER YİYİN
- DAHA AZ ŞEKER VE TATLI YİYİN
- ÇOK FAZLA ALKOL ALMAYIN
- AÇ KALARAK ZAYIFLAMAYA ÇALIŞMAYIN

Günlük bedensel faaliyetin yürüyüşlerle yavaş yavaş artırılması çok yararlıdır. Aşağıdaki listede çeşitli aktiviteler sırasında yakılan kalori miktarları görülmektedir.(*)

Faaliyet	1 saatte yakılan kalori		
Yatmak veya uyumak	80	Yürümek (6 km.)	300
Oturmak	100	Voleybol	350
Araba kullanmak	120	Tenis	420
Ev işi	180	Bisiklet (21 km.)	660
Yürümek (4 km.)	210	Koşmak (16 km.)	900
Bisiklete binmek (9 km.)	210		

Bu liste yaklaşık 70 kg. ağırlığında bir insana göre düzenlenmiştir.

Herkesin doymuş olduğu halde kendisine sunulan bir ikramı kabul edip etmemekte tereddüde düştüğü olmuştur. Özellikle açık büfe davette insan kendisini yemekten alıkoymakta zorluk çeker. Aşağıdaki liste benzeri durumlarda yenilen miktarı yakabilmek için 70 kg. ağırlığındaki birisinin ne kadar yürümesi gerektiğini göstermektedir.

(*) Kaynak: Robert E. Johnson, M.D. University of Illinois

	Kalori miktarı	Yürüyüş süresi
Bir tabak salçalı makarna	430	143 dk
Bir parça peynirli börek (100 gr.)	300	100 dk
Bir tabak pilav	220	67 dk
Bir tabak kuzu fırın	350	117 dk
Bir dana pirzolası	250	83 dk
Bir tabak dana etinden taskebabı	500	166 dk
Bir parça ızgara biftek	350	117 dk
Bir orta boy lüfer ızgara	200	66 dk
Bir tabak kalkan tava (200 gr.)	400	133 dk
Bir kâse domates çorbası	120	40 dk
Bir tabak kuru fasulye	240	80 dk
Yoğurt (200 gr.)	130	43 dk
Bir kola	120	40 dk
Greyfurt suyu (100 gr.)	136	45 dk
Bir şişe meyveli gazoz	70	23 dk
Bir bardak bira (250 ml.)	75	25 dk
Bir kadeh şarap	30	10 dk
Bir "tek" rakı	60	20 dk
Bir dilim ekmek	100	33 dk
Bir hamburger	420	140 dk
İki parça çikolata (30 gr.)	200	66 dk
Bir dilim pasta (60 gr.)	330	110 dk
Bir orta boy pizza	560	187 dk
Bir haşlanmış patates (orta boy)	100	33 dk
Patates cips (100 gr.)	230	76 dk
Bir yumurta	115	38 dk

Vücuttaki 450 gr. yağ 3500 kalori içerir. Bunun bir başka anlamı da şudur: 450 gr. vermek için, normal olarak tükettiğinizden 3500 kalori daha fazla yakmanız gerekir. Eğer her gün aldığınızdan 500 kalori daha fazla tüketirseniz, 450 gr. yağdan kurtulmak bir hafta sürecek demektir. Günde normal şartlar altında 1700 kalori tüketildiği göz önüne alınırsa, 450 gr. yağdan kurtulmak günde 1200 kalorilik bir diyet uygulanarak bir hafta sürecektir.

Kilonuzu makul ölçüler altına indirmek için girişimde bulunmayın. Kuvvetli diyet programları, beslenmeyle ilgili hastalıklar, âdet düzensizlikleri, cinsel güçte azalma, saç dökülmesi, deri hastalıkları, soğuğa dayanıksızlık, ciddi kabızlık ve psikolojik problemlerin ortaya çıkmasına yol açabilir.

Eğer hızla kilo kaybediyorsanız veya kilo kaybınız için yeterli bir sebep yoksa, bir hekime başvurun. Beklenmedik kilo kayıpları, başka belirtileri ortaya çıkmamış bir hastalığın erken habercisi olabilir.

Çok yağdan, doymuş yağdan ve kolesterolden kaçının

Eğer kan kolesterol düzeyiniz yüksekse, bir kalp krizi tehlikesine daha çok yakınsınız demektir. Bizim türümüzde, doymuş yağdan ve kolesterolden zengin gıdalarla beslenme alışkanlığı olan topluluklarda kanda kolesterol düzeyi yüksek olma eğilimindedir. Bu sebeple bu tür beslenme özelliğine sahip kimseler, düşük yağlı ve düşük kolesterollü gıdalarla beslenenlere kıyasla, bir kalp krizi geçirmek açısından daha büyük bir riske sahiptirler.

Normal şartlar altında fazladan doymuş yağ ve kolesterollü gıdalarla beslenmek, kan kolesterol düzeyini yükseltir. Ancak hemen belirtmek gerek ki, insanlar arasında kalıtımsal faktörler ve her organizmanın kolesterolü kullanım biçimi açısından önemli farklılıklar olabilmektedir.

Bazı insanlar doymuş yağ ve kolesterolden zengin gıdalarla beslendikleri halde, kan kolesterol düzeyleri normal sınırlarda kalabilmektedir. Bunun yanı sıra ne yazık ki, düşük doymuş yağ ve kolesterol içeren gıdalarla beslendikleri halde, kan kolesterol düzeyleri yüksek olan pek çok insan vardır.

Sağlıklı beslenme konusunda bazı farklı görüş ve yaklaşımlar olsa da, alınan toplam yağ, doymuş yağ ve kolesterol ölçüsünün azaltılması bütün yaklaşımların temelini oluşturmaktadır. Bu görüş özellikle yüksek tansiyonu olan veya sigara içenler için daha büyük bir öneme sahiptir.

Aşırı Yağdan, Doymuş Yağdan ve Kolesterolden Kaçınmak İçin:

- PROTEİN İHTİYACINIZI YAĞSIZ ET, TAVUK, BALIK HATTA KURU FASULYE, BEZELYE VE FINDIKTAN KARŞILAYABİLİRSİNİZ.
- YUMURTA VE İÇ ORGANI (SAKATAT) AZ YİYİN.
- TEREYAĞI, KREMA, MARGARİNİ VE BUNLARDAN YAPILMIŞ GIDALARI AZ YİYİN.
- ETİN FAZLA YAĞINI SIYIRIN.
- KIZARTMA YERİNE HAŞLAMA VEYA IZGARAYI TERCİH EDİN.
- MUTFAĞINIZDA VE ELİNİZİN ALTINDA BİR YERDE, ÇEŞİTLİ GIDALARIN İÇERDİĞİ KALORİ MİKTARLARININ YAZILI OLDUĞU BİR LİSTE BULUNDURUN.

Karbonhidrattan korkmayın

Türk mutfağında temel enerji kaynakları karbonhidratlar ve yağlardır (Protein ve alkol de enerji verir, ancak daha az ölçüde). Yağ alımını azaltırken, vücudun enerji ihtiyacını karşılamak üzere karbonhidratlardan yararlanılabilir.

Vücut ağırlığını "ideal" düzeye indirmeye karar verenler için karbonhidratların yağlara kıyasla önemli bir avantajı olduğunu hatırlatmak gerekir: Belirli miktardaki karbonhidratta, aynı miktardaki yağa kıyasla yarıdan daha az kalori vardır.

Ayrıca göz önünde bulundurulması gereken bir önemli özellik, bütün karbonhidratların aynı niteliklere sahip olmadıklarıdır. Karmaşık karbonhidratlar – bezelye, kuru fasulye, pirinç, fındık, unlu gıdalar, ekmek, meyve ve sebzeler – sahip oldukları kalorinin yanı sıra, pek çok temel besini de içerirler. Oysa şeker gibi, basit karbonhidratlar sahip oldukları zengin kalori özelliklerinin yanı sıra, temel besinler açısından aynı ölçüde yeterli değildirler.

Fazla şekerden uzak durun

Türk mutfağında şeker ve şekerli yiyecekler ayrı ve önemli bir yere sahiptir. Bu konuda önemli ve yararlı bazı noktaları aşağıda sıralıyoruz:

- TATLILAR DAMAK ZEVKİ VEREN YİYECEKLERDİR, TATLI İHTİYACI DİYE BİR İHTİYAÇ YOKTUR.
- TATLISIZ KALMAK, ŞEKER YEMEMEK, HİÇBİR HASTALIĞA SEBEP OLMAZ. ÖZELLİKLE İNANILDIĞI GİBİ, KANSIZLIĞA YOL AÇMAZ, ZİHİNSEL AKTİVİTE YAVAŞLAMAZ.

Şeker vazgeçilmez bir madde değildir. Bu sebeple tatlı yerken, azının verdiği zevkle yetinmek gerekir. Bir porsiyonu başkası ile paylaşmak atılacak yararlı bir adımdır.

Fazla şeker yemenin yol açtığı en önemli tehlikelerden birisi diş çürümesidir. Bu konuda da önemli olan yenilen tatlı miktarı değil, tatlı yeme sıklığıdır. Özellikle yenilenler şekerleme, lokum gibi dişler arasında kalacak nitelikte yiyecekler ise.

Vücudun ihtiyacı olan şeker pek çok sebze ve meyveden alınmaktadır. Bu sebeple gün boyu, özellikle yemek aralarında yenilen çörekler, kekler, pasta ve turtalar, meşrubatlar, çay ve kahveler içerdikleri yoğun şeker miktarı sebebiyle bize hem gereksiz kalori sağlar; hem de bunları hesaba katmadığımız için, bir türlü zayıflayamayışımıza akıl edirmemizi güçleştirir.

Fazla Şekerden Kaçınmak İçin:

- ÇAY VE KAHVEYE KOYDUĞUNUZ ŞEKER MİKTARINI YAVAŞ YAVAŞ AZALTIN. BİR SÜRE SONRA ÇOK AZ ŞEKERLE DE AYNI LEZZETİ ALDIĞINIZI GÖRECEKSİNİZ.
- PASTA, ÇÖREK, KEK, MEŞRUBAT, DONDURMA GİBİ ŞEKER İÇEREN YİYECEKLERİ AZALTIN.
- ŞEKER İHTİYACINIZI MEYVELERDEN KARŞILAYIN.
- NE ÖLÇÜDE DEĞİL, NE SIKLIKTA ŞEKER YEDİĞİNİZİN ÖNEMLİ OLDUĞUNU UNUTMAYIN.

Fazla sodyumdan kaçının

Sofra tuzu sodyum ve klor gibi iki temel maddeyi içerir. Sodyum, özellikle konserve yiyecekler, hardal ve soslar, tuzlanmış kuru yemişler ve bekletilmiş etler gibi pek çok yiyecekte bulunur. Aynı şekilde sodalar ve kolalı meşrubatlar da sodyum içermektedir. Bu sebeple farkında olmadan vücudumuzun ihtiyacı olandan fazla sodyumu almamıza hayret etmemek gerekir.

Fazla sodyum en çok yüksek tansiyonu olanlar için tehlikelidir. Yüksek tansiyon yol açtığı sonuçlar bakımından, tek başına gözüktüğünden çok daha büyük bir problemdir. Yüksek tansiyonun sebeplerinin başında da şişmanlıkla beraber fazla sodyum alımı gelmektedir.

Düşük sodyum alanlarla, yüksek sodyum alanlar karşılaştırıldıklarında, yüksek tansiyona düşük sodyum alanlarda son derece ender rastlandığı saptanmıştır. Tansiyonu yüksek olanlar, sodyum alımlarını kontrol ettikleri takdirde, tansiyonlarının normal düzeye ulaşmasa bile, önemli ölçüde düştüğünü göreceklerdir.

Hemen herkes ihtiyacından fazla sodyum aldığına göre, bunu azaltmakta yarar vardır. Sofra tuzunu azaltın ve unutmayın ki, aldığınız sodyumun önemli bir bölümü "gizli"dir. Özellikle hazırlanmış olarak aldığınız gıdalar, tuz ve sodyum açısından çok yüklüdür.

Fazla Sodyumdan Kaçınmak İçin:

- YİYECEKLERİN TUZSUZ LEZZETİNDEN ZEVK ALMAYI ÖĞRENİN.
- PİŞİRİLEN YEMEĞE ÇOK AZ TUZ KOYUN.
- SOFRANIZDA ÇOK AZ TUZ BULUNSUN.
- CİPS, TUZLU FISTIK, TUZLU PEYNİR, KONSERVE YİYECEKLER, SALAM-SOSİS BENZERİ BEKLETİLMİŞ ETLER GİBİ TUZLU YİYECEKLERİ DİKKATLİ YİYİN.

İçki içecekseniz, makul ölçüde kalın

Alkollü içkiler kalori açısından zengin, diğer besin maddeleri açısından fakirdirler. Ilımlı düzeyde alkol alanlar bile, eğer ideal bir kiloda kalmak istiyorlarsa, daha az içmek zorundadırlar.

Diğer taraftan yüklü alkol alanlar, temel besinleri içeren yiyeceklere karşı iştahlarını kaybederler. Çok alkol kullananlarda, gerek bu sebepten, gerekse alkolün bazı temel besinlerin emilimini değiştirmesi sebebiyle, pek çok vitamin ve mineral eksikliğine sık rastlanır.

Hamilelik sırasında alkol alımının sürdürülmesi sakat çocuk doğumuna ve doğum sırasında problemlere yol açabilmektedir. Hamile kadınlar alkol alımlarını günde en fazla 1 kadeh ile sınırlandırmak zorundadırlar.

Fazla miktarda alkol alımı, siroz ve bazı nörolojik hastalıklar gibi birçok ciddi probleme yol açabilmektedir. Boğaz ve boyun kanserleri içki ve sigara içenlerde, içmeyenlere oranla çok daha yaygındır.

Yetişkin kimselerde günde bir veya iki kadeh içkinin zararlı olmadığı kabul edilebilir. Eğer içki içmek istiyorsanız, bunu bu ölçüler içinde, ılımlı olarak yapın. Kısacası:

İÇKİ İÇECEKSENİZ, MAKUL DÜZEYDE KALMAYI UNUTMAYIN.

KALORİ DEĞERLERİ LİSTESİ

Besinler esas olarak su, karbonhidrat, protein, yağ, vitaminler ve madenlerden meydana gelir. Besinler yenildikten sonra sindirim sisteminde yapıtaşlarına ayrılarak kana geçerler ve bedenin gelişmesi, yıpranan dokuların yenilenmesi ve çalışma enerjisi için kullanılırlar. Yağ ve karbonhidrat beden için gerekli enerjiyi sağlarken, maden, su ve vitaminler bedendeki biyokimyasal olayları düzenlerler (örneğin, aldığımız suyun 2/3'ü sindirim faaliyeti için kullanılır). Protein ise dokuların yapımı, yenilenmesi ve biyokimyasal olayların düzenlenmesi için kullanılır.

Kalori hesabının gerçeğe yakın olarak yapılabilmesi için besinleri oluşturan temel yapıtaşlarının kalori değerlerinin bilinmesinde yarar vardır:

Karbonhidratın	1 gramı	4 kalori,
Yağın	1 gramı	9 kalori
Proteinin	1 gramı	4 kalori
Saf alkolün	1 gramı	7 kalori
Şekerin	1 gramı	4 kalori

Günlük kalori ihtiyacı oturduğu yerde çalışanlar için 2000-2500, orta derecede beden işlerinde çalışanlar için 2500-3000, ağır beden işlerinde çalışanlar için 4000-4500 kaloridir.

Bir başka önemli konu da bazı mutfak ölçülerinin bilinmesidir. Çünkü hem insan hayatını elinde terazi veya ölçü aletleriyle sürdüremez, hem de bir diyet programında bir bardak, bir kaşık olarak tarif edilen ölçülerin anlaşılmasında yarar vardır.

Tatlı kaşığı	3-5 gram
Yemek kaşığı	8-10 gram
Su bardağı	100 gram
Bir ince dilim ekmek	30 gram
Bir orta dilim ekmek	50 gram
Kibrit kutusu peynir	30 gram
1 kesmeşeker	6 gram

Böylece bir orta dilim ekmek yendiği zaman 60-70 kalori, çaya 1 kesmeşeker atıldığında 24 kalori alındığı kolayca hesaplanabilir.

BESİNLERİN YENEBİLEN 100 GRAMLARININ
ENERJİ (kalori) DEĞERLERİ
(Alfabetik sıraya göre düzenlenmiştir)

Besin	Kalori
ETLER	
Balıklar	
Kalkan	193
Palamut	168
Sardalya	160
Uskumru	159
Deniz ürünleri	
Havyar	262
Karides	91
Midye	94
Et	
Dana eti(az yağlı)	156
(yağlı)	223
Domuz eti (az yağlı)	472
(yağlı)	553
Koyun eti (az yağlı)	247
Sığır eti (az yağlı)	225
(yağlı)	310
Et ürünleri	
Jambon	182
Kavurma	670
Pastırma	260
Salam	450
Sosis	322
Sucuk	452
Kümes hayvanları	
Hindi	160
Ördek	404
Tavuk (derisiz)	120
Sadece deri	349
Sakatat	
Beyin	125
Böbrek (kuzu)	105
Dil (dana)	130
İşkembe	100
Karaciğer	140
KURUBAKLAGİLLER	
Ayçiçek çekirdeği	560
Badem	598
Bakla (iç)	338
Barbunya	349
Bezelye	348
Ceviz	651
Fındık	634
Kabak çekirdeği	610
Kestane	194
Kurufasulye	340
Mercimek	340
Nohut	360
Soya fasulyesi	403
Susam	582
Şam fıstığı	594
MEYVELER	
Ananas	52
Armut	61
Ayva	57
Çilek	37
Dut	93
Elma	58
Erik (taze)	75
(kuru)	255
(pestil)	344
Greyfurt	41
İncir (taze)	80
(kuru)	274

Karpuz	26
Kavun	33
Kayısı	51
Kiraz	70
Limon	27
Mandalina	46
Muz	85
Portakal	49
Şeftali	38
Üzüm (taze)	67
(kuru)	289
Vişne	58

SEBZELER

Bakla (taze)	72
Bamya (taze)	36
Bezelye (iç)	84
Biber (taze)	22
Domates	22
Enginar	53
Fasulye (taze)	32
Havuç	42
Hıyar	15
Kabak	26
Karnabahar	27
Kereviz	40
Kıvırcık salata	20
Ispanak	26
Lahana	24
Mantar	28
Marul	14
Maydanoz	44
Mısır (taze)	96
Nane	65
Pancar	43
Patlıcan	25
Patates	76
Pazı	33
Pırasa	52
Roka	33
Sarmısak (baş)	137
Semizotu	32
Soğan (kuru)	38
(yeşil)	36
Turp (kırmızı)	19
(siyah)	30
Yerelması	75

SÜT ÜRÜNLERİ

Beyazpeynir (yağlı)	289
(yağsız)	99
Cheddar	403
Gravyer	413
Kaşarpeyniri	404
Krem peynir	349
Lor peyniri	85
Rokfor	369
Süt inek (yağlı)	61
(az yağlı)	50
(yağsız)	35
Manda	97
Yoğurt (yağlı)	63
(az yağlı)	61
Yumurta (beyaz)	49
(sarı)	369
(bütünü)	158

ŞEKER VE TATLILAR

Bal	315
Çikolata	528
Çikolata (fıstıklı)	543
Dondurma	193
Karamela	399
Lokum	240
Pekmez	293
Reçel	272
Şeker	385
Tahin helvası	516
Tatlılar	
Hanımgöbeği	211
İrmik helvası	302
Muhallebi	173
Sütlaç	139
Telkadayıf (fıstıklı)	289

TAHILLAR

Arpa	349
Buğday	335
Kepek	213
Ekmek (buğday)	276
Sandviç	298
Kraker (sade)	384
(peynirli)	479
Makarna	369
Mısır (haşlanmış)	91
(patlamış-sade)	386
(yağ, tuz eklenmiş)	456
Pirinç	363
Şehriye	388
Yufka	152
Tarhana	316

YAĞ VE YAĞLI BESİNLER

Bitkisel yağlar	
Ayçiçek yağı	884
Margarin yağı	884
Mısırözü yağı	884
Nebati yağ	900
Soya yağı	884
Zeytinyağı	884
Hayvansal yağlar	
Balık yağı	900
Tereyağı	717
Soslar	
Fransız salata sosu	430
İtalyan salata sosu	467
Mayonez (hazır)	390
Krema (% 50 yağ ve süt)	134
Diğer besinler	
Cips (patates)	568
Et suyu tableti	120
Hazır domates çorbası	341
Kakao	299
Ketçap	106
Salça	98
Zeytin (siyah)	207
(yeşil)	144
Tat vericiler	
Hardal (toz)	469
Karabiber (toz)	255
Karanfil	323
Kekik	276
Kırmızı biber (toz)	375
Tarçın (toz)	261
Susam	583

ALKOLLÜ VE ALKOLSÜZ İÇECEKLER

(100 CC değerleri)

Alkollü içkiler	*Kalori*	*Alkol %*	*Alkolsüz içkiler*	*Kalori*	*Alkol %*
Bira (tekel)	42	4	Çay	–	–
Cin	231	33	Ihlamur	–	–
Rakı	335	48	Kahve (toz)	–	–
Şarap	85	11	Kolalı gazoz	39	(1 şişe 117 kal.)
Viski	263	38	Maden suyu	31	–
Votka	275	40			
Likörler					
Ahududu	274	25			
Nane	356	30			
Portakal	400	40			
Muz	315	25			

İçkilerin kullanılan ölçüleri esas olarak yapılan değerlendirmede, bir bardak viskinin (30 gr) yaklaşık 75-86 kalori, bir kadeh konyak ve cinin 85-90 kalori, bir küçük şişe şarabın (35 cl) yaklaşık 500 kalori, likör ve hafif içeceklerin bir kadehinin (20 gr) 50-80 kalori, küçük biranın 80 kalori olduğu hesaplanabilir.

Bir gram saf alkolün 7 kalori olduğu unutulmamalıdır.

Kilo alma problemi olan bir insan için yediğine dikkat etmek önemli bir stres kaynağıdır. Eğer bir de yapılan fedakârlık istenilen sonucu vermiyorsa, yaşanılan sıkıntı daha da artar.

Beslenme konusunda yeterince aydınlanmamış birçok kişinin problemi yemek aralarında aldıkları kalorileri hesaplamamaktır.

Örneğin sofrada yediklerini yarıya indirdiği halde, kilo veremeyen hatta bazen tam tersine kilo alan birçok insan vardır. Bize, ne yapsa kilo veremediğini söyleyen hastalarımızdan birini yakından izlediğimizde, bir yaz gününde yemek dışında aldığı kalorilerin şunlar olduğunu gördük:

Gün boyu

10 bardak çay bir şekerle..240 kalori
4 Kola...470 kalori
1 torba cips (50 gr)...280 kalori
2 dondurma...380 kalori
1/2 paket peynirli kraker..240 kalori

İkram edilen 1 çikolata, 1-2 akide şekeri, bir avuç kabak çekirdeği hesaba katılmadan, bu kişinin yemek dışında aldığı kalori miktarının 1610 olduğu görülmektedir. Bu miktar oturarak çalışan bir insanın ihtiyaç duyduğu kalori miktarından sadece 400-900 daha eksiktir.

Bu durumda da söz konusu kişinin yemek için sofrada yaptığı fedakârlığın hiçbir anlamının olmayacağı açıktır.

İşte besinlerin kalori değerleri konusunda aydınlanmak, insanı bu tür hatalardan korumaktadır.

SONUÇ

Bütün yazılanları ve bu alanda yapılan araştırmaları özetlemek gerekirse, kilo vermek isteyenlerin şu gerçekleri gözönünde bulundurmaları gerekir.

- Aç kalarak kilo verilmez (Diyet terk edilir ve alınan kilolar kısa sürede geri alınır).
- Fizik egzersiz yapmadan diyet yapmak anlamsızdır ve sonuç verme şansı "sıfır"dır.
- Davranış değişikliği yapmadan ve yeme davranışını değiştirmeden verilen kiloları korumak mümkün değildir.
- Diyet programından sonuç alabilmek için haftada 1/2 kg vermek ve bunu sürdürmek hedeflenmelidir. Bu da ancak "davranış düzenlemesi" ile mümkündür.

SAĞLIKLI BESLENME VE SAĞLIKLI ZAYIFLAMA KONUSUNDA EN SON GELİŞMELER

Bedenimizdeki her tür doku, hücrelerimizin yakıtı ve hormonlarımız, yediklerimizle beslenmektedir. Geçtiğimiz 15 yıl içinde, üstün nitelikli sporculardan beklenen performans ve halk sağlığı açısından, beyin ile beden arasındaki ilişkiye yoğun bir ilgi gösterilmiş ve bu konuda büyük bir bilimsel literatür oluşmuştur. Şimdi cevaplandırılmaya çalışılan temel soru, "Beynin işlevlerini yerine getirmesinde besinlerin oynadığı rol nedir?" sorusudur.

Metabolizma açısından bakıldığında beyin son derece aktif bir organdır, devamlı olarak "aç"tır ve "yemek seçer". Sağlıklı beslenmeyle konsantrasyon yeteneği, tepki verme hızı, hafıza ve zihinsel akıcılık arasında bir bağ vardır. Bu bağı inceleyen bilimsel yan dal "Nutritional Neuroscience"dır.

Nutritional Neuroscience, bir bilimsel disiplin olarak henüz çok genç olmakla beraber birçok önemli sorunun cevabı ve önemli bulgular, bu alanda sürdürülen çalışmalara bağlıdır.

Aşağıda *Psychology Today* dergisinden derlenmiş olarak bu alanda yapılan çalışmaların önemli bazı bulguları sıralanmıştır.

- Beyin sağlığı sadece alınan yağın miktarına değil, cinsine de bağlıdır. Entelektüel performans için, özellikle balıklardan alınan yağa ihtiyaç vardır. Önemli bir nokta, alınan yağ miktarını azaltan ancak, bunun ne türden bir yağ olduğunu dikkate almayan diyetlerin zihinsel performansı tehdit ettiğidir.
- Karbonhidratlar, özellikle beraberinde protein ve yağ olmaksızın alındığında, zihin yatıştırıcı bir görevi ütslenmektedir.
- Duygusal ve zihinsel performans B vitamininden etkilenmektedir.

Son 10 yılda bilim adamları tek bir risk faktörünü ortadan kaldırmak yerine "çoklu risk faktörlerini" kontrol altına almaya çalışmışlardır. Bu çalışmalar sırasında kolesterol seviyesiyle insan psikolojisi arasındaki ilişki dikkat çekmiştir. Bu alanda çalışan bazı bilim adamlarına göre kalp sağlığı için önerilen düşük kolesterol; cinayet, intihar, kaza ve saldırgan davranış riskini artırmaktadır. Cincinnati Jewish Hospital Kolesterol Merkezi yöneticisi Charles Glueck depresyon sebebinin yetersiz beslenmeden olmadığını, tam tersine depresyondaki hastaların yemekle ilgilenmedikleri için yetersiz beslendiklerini savunmaktadır. Dr. Glueck yapılan araştırmalar sonucunda yüksek kolesterol seviyesiyle (özellikle de trigleserit diye bilinen doymuş kan kağı yoğunluğuyla), yetişkin ve çocuklarda rastlanan manik depresif ataklar ve şizofreni arasında dikkat çekici bir ilişki olduğunu belirtmektedir. Buradan çıkan sonuç yüksek kolesterolün sadece kalp için değil, beyin için de zararlı olduğunu düşündürmektedir.

Alınan besinlerdeki yağın çoğu trigleseritlerden oluşmakta ve insan bedeninde yağ asitlerine dönüşmektedir. Dr. Glueck'e göre, depresyona eğilimli kişilerde trigleserit oranı düşürüldüğünde, depresyon artmaktadır.

Kandaki Yağ ve Depresyon Arasındaki Bağlantı

Yüksek trigliserit oranı kanın yoğunluğunu artırıp akışkanlığını azaltmaktadır. Böylece beyin hücreleri ihtiyaç duydukları oksijeni kan aracılığı ile almakta zorluk çekmektedirler. Böyle bir oluşumun doğurduğu iki sonuç vardır: Birincisi beyinde minik hasarlanmalar olur. İkincisi de kanın pıhtılaşma riski artar. Beyindeki minik hasarlanmalar unutkanlığa, kan pıhtılaşma riskinin artması ise, inmelere ve kroner kalp hastalıklarına yol açar. Ayrıca yapılan araştırmalar organik kökenli depresyon ve saldırganlık belirtilerinin de bu oluşumunun sonuçları olduğunu ortaya koymaktadır. Trigliserit seviyesinin düşürülmesi, kan sıvısındaki yoğunluğu azaltarak, beyne yeterli miktarda oksijen gitmesini sağlar.

Beynin Enerji Kaynağı: Glikoz

Hormonlar hafızanın desteklenmesini glikoz seviyesini yükselterek yapmaktadırlar. Virginia Üniversitesi profesörlerinden Paul Gold'un fareler ve insanlar üzerinde yaptığı araştırmalara göre, glikoz, aç veya tok karnına, yiyeceklerle ya da beyne doğrudan enjeksiyon yoluyla alınmasından sonra kalıcı bir hafıza oluşumunda belirleyici rol oynamaktadır. Tatlı veya şeker yiyerek daha akıllı bir insan olmamız mümkün değildir. Beynin ihtiyaç duyduğu glikoz, çeşitli besinlerden ve meyvelerden doğal yolla karşılanır.

Normalde beynin ihtiyaç duyduğu glikoz dozu birkaç faktöre bağlıdır. Bunlardan bazıları:

- Kişinin o anki kan şekeri seviyesi
- Fiziksel ve zihinsel stres oluşturucu etkenler
- Beslenme alışkanlıkları

İnsanların en çok zihnini kurcalayan sorulardan biri, önemli bir sınava girmeden önce şekerli bir şey yemek veya içmenin yararlı olup olmadığıdır. Bu "evet", "hayır" olarak cevap verilemeyecek kadar karmaşık bir konudur. Her şeyden önce alınması gereken glikoz miktarı konusunda henüz kesin bir sonuç yoktur. Bundan başka alınan doz yalnızca ihtiyaç karşılamayla ilgili değildir. Glikoz'un fazla alınması, hipoglisemik tepkiye yol açar. Bunun sonucu olarak kan şekeri önce yükselir, sonra da bu yükselmeye tepki olarak düşer. Ortaya çıkan ani şeker şokuna karşılık, kana insülin hücum eder ve fazla miktarı ortadan kaldırır. Bu da sınavdan alınmak istenen yüksek performansı düşürür.

Prof. Paul Gold'a göre, dengeli bir beslenmedeki karbonhidratlı yiyecekler, beynin enerji ihtiyacını karşılamaya yeter. Bir başka ifade ile söylemek gerekirse beyin kendisi ile ilgili düzenlemeleri yapma becerisine sahiptir.

Karbonhidratlar Kaygıyı Azaltıyor

Massachusetts Institute of Technology araştırmacılarından Judith Wurthman'a göre karbonhidrat açısından zengin bir beslenme, triptofan adlı aminoasidin beyinde bol miktarda salgılanmasını sağlayarak, kaygıdan kurtulmaya ve ruhsal gevşemeye yardımcı olmaktadır.

Wurthman, âdet öncesi gerginlik çeken kadınların, regl döneminden iki hafta önce aldıkları karbonhidrat miktarını artırdıklarını söylemektedir. Wurthman'a göre bu durum insanın kendi kendini iyileştirme çabasının en iyi örneklerinden biridir. Bunun sebebi, beyindeki serotonin miktarını artırarak, depresyon, kaygı ve konsantrasyon bozukluklarını ortadan kaldırmaktır.

Benzer şekilde kış aylarında yorgunluk ve depresyondan şikâyet edenler de farkında olmadan aldıkları karbonhidrat miktarını artırmaktadırlar.

Besinler ile Duygu Arasındaki İlişki

- Acılı ve baharatlı yiyecekler endorfin salgılanmasını hızlandırır. Endorfin insan bedeninin doğal morfini ve ağrı kesicisidir. Acılı ve baharatlı beslenmenin altında belki de insanların kendi morfinlerini salgılamaktan duydukları haz yatmaktadır.
- Halk arasında "Tatlı yiyelim, tatlı konuşalım" diye bir söz vardır. Çikolata gerçekten insanların kendilerini daha iyi hissetmelerine sebep olmaktadır. Çünkü çikolatanın içerdiği "fenilalalin" maddesi beyinde "zihin açıklığı"na yardımcı olan bir "nörotransmitter"e dönüşür. Bu maddenin neşe ve keyif hali üzerinde de etkili olduğuna inanılmaktadır. Ancak bunun nasıl ortaya çıktığı bilinmemektedir. Bir önemli nokta da, kaliteli bir çikolatanın içindeki doymuş yağın (önceden düşünüldüğü ölçüde) kolesterolü artırmadığının anlaşılmış olmasıdır.

Sarmısağın kanın yoğunluğunu azalttığı, akışkanlığını artırdığı, kolestrolü düşürdüğü, enfeksiyonlara karşı etkili olduğu ve hatta kansere karşı koruyucu olabileceği bilinmektedir. Yapılan en son araştırmalar sarmısağın serotonin salgısını artırdığını göstermiştir. Ayrıca farelerle yapılan deneyler, sarmısağın beyin hücrelerindeki yıkımı engellediğini, hafızayı koruduğunu ve hayat süresini uzattığını ortaya koymaktadır.

Mutlu ve Enerjik Olmak İçin Ne Yemeli?

İnsan bedeni büyük bir kimya fabrikası gibidir. Beynin çalışması biyokimyasal maddeler aracılığı ile olur. İnsanın bütün duygu, düşünce ve hareketlerini yöneten, nörotransmitter denilen maddelerdir. Nörotransmitter'lerin en çok bilineni serotonin'dir. Serotonin uykuyu düzenler, kaygıyı azaltır.

Bir diğer nörotransmitter asetilkolin'dir. Asetilkolin'in hafıza açısından önemi büyüktür.

Dopomin ve katelaminler (epinefrin, norepinefrin) uyanıklık, dikkat ve kaygı üzerinde etkilidirler. Hiç şüphesiz insanın yediklerinin beyindeki biyokimyasal düzenleme üzerinde rolü ve önemi vardır. Bugün için sağlıklı, mutlu, enerjik olmak için tam olarak neyin ve hangi miktarda yenmesi gerektiği sorusunun cevabını bulmaktan bir hayli uzaktayız.

Şimdilik sadece dengeli bir beslenme ile insan bedeninin ve beyninin kendi düzenlemesini yapmasına yardımcı olmakla yetinmek zorundayız.

Makul Olmayan İnançlar

Stres insan hayatına dış ve iç kaynaklardan yansır. İçten kaynaklanan stres, kişinin olayları değerlendirme ve hayata bakış biçiminin sonucudur ve aynı zamanda bu durum stres tepkisinin kronikleşmesine sebep olur.

Aşağıdaki listede birçok kişi tarafından paylaşılan temel bazı varsayımlar yer almaktadır. Bu varsayımların insanın içine saldığı kökler düşünülürse, bunlara inanç demek hiç de yanlış olmaz.

Varsayım 1- Bir yetişkinin ailesi, arkadaşları, çevresi ve tüm tanıyanlar tarafından sevilmesi ve kabul görmesi gerekir.

Birçok insanın peşinde koştuğu bu hayal ne yazık ki mümkün değildir. Çünkü hayatınız boyunca bütün insanları hoşnut etmeniz imkânsızdır. Ayrıca temelde sizden hoşlanan, beğenen ve takdir edenler bile bazı durumlarda olumsuz tavır alabilirler. Bu yönde makul olmayan bir inanç muhtemelen tek başına büyük bir mutsuzluk sebebi olmaya yeter. Oysa çok kere bu inanca sahip olanların büyük çoğunluğu bundan sonraki iki inanca da sıkı sıkıya bağlıdırlar.

Varsayım 2- Üzerinize aldığınız bütün işlerde mutlaka o işi en iyi bilen, kusursuz yapan ve her zaman en mükemmel kişi olmanız gerekir.

Böyle bir inanç, hayatın doğal akışının gereği olan ve bazı durumlarda karşılaşılması kaçınılmaz olan başarısızlıklardan kendinizi suçlamanıza, bundan utanç duymanıza ve kendinize saygınızın azalmasına yol açar.

Çünkü böyle bir şey mümkün değildir. İnsan bazen çok iyi bilmediği işlerle ilgilenmek zorunda kalabileceği gibi, sürekli olarak kusursuzu yaratma çabası kadar insanı yoran ve yıpratan bir şey olamaz.

Herhangi bir şeyi "iyi" yapmak için enerjinizin % 80'ini harcamak gerekiyorsa, "mükemmel" veya "kusursuz" yapmak için bunun iki katını harcamanız gerekmektedir. Böyle bir şey de çok kere mümkün değildir. Birincisi, bu bölümün sonunda daha geniş anlatılacağı gibi, değerlendirmeyi yapacak olanlar isterlerse nasıl olsa bir kusur bulabilirler. İkincisi, böyle bir gayret aşırı derecede anlamsız ve yıpratıcıdır. Hayatında yaptıklarını "mükemmel" yapmış ve bu gerginliklerin sonucu sağlığı bozularak 50 yaşında göçmüş bir kişiye kıyasla, yaptıklarını hep "iyi" yapmış ve 80 yaşına kadar yapmayı sürdürmüş bir kişi daha verimli, başarılı ve yararlı olarak değerlendirilir.

Unutulmamalıdır ki, *"iyi"nin düşmanı "mükemmel"dir.*

Varsayım 3- İnsanların mutsuzluğuna ve üzülmesine sebep olan dışlarında meydana gelen olaylardır.

Bu inancın akılcı değerlendirmesi insanların mutluluklarını kurmak veya üzüntüden uzak durabilmek için dış olayları kontrol etmelerinin gerektiğidir. Bu kontroller sınırlı olduğu ve diğer insanların niyet ve arzularını bütünü ile yönlendirmek mümkün olamayacağına göre, sonuç yetersizlik duygusu ve sürekli kaygı (kronik anksiyete) olacaktır. Mutsuzluğu olaylara yüklemek, gerçeklerden kaçma yoludur. Mutsuzluğun sebebi olayı yorumlayan kişisel ifadelerdir. Diğer insanları ancak sınırlı bir ölçüde kontrol edebileceğinize göre, esas kontrolü kendi duygularınız üzerinde yapmanız gerekir. Bundan sonraki bölüm doğrudan doğruya bu konudaki akıl yürütme biçimini yeniden düzenlemeye yöneliktir.

Varsayım 4- İnsanların ve "diğer şeylerin" olmasını istediğiniz gibi olmaması dehşet vericidir.

Bu bir "şımarık çocuk" belirtisi olarak tanımlanabilir. Yorgunluklar, sıkıntılar düzlüğe erdikten sonra kendi kendine konuşma başlar. "Bu benim başıma niye geldi?", "Allah kahretsin böyle olmamalıydı", "Bu çok kötü", "Bütün belalar beni bulur". İşlerin akışını değiştiren her uygunsuzluk, problem veya başarısızlık, kendinizle ilgili bu tür bir kötülük şeklinde değerlendirilir. Sonuç ise gerçekçi olmayan yoğun bir strestir.

Varsayım 5- Geçmişte geleceği belirleyen pek çok şey vardır.

Evet hiç şüphesiz geçmişteki bazı şeyler geleceği belirler. Ancak çok şükür bu "bütün gelecek geçmiş tarafından belirlenir" anlamına gelmez. Aksi takdirde hayat çok sıkıcı ve çekilmez olurdu. Hayatın özelliği ve yaşamanın güzelliği insanı belirleyen süprizlerdir.

Geçmişte meydana gelmiş herhangi kötü bir olay hiçbir şekilde bunun gelecekte de tekrarlanacağı anlamına gelmez.

Sizin bir şeyden fazla etkilenmiş olmanız buna mutlaka devam etmek zorunda olmanız demek değildir. Bu durumla başaçıkmayı başarabilirsiniz. Olaylar karşısında vermiş olduğunuz tepkiler, pek çok defa tekrarlandığı için hemen hemen otomatikleşmiştir. Bu alışılmış kalıpları gözden geçirip değiştirebilirsiniz. Geçmiş yaşantılarınızda tecrübeler kazanabilirsiniz, ancak bu yaşantıların olumsuz yükü ile yaşamanız gerekmez.

Varsayım 6- İnsanlar çabuk kırılır ve onları hiçbir zaman incitmemek gerekir.

Bu mantıksız inanç önemli duyguların açıkça konuşulmasını engeller ve *insanı hayatın zevkli taraflarından fedakârlık etmeye zorlar*. İstediğiniz veya ihtiyacınız olan her şey mutlaka bir ölçüde bir başkasını rahatsız edebileceği için kendinizi engellenmiş ve mutsuz hissedersiniz.

Bu konuda tereddütleriniz varsa "Güvenlilik Eğitimi" bölümü size ışık tutacaktır. Bazı durumlarda susmak, içe atmak, kısa vadedeki çatışmaları önler, ancak ilişkide – uzun vadede ilişkide – çatlaklara, boşluklara, karşılıklı öfke ve olumsuz birikimlere sebep olur.

Varsayım 7- Eğer insanlar sizi onaylamıyorsa, bu mutlaka sizin hatalı veya kötü olduğunuzu gösterir.

Gerek bu inanç, gerekse ikinci ve üçüncü inançlar aynı mantığa dayanmaktadır. Bir insan ya iyidir, ya kötüdür. *Bu aynı zamanda bütün Türk filmlerinin de mantığıdır*. Filmin "iyi"si hep iyilik yapar, hiç kötülük yapmaz; filmin "kötüsü"de hep kötülük yapar, hiç iyilik yapmaz. Çocukluğumuzdan başlayarak bu mantıkla yetiştirildiğimiz için, dışarıdan gelecek en küçük eleştiriyi kabullenmek kişiliğimizdeki bütün olumlu nitelik ve özelliklerden vazgeçmek anlamına geleceğinden, kolayca göze alabileceğimiz bir şey değildir.

Oysa dünyada mutlak "iyi" ve mutlak "kötü" yoktur. Derece derece her şeyin iyi ve kötü tarafları vardır. Bazı insanlar bizim bazı yönlerimizi onaylamıyorsa, bu belki onların kendilerine ait sebeplerinden ötürüdür. Belki gerçekten de onaylanacak birçok özelliğimizin yanı sıra, onaylanamayacak bazı özelliklerimiz de vardır. Ve karşımızdaki kişi için o sırada bunlar önem kazanmıştır. Böyle bile olsa meziyet ve niteliklerimizi farkedecek ve bunların hakkını verecek birçok kişi mevcuttur.

İnsan ilişkilerinde onaylanmayan çok kere kişiliğin bütünü değil belirli niteliklerdir. Bu sebeple bütünüyle sakat olan bu inanç, insanlararası birçok ilişkide sürekli kaygıyı doğurur. Bu inancın akıldışı oluşu, özel bir kusurun veya çok iyi olmayan bir niteliğin genelleştirilmesi ve kişiliğin bütününe yönelik bir itham oluşundan ötürüdür.

Varsayım 8- İyi ilişkiler karşılıklı fedakârlığa ve "verme" temeli üzerine kurulur.

Bu inanç "verme"nin "almak"tan daha iyi olduğu esasına dayalıdır. Bu durum herhangi bir şeyi istemek konusunda çekingenlik olarak görülür ve böyle insanlar gizli isteklerinin anlaşılmasını ve karşılanmasını beklerler. Bu tür bir yaklaşımın sonu, ne yazık acı ve buruk istismar edilmişlik, ihmal edilmişlik duygusudur.

Çünkü hayatları fedakârlık ve istenmeyen şeyleri vermeye yönelik insanların hemen hepsi açık veya kapalı bir şekilde verdiklerini karşılarındakilerden geri isterler. Açık veya kapalı dedik, çünkü bazı insanlar yaptıkları fedakârlıkları yerli yersiz dile getirir, bazıları da anlaşılmayı ve ödüllendirilmeyi sessizce bekleyip, içlerinde bol bol küskünlük biriktirirler.

Bir şeyi "vermek" ancak isteniyorsa anlam taşır. İstenmeden verilen bir şeyi alan kişi, çok kere ya aldığının farkında değildir veya aldığı şeyin değerinden haberi yoktur.

Hiç şüphesiz "vermek" güzel bir duygudur. Verilen ister duygu olsun, ister maddi değeri olan bir şey olsun, verenin gücünü gösterir. Ama lütfen unutmayalım, istendiği takdirde, yokluğu hissedildiği ve varlığı alan için anlam taşıyacağı takdirde.

Varsayım 9- Kendini düşünmek kötü ve yanlıştır.

Gerçek olan, sizin istek ve ihtiyaçlarınızı kimsenin sizden daha iyi bilemeyeceği ve hiç kimsenin bunların karşılanması ile sizin kadar ilgili olamayacağıdır. *Mutluluğunuzun sorumlusu yine sizsiniz.* Kendinizi düşünmeniz, bu sorumluluğa sahip çıkmanız demektir. Bu sorumluluğun size sağlayacağı huzurla çevrenizi düşünmeye, sağlıklı yaklaşımlarda bulunmaya daha çok imkânınız olacaktır.

Bu konuda da tereddütleri olanlar "Güvenlilik Eğitimi" bölümüne bakabilirler. *Yanlış olan kendini düşünmemektir. Sağlıklı ilişkiler insanların kendilerini düşündükleri, çıkarlarını açık ve dürüst olarak gözettikleri, alınanların ve verilenlerin hesabının dengeli ve açık olduğu durumlarda kurulur.* Yine yanlış olan karşısındakinin hakkını hiçe saymaktır. Bu sebeple kendinizle ilgili duygu, düşünce ve istekleri ortaya koymaktan, ihtiyaçlarınızdan çevrenizi haberdar etmekten çekinmeyin.

Varsayım 10- Kendinizi yalnız hissediyorsunuz ve yaşadıklarınızı ve duygularınızı kontrol edemiyorsunuz.

Bu inanç depresyon ve kaygının temelidir. Gerçek ise, insanlararası ilişkileri ancak belirli bir ölçüde kontrol edebilmemize karşılık, hayattaki her durum veya ilişkiye verdiğimiz tepkiyi yorumlamak konusunda daha büyük bir kontrole sahip olduğumuzdur.

Bu konuda daha ayrıntılı bilgi edinmek için bir sonraki bölüme, "Zihinsel Düzenleme Tekniği"ne bakabilirsiniz.

Varsayım 11- Mutluluk, zevk ve tatmin ancak başka insanların varlığı ile mümkündür ve yalnız olmak berbat bir şeydir.

Hiç şüphesiz başka insanların varlığı insanın dünyasını renklendirir. Arkadaşlarla duygusal alışverişte bulunmak, karşılıklı iletişim yaşanılan hayattan zevk almayı sağlar. Daha da önemlisi çevremizde düşünce ve duygularımızı paylaşacağımız insanların varlığı temel bir ihtiyaçtır. Ancak zevk, tatmin ve hoşnutluk başka insanlarla olduğu kadar tek başına da yaşanır. Zaman zaman tek başına olmak, kendi kendine yetmeyi bilmek bir olgunluk işaretidir.

Bütün bunlardan başka *insanın kendisini geliştirmek ve yenilemek için yalnızlığa ihtiyacı vardır.* Arkadaşlar ve dostlar nasıl temel bir ihtiyaçsa, insanın kendini ve dünyayı kavraması için zaman zaman yalnızlık ve sükûnet de temel bir ihtiyaçtır. Okumak için, kendisi (yakın veya uzak dünya) üzerine düşünmek için insanın yalnız olması gerekir. Başka insanlarla beraber okuyamayız, bazı temel gerçekleri topluluk içinde kavrayıp "Hah, tamam anladım" diyemeyiz. Bu sebeple yalnızlıktan korkmamak, yalnız kalınca kendimizi terk edilmiş, değersiz biri gibi görmemek ve her zaman, her fırsatta etrafımızda insanların bulunmasını sağlamak için düzenlemeler yapmamak gerekir.

Varsayım 12- Mutluluk koşuşturma içinde olmamak ve bol boş zamana sahip olarak kazanılır.

Bazı insanlar mutluluğu ve yaşamayı ertelemeyi bir alışkanlık haline getirmişlerdir. "Falan iş bitsin, ondan sonra bazı şeylere çekidüzen vereceğim", "filan iş bir tamamlansın, bak o zaman yaşamak nasıl olurmuş görsünler". Oysa "Falan-filan"lar; dersten geçer not almak, sınıf geçmek, sınavı başarmak, okulu bitirmek, sevdiğiyle evlenmek, çocuk sahibi olmak, çocukları büyütmek, istenilen işte çalışmak, işte istenilen pozisyonu elde etmek veya işi istenilen şekilde büyütmek, evin borcunu ödemek, çocukların okullarını tamamlaması gibi, hayatın bütününü içine alır.

Mutluluk yaşanılan zamanın içindedir. Dolayısıyla ya vardır, ya yoktur. Mutluluğu her işin tamam olmasıyla, mutlak rahatlıkla karıştırmamak gerekir. Mutluluk, mutlak rahatlıktan daha fazla bir şeydir. İnsan tebessümünü çehresinin bir parçası yapabiliyorsa, yaptığı işten zevk alıyorsa, ailesiyle birlikte olduğu zaman memnuniyeti devam ediyorsa, gelecek günler ona tatlı bir heyecan veriyorsa, kişi mutlu demektir. Mutlu olmak için "cennet"e gitmeyi veya cennet benzeri bir düzeni dünyada sürdürmeyi bekleyenler için ise, mutluluk hiçbir zaman yaşanmayacak bir düş ve boşa geçmiş bir hayat demektir.

Varsayım 13- Kızgınlık mutlaka kötü ve yıkıcıdır.

Kötü ve yıkıcı olan öfke ve kızgınlık değil, bazı durumlarda bu duyguların sonucu kontrol edilemeyen saldırganlıktır. Yoksa insan hayatı boyunca kızmasını gerektiren birçok durumla karşılaşır. Kızgınlık ve öfke konusunda önemli olan iki nokta vardır.

Birincisi, *kızgınlığın duruma uygun bir tepki olması,* ikincisi kişinin kızgınlığını ifade ederken *problemin boyutu ile sınırlı kalması* ve asla karşı tarafa yönelik bir şiddetin ortaya çıkmaması. Bu konu geniş olarak "öfke" bölümünde ele alındığı için daha fazla ayrıntıya girilmeyecektir.

Son olarak şunu söyleyebiliriz ki, öfke kişiliğe yönelik bir saldırıya dönüşmez ve başkalarının güvenliğini tehdide yönelmezse, bazen insanın gerçek duygularını ortaya koyan dürüst bir iletişim biçimi olabilir. Bu şekliyle de öfke hem arınma sağlayabilir, hem de karşılıklı duyguların tanınmasına yardım eder.

Varsayım 14- Acı çekmemeniz gerekir. Çünkü sizin hakkınız iyi bir hayattır.

Gerçek olan acının insan hayatının kaçınılmaz bir parçası olduğudur. Batı kaynaklı bir atasözü, "ıstırap çekmeyen olgunlaşamaz" der. Genellikle ıstırap sağlıklı kararlar, gelişim fırsatları ve güç durumlarla birlikte görülür. Acı çekmek hayatı ve insanları tanımak için bir fırsattır. Istırap insanı olgunlaştırır. Acı çekmeden, acı çekenleri anlamak, insanın kendi kararından dolayı ıstırap çekebileceğini anlamak mümkün olamaz.

Hayat dümdüz değildir. Bazen ne yapılırsa yapılsın, istediğimiz bazı şeylerin olmaması veya istediğimiz gibi olmaması ve acı çekmek kaçınılmazdır. Istırap ve engellenmeyi yaşamamış, bu duygu ve durumlarla uygun şekilde başaçıkmayı öğrenememiş insanlar, kaç yaşına gelirlerse gelsinler olgunlaşamazlar.

Varsayım 15- Hayatın küçük zorlukları ve sorumluluklarından kaçmak, onlarla karşı karşıya kalmaktan daha kolaydır.

Sorumluluktan kaçmanın pek çok yolu vardır. "Gelemeyeceğimi söylemem gerek, ama bu gece değil", "yapmam lazım, ama şimdi değil", "bugünlük bu kadar yeter..."

Bu konuda bütün uzmanlar tarafından önerilen, ertelemenin ve problemi kafada taşımanın insanı daha çok yorduğudur. Eğer gücünüz yetiyorsa ertelemek yerine "yapın." Problemi erteleyerek size zevk verecek olan şeyi önce yapmak yerine, önce yapın sonra kendinize ödül olarak size zevk verecek olana yönelin. Göreceksiniz kendinizi hafiflemiş hissedecek ve hoşunuza giden şeyden daha çok zevk alacaksınız.

Önce film seyretmek, sonra musluğu tamir etmek yerine, önce tamir sonra film. Çünkü önce film olursa musluğu ertesi güne ertelemek için birçok sebep çıkacaktır. "Geç oldu, gürültü çıkar" vb.

Eğer bu madde size uyuyorsa, sorumluluktan kurtulmak için kullandığınız standart mazereti buraya yazınız.

Sorumluluk Alanı	Korunma Yöntemi

Böylece hangi konulardaki sorumlulukların sizi bunalttığını ve bundan kaçış yolunuzu daha açık görmeniz mümkün olabilecektir.

Varsayım 16- Mükemmel bir aşk, mükemmel bir ilişki vardır.

Bu inancı taşıyanlar çoğunlukla her yakın ilişkiden sonra bir hayal kırıklığı yaşarlar. Bu kimseler, hiçbir zaman gerçekleşmeyecek olan, mükemmel bir uyumu bekledikleri için hiçbir şeyden memnun olmazlar.

Bu şekilde düşünenler büyük bir ihtimalle en başta yazılan dört inancı da derece derece taşıyorlardır.

Mutluluk yaşanılana anlam verebilmektir. Bir şeyin tadını çıkartabilmek için onun mutlaka kusursuz olması gerekmez. Kitabın evlilikle ilgili bölümünde, evliliklerde ne tür beraberliklerin, sesli veya sessiz anlaşmaların olabileceği belirtilmişti. Aynı durum evlilikdışı ilişkiler için de geçerlidir. Önemli olan kişinin – kendisini aldatmadan – karşısındaki insanla temel ilkelerde anlaşmış olmasıdır. Çünkü "aşk" sadece ve sadece tanışma ve keşfetme dönemi içinde söz konusu olabilir. Bu dönemden geçip "sevgi"ye ulaşılabilirse, kişiler zoru başarmış demektir. Bu sebeple mutlu olmak için her gün yanınızda olan insanın kıymetini bilin, *zihninizde o kişinin kusurlarını, olumsuz yönlerini değil; meziyetlerini, olumlu özelliklerini ve ortak ilişkinize, hayatınıza katkılarını vurgulayın.*

Varsayım 17- Hayatta insanın kendisinden daha başka, daha güçlü daha büyük destekler gereklidir.

Bu mazeretin başarısız insanların kalkanı olduğunu hatırınızdan çıkartmayın. Hiç şüphesiz ailelerinden, çevrelerinden aldıkları destekle başarıya ulaşmış insanlar vardır. Ancak başarı için mutlaka böyle bir yardım gerekli değildir. Başkalarının desteği olmadan başarıya ulaşmış insanlar çoğunluktadır. Başarısız insanlar, kendi tezlerini güçlendirmek için bir dizi örnek sıralayabilirler. Fakat başarı potansiyelini içinde barındıran, elde etmek istediği şeyi bilen ve gücünü ona doğru seferber eden kişiye uzun dönemde kimse engel olamaz. Destekle başarıya ulaşmak veya ulaşamamak ancak kısa dönemde söz konusu olabilecek durumlardır.

Büyük bir ihtimalle bu "makul olmayan inançlar" listesine sizin de katacaklarınız vardır. Makul olmayan inançlarınızı tanıyabilmenizin en iyi yolu, kaygı, depresyon, kırgınlık, suçluluk veya değersizlik duygusunu yaşadığınız durumları hatırlamanızdır. Bu duyguların her birinin ardında, özellike bunlar kronikleşmişlerse, makul olmayan bir değerlendirme ve yorum biçimi vardır.

Sizin ekleyebileceğiniz makul olmayan inançlarınız nelerdir?

Zihinsel Düzenleme Tekniği

DÜŞÜNCELER VE DUYGULAR

İnsan canı sıkıldığı, üzgün olduğu veya hayatında bazı şeyler yolunda gitmediği zaman, bir arkadaşıyla dertlerini paylaşır ve çok kere "dert etme", "üzme canını", "sıkma kendini" türünden yaklaşımlarla karşılaşır. İşin ilginç tarafı, ruh sağlığı uzmanlarının bir bölümünden de benzer yaklaşımları duymanın mümkün oluşudur. Bilinmektedir ki, sıkıntısı olan kişi derdini başkasına açmadan önce, zaten birçok defa kendi kendisine benzer türde telkinlerde bulunmuştur.

"Dert etme, canını sıkma, aldırma"cı dostlar ve ruhsağlığı uzmanlarının yanı sıra, bir de Polyannacı dost ve ruhsağlığı uzmanları vardır. Onların yaklaşımını da "beterin beteri var, sen haline şükret" formülü ile özetleyebiliriz. Herkes bilmektedir ki, bu yaklaşımların kimseye faydası yoktur. Ancak bunu söyleyenlerin de söyleyecek başka sözleri yoktur.

Bundan sonraki sayfalarda düşünce ve duyguların ve bunun sonucu ortaya çıkan davranışların sorumlusunun, neden insanın kendisi olduğunu okuyacaksınız. Ancak daha da önemlisi, ilerdeki sayfalarda olaylara yaklaşım biçiminizin gerçekçi bir yaklaşım olup olmadığını sınayacak kriterlere sahip olacaksınız. Bir başka ifadeyle yaklaşımınızı değiştirmek için size ne "dert etme" denecektir, ne de "beterin beteri var".

Pek çoğumuz, hayatımızdaki diğer insanların ve meydana gelen olayların, duygu ve düşüncelerimizi belirlediğini kabul ederiz. Bu sebeple bizi gerginliğe iten ve duygusal açıdan sıkıntı veren dışımızdaki olay ve kişileri suçlarız. Bunu yaparken de çoğunlukla sadece strese yol açmakla kalmayan, aynı zamanda stresle başaçıkmayı da güçleştiren önemli bir öğeyi gözden kaçırırız. Bu önemli öğe, hayatımızdaki olayları değerlendirme ve yorumlama biçimimizdir. Bu yazıda, "zihinsel düzenleme tekniği" denilen bir yöntem anlatılacaktır. Bu yöntemle, zaman zaman hepimizin kendini kaptırdığı mantıklı ve makul olmayan düşünce biçiminden kaynaklanan gerginlik duygusu ile yapıcı biçimde mücadele etmek mümkündür. Ancak önce düşünceler, duygular ve davranış arasındaki ilişkiyi ele almak aydınlatıcı olacaktır.

A-B-C Modeli

Pek çok kişi, düşüncelerin, duyguların ve davranışın birbirinden ayrı ve bağımsız olduğunu düşünür. Sık sık günlük ilişkilerimizde, "sinirlenmek istemiyorum, ama elimde değil" türünden sözler duyarız. Böyle bir ifade, düşünce ve duyguların birbirinden bağımsız olarak ortaya çıktığını ve doğrudan birbirlerine bağlı olmadığını varsaymaktadır. Ancak gerçek bu varsayımın tam tersidir. Çok ender olarak engel olunamayacak üzüntüler, öfkeler, hayal kırıklıkları olur. Düşünceler, duygular ve davranış arasındaki ilişki Dr. A. Ellis'in geliştirdiği A-B-C modeli üzerinde açıklanabilir.

Bu model üzerinde A noktası, duygu ve davranışa yol açtığı varsayılan olaydır. Örneğin, müdürünüz veya patronunuz, bir işi verilen zamanda tamamlamadığınız için size çıkışmış olabilir. Bu olaydan sonra siz sinirlenmiş ve üzülmüş olabilirsiniz. C noktası sizin, bu olaydan sonraki duygunuzu ve davranışınızı göstermektedir. Örneğin böyle bir eleştiri karşısında savunucu olabilir ve "Bütün hata bende mi?" veya "Bu adam beni ne sanıyor?" türünden bir tepki verebilirsiniz. Ne yazık yaygın bir yanlış inanış olarak, birçok insan A noktasındaki olayın, doğrudan C noktasındaki duygu ve düşünceye yol açtığına inanır.

A Olay (Yöneticinin eleştirisi)
C Duygu ve davranış (üzgün, kızgın, savunucu)

Eleştiricilerden dolayı müdürünüz sizi üzmüştür, değil mi? Oysa A ve C noktası arasında gerçekte çok önemli bir şey daha vardır. A ve C noktaları arasında çoğunlukla atlanan düşünce ve davranışı esas etkileyen, bizim yorum ve yaklaşım biçimimizdir.

A Olay (Müdürün eleştirisi)
B Yorum ve yaklaşım biçiminiz (Bütünüyle unutmuştum, işten atılacağım)
C Duygu ve davranış (üzgün, kızgın, savunucu)

Bu şemada da görüleceği gibi, süreci başlatan müdürünüz olsa bile, duygunuza yol açan sizin kendi düşünce biçiminizdir. Bir olaya yaklaşım ve yorum makul veya makul olmayan biçimde olabilir. Olumsuz ve sıkıntı verecek yorum ve yaklaşım biçimleri alışkanlık haline gelebilir ve insan hayatındaki önemli bir stres kaynağı olabilir. Bir başka yaklaşım biçimi de şöyle olabilirdi.

A Olay (Müdürün eleştirisi)

B Yorum ve yaklaşım biçimi (İşi zamanında bitirmeliydim, ama bitiremedim)

C Duygu ve davranış (Hayal kırıklığı, ancak, "Ben her zaman daha iyisini yapabilirim" yaklaşımının korunması).

Herhangi bir olay çok çeşitli biçimlerde algılanabileceği için, çok farklı duygusal tepkilere yol açabilir. Sizi gerilime sokan olaydaki stres değil, olayı değerlendiriş biçiminizdir. Çoğunlukla stresi yaratan, doğru ve makul olmayan düşünce biçimidir.

Şimdi gerçekten yaşanmış şu olaylara birlikte göz atalım:

İstanbul'un dışında bir büyük şirketin yöneticileri için yürüttüğümüz Stresle Başaçıkma seminerlerinden birinde, grup üyelerinden ikisinin aynı zamanda biri Ankara, biri İstanbul'da olan işyerlerinden telefonla arandığı haberi geldi. Telefona giderlerken Ankara'dan arananın yüzünde merak ve kızgınlık, İstanbul'dan arananın yüzünde merak ve memnuniyet ifadesi sezdik.

Programın Zihinsel Düzenleme Bölümünü yaparken, bu olayı o kişilerden yazmalarını istedik. Ankara'daki işyerinden çağrılan yöneticinin kâğıdında şunlar yazılıydı:

A Olay:	İstanbul dışında Stres Semineri sırasında telefonla aranmak.
B Yorum:	Allah kahretsin, burada da buldular. İnsana hiçbir yerde rahat vermezler.
C Duygu ve Davranış:	Sıkıntılı, kızgın bir ifadeyle yürümek.

İstanbul'dan aranan kişinin kâğıdında ise şunlar yazılıydı:

A Olay:	İstanbul dışında Stres Semineri sırasında telefonla aranmak.
B Yorum:	Kendi başlarına çözemedikleri önemli bir şey oldu ki, bana ihtiyaç duydular. Bana ihtiyaç duymaları ne iyi.
C Duygu ve Davranış:	Keyifli bir ifadeyle yürümek.

Yukarıdaki iki kişinin aynı olaya verdikleri farklı tepkilerde görüldüğü gibi tepkiyi doğuran olayın kendisi değil, kişilerin olaya yükledikleri anlamdır.

Bir Batı Avrupa ülkesinde lüks bir otelde kalan bir Türk, resepsiyonda görevli hanım memurdan, kendisine bir mesaj bırakılıp bırakılmadığını öğrenmeye çalışmaktadır. Ancak resepsiyonist o sırada bir başkasının işiyle meşgul olduğu için – aldığı eğitimin gereği olarak – vatandaşımızı duymamazlıktan gelir. Vatandaşımız bekler, önündeki kişinin işi bittikten sonra, memur bu kez bir başka kişiye dönerek onunla ilgilenmeye başlar.

"Bundan sonra ne oldu?" diye düşünmemize gerek yok. Vatandaşımız bağırmaya ve kendisinin "kim olduğunu göstermeye" çalışır. Yani o öyle kolayca atlanıp, sırası başkasına verilebilecek bir insan değildir. Görevli, "Sinirlenmeyin, efendim" dediğinde de, "Sinirlenmiyorum," diye daha çok bağırır.

Bu noktada vatandaşımızın yanına gitsek muhtemelen bize şöyle diyecektir:

"Dikkatsiz kız, benim burada durduğumu görmüyor, benden sonra gelenle ilgileniyor. Ben de kızdım tabii."

Bunu dinlediğimizde de büyük bir ihtimalle vatandaşımıza hak veririz. Görevli dikkatsiz davranmış, karşısındaki de buna kızmıştır. Oysa vatandaşımızı kızdıran ve öfkeyle bağırmasına sebep olan olay, görevlinin sıradan bir dikkatsizliği değil, vatandaşımızın saçının rengi ve dış görünüşü yüzünden kendisinin bir üçüncü dünyalı olarak ilgi görmediği şeklinde yaptığı iç yorumdur.

Bu yaşantıyı şöyle şemalaştırabiliriz.

A Olay:	Otel resepsiyonunda görevlinin bir sonraki kişiye hizmet etmesi.
B Yorum:	Hak ettiğim davranışı göremiyorum. Görünüşümden ötürü bana değer verilmiyor.
C Duygu ve Davranış:	Kızgınlık ve "Ben onlara kim olduğumu gösteririm."

Birçok kişi bu açıklamalardan sonra düşüncelerin duygulara ve davranışa yol açtığını kabul etmekle beraber, yine de çok az kimse hoş olmayan ve istenmeyen duygulara yol açan gerçek dışı ve olumsuz düşünce sistemini değiştirmenin mümkün olabileceğini kabul etmektedir. Oysa olumsuz duygu ve davranışa yol açan düşünce biçimini "zihinsel düzenleme tekniği" denilen bir yöntemle değiştirmek mümkündür. Bu tekniğin öğrenilmesi gerginliği azaltmak ve nispeten olumlu veya mümkün olmadığı durumlarda nötr, yani tarafsız bir duygu geliştirmek üzere düşüncelerin kontrol altında tutulmasını sağlar.

Türkiye'de gerçekçilik ve kötümserlik aynı anlamda kullanılmaktadır. İyimserlik de Polyannacılık olarak kabul edilmektedir. Oysa kötümserlik kötümserliktir ve gerçekçilikle ilgisi yoktur.

Kötümser insanlar sürekli kötümser yorumlar yaptıkları için, arada isabet kaydeden tahminlerini hatırlatarak haklılıklarını kanıtlamaya çalışırlar. Oysa falcılar da her yılbaşında çok sayıda kehanette bulunmakta ve bunlardan birkaç tanesinde de haklı çıkmaktadırlar.

Yapılan bir araştırma insanların endişelerinin % 90'ının gerçekleşmediğini, gerçekleşenlerin yarısının da korkulduğu kadar kötü olmadığını ortaya koymuştur. Bu sebeple insan kafasını "Kuruntu Üretim Fabrikası" (KÜF) olarak çalıştırmadan önce olayları gerçekçi bir biçimde ele almalıdır.

Akılcı bir analiz

Zihinsel düzenleme tekniğinin birinci basamağı, akılcı olan ve akılcı olmayan düşünce biçimlerini ve yaklaşımlarını birbirinden ayıracak bazı *ölçütlerin* getirilmesidir. Bu ölçütler problemin akılcı ve gerçekçi bir çözümünün yapılmasını mümkün kılar. Bu sayede olumsuz duygu ve davranışa yol açtığına inandığımız bir olay veya ilişkinin, olumlu ve kişiye gerginlik vermeyen bir biçimde yorumlanması mümkün olur. Akılcı bir analiz için gerekli olan bazı ölçütler şunlardır:

1- *Kişinin düşünce biçimi objektif gerçeklere dayanmalıdır.* O kişiden başka 3 veya 5 kişilik bir grup insanın da, o olayı aynı biçimde mi algıladığını düşünmek gerekir. Yoksa olay daha farklı yorumlara açık mıdır? Eğer böyleyse kişi olayı ve dolayısı ile olayın yol açtığı tepki ve duygusunu abartıyor demektir.

2- *Değerlendirme biçimi, kişiye ve problemi çözmeye yardımcı olmalıdır.* Kişinin "mahvoldum, hapı yuttum", gibi kendisine yönelik yıkıcı düşünceleri çoğunlukla gerçek dışıdır.

3- *Yaklaşım biçimi, kişinin diğer insanlarla çatışma ve sürtüşmelerini azaltmalıdır.*

4- *Değerlendirme biçimi, kişinin kısa ve uzun dönemli amaçlarına katkıda bulunmalıdır.*

5- *Kişinin yorum biçimi, kendisini duygusal bir çatışma ve gerginliğe sürüklememelidir.* Kişinin tavrı, kendisini mutlu, rahat, huzurlu hissetmek yerine üzgün, gergin, öfkeli hissetmesine yol açmamalıdır.

Son zamanlarda sizi kuvvetle rahatsız etmiş bir olayı düşünün. Aşağıdaki boşluğa C'nin karşısına bu duyguyu yazın (gergin, kızgın, sıkkın, çökkün). Bu noktada duygularla karışan bazı düşünceleri iyi teşhis etmek ve ayırmak gerekmektedir. (örneğin, "aptalın biriyim", "sorumsuzun tekiyim" veya "bana aldıran yok" gibi). Şimdi A'nın karşısına bu duygudan önce meydana gelen olayı yazın. Bunlar başınızdan geçen olayla ilgili, algıladığınız biçimiyle, gerçeklerdir. Bundan sonraki adım, B bölümüne bu durumla ilgili düşünce ve yaklaşımınızı yazmanızdır. Bunu yapmak belki biraz güç olabilir. Çünkü düşüncelerinizi duygularınızdan ayırmanız ve düşüncelerin nasıl duygusal tepkilere yol açtığını tanıyabilmeniz gerekmektedir. İşte bunu öğrenmek bir egzersiz meselesidir.

A Olay ______________________________

____

____

____

____

B Düşünce Biçimimiz ______________________________

____

____

____

____

C Duygu ve Davranış ______________________________

____

____

____

____

Şimdi geriye dönüp olayla ilgili algı biçiminizin geçerlilik derecesini, A bölümünde yazan olay ve olguların geçerliliğini analiz ederek, incelemek gerekmektedir. Bunu aşağıdaki D bölümüne yazın. Burada uygulanacak kural şudur: *Gerçek olgu, olayın kamera veya ses kayıt cihazı gibi mekanik bir araçla kaydedilebileceği biçimidir.* "Düşüncesiz patronum bana bağırdı" ifadesi, mekanik olarak kaydedilemeyeceği için geçerli değildir. Olayın sadece "Patronum bugün bana bağırdı" bölümü kaydedileceği için D bölümüne geçilebilir. Bu örnek, olayların algılanışındaki yanılgıların bizim başlangıçtaki yaklaşım ve değerlendirme biçimimizi ve dolayısı ile duygusal tepkimizi nasıl etkilediğini görmemize yardımcı olabilir.

(Bu noktada objektifliğin 5 ölçümünü B bölümündeki her düşünceye uygulayın ve bunların makul olup olmadıklarını görün.)

D bölümünde tanımladığımız durumda kendinizi nasıl hissetmek istediğinizi, bu konudaki duygunuzu F bölümüne yazın. Şurasını unutmamak gerekir ki, stres verici bir durumda olumlu bir duygu geliştirilmesini beklemek, gerçek dışı bir tavırdır. Ancak böyle durumlarda sükûnet gibi nötr bir duygusal tepki geliştirilmesi çok daha gerçekçidir.

Şimdi artık E bölümüne, B bölümünde yazılan gerçek dışı düşüncelerinizin yerini alacak akılcı seçeneklerinizi yazabilirsiniz. Bu akılcı seçenekler sizin tarafınızdan kabul edilebilir olmalı ve makul düşünme biçiminin beş ölçütünden en az üç tanesine uymalıdır.

D Objektif olay

____

____

____

____

____

E Makul (Akılcı) Düşünce Biçimimiz

____

____

____

____

____

F Duygu ve Davranış ____

____

____

____

____

Şimdi bu bölümde akılcı bir analiz başlığı altında sıralanan kriterleri bir kere daha ele alın.

1- Düşünce biçiminiz objektif gerçeklere dayanmalıdır

Sizden başka 3 veya 5 kişilik bir grup insanın da, o olayı aynı biçimde mi algılayacağını düşünün. Yoksa olay daha farklı yorumlara da açık olarak kabul edilebilir mi?

Bu noktada mutlaka başka insanların fikirlerine başvurmak ve onların hakemliğini istemek gerekmez. Değerlendirme ve yaklaşım biçimine güvendiğiniz bir veya iki kişinin hakemliğine zihinsel olarak (hayalen) başvurabilirsiniz. Böylece olayı ve dolayısıyla olayın yol açtığı tepki ve duyguyu abartıp abartmadığınız, yaklaşım ve yorum biçiminde isabetli olup olmadığınız konusunda fikir sahibi olabilirsiniz.

2- Değerlendirme ve yaklaşım biçiminiz size ve problemi çözmeye yardımcı olmalıdır

İnsanın "mahvoldum", "hapı yuttum" gibi kendisine yönelik yıkıcı düşünceleri büyük çoğunlukla hem gerçek dışıdır, hem de yararsızdır. Bir konuyu ele alış, düşünüş ve yaklaşım biçiminizin problemi çözmeye yararı yoksa, o düşünce biçimi geçerli değildir. Bu yaklaşımın içine çeşitli konulardaki endişelerinizi de dahil edebilirsiniz. Düşünce biçiminin problemin çözümüne katkısı olması gerekir. Örneğin, ertesi gün pikniğe gidilecekse, havanın güzel olmasını isteyebilirsiniz, ancak, "Acaba hava güzel olacak mı? Olmazsa mahvolduk, günümüz berbat olur," diye düşünmenin, endişelenmenin ve üzülmenin problemin çözümüne bir katkısı yoktur. Bu sebeple de böyle bir düşünce biçimi gerçekçi ve geçerli bir yaklaşım biçimi değildir.

3- Yaklaşım biçiminiz diğer insanlarla çatışma ve sürtüşmelerinizi azaltmalıdır

Eğer konulara yaklaşım biçiminiz sürekli olarak başka insanlarla aranızda problem çıkmasına ve gerginlik doğmasına sebep oluyorsa, haklı olduğunuzu düşünüyor bile olsanız, yaklaşım biçiminizi gözden geçirmenizde yarar vardır. Bu konuda "Güvenlilik Eğitimi" bölümündeki ilkeler çatışmanın kaynakları konusunda size ışık tutacak ve çözüm yolları konusunda da fikir verecektir.

Sağlıklı bir yaklaşım biçiminin insan ilişkilerinde çatışma çıkartmayan, gerginlik tohumları serpmeyen bir yaklaşım biçimi olması gerekir.

4- Değerlendirme biçiminiz, kısa ve uzun dönemli amaçlarınıza katkıda bulunmalıdır

Bu kriteri çok kişi "fırsatçılık"la karıştırır. Oysa burada sizden istenen fırsatçı olmanız değildir. Bazı insanlar bir tartışmayı kazanmak için veya sadece bir tartışmanın bir anında galip duruma geçmek için, uzun dönemde kendilerine karşı kullanılabilecek olan sözleri söylemekten kendilerini alıkoyamazlar.

Bir konuya yaklaşırken – "zaman düzenlemesi" bölümünde anlatıldığı gibi – kısa ve uzun dönemdeki amaçlarınız çok iyi aklınızda olmalıdır. Böylece sadece o anın itmesiyle hareket etmekten kurtulur, davranışlarınızı kısa ve uzun vadeli plan ve amaçlarınız doğrultusunda yönlendirebilirsiniz.

5- Yorum biçiminizin sizi duygusal bir çatışma ve gerginliğe sürüklememesi gerekir

Tavrınız kendinizi mutlu, rahat, huzurlu hissetmenizi sağlamalıdır. Eğer yaklaşım ve yorum biçiminiz kendinizi üzgün, gergin, öfkeli hissetmenize sebep oluyorsa, bu yorum biçiminizi bir kere daha gözden geçirmekte yarar vardır.

Yukarıda sıralanan maddelerin konu başlıklarını bir kere daha tekrarlayalım. Böylece isterseniz bunları bir küçük kâğıda yazıp, cep defterinizin arasına veya ceketinizin üst cebine koymanız mümkün olabilir. Bu şekilde, bu yaklaşım biçiminin kriterlerini ezberlemeniz ve kendinize mal etmeniz zor olmayacaktır.

Bu yaklaşım biçimim;

1- Başkaları tarafından da paylaşılır mı?
2- Problemi çözmeye faydası var mı?
3- İnsan ilişkilerimi olumlu etkiler mi?
4- Kısa ve uzun dönemli amaçlarıma katkısı var mı?
5- Çatışma ve gerginliği azaltır mı? (İç huzurumu korumaya yardımcı olur mu?)

Hiç şüphesiz bazı durumları bu beş ölçüte uydurmak zordur. Örneğin, bir eşyanın zarar görmesi ve arabanın bozulması gibi insan ilişkilerini etkilemeyen problem kaynakları olabilir. Ancak günlük hayat içindeki birçok durumu yukarıdaki ölçütlerle değerlendirmeniz ve yaklaşımınızı sınamanız mümkün olacaktır.

Böyle bir değerlendirme yaptığınız zaman eğer yukarıda sıralanan 5 maddeden 3 tanesine evet demiyorsanız, yaklaşım biçiminizi gözden geçirmeniz gerekmektedir. Büyük bir ihtimalle yaklaşım biçiminizde gerçekçi olmayan bazı özellikler var demektir. Böylece kendi yaklaşım biçiminizin gerçekçiliği konusunda karar vermeniz mümkün olur. Bu şekilde neyin gerçekten "dert etmeye değer", neyin "değmez" olduğuna ve "daha beter" bir durumun olmasının size yararı olup olmadığına kendiniz karar verebilirsiniz.

DAVRANIŞÇI TEKNİKLER

A Tipi Davranış Biçiminin Değiştirilmesi

Bu bölümde A tipi davranış biçimi ile koroner kalp hastalığı arasındaki ilişkiye kısaca da olsa hiç değinilmeyecektir. Çünkü bu ilişki, kitabın en uzun bölümlerinden biri olarak bütün yönleri ve ayrıntılarıyla anlatılmıştır. Ancak A tipi davranış biçimini aşmanın önemi ve gereğini vurgulamak için, bu davranış biçiminin – açık seçik ortaya konduğu gibi – kalple olan ilişkisinin yanı sıra genel sağlık üzerine de çok olumsuz etkileri olduğunu hatırlatalım. Çünkü A tipi davranış biçiminin bazı özellikleri genel sağlığa hem doğrudan hem de dolaylı olarak zarar vermektedir.

Örneğin sürekli rekabet ve sabırsızlık, sigara içme eğilimini artırdığı için, düşmanca duygular gerginliğe sebep oldukları için, genel sağlığı kaçınılmaz olarak olumsuz yönde etkiler.

A tipi davranış biçiminin özellikleri

A tipi davranış biçiminin birinci derecedeki özellikleri, *ümitsizce zamana karşı koyma duygusu ve kolayca uyandırılabilen düşmanlık duygusudur.* Sürekli olarak *en kısa zamanda en fazlasını başarma* tutkunu olan A tipi davranış içindeki bir insan diğer insanlara karşı da şiddetli *huzursuzluk, öfke ve sabırsızlık* gösterir.

İkinci derecedeki belirgin özellikleri aşırı titizlik (obsesiflik), *yarışmacılık,* diğer insanları ve çevreyi *kontrol etme isteğidir.* İkinci derecedeki saklı özellikleri ise *duygusal tükenme, kendine zarar verme eğilimi, tehlike ve riske girmedir.*

A tipi davranışında bir insanı seyrederseniz, yüzü genellikle gergin ve düşmancadır. Gözlerini hızla kırpabilir, dizlerini sallayabilir. Parmaklarını tıkırdatıyor veya başparmağını birbirinin çevresinde dolaştırıyor olabilir. Bazen sürekli bir hareket içindedir. Çoğu kez dudaklarını ısırır, kafasını sallar veya konuşurken içini çeker. Genellikle acele eder veya başka insanların sözünü keser. Konuşması kesin ifadelerle doludur. "Hiçbir zaman..., daima..., mutlaka..."

Duruşu gergindir, sözlerini jestlerle canlandırır. Bu jestler konuşmaya çeşni veren normal özellikler olmayıp, sözlerin kuvvetini artırmak için kullanılır ve zaman zaman konuşmanın önüne geçer. Çoğu kere gürültülü bir şekilde güler. Ancak unutulmaması gereken, her A tipi davranan insanın bütün bu davranış karakter isteklerini ve hareket özelliklerini göstermesi gerekmediğidir.

A tipi davranış biçimi içindeki insanların birçoğu ne kendilerinin, ne de başkalarının duygularıyla temas halindedir. Bir şeyler yapmak için o kadar "kan ter" içindedirler ki, durmaya, düşünmeye ve bu tür "şey"lere vakit ayıramazlar.

A tipi davranan insanlar hızlı yürür, hızlı yer, yemekten sonra oyalanmaktan, eşler veya arkadaşlarla alışverişten hoşlanmazlar. Birçoğu dakikliği bir fetiş haline getirmiştir.

Tipik bir A, zamanla, diğer insanlarla ve kendisiyle savaşır. Çoğunlukla tanıdıkları birkaç B'yi veya A tipi davranmayanları küçümserler.

A tipi davranış biçimi içinde olan insanların *en büyük yanılgısı, başarılarını bu davranış biçimiyle özdeş tutmalarıdır.* Daha açık söylersek, A tipi davranış biçimine sahip insanlar, bu davranış biçimine sahip olmasalar, asla başarılı olamayacaklarını düşünürler.

Hiç şüphesiz endüstrileşme ve Batı biçimi hayat A tipi davranış biçiminin özelliklerini ödüllendirmekte ve pekiştirmektedir.

Zor olan

Şurası muhakkak ki, dünyadaki en zor işlerden biri yüzde yüz A tipi davranış biçimi sahibi bir insanı, değişmeye ikna etmektir. Çünkü sağlığıyla ilgili hiçbir şikâyeti olmayan, *kendini ölüme götüren özelliklerini "meziyet" zanneden* ve başarısının sebebini – ilerde anlatılacağı gibi, yanlış olarak – bu özelliklerine atfeden, ruhsağlığı ile ilgili bir yardım almayı "aşağılanmak" olarak yorumlayan insanları değişime zorlamak psikoterapinin kurallarıyla da çelişmektedir.

Ancak neyse ki, yüzde yüz A tipi davranış biçimi içinde olanların sayısı çok fazla değildir. Bu sebeple davranışında A tipi davranış biçiminin birçok özelliğini taşıyan kişiler, bu özellikler ve sonuçlarıyla ilgili olarak uygun biçimde aydınlatılabilirse değişim yolunda bir istek doğmaktadır (daha önce de belirttiğimiz gibi "istek", değişimin ve psikoterapinin ilk şartıdır).

"Bana bir şey olmaz"

A tipi davranış biçimi içindeki insanları yönlendirmenin önemli güçlüklerinden birisi de, bu kimselerin risk almayı sevmelerinden kaynaklanır.

"Evet, çok çalışmak, zaman zaman bunalmak ve çok sigara içmek sağlığı tehdit eder, kalbe zararlıdır, akciğerlere zararlıdır, tamam ama her sigara içen, her çok çalışan, bunalan da kalp hastası veya akciğer kanseri olmuyor ya..." diye düşünürler. Hatta birçoğu "benim tanıdığım biri var, adam hem günde 3 paket sigara içer, hem de..." diye lafını sürdürmeye bayılır. Kısacası özel örnekleri genelleyip, "her nasılsa" kendilerini bekleyen "sonuç"tan kurtulacaklarına inanırlar. A tipi davranış biçimine sahip kişilerin felaketlerini hazırlayan (problemlerine sebep olan) davranışlarını değiştirmek konusunda karşılaşılan güçlüklerden biri de, bazı hekimlerin tutum ve tavırları ve buna bağlı olarak ortaya çıkan durumlardır. Bu güçlüğün birçok sebebi vardır.

Birincisi, birçok hekimin, davranış biçimleri ile tamamen organik sonuçlarla ortaya çıkan hastalıklar arasındaki ilişkiler konusunda bilgileri yeterli değildir. Bunun uzantısı olarak "yok efendim olmaz öyle şey...", "abartılmış sözler bunlar...", "bu konuda doğrulanmamış birtakım iddialar var, ama..." gibi yaklaşımlarda bulunurlar.

İkincisi, hekimlerin azımsanmayacak bir çoğunluğu A tipi davranış biçimine sahip oldukları için, bunun böylesine doğrudan hastalık ajanı olabileceğini kabullenmekte direnç gösterirler. Birçoğu *kendi karakterlerinin bu ayna hayalini tedavi etmek istemez.* Çünkü hekimin kendisinin de A tipi davranışı hastalık olarak kabul etmesi için, *normal olduğunu düşündüğü birçok davranışın patolojik olduğunu itiraf etmesi gerekir.*

Üçüncüsü, bu konudaki bilgileri edinip doğruluğunu kabullenseler bile, hastalarını bir psikolog veya psikiyatra göndermeye bazen gönülleri, bazen kafaları razı olmaz. Hasta için ölümcül sonuçlar doğurabilecek bu durumu, "biraz sakin olun..., hayatınızı yavaşlatın..., işlere biraz ara verin..., (son zamanlarda) streslerden uzak durun" gibi hiç kimseye hiçbir fayda sağlamadığı açık olan önerilerle halletmek isterler.

Dördüncüsü, daha önce de belirttiğimiz gibi hekim, ruhsağlığı uzmanlarından yardım istemek önerisinde bulunsa bile, A tipi davranış biçimini benimsemiş olanlar böyle bir öneriyi reddedebilir.

Beşincisi, ruhsağlığı uzmanlarının önemli bir bölümü A tipi davranış biçimini değiştirmek konusunda hazırlıklı ve donanımlı değillerdir.

A TİPİ DAVRANIŞ BİÇİMİ BAŞARIYA GÖTÜRMEZ

Şurası muhakkak ki, A tipi davranış biçimine sahip ve başarılı birçok insan vardır. Ancak *dünya başarısız A tipi davranış biçimli* insanlarla da doludur.

Hiçbir zaman akıldan çıkarmamak gerekir ki, A tipi davranış biçimi, bir işadamı, yönetici veya başarılı insana özgü davranış biçimi değildir. A tipi davranış biçimine ev kadınları arasında olduğu gibi, şoförler, bakkallar, postacılar ve temizlik işçileri arasında da rastlamak mümkündür. Buna karşılık A tipi davranış biçimine sahip olmadığı halde – isterseniz buna genel olarak dendiği gibi B tipi davranış biçimi diyelim – başarılı olan birçok insan vardır. Ancak A tipi davranış biçimi içindeki başarılı insanlar, başarılarının sebebinin bu davranış biçimi olduğunu zannederler. Oysa bu yargı gerçeğin ancak çok küçük bir bölümünü yansıtmaktadır.

Eğer A tipi davranış biçimine sahip bir insan başarılı olmuşsa, bunu A tipi davranış biçiminden ötürü değil, A tipi davranış biçimine sahip olmasına rağmen gerçekleştirmiştir.

A tipi davranış biçimine sahip bir insanın topladığı takdir ve saygı "telaşı", aceleciliği ve sabırsızlığı sayesinde değil, hiç şüphesiz bunlara rağmendir.

Birçok A tipi davranış biçimli kişi, "eğer başarıya yönelik bu ihtirasa sahip olmasa, bugünkü düzeyine gelemeyeceğini" söyler. Bu belki kısmen doğrudur. Ancak bu ihtirasın, zamana karşı bir yarış verilmesini gerektiren bir yönü yoktur ki. B tipi davranış biçimine sahip birçok kişi de ihtiraslıdır. Ancak onlar *ihtiraslarını bir takvime bağlı olarak gerçekleştirmeye gayret ederler, kronometreye değil.*

Başaçıkma bölümünde yer alan konu başlıklarının birçoğu A tipi davranış biçiminin yeniden düzenlenmesine imkân verecektir. Saldırgan davranış yerine güvenli davranış biçiminin benimsenmesi, zaman düzenleme teknikleriyle acelecilik ve telaştan kurtulmak gibi. Aşağıda "A Tipi Davranış Biçimini Yeniden Düzenleme" başlığı altında, diğer konu başlıkları altında değinilemeyen noktalarda, pratik öneriler yer almaktadır.

YENİ BİR DAVRANIŞ MODELİ

1) Telaşınızdan ve aceleciliğinizden vazgeçin, zaman baskısından kurtulun

Bu konu ayrıntılarıyla "Zaman Düzenleme Teknikleri" bölümünde ele alınmıştır.

2) Kendinize sakin bir çalışma ortamı hazırlayın

Bir masada çalışan A tipi davranış biçimli kişilerin çoğunun masası yapılması gereken işler, broşürler, mektuplar, hazırlanması gereken yazılar gibi, işin özelliğine göre değişen büyük bir kalabalığı barındırır. Bu karışıklığın ve kalabalığın masada çalışan kişiye verdiği tek mesaj "yapman gerekenleri yapmadın, geciktin" mesajıdır. Bu mesaj da kaçınılmaz olarak telaşı körükler ve daha çok zamanın boşa geçmesine sebep olur.

Böyle bir durumda bir ziyaretçiniz geldiğinde (sizin için ne kadar önemli olursa olsun) gözünüz masaya takıldıkça, dikkatiniz dağılacak ve güne nasıl yetişeceğinizi düşünüp duracak, kaslarınızı kasacak, adrenalin düzeyinizi artırıp duracaksınız.

Bunların önüne geçmek için atılacak adımlardan birincisi, her ne pahasına olursa olsun iyi bir temizlik yapmak ve masanızın üzerini boşaltmaktır. İkincisi masanıza gelen mektup ve mesajları üç gruba ayırmaktır. Hemen cevaplanacak olanlar, cevabı gecikebilecek olanlar ve cevap gerekmeyenler. Hemen cevaplanacak olanları gerçekten hemen cevaplayıp gözünüzün önünden kaldırın, diğerlerini ilgili dosyalarına koyun. Üçüncüsü, günün sonunda masanıza gelmiş olan her türlü belge ve malzemeyi ilgili dosyaya yerleştirmeden işyerinizi terk etmeyin.

Çalıştığınız masaya ve çevreye estetik katmaya gayret edin. Varsa odanızı, mümkünse masanızın bulunduğu bölümü, hiç değilse masanızı güzelleştirmek için resim, eşya ve çiçeklerden yararlanın. Bunları uyumlu bir şekilde biraraya getirin ve günlük trafiğin en yoğun olduğu zamanlarda bile bunlara arada sırada göz atın.

3) Sözlerinize dikkat edin

A tipi davranış biçimi içinde olan insanların önemli özelliklerinden bir tanesi, bulundukları ortamda *en çok konuşan kişi olmalarıdır.* Konuştuklarının bir bölümü *söylenmesi gereken* şeyler olsa bile ve bunlar *iyi bir şekilde ifade edilse* bile, çok kere o kadar çok konuşurlar ki, dinleyenlerde ister istemez bir *bıkkınlık* ve rahatsızlık yaratırlar.

Ayrıca A tipi davranış biçimine sahip kimselerin bir özellikleri de, ya *kendilerinin daha önce söyledikleri veya başkaları tarafından daha önce söylenmiş ve dinleyicilerin malumu olan sözleri tekrarlamaktan kaçınmamalarıdır.*

Orta yaşına yaklaşan bir insanın, karşısındaki insan için bir konuda bilgi değeri taşıyan kelime ve ifadeleri bilmesi gerekir. Yukarıda anlatılan biçimdeki uzun konuşmalar, A tipi davranış biçimi içindeki bir kimsenin zaman darlığını artırmasına sebep olur.

Davranışlarını yeniden düzenlemeye karar vermiş olan bir A tipi, önce zamanını ziyan eden ziyaret ve konuşmaları kısa kesmeyi öğrenmeli, sonra da hayatına zevk ve anlam katan kişilerin ziyaretlerini uzatmaya başlamalıdır.

4) Kendinize zaman ayırın

Kendinize iki türlü zaman ayırmaya gayret edin. Birincisi, gevşeme teknikleri bölümünde anlatılan küçük ve büyük teknikleri uygulamak için, ikincisi hiçbir şey yapmamanın zevkini çıkartmak için, örneğin öğle yemeklerinizi, bir iş yemeği havasından çıkartın. İş başlayıncaya kadar geçecek olan zamanı parkta, yolda, elleriniz cebinizde – ve kesinlikle aklınızda sayılar olmadan – gezinerek geçirin.

5) Vaktinde bir yerde bulunmayı fetiş(*) haline getirmeyin

Neresi olursa olsun, bir yerde planlanmış bir saatte bulunmak uygun ve doğru olan bir davranıştır. Bunun için vaktinizi muhtemel gecikme ve sarkmaları hesaplayarak düzenlerseniz rahat edersiniz. Ancak herhangi bir yerde tam saatinde bulunmayı fetiş haline getirip, kendinize işkence etmeyin. Türkiye'de ve diğer Doğu ülkelerinde zaman *genel bir bilgi niteliğini* taşır. Saat 10 demek, 10'dan sonra herhangi bir zaman demektir. Ancak A tipi davranış biçimine sahip birçok insan için bu pek geçerli değildir. Bu kimseler – alışıldığı gibi – saat 17'de evlerine dönmek için, kendilerine eziyet eder. Araba kullanıyorlarsa tehlikeye girer, bol bol adrenalin salgılar ve eve iki kat yorgun dönerler.

Bu konudaki önerimiz, çok istisnai durumlar dışında zamanı fetiş haline getirmemeniz ve 5-10 dakikalık bir gecikmenin dünyanın sonu olmadığına inanmanızdır. Ayrıca unutmamanız gereken, böyle bir gecikme sırasında kendinize yaptığınız eziyetin, sağlığınızı doğrudan etkileyen sonuçları olduğudur. O takdirde bu tutumunuzun hayatınızdan verdiklerinize değip değmediğini düşünüp karar vermek daha kolay olacaktır.

6) Yalnızlığı arayın

Davranışlarınızı değiştirmek konusunda bir karar vermeden önce kişiliğinizi hem genel olarak, hem de özel yönleri ile değerlendirmenize yardımcı olacak (A Tipi Davranış Ölçeği, Gerilim ve Kaygı Ölçeği gibi) ölçekler verilmişti.

Bu ölçeklerin ışığında kendinizde nelerin aksadığına yine siz karar verecek ve yeni arayışlara yöneleceksiniz. Bu arayış içinde, geçmişte değerli şeylere *sahip olmak* için vermiş olduğunuz mücadeleden ötürü, geçmişte ihmal ettiğiniz, *"değer verecek"* şeyler bulacaksınız.

(*) Fetiş: Tapınırcasına sevilen eşya.

Sahip olunacak değerli şeyler, *satın alınabilen* ve parayla ulaşılan şeylerdir. Toplumun büyük çoğunluğu aynı şeylere sahip olma isteği taşır. İyi bir araba, lüks eşyalar, pahalı cihazlar, vb. Oysa değer verilecek şeyler herkese göre büyük farklılıklar gösterir. Kimine göre Mozart, kimine göre çiçekler üzerine yazılan kitaplar.

Eğer insan bir eşyaya, objeye, herhangi bir şeye, değer verecek birikim ve duyguya sahip değilse, ona sahip olmanın verdiği ilk heyecanın ötesinden zevk alamaz. Kısa süre sonra o eşyadan bıkar ve yenisine yönelir. Hayatı sadece "sahip olmak" isteğiyle sınırlı kişi buna maddi gücünün elverdiği ölçüde kendisi için o sırada önemli olan şeyleri satın alır ve kısa sürede ondan bıkar.

Değerli şeylere sahip olmanın aksine, *değer verecek bir şeyler bulmak, uzun süre yalnızlık dönemlerine ihtiyaç gösterir. Eğer yalnız kalmazsanız herhangi bir şeyin inceliğini, derinliğini ve yeni boyutlarını keşfedecek zamanı o şeye vermezseniz, onu sizin gözünüzde değerli kılacak yatırımı yapamazsınız.*

Bu tür yalnızlık dönemleri sadece daha önce de baktığınız birçok şeyin yeni cephelerini tanımanızı sağlamaz, aynı zamanda da, kendinizi tahlil etmeniz, değerlendirmeniz ve kişiliğinizin farklı boyutlarını keşfetmenize imkân verir. Başka insanlarla birlikteyken kendinize böyle bir yaklaşım yapmanıza ve kendi içinizde derinleşmenize imkân yoktur.

7) Düşmanlığınızı yenin

Yaşanılan hiçbir sükûnet anının keyfini çıkartmayan birçok A tipi vardır. Böyle bir sükûnet anında zihinleri ya geçmiş hesaplarla, ya yapılacak işlerle ve muhtemelen de sayılarla doludur. Hayatına yeni bir yorum getirmek isteyen bir A tipinin önce "düşmanlığın" ne olduğunu anlaması gerekir.

En başta düşmanlığın saldırganlıkla aynı şey olmadığını belirtelim. Pasif insanların, büyük çoğunlukla, düşmanlık duygularının yoğun olduğu düşünülür. Ayrıca düşmanlık duygusu, içinde bir korkuyu da barındırır. Başka insanların da ona zarar vereceği korkusunu.

Düşmanlık duygusunun temelinde, *iyi ve kötü arasında seçim yapmak durumunda kalan bir insanın kötüyü seçeceği varsayımı yatar.* Bütün bunlara ek olarak, uygun olmayan yer ve sıklıkla ortaya çıkan düşmanlık duygusunun *duygusal açıdan olgunlaşamamış olmanın işareti olduğunu söyleyebiliriz.*

Davranışlarını yeniden gözden geçiren ve değiştirmek isteyen bir A tipi düşmanlık duygusunu nasıl en alt düzeyde tutabilir? En başta bunun bir meziyet değil kusur olduğunu kabullenmek gerekir. A tipi davranış içinde olan bir kimse için böyle açıkta ve her an ortaya çıkmaya hazır bir düşmanlık duygusu olduğunu kabullenmek kolay değildir. Ancak birçok kimse "kolay sinirlendiğini", "biraz" veya "oldukça asabi mizaçlı" olduğunu kabul eder. Bu sebeple gerçekte "düşmanlık" duygusuna sahip olup olmadığınızı öğrenmek istiyorsanız, yukarıdaki tanımı kendiniz için yapıp yapmadığınızı veya yakınlarınızın bunu sizin için yapıp yapmadıklarını düşünün yeter.

Düşmanlığı yenmenin birinci adımı, *yeni bir zihinsel düzenlemeye gitmektir.* Bunun için karşılaştığınız her durumun sizi yenmek, altetmek veya aldatılmanızı sağlamak için düzenlenmiş olmadığını kendize kabul ettirmelisiniz. İkinci adım, *mizah yeteneğinizi kullanmanızdır.* Öfkenizi – haklı olarak bile olsa – başlatan durumlarda en başta kendinizle dalga geçin, kendinize gülün. Bunu isterseniz başkalarıyla paylaşın, isterseniz paylaşmayın. Hepimiz başkalarına gülebiliriz, ancak çok azımız kendimize gülebiliriz. Bu biraz kişiliğin güçlü oluşuna ve olgunluğa ihtiyaç gösterir.

Düşmanca duygulardan kurtulmanın önemli adımlarından biri, özellikle saldırgan kişiler için, *amacı gözden kaçırmamaktır.* "Amacı gözden kaçırmamak" ifadesi ile neyin kastedildiği "Güvenli Davranış Biçimi" başlığı altında ayrıntılı olarak anlatılmıştır.

Düşmanca duyguları aşıp, davranışa yeni bir yorum getirmek için atılacak yararlı bir adım da, *B tipi davranış biçimine sahip dostlar* edinmektir. Bu insanlara yakın olmak A tipi davranan insanlara, o güne kadar hiç akıllarına getirmedikleri bir şeyi, B tipi davranan insanların da değerleri ve ilginç özellikleri olabileceğini, tanıma imkânı verir. Bu insanlara yakın olmak birçok şey öğretir. En başta A'lardan öğrenilmesine imkân olmayan bir şeyi: dinlemesini.

8) Değer verecek şeyler bulun

Değerli şeylere sahip olmanın aksine, değer verecek şeyler bulmak, karakterinizin incelmesine, kişiliğinizin gelişmesine, ruhsal ve zihinsel dünyanızın olgunlaşmasına imkân verir.

Ancak "gündelik hayat" bu özelliklerin kazanılması ve geliştirilmesi için her zaman çok elverişli değildir.

Edebiyat, tiyatro, klasik müzik-bale, kısacası sanatın her türüne zaman ayırmak için gençlik dönemi mükemmel imkânlar sunar. Ancak gençler hayata atıldıkları ilk aylar içinde, bir zamanlar özenle kazandıkları ve sonsuz değer verdikleri bu kalitelerin dış dünyada "para" etmediğini görürler ve sahip olmaya, varlıklı olmaya yönelirler.

Değerli şeylere sahip olmaya yönelen ve ulaşabileceği bütün değerli şeyleri toplayan kişi, doyumu, sahip olduklarını sayarak ve bu sayıyı başkalarına anlatarak bulur. Buna karşılık değer verecek şeylere yönelen kişi ise doyumu *sezgi ve duyarlılığındaki olgunlaşma ve gelişmeyi hissederken bulur.*

Değer verecek şeyleri keşfetmek ve öğrenmek için tanınmış öğretmen ve dostlara ihtiyacınız olacaktır. Bu öğretmen ve dostlar tarihçiler, filozoflar, romancılar, şairler, bilim adamları ve devlet adamlarıdır. Ve bütün bunlar bir tek yerde, kitaplarda bulunur.

Hiç şüphesiz başlangıçta bu dostluk biraz güç gelecektir. "Varlıklı olmak"la "var olmak" dünyaları arasındaki duvarı aşmak biraz kararlılık, direnç ve sabır ister. Çünkü bu yeni dostlar sizden "mutlak dikkat" isteyeceklerdir.

İnsanın *değer vereceği, anlam katacağı her şey* dünyasını zenginleştirir. Gerçek bir tabiat sevgisi, güzel sanatların verdiği zevk veya insan derinden duyabildiği takdirde din, insanın değer vereceği, "var olabileceği" bir dünyaya ulaşmasına yardımcı olabilir.

Güvenli Davranış Biçiminin Kazanılması

İnsanlarla kurulan ilişki biçimi uygun şekilde yönlendirilmediği takdirde, kişinin hayatındaki önemli stres kaynaklarından biri olabilir.

İnsan ilişkilerinde; iletişimin olumlu veya olumsuz kurulmasında rol alan temel faktör, sözlü veya sözsüz mesajlarımızın taşıdıkları anlamla ilişkilidir. Yaşam alanımızda bize ulaşan veya bizim de içerisinde yer aldığımız birçok olay dizisi vardır. Bu olayları değerlendirme ve anlam verme süreçlerinde zihinsel düzenleme teknikleri ile gerçekçi yaklaşımları yakalama imkânına sahip olabiliriz. Sağlıklı insan ilişkileri kurmada, düşüncenin yeniden düzenlenmesinin (cognitive reconstruction) hemen yanında, kendimiz için uygun olan duygu ve davranışı gerçekleştirme gereği vardır. İnsan ilişkilerinde kendi duygu ve davranışlarını atlamayan, onlardan kolayca vazgeçmeyen veya her şeye rağmen "benim doğrularım", "benim hissettiklerim" demeyen bir davranış biçimi geliştirmek yararlı olmaktadır.

İnsanlar birbirleriyle ilişki kurarken genel olarak *üç türlü yaklaşımdan* birini benimserler. Birinci tipteki yaklaşım içinde olanlar *yalnızca kendilerini düşünürler ve başkalarının önüne geçmeyi kendilerine hak görürler.* İkinci tipteki yaklaşımı benimseyenler, başkalarını her zaman *kendilerinin önü-*

ne koyarlar ve başkalarının onların haklarını çiğnemesine imkân verirler. Üçüncü yaklaşım biçiminde olanlara sık rastlanmasa bile bu davranış içinde olanlar da *en başta kendilerini düşünürler fakat başkalarının haklarını ve duygularını da hesaba katarlar.*

Saldırgan tavır

Çevreyle kurduğu ilişkilerde saldırgan tavrı benimsemiş olan kimseler konuşma ve tavırlarında *kendilerini yüceltir, başkalarını suçlar veya küçük görürler. Başkaları adına seçim* yapmakta sakınca görmez, kolayca *tehdide yönelir,* karşılarındaki insan veya insanların *duygularını gözönüne almazlar.* Bu insanların ağızlarından sık sık duyulabilecek bir söz "ben açık sözlüyüm, ben doğruyu söylerim"dir. Oysa gerçeği söylemek için, ilgili kişilerin (karşısındaki kişinin) duygularını incitmeyecek yollar her zaman vardır.

Bu insanların davranışlarının en önemli özelliği "tepkici" olmalarıdır. Hep başkalarına bir şeyler "göstermek", "ispat etmek" için hareket ederler. "Ben onlara gösteririm", "görsünler bakalım nasıl oluyormuş", bu saldırgan davranış içinde olan kimselerin ağzından çok sık duyduğumuz ifadelerdir.

Bu kimseler kısa vadedeki amaçlarına ulaşırlar. Ancak başkalarının duygularını ve kişiliklerini zedeleyerek, hiçe sayarak!

Bu tip davranışın sağladığı avantaj çevredeki insanların saldırgan kişiye karşı çıkmakta çekimser kalmalarıdır. Ancak kimse kendi çevresinde böyle bir insanı istemeyeceği için, bu kimseler uzun vadede birçok çevreden uzaklaştırılacak ve birçok imkândan yoksun kalacaklardır.

Çekingen tavır

Çevreleriyle kurdukları ilişkilerde çekingen tavrı benimsemiş olan kimseler *kendilerini ortaya koymazlar.* İnsanlarla ilişkilerinde *kaygılı ve sıkıntılıdırlar. Başkalarının kendileri adına seçim yapmasına imkân verir,* kendi istek ve duygularını ortaya koymak yerine, *çevresindekilerin karşı çıkamayacağı biçimde davranırlar.* Çekingen davranışı benimsemiş olanlar çok ender olarak grup dışı bırakılma tehlikesi ile karşılaşırlar, ancak insan ilişkilerinin her aşamasında istismar edilirler. Kendilerini istismar edenlere ve buna izin verdikleri için kendilerine de büyük bir öfke, kin ve küskünlük biriktirirler. Bu davranış içindeki kimseler çok kere amaçlarına ulaşamazken başkaları onların ödedikleri bedel karşılığı istediklerini elde eder.

Güvenli tavır

Çevresiyle kurduğu ilişkilerde güvenli bir biçimde davranan kişi *kendini ve gerçek duygularını açıkça ortaya koyar* ve başkalarının kendisini istismar etmesine imkân vermez. Başardığı bir işi konuşmaktan, eğer durum gerektiriyorsa, *kendini övmekten çekinmez.* Ancak bunları yaparken *başkalarını suçlamaz, küçümsemez.* "Bugüne kadar muhasebe sisteminde çok iyi şeyler yaptık. Bizden evvelkiler işi berbat etmişti" saldırganca bir ifadedir. Buna karşılık, "Bugüne kadar muhasebe sisteminde çok iyi şeyler yaptık. Yaptığımız işin şu, şu üstünlükleri var", güvenli bir ifadedir.

Güvenli tavır içinde olan bir kimse *seçimlerini kendi amaçları doğrultusunda yapar,* başkalarına herhangi bir şey "göstermek", "ispat etmek" gereğini duymaz. Durumun uygun ve gerekli kıldığı gerçekleri ortaya koyar, ancak bu arada *başkalarının duygularını da hesaba katar.* Suçlayıcı ve tehdit edici olmayan bir ifade kullanmaya özen gösterir. Böyle davranmakla da çoğunlukla istediğini elde eder.

Elindekini kaptırmak veya hakkından vazgeçmek, saldırganlık veya suçlamanın güvenli davranış biçimi içinde yeri yoktur.

Doğurduğu sonuçlar

Çekingen davranış içinde olanlar kaçınmak, uzaklaşmak, üstüne gitmemekle, çıkacak problem ve çatışmalardan kendilerini korumaya çalışırlar. Ancak bu durum başlı başına bir iç stres kaynağı oluşturur.

Saldırgan davranış içinde olanlar amaçları doğrultusunda kısa vadede elde ettikleri başarıları "geneller"ler ve kendilerini çevrelerindekilere "tuttuğunu kopartan" biri olarak tanıtırlar. Oysa bu insanlar uzun vadede amaçları açısından kazançlı değillerdir. Birincisi, daha önce de söylendiği gibi, kimse yakın çevresinde bu insanları bulundurmayı tercih etmez. İkincisi, saldırgan tavır içindeki bu kimselerin karşısına, kendileri gibi saldırgan insanların çıkmasıyla, istenmeyen sonuçların doğması kaçınılmaz olur. Bu durumda saldırgan tavır doğurduğu sonuçlar açısından stres yaratır.

Güvenlilik eğitimi kişiye, başkalarını zorlamadan ve çatışmadan ve başkaları tarafından zorlanmaya izin vermeden meşru haklarını nasıl koruyacağını öğretir.

Sağlıklı iletişim biçimi için önce teşhis

Çevremizde gözlediğimiz ve yaşadığımız pek çok olay vardır. Bu olayları algılar, yorumlar ve değerlendiririz. Bu değerlendirme biçimimize uygun olumlu, olumsuz veya nötr bir duygu yaşarız. Olumlu duygunun yaşanması bu olaya "kabul edilir bir davranış" olduğu değerinin atfedilmesindendir. Yaşanan duygu nötr ise ortaya çıkan davranışın kabul edilir veya kabul edilmez hiçbir özelliği yok demektir. Bunlar da, sorun olmayan davranışlar grubunu oluşturur.

Öte yandan, yaşanan bir olay olumsuz duyguları öne çıkartıyor ve harekete geçiriyor ise o zaman bir problem var demektir. Problem olarak algılanan olayları da iki esas gruba ayırmak gerekmektedir. Problem bana mı ait yoksa problemin sahibi bir başkası mı? İşte bu sorunun cevabını vermek gerçekten zordur. Problemin sahibinin doğru seçilmesi, insan ilişkilerinde etkin etkileşim becerisinin kazanılmasındaki en önemli basamaktır.

Kullanılacak strateji ona göre seçileceği için önce problemin sahibinin belirlenmesi büyük önem taşır.

"Problemin sahibi kim?" sorusunun cevabı şu şekilde bulunabilir:

1- "Problemi yaratan veya problemden sorumlu olan kimdir?" değil, "RAHATSIZ ve İLGİLİ olan kimdir?"

2- "Değişmeye ihtiyaç duyan kimdir?" değil, "DEĞİŞİMİ isteyen kimdir?"

Bu sorulara verilecek cevaba bağlı olarak problem sahibi kendimiz ya da başkaları olacaktır. Böylece tesbit edilen problem sahibine göre, çözüm için farklı teknikler kullanılır.

Yaşanılan olayla ilgili olan ve rahatsız olan ben isem bu durumun değişimini isteyen de yine ben isem, o konuda problemim var demektir.

Rahatsız olan "Ben" isem

Problemin bana ait olduğuna karar verilince, yapılabilecekleri 3 aşamada ele alabiliriz:

1- Kendimi değiştirmek; bu olay içindeki yerimi ve rolümü değiştirmek (olaydaki kişilerin taleplerine uygun bir rol almak, bu konudaki talebi bir başka kaynaktan karşılamak gibi).
2- Çevreyi değiştirmek. Gerginlik yaratan sosyal faktörü durdurmak (TV'de maç, film, arkadaş grubu olabilir).
3- Diğer kişilerin davranışlarını değiştirmelerine yardımcı olmak için onları cesaretlendirecek bir yaklaşımda bulunmak. Şunu unutmamak gerekir ki, insanları değiştirmemiz mümkün değildir. Onları ancak değişim için cesaretlendirebiliriz veya isteklendirebiliriz.

Bu teknik, sorunumuzu çözmek için ve diğer insanları değişmeye yönlendirebileceğimiz önemli bir şansımızdır. Yapıcı yüzleştirme (constructive confrontation) adı verilen bu teknikte sözlü mesajın içeriği ve düzenleniş biçimi önemlidir. Burada mesajın, direnç, savunma ve kızgınlık doğurucu özelliğini en aza indirmek amaçlanır. Ayrıca davranışın motivasyonel özelliğini yapılandırmak amacı ile diğer kişinin değişim için bir motivasyon hissetmesine imkân vermek, değişiklik için kolaylaştırıcı rol oynamak böylece mümkün olabilmektedir.

Bu özellikteki bir mesajla karşımızdaki kişinin kendi değerinin sarsılmasını veya ilişkinin bozulmasını önleyeceğimizi de gözönünde tutmak gerekir. Bu konuşma ile karşımdaki kişi bana karşı kendisini korumak ve savunmak yerine, bana yardım edip etmemekte duygusal olarak serbesttir.

Problemimizi sahiplenmemiz, diğer kişilerin, özel, objektif ve kritik edici olmayan bir biçimde davranışlarının, benim üzerimdeki etkisini bilmesini sağlar. Sen mesajı, gönderenle ilgili olmayan, alıcıyı suçlayan, yargılayan, yorumlayan bir özellik taşır ve doğal olarak savunma doğurur.

"Sen geç geldiğin için kızıyorum."

"Sen çiçek getirmeyi bilmeyen bir adamsın" gibi.

Oysa yapıcı yüzleştirme mesajı gönderene ait duyguların ve bilginin alıcı tarafından paylaşılmasını sağlar.

"Burada 10 dakikadır beklemek, kendimi değersiz hissetmeme sebep oldu." Veya,

"Burada 10 dakika beklemek, başkalarının beni rahatsız eden bakışlarını yaşamama sebep oldu" gibi.

"Değer verdiğim insanın bana arada sırada çiçek alması beni mutlu eder," örneklerinde olduğu gibi.

Yapıcı mesaj

Bu mesajın yapılandırılmasında da, olumlu geri-bildirimde (positive feed-back) kullandığımız takdir mesajının elemanları kullanılır. Yapıcı yüzleştirme mesajının iki esas bölümü şunlardır:

1- Probleme sebep olan davranış veya o özel durum, yargısız ve yorumsuz bir biçimde tanımlanır (bir kamera ile kaydedilmiş bir görüntü gibi).

2- Olay ve davranışın bende oluşturduğu durum, bana etkisi ve bende ortaya çıkardığı rahatsızlık.

Olayın ve davranışın yaşattığı duygu yapısı yüzleştirme tekniği ile insan ilişkilerine üç özellik kazandırır:

a) Karşımızdaki kişiyi, benim problemimi anlamak ve çözümü için davranış değişikliğine yöneltmek.

b) Karşıdaki kişinin kendine saygınlığının sarsılması duygusunu en aza indirmek.

c) Olaydaki olumsuz etkilerin empati (duygu sezgisi) ile halledilmesini sağlamak.

Daha önce de belirttiğimiz gibi güvenlilik eğitimi kişiye, başkalarını zorlamadan, çatışmadan ve başkaları tarafından zorlanmaya izin vermeden meşru haklarını nasıl koruyacağını öğretir. Güvenli davranışın en önemli özelliği amaca dönük, durumu uygun olma koşullarından uzaklaşmamasıdır ve bu davranış biçimi insan etkileşiminde "galip/mağlup" ilişkisi yaratmadan ilişkiyi kontrol etmeye imkân verir.

GÜVENLİ TAVRIN TEMEL NİTELİKLERİ

- Açık, samimi, dürüst ve doğrudandır
- Kendisini ve duygularını açıkça ortaya koyar
- Gerektiği yerde kendini över ancak başkalarını asa küçümsemez veya suçlamaz
- Başkalarının olumlu özelliklerini görür ve konuşur
- Karşısındakinin kendisini iyi hissetmesini sağlar
- Tehdit etmez, işbirliğinin olumlu sonuçlarından haberdar eder
- Haklarını korur ancak başkalarının hak ve duygularını hesaba katar
- Sorumluluk taşır (ahlaklıdır)
- Seçimlerini kendi amaçları doğrultusunda yapar

BUNUN SONUCU: Çevrelerinden takdir gören, istenen ve aranan kimseler olurlar.

Örnekler

Bir tavrı güvenli yapan en önemli etken bir mesajın hangi sözlerle aktarıldığı değil, nasıl aktarıldığıdır.

Kitapçı dükkânından içeri giren Ali kasaya yavaş ve tereddüt içinde yaklaşır. Gözleri yerde, fısıltıya benzer bir sesle, "Dün satın aldığım kitapta bir bölüm eksik çıktı" der.

Kitapçı dükkânından içeri giren Ali kollarını iki yana açarak kasadaki Ahmet'e yaklaşır, ellerini kasaya yaslayarak dükkânın her tarafından duyulacak bir sesle. "Dün satın aldığım kitapta bir bölüm eksik çıktı" der.

Kitapçı dükkânından içeri giren Ali kasadaki Ahmet'in karşısına gelir. Duruşu sakin ve diktir. Yüzünde dostça bir ifadeyle gülümseyerek, Ahmet'e karşılıklı konuşma tonundaki sesle, "Dün satın aldığım kitapta bir bölüm eksik çıktı" der.

Yukarıdaki örnekte aynı cümleyle ifade edilen bir mesajın nasıl farklı olduğu ve dolayısıyla nasıl farklı algılanacağı açıktır.

Şimdi güvenli tavrın temel niteliklerini biraz daha ayrıntılı olarak gözden geçirelim.

Doğrudan göz ilişkisi

Bir kişiyle konuşurken dikkat edilecek en önemli noktalardan biri, nereye baktığınızdır. *Doğrudan konuştuğunuz kişiye bakmak,* karşınızdaki kişiye samimiyetinizi iletmenize yardımcı olur ve mesajınızın etkisini artırır. Yere bakarak veya gözlerinizi kaçırarak konuşmanız, karşınızdaki kişi tarafından güven eksikliği veya karşınızdaki kişinin üstünlüğünü kabullenme olarak yorumlanacaktır.

Hiç şüphesiz doğrudan göz ilişkisi kurmak ve sürdürmek konusunda aşırılığa kaçmamak gerekir. Sürekli olarak bir insanın gözlerinin içine bakmak hem o kimsede rahatsızlık doğurur, hem de gereksizdir.

Güvenli tavrın diğer bütün nitelikleri gibi, doğrudan göz ilişkisi de zamanla geliştirilebilir. Bunun için, dikkatinizi göz temasınıza yöneltmeniz ve birisiyle konuşurken, gözlerinizi kullanış biçiminizin farkında olmanız gerekir.

Beden duruşu (postür)

İnsanlar birbirleriyle ilişkilerinde çok farklı beden duruşları içindedirler. Biriyle çok özel bir konuyu görüşen hafifçe öne eğilir. Çocukla yetişkinin duruşları, ikisinin arasındaki dengesizliği açık şekilde ortaya koyar. Çocuğa eğilerek veya dizinin üzerine çökerek konuşan yetişkin, karşısında işbirliğine çok daha yatkın bir çocuk bulacaktır.

İlişkide olduğu kişiyi doğrudan karşısına alan ve dik bir beden duruşuna sahip olan kişi, mesajına güvenli bir özellik daha katmış olacaktır.

İki büklüm, boynu bükük, "süklüm püklüm" beden duruşları ne kadar hatalıysa, iki omuz geriye atılmış, göğüs dışarı çıkmış, baş yana eğilmiş, meydan okur, savaşa davet eder türdeki beden duruşları da aynı ölçüde hatalıdır.

Bu konuda da dikkati, başı ve bedeni dik tutarak konuşmak ve dinlemek üzerine toplayarak zamanla beden duruşunu güvenli tavır yönünde geliştirmek mümkündür.

Mesafe ve bedensel temas

Toplumdan topluma büyük farklılık gösteren konulardan birisi de "mahrem mesafe" konusudur. *Mahrem mesafe, herkesin tipik olarak asansörde yaşadığı, tanımadığınız insanlarla yakın olduğunuzda rahatsızlık duyacağınız mesafenin ölçüsüdür.*

Çok genel bir ifadeyle söylemek gerekirse, batı ve kuzey toplumlarında mahrem mesafe, doğu ve güney toplumlarına kıyasla daha uzaktır.

Mahrem mesafeyi belirleyen hiç şüphesiz sadece coğrafi yön ve sıcaklık değildir. Kültürel ve toplumsal şartlar ve hatta fizik şartlar mahrem mesafenin belirlenmesinde önemli rol oynarlar. İskandinav ülkelerinde toplu taşıma araçlarındaki insanlararası mesafeyle, İstanbul'daki belediye otobüsleri veya banliyö trenlerindeki mesafe arasındaki fark herkesin malumudur.

Hangi toplumda olursa olsun mesafe, insan ilişkilerinde önemli bir etkiye sahiptir. Bir insana çok yakın oturmak veya ona yakın durmak, elini omuzuna, sırtına koymak, koluna, eline değmek iki kişi arasındaki ilişkiye belirli bir "özel"lik, yakınlık ve sıcaklık katar.

Böyle bir yakınlık isteği içinde olmayan kimse ise rahatsızlık duyar ve savunucu olur. Bu sebeple böyle bir yakınlık girişiminden önce, bu yakınlığın karşıdaki kişi tarafından nasıl değerlendirileceğini, sözlü olarak ölçmekte yarar vardır.

Türkiye'de kurulan insan ilişkilerinde temas sık ve bol olarak kullanılır. Bu sebeple insanlarımız duygularını aktarmada temas öğesinden rahatça yararlanırlar.

Temas, karşı cins ilişkilerinde olduğu gibi aynı cinsiyetten olan veya birbirlerine cinsel yatırımı bulunmayan insanların ilişkilerinde de önemli bir rol oynar. Bu konuda, karşıdaki kişinin koyulan mesafeyi veya bedensel teması nasıl algıladığına dikkat edilmesi gerekir. Aksi takdirde ortaya rahatsızlık verecek yorumlar ve istenmeyen sonuçlar çıkması kaçınılmaz olur.

Jestler

Verilen mesajı, yapılan konuşmayı renklendiren özelliklerden birisi de jestlerdir. *Uygun ölçüde ve uygun şiddette yapılan jestler bir konuşmaya güç katar.* Bu konuda dikkat edilmesi gereken, jestleri konuşmadaki eksik kelimeleri tamamlayacak bir araç olarak kullanmamak, yabancı dile hâkim olmayan birinin ifadesini elleriyle tamamlaması gibi bir duruma düşmemektir.

Bundan başka sert ve sinirli jestlerin, dinleyenlerde rahatsızlık doğurduğu unutulmamalıdır. Rahat, sakin ve yumuşak jestler konuşmacının kendine güvenini, konuştuğu konuya hâkimiyetini ortaya koyduğu yönünde yorumlanmaktadır.

Mimikler

İnsan ilişkilerinde hiçbir şey belki yüz ifadesi kadar önemli ve anlamlı olamaz. Üzüntünün veya kızgınlığın gülümseyen bir ifadeyle, sevincin çatık kaşlarla ifade edilmesi uygun düşmez. Güvenli bir ifade, verilen mesajla uyum içindeki bir ifadedir. Öfkeli bir mesaj veya memnuniyetsizlik en açık olarak donuk bir ifadeyle verilebilir.

Aynaya bakmak insana bu konuda çok şey öğretebilir. Ayna karşısında kaslarınızı bütünüyle gevşetin, alın ve kaş çevresindeki kaslarınızı, dudak ve çene kaslarınızı serbest bırakın ve gülümseyin. Yüzünüzdeki gevşemenin bütün bedeninize yayıldığını hissedeceksiniz. Daha sonra kaşlarınızı çatın. Aradaki farka dikkat edin.

Yüzünüzdeki ifadenin farkında olursanız, öfkenizi, sevincinizi herhangi bir talebinizi ortaya koyarken, buna uygun bir yüz ifadesi içinde olmanız ve karşınızdaki kişiyi etkilemeniz mümkün olacaktır.

Ses tonu, şiddeti ve konuşmanın akıcılığı

Ses tonunun kullanılma biçimi, bir sözlü ilişkinin hayati parçasıdır. Tek heceli bir kelime, örneğin "git" kelimesi, söyleniş biçimine bağlı olarak ne kadar çok anlama gelebilir. "Git" vardır, "seni bir daha görmek istemiyorum" anlamına gelen; "Git" vardır, "kal, hiç gitme" anlamına gelen.

Monoton, dinleyende bıkkınlık yaratan, kolayca dikkatin dağılmasına sebep olan bir konuşma üslubuyla kişi ortaya ne kadar orijinal fikirler koysa da ikna edici olmakta güçlük çekecektir. Konuşurken sesinizin üç özelliğine dikkat edin. Ses tonunuz *öfkeli mi, davetkâr bir şekilde yumuşak mı, çekingen veya güvensiz mi?* Tonlamanız nasıl? Belirli heceleri veya kelimeleri vurguluyor musunuz, yoksa düz, monoton bir şekilde mi konuşuyorsunuz? Sesinizin şiddeti nasıl? Sesinizin yüksekliğiyle dikkati üzerinize çekmeye mi gayret ediyorsunuz, yoksa sizi dinleyenler duymakta güçlük mü çekiyor?

Sert ve kesin bir konuşma biçimi, çoğunlukla dinleyenlerde savunuculuğa sebep olur ve rahatsızlık doğurur. Ayrıca sesine özür diler gibi bir ton veren kişilerin, karşısındakiler tarafından istekleri kolayca geri çevrilir veya söyledikleri önemsiz olarak görülür.

Bu sayılanlardan başka konuşmanız akıcı mı, yoksa sık sık "eee", "ııı", "aaa"larla kesiliyor mu? Konuşurken sık sık "şey", "yani" kelimelerini kullanıyor musunuz?

Konuşma biçiminizin taşıdığı özelliklere önem veriyorsanız, yapacağınız ilk şey cebinize bir teyp koymak olacaktır. Çeşitli zamanlar ve durumlarda yapacağınız kayıtlarla konuşma özellikleriniz açısından tam ve gerçekçi bir fikir sahibi olmanız mümkündür.

Sesin etkili biçimde kullanılması, kişinin kendini ortaya koyuşu açısından büyük önem taşır. Şartlara uygun düşen makul bir ses tonuyla, uygun yerlerde yapılan vurgulamalarla ve akıcı bir üslupla açık, işitilir ve düzgün cümlelerle yapılan bir konuşma dinleyenlerde rahatlık uyandıracak ve söylediklerinizin etkisini artıracaktır.

GÜVENLİ BİR ANLATIMIN İÇERİĞİ

Buraya kadar sayılan, güvenli bir davranış biçimi içindeki kişinin, dıştan gözlenen özellikleridir. Kişinin kendi duyguları ve o güne kadar benimsemiş olduğu davranış biçimi ne olursa olsun, konuştuğu kişi ile doğrudan göz ilişkisi kuran, dik bir beden duruşunu koruyan, konuştuğu kişiyle uygun bir mesafe içinde olan, jest ve mimiklerden ifadesini kuvvetlendirmek için yararlanan, sesine özür diler bir ton vermeyip, açık, işitilir ve düzgün bir sesle konuşan kişiler, çevrelerindeki insanlar tarafından daha olumlu olarak algılanmakta ve istediklerini elde etmektedirler.

Güvenli davranışı benimsemiş kişinin dıştan gözlenen bu özelliklerinin yanı sıra mesajının içeriğinin de özel nitelikleri vardır.

Güvenli davranan bir insan *haklarını korur,* bu arada başkalarının haklarını ve duygularını da hesaba katar. Konuşmayı düşündüğü problem veya konuyla ilgili *zamanı ve yeri iyi seçer.* Önemli bir konuyu kapı aralığında, özel bir konuyu başka insanların yanında konuşmaya teşebbüs etmez.

Problem veya konuyla ilgili gerekirse duygusunu, gerekirse düşüncesini, gerekirse hem duygusunu, hem de düşüncesini ortaya koyar. Ancak bunu yaparken *başkalarını yargılamaz ve suçlamaz.*

İsteğini açık, anlaşılır ve kısa bir biçimde ifade eder. Sözü dolaştırmaz, konuyla ilgili olmayan, karşısındakinin esas mesajı anlamasını güçleştirecek yaklaşımlardan kaçınır.

Karşısındakini kendisiyle *işbirliği yapmasının olumlu sonuçlarından haberdar eder.* O kişinin kendi avantajlarını ortaya koyar. Karşısındakini ikna etmeyi başaramazsa, *doğabilecek sakıncaları belirtir* ancak *hiçbir zaman açıkça tehdide yönelmez.* Çünkü tehdidin karşıdaki kişiyi nasıl etkileyeceğini kestirmek mümkün değildir. Tehdit edilen birçok kişi – korku duysa bile, ki bu da şüphelidir – çoğunlukla kendisini tehdit eden kişiye karşı büyük bir düşmanlık duyar ve kolayca, açık veya kapalı, saldırgan davranışlara yönelebilir. Hele özellikle, "Sen benim kim olduğumu biliyor musun?" türünden ifadeler kişinin bulunduğu ortamda açık bir yenilgiye uğramasıyla sonuçlanır.

Şimdi bütün buraya kadar anlatılanları özetleyecek bir örnek vererek bu konuyu kapatalım.

Ahmet ve Ayşe şehrin kibar ve pahalı lokantalarından birine yemeğe giderler. Et olarak bonfile sipariş ederler. Garson bu tür lokantalarda âdet olduğu üzere "Nasıl pişsin?" diye sorar. "Etiniz az mı, orta mı, yoksa çok mu pişsin?" Ahmet ve Ayşe orta pişmiş iki bonfile sipariş ederler ve servis yapıldığında etin çok pişmiş olduğunu görürler.

Çekingen davranış içinde olan Ahmet, gelen etten memnun olmadığını söyler ve "Bu lokantaya bir daha gelmeyeceğim, bir siparişi almaktan acizler" diye söylenir. Etin nasıl olduğunu soran garsona "iyi" der. Ahmet ve Ayşe geceyi son derece sıkıntılı olarak tamamlarlar. Ahmet bir karşı hareket yapmadığı için kendine kızmakta, Ayşe'nin gözünde itibar kaybettiği için garsona öfkelenmekte ve kendine olan saygısı azalmış, kendinden, restorandan ve geceden gayri memnun olarak Ayşe'yi evine bırakmaktadır. Ayşe Ahmet'in eti geri çevirmemiş olmasına hayret etmiş, ona olan güveni sarsılmış ve sıkıcı bir gece bittiği için sevinmiştir. Garson kendince iyi servis yaptığı bir masadan neden bu kadar az bahşiş aldığına akıl erdirememiş, Ahmet gibilere servis yapmak zorunda kaldığı için mesleğine kızmıştır.

Saldırgan davranış içinde olan Ahmet, bonfileyi kesip çok pişmiş olduğunu görür görmez hemen çatalı tabağa vurup, elini kaldırarak garsonu yanına çağırır ve restorandaki herkesin duyabileceği kadar yüksek bir sesle, "Ne biçim sipariş alıyorsun, mutfaktakiler uyuyor mu, bu kararmış etleri önümüzden derhal kaldırın ve bize istediğimiz gibi bir bonfile getirin" diye bağırır. Garson bu kaba ve buyurgan davranıştan son derece rahatsız olur, etleri kaldırır ancak yeni getirdiği tabakları restoranın kalitesine uymayacak kadar sesli olarak Ahmet ve Ayşe'nin önüne koyar, bütün gece boyunca o masadan mümkün olduğu kadar uzak durur ve onlar masayı hiç bahşiş vermeden terk ettikten sonra, derin bir nefes alır ve mesleğine lanet eder.

Ahmet istediği yumuşaklıkta bonfileyi yemiş, ancak havada meydana gelen gerginlik Ayşe ile istedikleri sıcaklıkta bir gece geçirmesine ve etin lezzetine varmasına engel olmuştur; ne yediği etten bir şey anlamıştır, ne içtiği şaraptan, ne de konuşulanlardan. Akşam eve dönünce derin bir nefes almış ve "inşallah bir daha böyle bir gece geçirmem" diye düşünmüştür.

Güvenli davranış içinde olan Ahmet, etin çok pişmiş olduğunu görünce, garsonu uygun şekilde yanına çağırır ve "Herhalde bir karışıklık oldu, biz etimizi orta pişmiş olarak istemiştik, ancak bunlar gördüğünüz gibi çok pişmiş, sizden rica etsek bunları alır bize orta pişmiş iki et getirirsiniz herhalde. Bu arada şaraplarımızı tazelerseniz memnun oluruz" der. Garson yapılmış hatadan ötürü özür diler. Biraz sonra yeni siparişleri gülerek getirir. Müşterilerine memnun olup olmadıklarını sorar ve gece sonunda yüklü bir bahşiş alarak, hayatından memnun "hep böyle müşterilerim olsa" diye düşünür. Ahmet ve Ayşe yedikleri etten ve yaşadıkları geceden memnun, en kısa zamanda tekrar bu restoranda olmayı planlayarak ayrılırlar.

Sonuç olarak, pasif davranış içinde olan Ahmet, kimseyi rahatsız etmek istememiş ancak gecenin bitiminde ortaya çıkan durum kendisi dahil hiç kimseyi memnun etmemiştir.

Saldırgan davranış içinde olan Ahmet istediği eti yemiş ancak bundan ne kendisi, ne de çevresindekiler memnun olmuştur.

Güvenli davranış içinde olan Ahmet ise, hem garsona ne yapması gerektiğini açık ve kesin bir dille söylemiş, hem de bunu garsona sanki kendi inisiyatifiyle yapıyormuş duygusunu yaşatmıştır. Bu arada kimseyi suçlamamış, garsona kızgın olmadığını, ondan gelecek ikramı kabule hazır olduğunu belirtmiştir. Bunun sonunda da, herkesin tekrarlanmasını dilediği, güzel bir gece yaşanmıştır.

Zaman Düzenlemesi

Zaman hayattır. Geçen zamanı yerine koymanın ve telafi etmenin imkânı yoktur. *Zamanı boşa geçirmek, hayatı boşa geçirmek demektir.* Buna karşılık insanın geçen zamana hükmetmesi, hayatına hükmetmesi anlamına gelir. Zamanını iyi kullanan bir insan hayatının kalitesini yükseltir ve geçen zamandan kendisi ve amaçları adına en iyi biçimde yararlanır.

Zamanı kullanmadan hiçbir şey yapmak mümkün değildir.

Zamanı iyi kullanmak için yapılması gereken, düşünce ve ayrıntılarla oyalanmayıp kısa zamanda çok iş yapmak değildir. Tam tersine *amaç ve öncelikleri saptayarak insanın zamanını gerçekten yapmak istediği şeylere ayırarak,* hayatından daha fazla tat almasıdır.

Dünyada bütün insanlara demokratik olarak verilmiş tek şey zamandır. Başarılı ve başarısız bütün insanların günleri 24 saat, haftaları 7, ayları 30 gündür.

Zamanını iyi düzenleyemeyen bir insan, kaçınılmaz olarak stres altındadır. İçinde yaşadığımız çağın en önemli özelliklerinin başında hiç şüphesiz "zaman darlığı" gelir. Bu öylesine ilginç bir gelişim ve ortak niteliktir ki, büyük bir işletmenin genel müdürü de, bir ev kadını da zaman darlığından veya "zamansızlık"tan şikâyet etmektedir.

Günümüzde insanlar geçen yüzyılla kıyaslandığında yarı yarıya az çalışmalarına, yakınlarına daha az zaman ayırmalarına ve 1-2 saat daha kısa uyumalarına rağmen, geçen yüzyılda yaşayan insanların sahip olmadığı "zaman darlığı" problemlerine sahiptirler.

Bunun birçok sebebi vardır. İşe ulaşmak için geçen zamanın uzaması, TV ve ilgi alanlarının artması ilk akla gelenlerdir.

Çağdaş yöneticinin çağdaş başarı için zamanı kullanışı

Geçmişte başarılı olmak için önerilen reçetede bir tek madde vardı: "Çok çalışmak". Oysa günümüzde çağdaş başarıya giden yol "etkili çalışmak"tan geçmektedir. *Etkili çalışmak, zamanı belirlenmiş öncelikler doğrultusunda programlı olarak kullanmaktır.* Böyle bir çalışma düzeni içinde eğlenmeye, dinlenmeye ve problemlere geniş çaplı bakabilmeye her zaman imkân vardır.

Başını kaşıyacak vakti olmayan yönetici, çağdışı yöneticidir. Böyle yöneticilerin çoğunun zamanlarını ya başkalarına devretmeleri gereken işleri yaparak, ya da işleri gereğinden çok uzatarak doldurdukları görülmüştür. Bir araştırma, başını kaşımaya vakti olmadığını söyleyen yöneticilerin zamanlarının – modern iş kavramları çerçevesinde – yarısından çoğunun boş olduğunu ortaya koymuştur.

Çağdaş bir yönetici zamanını kısa dönemli işlerin yapılmasına değil, bu işlerin uzun zaman alacak şekilde yapılmasını önleyecek uzun dönemli sistemlerin kurulmasına harcar. Bu anlayışta bir yönetici, zamanı, işleri doğrudan kendisi yapmak için değil, işlerin delegasyonunda, kişileri sisteme entegre etmek için kullanır.

Böylece çağdaş yönetici zamanını kendisi ve işletme adına en etkili biçimde kullanırken, birlikte çalıştığı kişilere de sorumluluk vererek onların kendilerini geliştirmelerine imkân verir. Böyle bir tutum aynı zamanda yöneticinin de zaman açısından daha az sıkışmasına, kendini geliştirecek ve işletmenin problemlerini geniş bir açıdan görecek zamana sahip olmasına yardım eder.

Zamanlarını kontrol edemeyenler

Zamansızlıktan şikâyet edenler büyük çoğunlukla zamanlarını nasıl kullanacaklarını bilmeyenlerdir. Ne yazık ki, zamanı kontrol edememek hayatı kontrol edememektir. İnsanın her an, zamanın baskısını ensesinde hissetmesi hem büyük bir stres yaratır, hem insanın aklı yapılması gereken bir sonraki işte olduğu için yaptığı işteki verimi azalır, hem de tadı çıkartılması gereken "zaman" (daha gerçekçi bir ifadeyle hayat) bir an önce geçmesi gereken bir şeymiş gibi algılanır.

Birçok işadamı, yönetici, serbest meslek sahibi bu durumu çok iyi bilir. Eğer saat 10 randevusunu 10.30'da kabul ederseniz ve günlük programınız da her zamanki gibi doluysa, ne 10.30 randevusunda konuştuklarınıza, dinlediklerinize kendinizi vermeniz, ne de arada bağlanan telefonlarla gerektiği gibi konuşmanız mümkündür. Aklınız fikriniz günlük programınızı nasıl toplayacağınızda olacak ve içinizde bir sıkıntı büyüyüp gidecektir. En kötüsü ise, bunun bir hayat biçimi olmasıdır. Diğer sebepler bir yana, sadece bu sebep bile, insanın sağlığının bozulmasına, stresin yol açtığı çeşitli hastalıklara yakalanmasına ve hayattan aldığı zevkin azalmasına yetip de artar.

Biraz önce zamanı kontrol edememekten söz ettik. "Kontrol"le ne demek istediğimizi bir örnekle açıklamak yerinde olacaktır.

Elinizi sıkı bir yumruk yapsanız ve bir dakika süreyle öyle tutsanız, bu sürenin sonuna varmadan bütün kolunuzda herhangi bir iş yapmanızı engelleyecek bir ağrı hissedersiniz. Daha sonra elinizi bütünüyle gevşetseniz ve kaslarınızı yumuşatsanız ve bir dakika öyle dursanız. Eliniz bütünüyle gevşek dururken de bir iş yapmanıza imkân yoktur.

Şimdi de elinizi hafifçe kaldırın, parmaklarınızı yavaşça oynatın ve elinizdeki kasları iş yapacak gerginliğe gelecek şekilde kontrol edin. İşte bizim sözünü ettiğimiz kontrol böyle bir kontroldür. Zaman (ve hayatınız) üzerindeki kontrol ne birinci durumda olduğu gibi sıkı olmalı, ne de ikinci durumda olduğu kadar gevşek. Bir başka ifade ile kontrol ile anlatılmak istenen ne günü dakikalara bölerek yaşayacak kadar sıkı, ne de kendini günün akışına ve olaylara bırakacak kadar gevşek bir tavırdır.

ZAMANI İYİ KULLANAMAMANIN SONUÇLARI

Zaman, hayatınızın akışını değiştiren büyük-küçük kararların sayısız bir toplamı olarak düşünülebilir. Yerinde olmayan kararlar engellenmeye yol açar, kendine güveni azaltır, strese sebep olur. Kötü bir zaman düzenlenmesinin sebep olacağı 6 belirti vardır.

1. Acelecilik
2. Hoşa gitmeyen seçenekler arasında devamlı bir bocalama
3. Birçok boş zamanın üretici olmayan faaliyetlerle gevşek veya yorgun geçirilmesi
4. Belirli bir zamanda bitirilmesi gereken işlerin zamanında bitirilmemesi
5. Dinlenmek veya kişisel ilişkiler için yetersiz zaman
6. Ayrıntılar veya yapılacak olan işlerin altında ezilme duygusu ve zamanın büyük bir bölümünde yapmak istemediğiniz şeyleri yapmak.

Zaman düzenleme teknikleri işte bu belirtilerden kurtulmanın yollarını gösterir. Bütün zaman düzenleme teknikleri üç basamağa indirgenebilir:

1. En önemli amaçlarınız doğrultusunda *öncelikleri saptayabilirsiniz* ve böylece seçiminizi yaparken neyin önemli olup, neyin olmadığını bilebilirsiniz.
2. Daha az önemli olan işleri eleyerek *gerçekçi bir düzenleme* yapabilir ve böylece *zaman yaratabilirsiniz.*
3. *Temel seçimler* yapmayı öğrenebilirsiniz.

Kontrol planlama ile başlar

Gerek "Stresle Başçıkma" seminerlerine katılanlardan, gerekse günlük hayatta pek çok kişiden zaman darlığı konusunda şunları duyuyoruz:

"Hayatım geçip giderken, benim için gerçekte çok önemli olmayan şeyleri yapmak için çok zaman ziyan ediyorum."

"Yapacak o kadar çok işim var ki. Ne yazık bütün bunları yapacak zamanım yok."

"Yorgun, gergin, bunalmış durumdayım. Kendimi bildim bileli böyleyim. Bir türlü kendimi rahat (gevşemiş) hissedemiyorum."

Bütün bu şikâyetlerin arkasında bir dilek vardır. "Eğer bazı şeyler biraz değişik olsa". Bir başka ifadeyle, "Ben bazı şeyleri istediğim gibi kontrol edebilsem".

Gerçekte ise kontrol planlama ile başlar.

Planlama, geleceği bugüne getirmek demektir. Böylece gelecekle ilgili bazı şeyler yapabilmek mümkün olabilir.

Önceliklerin belirlenmesi

Şimdi gelin, şu sıradaki zamanı kullanış biçiminizi önemli amaçlarınız açısından değerlendirelim. Bunu kolaylaştırmak için yaşlandığınızı ve günlerinizin sayılı olduğunu düşünün. Hayatınızda neyi başarmış olmayı isterdiniz, sizi en çok gururlandıracak olan nedir? Hayal gücünüzü toplayın ve aklınıza gelen her şeyi bir araya getirin... Tartışmaya ve analize girmeyin, aklınıza geleni yazın. Uzun süreli amaçlarınız olarak neleri gördüğünüzü iyice süzün.

Hayat amaçlarınızı sıralarken hiç şüphesiz "mutluluk", "başarı", "sevgi", "topluma katkıda bulunmak" gibi soruları aklınıza getirmemeniz gerekecektir. "Başarı" herkes için farklı bir şey ifade eder.

İkincisi, makul bir ölçüde başarılma şansı olan bir yıllık amaçlarınızın listesini yapın. Son olarak da, gelecek ayki amaçlarınızı, iş öncelikleri, dinlenme ve eğlence faaliyetleri olarak sıralayın.

Amaçlarınızla ilgili üç tane liste yaptınız: Uzun, orta ve kısa dönemli. Bu listelerin her birinde maddeler önemlerine göre sıralanacaktır.

A. En önemli grup: Bu maddeler en temel, en çok istenenlerdir. *"Olmazsa olmaz" önem derecesine sahip maddeler bu grupta toplanacaktır.*

B. Orta derecede önemli grup: Bunlar bir süre için kenara bırakılabilir, ancak yine de önemlerini korurlar. "Olmasında yarar var" diye düşündüklerinizi bir grupta toplayın.

C. Alt grup: Bu maddeler, bir kenara bırakıldıklarında herhangi bir sakınca doğurmazlar. "Olursa iyi olur" diye düşündükleriniz de bu grupta yer alacaktır.

Listenizi önem sırasına göre dizdiğinizde üzerinde çalışmaya başlamaktan hoşlanacağınız her listedeki en üst iki grup maddeyi (A ve B önem derecesine sahip olanları) birleştirin.

Böylece şu sırada istediğiniz amaçlarınızı yansıtan en önemli altı grup madde elde etmiş oldunuz.

AMAÇ PLAN CETVELİ

Hayat boyu amaçlar (Uzun dönemli amaçlar)

____

____

____

Bir yıllık amaçlar (Orta dönemli amaçlar)

____

____

____

Bir aylık amaçlar (Kısa dönemli amaçlar)

____

____

____

Her kategorideki en önemli iki grup amacı buraya yazın. Bunlar, üzerinde çalışmaya başlayacağınız amaçlarınızdır.

____

____

____

____

____

____

Çalışmaya başlayacağınız 6 amacınız var. Bunlar, sizin için en büyük öneme sahip olanlar. *Bunlara bir ay süre tanıyın.* Gelecek ay yeni bir liste yapacaksınız. Bazı maddeler en önemli gruba geçecek, bazıları da önemlerini kaybedecek. En önemli grupta yer alan amaçlarınızı gerçekleştirmek için her gün belirli bir süre ayırın. Harcadığınız gayretten çok, sonuçları vurgulayın ve şu değerlendirmeyi yapın. "Ne ortaya çıkacaktı, ne kadar yapılabilirdi?" Her gün amacınız doğrultusunda ileriye doğru bir adım atmaya çalışın, bu adımın çok küçük olması hiç önemli değildir.

YAPILACAK İŞLER LİSTESİ TUTMAK

En önemli amaçlara yönelmeyi sağlayacak gerekli yollardan biri, günlük "yapılacak işler" listesi tutmaktır. "Yapılacak işler" listesi o gün yapmak istediğiniz her şeyi içerir. Burada maddeleri önem sırasına göre işaretleyin. Eğer alt grupta olan maddelerden birini yaparken gruptaki maddelerden bazıları henüz bitmemişse, emin olabilirsiniz ki, zamanınızı ziyan ediyorsunuz.Yukarıdan aşağı doğru çalışın: Tepedeki maddeler tamamlanınca, orta gruptakilere yönelin. Ancak her şey tamamlandığı zaman, zamanınızı aşağı gruptaki maddelere vermeye hakkınız vardır. Bunun çoğunlukla mümkün olmadığını görürseniz, en alt gruptaki maddelere boş vereceksiniz. Bu hiçbir zaman gözden kaçırılmamalıdır. A1 önem derecesine sahip bir maddeyi tamamlamadan bir sonraki maddeye geçmeyin.

En alt grupta yer alan maddeler çoğunlukla günlük hayatın ayrıntılarıdır. Hiç şüphesiz bu ayrıntılar tamamlanmadan günlük hayatı sürdürmek kolay değildir. Ancak unutulmaması gereken, *birçok insanın bu ay-*

rıntıların içinde kaybolduğu ve zamanını kendini memnun edecek veya uzun vadede verimli olabilecek hiçbir işte kullanamadığıdır. Bu sebeple günlük hayatın akışını etkilemeyecek önemsiz işleri ya listenize koymayın veya bunları listenizden çıkartmakta tereddüt etmeyin. Bu grupta yer alan maddelerden başkalarına devretmeniz mümkün olan işleri ise, *nasıl yapılacağı konusunda fazla titizlik göstermeden başkalarına devredin.*

En baştaki maddeleri tamamlamadan daha alttaki maddelere geçmeyi engelleyen bir durum, baştaki maddelerin zamanın bütününü alabilecek olmasındandır. Bunu önlemek mümkündür. Çok istisna olan durumlar dışında, bir günün tek bir işle uğraşarak geçmemesi gerekir.

Listenizde en önem verdiğiniz bir veya iki işi işaretleyin. Bunların önem derecesi %80'dir. İşaretlemiş olduğunuz işler için ayırmanız gereken zamanınızın %20'sidir. Aksi takdirde listenizin uygulanma şansı çok düşük olacaktır. Eğer % 80 değerini verdiğiniz işe zamanınızın %20'sini ayıracak olursanız, hem listenizdeki diğer işleri yapmak için hem günlük hayatın zorunlu ve hesaba girmeyen durumlarına ayıracak zamanınız olur, hem de yaşamak için zamanınız kalır.

"Yapılacak işler" listesini düzenlemek ve izlemekte, 80-20 kuralını uygulamak aydınlatıcı olur. %80 değerdeki bir iş, zamanın ancak %20'sini almalıdır. Bazen en üst grupta yer alan amaçları zihinde geriye atıp "Bu gün sırası değil", "Şu gazeteyi ve dergileri okuyayım önce", "Evi temizledikten sonra bu işi ele alırım" demek kolaydır. Bu eğilimi önlemek için bir yol, o sıradaki en önemli altı amacınızı yazan listeleri, evin ve büronun çeşitli yerlerine asmaktır. Bunlara her bakışınızda, öncelik vermeniz gereken işleri hatırlarsınız.

Aileye zaman ayıramayanlar

Ailenize zaman ayıramamak sizi huzursuz ediyor ve suçluluk duymanıza sebep oluyorsa, aile ilişkilerine de A önceliği verin. Böylece aile ilişkilerinizi programınızda yer alan B'lerin önüne geçirmiş olursunuz.

Aile ilişkilerine zaman ayıramayanların önemli bir bölümü, gerçekte *şirketin zaman programı ile, kişisel zaman programlarını karıştıranlardır.*

Acil ve önemli durumlar

Günlük programı uygulamayı zorlaştıran bir sebep de ortaya çıkan "acil durumların" programın akışını bozmasıdır. Çalışan kişilerin büyük bölümü bazen günlük programlarını sadece ortaya çıkan acil problemleri çözerek geçirirler. Bazen de aileye ayıracak süre mecburen bu "acil problemlere" ayrılır.

Bu noktada "acil" olanla "önemli" olanı birbirinden ayırmak gerekir. Acil durumlar insan hayatında ancak birkaç defa meydana gelir. Gerçekte acil zannedilen durumların çoğu önemlidir. *Önemli olanla acil olan arasındaki fark, acil olanın telaşla yapılması, önemli olanın ise düşünülerek ve sükûnetle yapılmasıdır.*

Eğer problemler zamanında ele alınır ve ertelenmezse, çok kere acil çözüm bekleyen durumlar kendiliğinden ortadan kalkmış olur.

ZAMAN YARATMAK

Zaman yaratmak için dört tane "esas" ve altı tane de "yardımcı" kural vardır. Dört mecburi kural şunlardır:

1. *"Hayır" demeyi öğrenin.* Sizi en önem verdiğiniz gruptaki maddelerden zaman harcamaya zorlayacak yükümlülüklerden kaçının. "Zamanım yok" demeye hazır olun. Eğer "hayır" demekte güçlük çekiyorsanız, güvenlilik eğitimine tekrar göz atın. "Bir dakikanız var mı?" diyenlere "Yeter mi?" diye sorun.
2. *O gün için yüksek öncelik taşıyan maddeleri yapıp bitirmedikçe, alt gruptaki maddelere geçmeyin.* Alt gruptaki maddelerin özelliği, bekleyebilecek olmalarıdır.
3. *Programınızda kesintiler, önceden görülmeyen problemler ve program dışı olaylar vb. için zaman ayırın.* Faaliyetleriniz için makul zaman ölçüleri koyarak telaştan kaçınabilirsiniz ve kaçınılmaz durumlar için biraz fazla zaman ekleyebilirsiniz. Bunu yapmadığınız takdirde programın kendisi bir stres kaynağı olmaya başlar.
4. *Çeşitli işleriniz arasında her gün kendinize bir "mutlak sükûnet" zamanı ayırın.* Bunu öyle düzenleyin ki, ancak çok acil bir durumda araya girilebilsin. Bu sırada yararlı bulduğunuz herhangi bir tekniği kullanarak "derin dinlenmeye" yönelin.

Zamanı düzenlemenin 6 tane de yardımcı kuralı vardır. Bunlardan size en çok yardımcı olacak üç tanesini işaretleyin. Şimdi işaretlediğiniz kuralları izleme alışkanlığını edinmeye başlayın.

1) *"Beş dakikalık kısa işler listesi"* tutun. Böylece herhangi bir yerde beklerken veya iki iş arasındayken bunları yapabilirsiniz.

2) *İki işi birarada yapmayı öğrenin.* Arabayla işinize giderken, yazdıracağınız önemli mektubun planını zihninizde organize edin, ortalığı süpürürken akşam yemeğini planlayın.

3) *Alt grupta yer alan işleri başkalarına devredin.* Nasıl yapılacağı konusunda fazla titizlik göstermeden bunları çocuklarınıza, sekreterinize, hizmetçinize, kayınvalidenize verin.

4) *Yarım saat veya bir saat erken kalkın.*

5) *Televizyon* dev bir zaman yutucudur. Eğer *seyrederseniz bile seçici olun* (günümüz insanının zamanının çok önemli bir bölümü televizyon karşısında katledildiği için bu konu ayrıca ele alınmıştır).

6) *Eğer en önemli gruptan bir iş yapmak zorundaysanız kendinize kaçış yollarını kapatın.*

- Hayal kurmayı daha sonraya erteleyin.
- Sosyal ilişkileri durdurun.
- Basit, önemsiz işleri atlayın.
- Su içmek, bir şey yemek gibi birden ortaya çıkan isteklerinizin peşinde vakit geçirmeyin.
- Ufak tefek işleri görmek için dolanmayın. Bunları muhtemelen daha sonra çok daha iyi bir biçimde yapabilirsiniz.
- Üretken olmayan faaliyetleri mümkün olduğu kadar çabuk durdurun (örneğin telefonla sevdiğiniz biri ile yarenlik etmeyi, en önemli işler bittikten sonraya ekleyin).
- Gazeteleri ve dergileri mümkün olduğu kadar çabuk başınızdan atın. Önce iyice bir gözden geçirin, sonra unutun gitsin.
- Mükemmelcilikten vazgeçin. Yapmaya ve iş çıkartmaya bakın. Herkes hata yapar, bunu unutmayın.

Gerek ülkemizde, gerek dünyada televizyon insanların zamanlarını yutan en önemli araçtır. Televizyon sadece insanların zamanını yutmakla kalmamakta aynı zamanda onları pasifliğe, tembelliğe itip inisiyatiflerini körletmektedir. Ayrıca TV sosyal ilişkileri sınırlamakta ve en önemlisi çocuklar üzerinde, uyuşturucu maddelerinkine benzeyen olumsuz etkiler yaratmaktadır. Çocukların TV alışkanlıklarının gelişmesinde anne-babanın model olarak önemi dolayısıyla, yetişkinlerin kendi TV seyretme alışkanlıklarını kontrol etmelerinde büyük yarar vardır.

TV'de seyredilecekleri iki grupta toplamak mümkündür. Vakit geçirtecek programlar ve özelliği olan programlar. Eğer hayatınızı daha iyi yaşamak için zamandan tasarruf etmek istiyorsanız, çok istisna olan durumlar dışında vakit geçirten programlardan uzak durun.

Özelliği olan programlar ise günde ya bir tanedir, ya da birkaç günde bir tane. Bunlar önemli naklen yayınlar olabilir, nitelikli bir sinema filmi olabilir veya ilginizi çeken bir belgesel olabilir. Eğer günlük programınız elveriyorsa, bu programları, ama sadece bu programları seyretmekten kendinizi yoksun bırakmayın.

Günlük TV programını mutlaka gözden geçirin, izleyeceklerinizi seçin ve televizyonunuzu sadece seçtiğiniz programlar için açın. En geç iki gün sonra unutacağınız, sizde hiçbir iz bırakmayacak, benzerlerini defalarca gördüğünüz programlar için televizyon başında saatlerinizi geçirmeyin. Unutmayın, geçirdiğiniz hayatınızdır.

Öfkeyi Yenmek

Neden öfkeleniriz?

İnsanları öfkelendiren sebepler engellenme, önemsenmeme, aşağılanma, keyfi bir tutumla karşılaşma ve saldırıya uğramaktır.

İnsan "haz" yaşamaya dönük bir canlıdır. Bebek hayata bütünüyle haz duygusunu yaşamaya yönelik başlar. İnsanın haz duygusunun önüne çıkan düzenlemelerin başında eğitim ve terbiye gelir. *Haz dünyasını engelleyecek her durum, olay veya kişi, insandaki öfke duygusunun en başta gelen sebebidir.*

İnsanın neden öfkelendiği esas olarak aynı sebebe dayansa bile, her dönemin kendine özgü engellenmeleri vardır.

Çocukluk döneminde eğitim, terbiye ve çocuğun isteklerinin karşısına dikilen yasaklar onu öfkeye sürükler.

Ergenlik döneminde genç, iki temel istek arasında sıkışır. Bir taraftan ailesinden kopmak, bağımsız olmak isterken, diğer taraftan güvensizlik ve yetişkinlerin desteğine duyulan ihtiyaç, çatışma ve öfkeye sebep olur.

Yetişkinlikte rekabet şartları, sorumlulukların getirdiği zorunluluklar insanı engeller ve öfke doğurur. Bu arada reddedilme duygusu, ister toplum tarafından olsun, ister aile veya arkadaşlar tarafından olsun, insanda şiddetli bir öfke doğmasına sebep olur.

Orta yaştan ileri yaşa geçenlerde gelecekle ilgili güvensizlik ve bunun getirdiği belirsizlik, yaşın getirdiği sınırlamalar engellenme duygusuna ve öfkeye yol açar.

Bütün bu söylediklerimizden anlaşılacağı gibi, insan için bu saf anlamıyla özgürlük, isteklerinin mutlak olarak karşılanması ve haz duygusunun yaşanmasıysa, *yaşadığımız çağ "özgürlük" görünüşü arkasında kesin sınırlar ve çerçeveler getirmektedir.* Bu da insanın haz duygusunu dilediğince yaşamasını engellemektedir.

SAĞLIKLI ÖFKENİN ORTAYA ÇIKIŞ BİÇİMİ

Her şeyden önce şunu belirtmek gerekir ki, *öfke normal ve sağlıklı bir duygudur.* Öfkesi veya kızgınlığından ötürü insanın kendisini suçlu hissetmesi doğru değildir. Sağlıksız olan, öfkenin saldırganlığa dönüşmesidir.

Engellenmeler bir enerji doğurur. Bu enerji yapıcı da kullanılabilir, yıkıcı da. Sağlıklı bir biçimde dışlaştırılmış öfke amaca yöneliktir, çoğunlukla toplumsal olarak kabul edilebilir bir biçimdedir ve çok kere uzun vadede kişiye yarar getirmesi mümkündür.

Öfkenin sağlıksız olarak dışlaştırılması ise saldırganlık ve şiddet biçimindedir ve en büyük zararı kişinin kendisine verir.

Öfke ne kadar açık ve doğrudan ortaya konursa, o kadar çocukça olduğu düşünülür. Çünkü çocuklar öfkelerini açık ve doğrudan ifade ederler. Bu sebeple öfkelerini yenemeyen, onları kontrol edemeyen ve olduğu gibi ortaya koyan kimselerin duygusal açıdan olgunlaşmadıkları kabul edilir.

Öfkeyi en yaygın dışlaştırma yollarından biri ağlamaktır. Ruh sağlığı uzmanlarının birçoğu, ağlamanın iyi bir rahatlama ve boşalma yolu olduğu inancındadır. Genel olarak erkeklerin ağlaması zayıflık kabul edildiği için, bu açıdan bakıldığında kadınların erkeklere kıyasla daha şanslı oldukları düşünülebilir.

Açık ve doğrudan ifade edilen öfkenin esas olarak iki sebebi vardır. Birincisi, birey öylesine *doludur* ki, herhangi bir olay bardağı taşıran son damla olur (bu durumu kişinin öfkesine *sebep* olan olayla,verdiği tepkinin *orantılı* olmayışından anlayabiliriz). Küçük bir olayın sebep olduğu büyük öfke patlamaları bu konuda kolayca verilebilecek örnektir. Bu tür tepkiler çok kere hayatında büyük doyumsuzluklar olan kimseler tarafından verilir. Hayatında birçok doyumsuzluk olan insanlar, engellenmelerden ötürü öfke ile yüklüdürler. Bu sebeple küçük bir kışkırtma büyük bir patlamaya sebep olabilir.

Açık ve doğrudan ifade edilen öfkenin ikinci sebebi, *duygusal gelişmemişliktir.* Duygusal açıdan olgunlaşmamış kimseler istediklerini seslerini yükselterek, saldırganlık göstererek almaya alışırlarsa, bu onlarda bir alışkanlık haline gelir ve bütün hayatları boyunca bu davranışı göstermeye devam edebilirler. Hiç şüphesiz bu durumun kökleri çocukluktadır. Çocuk ilk tecrübelerinde öfkesini saldırganlığa dönüştürerek istediğini elde ederse, bu onun için ödül olur ve benzer durumda benzer biçimde davranır. Böylece tipik bir şartlanma doğar.

YAPICI ÖFKE

Öfkenin normal ve sağlıklı bir duygu olduğunu söylemiştik. Yapıcı olarak kullanıldığında öfke zihinsel ve bedensel güç verir. Öfkeden yapıcı olarak yararlanmak için üç şart gerekir. Birincisi, *öfkenin esiri olmamaktır*. Buna öfkeyi kontrol etmek de diyebiliriz. Öfkenin kontrol edilemediği durumlarda, kişi başlangıçta gitmeyi düşünmediği kadar ileri gidebilir. Böyle bir durumda kontrol kişinin elinden çıkmış, bir yönüyle ortaya çıkan durumun akışına kalmış ve bir yönüyle de karşı tarafın eline geçmiş demektir.

İkinci şart, *kişinin öfkesini bastırmaya planlanmış olmamasıdır*. Kişi öfkesini kabul etmez, bunu normal yollardan dışlaştırmaktan kaçınırsa, bu durumun doğurduğu tepkinin sonucu, sağlıksız bir öfke patlaması olarak ortaya çıkabilir.

Öfkeden yapıcı olarak yararlanmanın üçüncü şartı, *toplumun öfkenin dürüst ve doğrudan ortaya konuşunu kabul edebilir bir yaklaşıma sahip olmasıdır*. Bazı toplumlar, özellikle Doğu toplumları, bazı gruplar arasında öfkenin ortaya konmasını hoş karşılamazlar. Örneğin küçüklerin büyüklere, kadınların erkeklere, sosyal olarak alt düzeydekilerin üst düzeydekilere hangi yolla olursa olsun öfkelerini ortaya koymaları doğru olarak kabul edilmez.

Hiçbir zaman unutmamak gerekir ki, bastırılmış ve kabul edilmeyen öfke, dolaylı ve zararlı yollardan ortaya çıkar. Bu sebeple öfkenin işaretlerini tanımak çok önemlidir.

Gerek Stresle Başaçıkma Seminerleri'nde, gerek klinikte çok karşılaştığımız sorulardan biri de şudur. "Evet, tamam öfkeliyim, peki ne yapayım? Adamın gözüne bir tane patlatayım mı? Yoksa neden öfkeleniyorum, öfkelenmemem lazım diyerek, sıkıntımı daha da mı büyüteyim?"

Hiç şüphesiz öfke gibi birden çok kişinin içinde bulunduğu ve insanın kişiliğinin bütününü ilgilendiren çok karmaşık bir konuda verilecek basit ve kesin formüller yoktur.

ÖFKEYLE BAŞAÇIKMA YOLLARI

Aşağıda dört basamaklı yaklaşım, öfkenizle nasıl makul biçimde başaçıkabileceğiniz konusunda size ışık tutacaktır.

1- Öfkenizi kabul edin

Öfkeyle başaçıkmanın ilk şartı *öfkeli olduğunuzu kabul etmek ve bunu kendi kendinize itiraf etmektir*. Kabul edilmeyen ve itiraf edilmeyen öfkenin dolaylı yollardan ortaya çıkacağını ve daha tehlikeli olacağını söylemiştik. Çok kere insanlar öfkeli olduklarını kabul etmeye, gerçek duygularını ortaya koymaya yanaşmazlar. Çünkü kişi öfkeli olduğunu kabul etmezse esas önemli olanı, "öfkesinin gerçek sebebini" bulması mümkün olmayacaktır.

Böyle bir durumda insan çevresindekileri şaşırtan, hayal kırıklığı yaratan tepkiler verecek ve kişinin davranışlarını anlamak mümkün olmayacaktır.

2- Öfkenin kaynağını bulun

Eğer öfkeli olduğunuzu kabul edip, kendinize itiraf ettiyseniz en önemli adımı attınız demektir. İkinci adım *öfkenin nereden geldiğini bulmaktır.* Bazı durumlarda bu çok açık olabilir, bazen de çok belirsiz ve karışık. Eğer birisi nasırınıza basmışsa, öfkenizin sebebini uzun boylu düşünmenize gerek yoktur. Eğer küçük bebek evde çok önem verilen bir vazoyu kırmışsa, öfke daha az makul gözükse bile haklıdır ve kaynağı açıktır.

Ancak bazen öfkenin sebebi çok güçlü, veya bize zarar verebilecek kimseler olabilir. Böyle durumlarda öfkemizi o kişiye yöneltmemiz pek kolay olmaz ve suçlayıp, öfkemizi yönelteceğimiz bir başka kaynak aramaya başlarız. Bu duruma psikolojide "yer değiştirme" (displacement) denir. Söylemeye gerek yok, çok kere bu işlemi farkına varmadan yaparız.

Amirine kızıp, hıncını memurundan alan; patronuna kızıp, hırsını evdekilerden çıkaranlar karikatür ve fıkralara bol bol malzeme olmuşlardır. Gülünç gelse bile amirinden azar işitip, işini kaybetme kaygısını duyan kişi, evde çorbanın neden yeterince sıcak olmadığına veya terliklerinin neden koyduğu yerde durmadığına ciddi ciddi öfkelenecektir.

"Yer değiştirme"nin bir başka yaygın sebebi kişinin kendi egosunu savunmasıdır. Şehirlerarası yolda yanlış yola sapan kişi, dikkatini dağıttığı ve yanlış yapmasına sebep olduğu için eşine kızabilir. Cam kapıyı fark etmeyip çarpan ve sonra da dönüp kapıyı tekmeleyen veya kapıyı "oraya öyle" koyanlara kızan kişinin davranışındaki tersliğe hepimiz güleriz de; yine de hepimiz "kendimizi kurtarmak" için sık sık mazeretler üretip savunucu olmaktan kendimizi alıkoyamayız.

Bazı durumlarda *suçluluk duygusu öfkenin kaynağını bulmayı zorlaştırabilir.* Anneye ve babaya kızılamayacağı varsayımı, çok kere haklı olabilecek öfkeleri doğru kişilere yönlendirmeye engel olabilir.

Bazen de iyi niyet, öfkenin kaynağına yaklaşmayı engeller. Bütün iyi niyetiyle – hiçbir kişisel çıkarı olmaksızın – size daha kazançlı bir banker tavsiye eden dostunuza, paranız battıktan sonra kızmamanız kolay olmayacaktır. O iyi niyetle hareket etmiştir. Ama hiç niyetiniz yokken de, paranızı o bankere yatırtıp batmanıza sebep olmuştur.

Evet, öfkeyle sağlıklı şekilde başaçıkmanın ikinci adımı, gerçek kaynağın bulunmasıdır.

3- Neden öfkeli olduğunuzu anlayın

Öfkeli olduğunuzu kabul edip kaynağını da bulduktan sonra, gerçekte *sizi öfkelendirenin ne olduğunu anlamaya çalışın.* Daha önce de söylediğimiz gibi birisi ayağınıza basarsa, bu konuda fazla düşünmenize gerek olmayacaktır. Sokakta top oynayan çocukların yanından geçerken başınıza hızla bir top gelmesi ve canınızın yanması sizi öfkelendirecektir. Bunu atanın dilediği özür, ortada kasıtlı bir durumun bulunmadığına inanmanız, canınızın yanmasını ve öfkenizi ancak bir ölçüde hafifletecektir. Eğer duygusal, bedensel, ekonomik olarak zarar görmüşseniz, sizi bu zarara uğratanın niyeti ne olursa olsun, öfkelenirsiniz.

Öfke buzdağının suyun üzerinde kalan bölümü gibidir. Dışlaşan öfkedir, ancak gerçek sebebi bulmak isteyen derinlere inmek zorundadır. Bu da kolay değildir. Ne kişinin kendisi için, ne de bu öfkeye muhatap olanlar için.

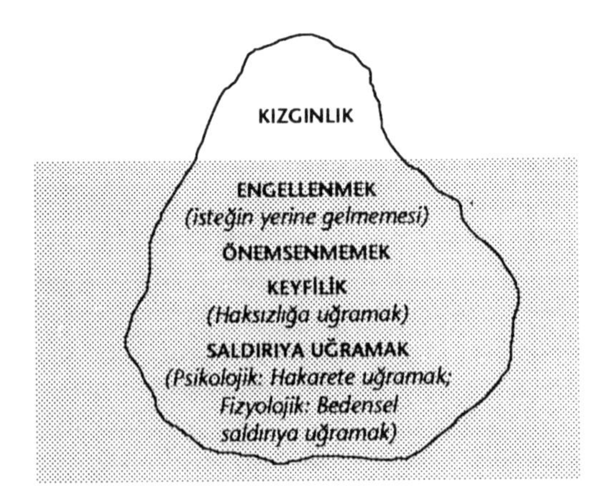

Şekil 22. Öfke buzdağına benzer.

"Zihinsel Düzenleme Tekniği" bölümünde anlatıldığı gibi OLAYA verdiğiniz tepkiye sebep olan "GERÇEK DÜŞÜNCE"nizi yakalayabilirseniz, kendi buzdağınızın derinliklerine inmek için bir adım - önemli bir adım - atmış olursunuz. Böyle bir girişim içinde olmak bundan önceki adımı atmanızı da kolaylaştıracaktır.

Ancak öfke kaynağının çok açık gözüktüğü birçok durumda bile, öfkenin gerçek sebebini bulmak bazen kolay olmaz. Garsonun önüne tabağı biraz sertçe koyması kişide çocukluğundan kaynaklanan problemleri (öfkeleri) tetikleyebilir. Bazı insanların polise duydukları kızgınlığın arkasında, çocukluklarından başlayarak otoriteye karşı biriktirdikleri öfke saklıdır.

İnsanın öfkesinin sebebini anlamasındaki en önemli nokta, öfkenin gerçekçi bir temele dayanıp dayanmadığıdır. Eğer patronunuz size 1.500.000 TL aylık veriyorsa ve asgari ücret 2.000.000 TL ise öfkeniz yerindedir. Ancak patronunuza, sizin için önemli özel problemlerinizle ilgilenmediği için kızıyorsanız, öfkeniz gerçekçi değildir.

Kişisel olmayan bir durumu kişisel olarak değerlendirmek öfkeye sebep olur. Trafikte birisi yolumuzu kestiği zaman, ona öfkeleniriz. Bunun sebebi çok kere böyle bir durumda yapılan hareketi *kendimize yönelik olarak kabul etmemizdir*. Oysa hareket bize değil, herhangi birine yapılmıştır. Bu dikkatsiz harekete kızmakta haklı olabiliriz, ancak olayı doğrudan şahsımıza yönelik kabul etmek öfkemizi ve tepkimizi artırır.

Böyle bir durumda uygun ve gerçekçi düşünce, "Bu adam böyle aptalca bir şeyi nasıl yapıyor?" olmalıdır. Ancak eğer "Bu adam böyle aptalca bir şeyi bana nasıl yapıyor?" dersek, gerçekçi olmayan bir yaklaşımda bulunmuş oluruz.

Üçüncü adımın temeli, öfkemizin gerçek sebebini bulmak ve bu sebebin gerçekçi olup olmadığını anlamaya çalışmaktır.

Gizli duygular, istekler ve beklentiler gibi gerçekçi olmayan sebeplere dayanan öfkeyi hem kabul etmek, hem de bu tür bir öfkeyle başaçıkmak çok güçtür.

4- Öfkeyle gerçekçi bir biçimde mücadele edin

Daha önceki üç adımı izlediği için, dördüncü adım en kolay olanıdır. Eğer öfkeli olduğunuzu kabul ettiyseniz, öfkenizin kaynağını biliyorsanız ve sebebinin gerçekçi bir temele dayandığına karar verdiyseniz, o zaman öfkenizle *gerçekçi bir biçimde mücadele* etmeniz zor olmayacaktır.

Bir kuyrukta beklerken birisi önünüze geçerse, makul olan bu kimseye sıranın sonuna gitmesi gerektiğini hatırlatmaktır. Ne susup içinizde kabaran öfkeyi dizginlemeye çalışmak, ne de kavga etmeye hazır olmaktır.

Öfkenin doğrudan ortaya konması (ifade edilmesi) her zaman en doğru yol olmayabilir. Örneğin, öfkenizin "size az para verdiği için" patronunuza yönelik olduğunu bulursanız, yapılacak olan, eve gidip bundan karınıza şikâyetçi olmak değildir. Yapılacak olan belki patronla bu konuda karşılıklı anlaşma zemini oluşturacak yaklaşımlarda bulunmaktır. Bu girişim olumlu sonuç vermez veya mümkün olmazsa, bu enerjinin mutlaka boşaltılması gerekir. Öfkenin doğurduğu enerji ortaya çıkmışsa, ilişkileri sağlıklı bir zeminde sürdürmek çok zordur. Bu durumda yapılabilecek olanlardan biri, eğer mümkünse işi değiştirmek olabilir.

Ancak öfkenin sebebi gerçekçi değilse, böyle bir durumla mücadele etmek çok daha güçtür. Ahmet eşine kızgınlık duyuyorsa ve bunun altında yatan temel sebep, annesinden görmeye alıştığı davranışı eşinden görmemekse; durumu çözmek çok kere kolay olmaz. Ahmet'in yapması gereken, eşinin annesi olmadığını kabul etmek ve bunu içine sindirmektir. Ancak bu söylendiği kadar basit değildir ve çoğunlukla bir ruhsağlığı uzmanının yardımını gerektirir. Ayrıca böyle bir ilişki içinde Ahmet'in eşi Ayşe'nin de şikâyetleri olması kaçınılmazdır. Büyük bir ihtimalle Ayşe'nin de bilerek veya bilmeyerek, açık veya kapalı birçok davranışı hem var olan problemleri büyütmekte, hem de yeni problemlerin ortaya çıkmasına sebep olmaktadır. Çözülmesi gereken herhangi bir problemle karşılaştıktan bir süre sonra eşler *somut durumlara ve olaylara değil; tartışmaya sebep olan olaya – birbirlerine biriktirdikleri – bütün kızgınlıkla yaklaşıp* tepkide bulunmaya başlarlar ve iletişim zaman içinde bütünüyle kopar.

Görüldüğü gibi böyle bir durumda problemin kaynağını teşhis etmek gittikçe zorlaşmaktadır. Yapılması gereken, en başta eşler arasında sağlıklı bir iletişim zemini oluşturmaktır ve bu da ancak bir uzmanın yardımıyla mümkündür.

Aynı şekilde bütün gün ev işlerinden ve çocuklardan bunalan Elif, öfkesini akşam işinden yorgun argın gelen eşinden çıkarmak isteyebilir.

Elif'in yaptığı işlerin hepsi bir ev kadınının yapması gereken işlerdir. Ancak Elif daha gençkızlığından başlayarak kendini okuyan ve erkekle eşit bir kadın olmaya şartlamıştır. Gerçekten de üniversiteyi bitirmiş ve sınıf arkadaşı Hakan'la da evlenmiştir.

Birkaç yıl çalıştıktan sonra işten ayrılmış ve iki çocuğunu büyütmeye başlamıştır. Elif kendisine baktığında, annesinden farklı olmadığını görmekte ve bu durum da onun hayal kırıklığı ve öfke duymasına sebep olmaktadır. Çeşitli durumlarda eşine karşı saldırgan davranan Elif, cinsel bakımdan da isteksizlik duymakta ve Hakan'a soğuk davranmaktadır. Hakan olan bitenlere fazla anlam verememekte, başlangıçta düzeltmek için gayret sarfettiği Elif'le ilişkisinin ucunu bırakmış görünmektedir. Elif'in pireyi deve etmesinden, her durumu bir tartışma konusu haline getirmesinden ve bir türlü memnun olmayışından bıkmıştır.

Bu olayda Elif'in öfkesinin gerçek sebebinin, *kendini başlangıçta sınırları iyi belirlenmemiş bir hayata hazırlamış olmasından kaynaklanmakta olduğunu* bulmak, bir ruhsağlığı uzmanı için bile zahmetli bir iştir.

Başka insanların öfkeleriyle uğraşmak, öfke konusunun bir başka güç cephesidir. Ahmet'in eşi Ayşe'ye öfkeyle davranması, Ayşe'de de öfke doğuracak ve o da kızgın bir tepki verecektir. Böyle bir tepki Ahmet'in öfkesini artıracak ve iki kişi arasındaki gerginlik tırmanacaktır.

İnsan hayatında bu durumlar ender rastlanan durumlar değildir. Bu tür problemlerin çözülmesinde temel ilke, karşılıklı ve sağlıklı iletişimdir. Kişiler sükûnetlerini muhafaza edip, o sırada tartışma konusu olan problemi konuşmaya yönelmedikçe anlaşma sağlanamaz.

Öfkenin açıkça ifade edilmesi çok kere problemin çözümünü güçleştirir. Öfkenin saklanması da karşı taraf için aynı ölçüde kışkırtıcı olabilir. Eğer Ahmet Ayşe'ye kırgınlığını açıkça ortaya koyarsa, Ayşe'den gelen tavır ister konuyu ve karşısındakini küçümser, ister müstehzi (alaycı), ister cevap vermemek gibi pasif bir tavır olsun, Ahmet'in öfkesinin artmaması mümkün değildir. Çünkü bu tavırların hepsi öfkenin ifade edilme biçimidir ve karşıdaki kişi de bunun farkındadır.

Son olarak öfke konusunda hatırlanması gereken iki önemli kurala değinelim:

Birincisi, karşınızdaki insan ne kadar kışkırtıcı olursa olsun *sükûnetinizi kaybetmeyin*. Ne kadar haklı gibi gözükürse gözüksün (kendinizi savunma zorunluluğu hariç) *şiddete başvurmayın*.

İkinci kural, *eğer bir saldırı veya silahlı tehdit karşısındaysanız, sükûnetinizi kaybetmeyin, sizden isteneni verin* ve o kişiyi kızdırmaktan kaçının. Çünkü tehdit eden kişi (birçok sebepten ötürü) heyecanla ve düşmanca duygularla saldırganlığını artırmaya fazlasıyla hazır olabilir.

Daha İyi Bir Hayat İçin

Dünyada yaşayan herkes mutlu olmak istemekte, ancak birçok kişi bunu başaramamaktadır. Çünkü mutluluk esas olarak bir tavır meselesidir. Peşinden koşulanlar insanlara mutluluğu getirmemekte, mutluluğun kendisi bir çaba gerektirmektedir.

Kanımızca, insan yaşadığı hayattan hoşnut değilse, mutlu değilse yanlış yöne bakıyor demektir. Mutlu olmak için insan dışına değil öncelikle içine bakmalıdır. İnsanların büyük bölümü mutluluğu dışlarından beklerler. Dış şartlar hiç şüphesiz mutluluğu bir ölçüde etkilemekte, ancak mutluluk bütünüyle dışa bağlı şartlar üzerine kurulmamaktadır.

Mutluluğun esas olarak bir tavır meselesi olduğunu söyledik. Bu tavrın içinde en başta, hayat ile ilgili sorumluluğun kendimize ait olduğunu kabullenmek vardır.

"Gerçekten mutlu olmak istiyor muyum?" Garip ama insan öncelikle bu soruyu kendisine dürüst olarak sormalıdır. Mutlu olmak isteyenin, önce kendisi ile dost olması gerekir. Daha doğrusu kendisi ile dost olmayı becermesi gerekir. Bunun için de kendisi ile barışık olmalıdır.

Kendisi ile barışık olmaya karar veren kişi, kendine sıkıntı vermekten, eziyet etmekten kaçınmalıdır. Çünkü artık açık seçik bilinmektedir ki, iyi ve olumlu düşünceler beden kimyasını belirli bir yönde, kötü ve olumsuz (kendine sıkıntı verici) düşünceler bir başka yönde etkilemektedir.

İnsan attığı olumlu adımların bilincinde olmalıdır... Bunun için kendinize gurur veren işlerin üzerinde durun, bunları kendi kendinize vurgulayın ve kendinizi ödüllendirin. Kısacası başarınızın tadını çıkartın.

İnsanın kendisine sorması gereken temel soru şu olmalıdır: "Neden yaptığım işi, yaşadığım hayatı sevmiyorum?" Bu soru daha doğru biçimde şöyle de sorulabilir: "Neden seveceğim işi yapmıyorum, seveceğim hayatı yaşamıyorum?"

Hiç şüphesiz bunlar söylenmesi kolay, yapılması zor işlerdir. Öncelikle kişinin kendisini ve sınırlarını doğru olarak tanıması ve bunlara uygun idealler benimsemesi gerekmektedir. Daha sonra da değişecek olan şartlara gösterilebilecek uyum önemli bir adımdır.

Hayat, büyük olayları beklerken arada geçen zaman değildir

Hayat bir bütündür. Amacınız – her ne ise – hayatla bütünleşmeli ve size zevk vermelidir. Mutluluk yaşanılandan zevk almaktır, bir yere ulaşmak değil. "O yere" ulaşmanın bedelini her zaman düşünmek gerekir. Eğer o yere ulaşma süreci size zevk veriyorsa, amacınız hayatınızla bütünleşiyor demektir. Aksi takdirde insan yıllarını bir noktaya ulaşmak için harcar ve çok kere de o noktaya vardığında yaşama sevincini kaybetmiş olur.

Bu sebeple hayatı yaşamayı ertelememek gerekir. Hayat, büyük olayları beklerken arada geçen zaman değildir. İnsan işini yaparken hayatı severse, sevdiği hayatı yaşarken de işini zevkle ve sevinçle yapacaktır.

Dünyayı ve insanları değiştirmek için gücümüz ve imkânlarımız sınırlıdır. Oysa kendimizle ilgili değişiklikler yapmak konusunda imkânlarımız çok daha büyüktür.

Hayatı yaşamak için elimizde tek bir fırsat vardır. Bunu değerlendirmek için aktif ve bilerek yaşamak zorundayız. Bunun yolu da bilgili ve donanımlı olmaktır.

Bu görüş ve yaklaşımlar fazla bireyci bulunabilir. Ancak insanın çevreyi ve yaşadığı dünyayı değiştirmesi için de, kendisiyle dost ve barışık olması ve iç dengesini kurmuş olması gerekir. ***Yapmaya giden yol "olmak"****'tan geçer. İnsanın kendisi olmadan, başkasını yapması mümkün değildir.*

Dolu dolu yaşamanın bir yolu da, insanın dünyaya kendi kafasındaki kalıplarla bakmaması, insan ilişkilerinde esnek ve rahat olabilmesidir. Böylece kişi karşıdan gelen yaklaşımlara da açık olmak ve kendi tavır ve düşüncesini bu yaklaşımlar doğrultusunda sürekli olarak yeniden düzenlemek imkânına sahip olur.

Vererek-alarak mutluluk

Bazı insanlar mutluluğu "vererek" bulmaya çalışırlar. Karşılarındakinin ihtiyacı var mı, istiyor mu? Buna bakmaz, maddi veya manevi vermeye çalışırlar. Kafalarında sürekli başka insanlar için yaptıkları "fedakârlık"lar, katlandıkları "güçlük veya yokluk"lar vardır.

Buna karşılık daha iyi yaşamak veya mutlu olmak için en büyük engellerden biri "satın alınan"larla mutluluğu bulmaya çalışmaktır. Satın alarak mutluluğa yönelmek temeldeki güçsüzlüğün telafisinden başka bir şey değildir. Böyle insanlar en başta güçlerini kendilerine göstermeye çalışırlar ve en çok yakındıkları da "anlaşılmamak" olur.

Oysa mutluluk ne sadece vermekle, ne de sadece almakla gerçekleşir.

Alarak güçlülük her zaman temeldeki kaybetme endişesini körükler. Aldıkça ihtiyaç artar ve kaybetme tehlikesi büyür.

O halde çözüm nerededir? Çözüm kaybolmayacak değerlerle donanmaktadır. Okunan kitaptan, dinlenen müzikten, bakılan resimden zevk almakta, bunlar üzerine konuşacak dostlara sahip olmakta, sevmekte, ürün vermektedir. Çünkü bunlar verdikçe çoğalır, paylaşıldıkça artar. Bunlar herhangi bir güç veya şanssızlık tarafından elinizden alınabilecek, sizden ayrılabilecek parçalar değildir. Kısacası çözüm varlıklı olmakta değil, ***var olmaktadır****.*

Bunu gerçekleştirmek için de insan önce kendi beklentilerini tanımalı, hayatı ile ilgili önceliklerini saptamalı ve zamanını bunlara göre yönlendirmelidir.

• • •

Daha iyi yaşamak için en önemli adımlardan biri de kişinin kendi sınırlarını ve gücünü tanımasıdır. Sınırlarını tanımayan insanı birçok tehlike beklemektedir. Stres ruhsal ve bedensel sınırların zorlanmasıyla ortaya çıkar ve bildiğimiz gibi dış şartlardan çok iç şartlardan kaynaklanır. İnsanın sınırlarını tanımaması ve beklenti düzeyini çok yüksek tutması iç gerginliğe, bu da beden kimyasında değişikliğe sebep olur. Rekabet, iddiacılık, üstünlük, eleştiriye kapalı olmak da iç gerginliğin bilinen diğer sebepleridir.

Sağlıklılık ve normallik, üretkenliğin ve ilişkilerin anlamlı olmasıdır. Sağlıklılık, insanın yediklerinden düşünce biçimine kadar, içine hayatın bütününü alan çok geniş bir kavramdır.

Bu kitabın birinci bölümü stres konusunda bilgilendirmeyi ve duyarlılığı artırmayı, üçüncü bölümü ise onunla başaçıkmak için yeni bir yaklaşımı önermektedir. Stresle başaçıkma bölümündeki program ve programda öğretilen teknikler hayatın farklı bir yorumudur.

Bu kitap şu temel varsayımla kaleme alınmıştır: İnsan kendi gerçeğini kendisi yaratır. Bu sebeple, bir anlamda dışında meydana gelenleri kontrol etmeyi öğrenebilir. Bunun için de insanın hayatını değiştirmeyi istemesi ve buna cesaret edebilmesi gerekir. Eğer yaşadıklarınızdan ve hayatın size sunduklarından memnun değilseniz, başka bir yol denemeye hazır olun ve bunu göze alın. "Olur mu?" demeyin "Bu yaştan sonra mı?" demeyin. Çünkü sinir sisteminin en güzel özelliği esnekliği, yeni şartlanmalara, öğrenmelere açık olmasıdır.

Ne yaptığınız zaman, neleri bir arada yaptığınız zaman kendinizi, iyi hissediyorsunuz? Kendi özel şartlarınızı bulmaya ve bunları yaratmaya gayret edin. Bu "hazcılık" değildir, "sorumsuzluk" değildir. Hazcılık insanın sadece bir cephesini doyurur. Oysa sorumluluklarınıza rağmen yukarıdaki öneriyi gerçekleştirmeniz mümkündür.

Olmuş olanı değiştiremezsiniz... Bu yüzden hayıflanmayı, "keşke"leri bırakın. Olmuş olandan ancak ders çıkartmak mümkündür. Bunu yapın. Olmuş olan, seçtiğiniz yolun, daha önceki seçimlerinizin size getirdiği kaçınılmaz noktadır. Bunun yerine o sırada olacak olana istediğiniz doğrultuda yön vermeye gayret edin.

İkilem yaratmaktan kaçının

Bir karar noktasında, istediğinizi seçin. Sadece ikilem yaratmayın. Çünkü – hayatı etkileyecek sayılı birkaç seçim dışında – yanlış bile yapsanız sağlığınız bundan ya zarar görmez, ya da çok az etkilenir. Oysa ruh ve beden sağlığını bozan kararsızlıktır, ikilemdir.

Günlük hayattaki yanlış seçimin vereceği zararın sonuçları kısa bir süre sonra ortadan kalkar. Ancak kararsızlık ve ikilemin yarattığı sonuçlar bedende birikerek gelecekte çok daha önemli birtakım yıkıntı ve zararlara yol açar.

Hiçbir şeyden şikâyet etmemeye, hoşunuza giden şeyleri yapmaya çalışın. Kendinize ihtiyacınız olanı verin. Yapacağınız şey kendinize dikkat etmek ve kendinizi kollamaktır.

İstemediğiniz halde kimseye bir şey vermeye kendinizi zorlamayın. "Kimseye zarar vermeyin, kendinize de..."

Kendinize ihtiyacınız olanı vermek ve bunun için zaman ayırmak egoistlik değildir. Bunu başkalarından (eşinizden, işinizden, çocuklarınızdan) zaman almak gibi görmeyin. Yükümlü olduklarınızı daha iyi ve zevkle yapmak için, bedeninize ihtiyacı olanı vermek kendini düşünmek değildir.

Bedeninizi sık sık kontrol edin ve gevşeyin. Böylece gerginliği ve dolayısıyla sürekli gereksiz enerji kullanımını önlemiş olursunuz. Gevşeme ile yapılan, beden fonksiyonlarının değiştirilmesidir. Beden sıcaklığının değişmesi hayal etmekle ilgili olmayan gerçek bir değişikliktir.

Araba kullanmak yarı bilinçle yürütülen bir faaliyete benzetilebilir. Psikosomatik sağlık da araba kullanmaya... Araba kullanmayı öğrenmek nasıl mümkünse, psikosomatik sağlığı korumak da öğrenilebilir. Amaç, bilinçli olarak otomatik olanı kontrol etme becerisini kazanmaktır.

Eskiden insanın bedenini kontrol konusundaki bilgilerin abartmalı, mistik ve imkânsız olduğu düşünülürdü. Ancak bugün yapılan bilimsel araştırmalar sonucu, bedenin kendi kendine çalışan sistemlerinin – kan dolaşımı, kalp vurumu, beden sıcaklığı – kontrol edileceği bilinmektedir.

İnsanın başarısı ve mutluluğu sadece dış şartlar tarafından belirlenmez. Benzer geçmiş özelliklerine sahip insanların bütünü aynı kaderi ve geleceği paylaşmaz. Yaşanan olay, alınan uyaran, verilebilecek tepkiyi belirleyen mutlak faktör değildir. "Tepkiyi belirleyen", gelen bilgiyi (yaşayan olay, alınan uyaran) işleme biçimidir. Toplumun her kesimindeki, her yaş grubundaki insanlar canlarını sıkacak şeyleri kendileri bulmaktadır.

Hayat engellerle doludur. Ancak unutmamak gerekir ki, ne olacaksa biz yapacağız. Dış dünyada cereyan etmiş olanın önüne geçilemez. Ancak biz algımızı ve tepkimizi kontrol edebiliriz. Fakat bunun tersini kabul etmek işimize gelir ve kendimizi sorumluluktan kurtulmuş sayarız.

İnsan dış dünyanın gerçeğini bütünüyle değiştirmeye, ancak gelen bilgiye kendisinden bir şeyler katarak, stres uyandırıcı olmayan bir etki doğurabilir, bu biçimde yorumlayabilir.

Endişelenmek problemleri çözmez. Çözse ruh sağlığı uzmanları onu pekiştirirdi. Önemli olan çözüme yönelebilmektir. Stresle başaçıkma programında öğretilen beceriler, eski becerilerinizin ve eski çözüm yollarının yerini alacak değildir. Kısacası sizden beklenen bazılarının aklına gelebileceği gibi, kişiliğinizi değiştirmeniz değildir.

Ancak öğrendikleriniz ve kazandığınız beceriler, eski becerileriniz ve kişiliğinizle birleşecek, onlarla kaynaşarak yeni bir yorum doğuracaktır.

Davranış, sonuçları tarafından kontrol edilir

Eğer bir davranışı ortaya çıkarmak ve onu artırmak istiyorsanız, sonucu tekrarlayın. Davranış, sonuçları tarafından kontrol edilir ve yönlendirilir. Ayrıca yine bilinmektedir ki, dışlaşan davranış insanın iç yapısını etkiler. Bütünüyle içinizden gelmese de, ***"gülün ve iyi şeyler düşünün"****, göreceksiniz kısa bir süre sonra kendinizi daha iyi hissedeceksiniz.*

Olgun insanlarla dünyadaki diğer insanlar arasında temel bir fark vardır. Olgun insanlar olmuş olanın güzel tarafını bulur ve şartlara uyarlar. Yağmurlu bir günde, pek çok kişi kendini kötü hisseder. Olgun insan ise yağmurun keyfini çıkartacak bir yorum yapar. Bu "aşırı iyimserlik" veya "Polyannacılık" değildir. Böyle düşünenler "zihinsel düzenleme tekniği" bölümüne gözatabilirler.

Stresle başaçıkmak konusunda bu kitaptan öğrendiğiniz programı uygulayacak olursanız, hayal içinde değil ancak olumlu bir tavır içinde olun. Program ve tekniklerle ilgili olarak edindiğiniz olumlu izlenimleri zihninizde vurgulayın ve tekrarlayın.

Herhangi bir konuda gösterilen gayretle bunun sonucu sağlanan yarar arasında kısa bir zaman diliminde değerlendirilecek doğru bir ilişki yoktur. Çocuklar için ödül hemen gayretin arkasından gelmelidir. Yetişkin ve olgun insanlar ödülün gelecekte olduğunu bilip onu sabır ve ümitle bekleyebilirler.

Yeni bir davranış modeli

İnsan hayatı meydana gelen olaylarla başaçıkmak ve ortaya çıkan yeni durumlara uyum sağlamakla geçer. Dünyadan alınan zevki ve hoşnutluğu belirleyen esas faktör – çok önemli ve özel durumların dışında – insanın içinde bulunduğu şartlar ve meydana gelen olaylar değil, kişinin bunları ele alış ve yaklaşım biçimidir. Güzel olsun, çirkin olsun olaylar yaşama bakışımızı değiştiriyorsa strese sebep olacaktır. Böyle olunca da stres bizlere çok yakındır.

Biliyoruz ki bu stresleri benliğimize yönelik tehditler olarak algılama dozumuz çeşitli psikolojik mekanizmaların devreye girmesiyle belirlenir. Bu mekanizmalar çocukluk dönemi yaşantıları, kişilik ve zekâdır. Daha önce de belirtildiği gibi bu psikolojik zemin kişide kendine özgü "sınırların zorlanması" ve olayın "stres olarak algılanma" noktasını belirler. Herhangi bir olayın organizma için tehdit edici anlamının artması insanda daha çok sistemin olaya katılmasına sebep olacaktır. Böyle olunca da uyum sağlaması gereken üniteler çoğalır. İster psikolojik, ister bedensel olsun, devreye daha az sistemin girmesini sağlamak elimizdedir. Bu da olayları tehdit edici olarak algılama düzeyimizi kontrol edebilmemizle mümkündür.

Bu sebeple insan streslerin girdilerini azaltmak ve hayatından memnun olmak için, dikkatini günlük hayatındaki stres verici olaylara değil, stres verici olayları yorumlayış ve değerlendiriş biçimine vermelidir. Eğer kişi gündelik hayatını, çevresinde meydana gelen çeşitli olaylar ve dışındaki şartlar sebebiyle çok stresli ve zor buluyorsa, yukarıdaki öneriye daha özel bir önem vermelidir.

Her insan kendi kalıtımsal, psikolojik ve sosyal verilerini kendi analizleri ile değerlendirerek özel stres düzeyini bulmalıdır. Pek çok kişi köklü değişiklikler yapmadığından veya geleneklere ters düşmemek için sıkıntı ve ıstırap çekmiştir.

"Başkaları için yapmak", "çevreye vermek" kendimizden geçer. İstediğimiz gibi değilsek, istediklerimizi sağlıklı olarak veremeyiz. "Altruist egoizm", yürünmesi zor ama sağlam bir yoldur.

Etrafınızdan beklentilerinizi kontrol edin, sizin idealleriniz onların sınırlarını zorlamasın; kendi sınırlarınızın da başkalarının idealleri adına zorlanmasına izin vermeyin.

Amaçlarınız her neyse, gerçekten onlar uğruna mücadele etmeye değip değmediğini bir kere daha gözden geçirin. Hiçbir zaman gerçekleşemeyecek veya değmeyecek amaçlar peşinde vakit harcamayın.

Mutlaka kendinizi hoşnut edecek etkinliklere vakit ayırın. Hele bunlar stresin olumsuz etkilerini nötralize edebilecek çabalarsa (fizik egzersiz, gevşeme cevabı gibi) stresten korunmak konusunda bilinçlenmenin yararlarını gözden kaçırmayın.

"Mükemmel"e ulaşmanın mümkün olmadığını kabul edin. Ancak "gelişme" ve "ilerleme" için gayret gösterin. Kendinizi "ispat" etmek için gereken fırsatları değerlendirin, fakat her zaman herkese değerli olduğunuzu göstermeye kendinizi mecbur hissetmeyin.

Zihninizi hayatın zevk veren ve rahatlatan cepheleri ile meşgul etmeye çalışın. Her insanın rahatlık duyacağı anıları ve gelecekle ilgili kendisine zevk verecek umutları vardır.

İnsanın etkinliğini ve gayretini felce uğratan en önemli faktör engellenmek ve kaygı; harekete ve gayrete geçiren de başarıdır. En büyük endişeler, hiç kimsenin inkâr edemeyeceği geçmiş başarıların hatırlanması ve vurgulanmasıyla yenilir. Böyle bilinçli bir çaba, gelecekteki başarılar için gerekli olan özgüvenin yeniden kazanılmasını sağlamak açısından çok gerekli ve yararlıdır.

İstemediğiniz ve o an için sıkıntı veren bir işle karşılaştığınız zaman bunu ertelemeyin. Hemen üstüne gidin, yapın ve bitirin. Böylece hem gecikmenin getireceği, hem de o işi üzerinizde taşımanın getireceği stresten kurtulmuş olursunuz. ***Unutmayın ki, mutluluk yolunda en önemli adım, iradenizin dışındaki şeylere üzülmekten vazgeçmekle atılır.*** *Bedeninizi sık sık kontrol edin ve gevşeyin. İyi şeyler düşünün ve gülümseyin... Göreceksiniz, kendinizi daha iyi hissedeceksiniz.*

An'lar

Hayatımı bir daha yaşayabilseydim.

Daha çok hata yapardım.

Mükemmel olmaya gayret etmez, daha sakin olurdum.

Daha fazla eğlenir, daha az şeyi ciddiye alırdım.

Bu kadar temiz olmazdım.

Daha fazla risk alır, daha çok gezer, daha çok tepeden bakar, daha fazla dağa tırmanır, daha fazla nehirde yüzerdim.

Hiç gitmediğim yerlere giderdim.

Daha çok dondurma, daha az fasulye yerdim.

Gerçek problemlerle daha fazla, kendi yarattıklarımla daha az uğraşırdım.

Her anı gerçek ve verimli bir biçimde yaşayanlardan olurdum.

Hiç şüphesiz mutlu olduğum anlarım da oldu.

Ancak geriye dönebilseydim, hayatımın sadece mutlu anlardan oluşmasına gayret ederdim.

Çünkü hayatın "an"lardan, sadece "an"lardan oluştuğunu anladım. Bunun için "an"ı yakalamak gerekiyor.

Ben yanına bir derece, bir şişe su, bir şemsiye ve paraşüt almadan yola çıkmayanlardanım.

Hayatımı bir kere daha yaşayabilseydim, daha hafif seyahat ederdim.

Hayatımı bir kere daha yaşayabilseydim, ilkbaharda ayakkabılarımı çıkartır, sonbahara kadar çıplak ayakla gezerdim.

Eğer bir şansım daha olsa, bilmediğim yollarda daha çok gezer, daha çok şafak seyreder, daha çok çocukla oynardım.

Heyhat, 85 yaşındayım ve öleceğimi biliyorum.

Jorge Luis BORGES
(*Çeviren:* Acar BALTAŞ)

EK BÖLÜM

Stres Kavramı ve Geçirdiği Aşamalar

Stres kelimesi ne anlama geliyor, sorusunu iki ayrı açıdan cevaplamak gerekir. Çünkü bu kelime iki ayrı anlamda kullanılmaktadır. Bunlardan birincisi organizmanın durumudur, yani insanın tehlike içinde olduğu şartlar ve etkenler karşısında denge mekanizmalarının bozulduğu zamanki durumu. Burada stres kelimesi ile kişinin fizyolojik, biyokimyasal, psikolojik stres tepkileri anlatılır. Stres kelimesinin ifade ettiği diğer anlam ise organizmanın dengesini bozabilecek etkenlerin tümüdür. Bilim dilinde stres vericiler (stressors) olarak adlandırılan bu etkenler fiziksel (travma, sıcak, soğuk vb), psikolojik (duygusal gerilimler, iç ve dış çatışmalar, eş sorunları vb), veya sosyal (çevre faktörleri, kültürel değişim vb) içerikli olabilir.

Stres günümüzde öylesine geniş ve büyük bir başlık olmuştur ki, bazı psikologlar "stres ne değildir" sorusuna cevap arayarak stres tanımına yaklaşmaktadırlar.

Stres kavramı Batı toplumlarında da bilimsel anlamını kazanmadan, yani kullanıldığı disiplinlerde hangi durumları tanımladığının sınırları henüz çizilmeden, günlük konuşmalarda kullanılır olmuştur.

Görüyoruz, yabancı bir kelime olduğu halde, bizde de tıp biliminde, psikolojide ve sosyolojide hangi durumları ifade ettiği düşünülmeden ve bu konudaki çalışmalar bilinmeden her sosyo-kültürel düzeyde kişiler stres kelimesini kullanır olmuşlardır.

Bu kitapta stres kelimesi İngilizce'de olduğu gibi "stress" olarak değil, Türkçe okunuşu ile kullanılmış ve Türkçe dilbilgisi kurallarına uydurulmuştur. Çünkü televizyon, telefon gibi birçok kelimeyle birlikte, stres kelimesi de kendi özel anlamı ile Türkçe'ye yerleşmiştir.

• • •

Bu konuda üniversite birinci sınıf öğrencileriyle yaptığımız anket çalışmasının bazı sonuçlarından sözetmek istiyoruz: Ankette gençlere, "stres kelimesini günlük konuşmalarında aile, arkadaş sohbetlerinde kullanıp kullanmadıklarını, kullanıyorlarsa hangi anlamda ve hangi sıklıkta kullandıklarını" sorduk.

Sonuçta stres kelimesinin öğrencilerin % 58'i tarafından orta sıklıkta kullanıldığını gördük. "Stres'i hangi durumları ifade etmek için, hangi anlamda kullanıyorsunuz?"sorusuna da esas olarak üç cevap aldık. Kavramı kullanan öğrencilerin % 92'si, stresi bunalmak, sıkılmak, zorlanmak gibi durumları anlatmak için kullanıyordu. Öğrencilerden biri de "Stres nedir?" sorusuna pek pratik ve yalın bir cevap vererek "Stres işte budur" demişti. Kavram gerçekten yerinde kullanılmıştı. Çünkü bu gencin günlük dilde kullandığı bir kavram konusunda, beklemediği bir zamanda, "bilmiyorum" demek istemeyeceği bir durumda, bilgisine başvurulmuştu.

Yukarıda anlatılan durum stres verici (stressor) iki özelliğe sahiptir. Kişi hem beklemediği yeni bir durumla karşılaşmıştır, hem de sınanmaktadır. Ancak bu durumun bizim toplumumuzda henüz yeterince tanınmayan bir yönü daha vardır. Eğer bu genç düşüncesini yoğunlaştırıp hissettiklerini ifade edebilirse bu stresin kendisine yararı olacaktır. Çünkü kişinin stres durumu olarak algıladığı koşullar, zihinsel bir analize ve oradan da konu ile ilgili zihinsel bir bütünlüğe gitmesine, duygu ve düşüncelerini sistemlemesine imkân sağlayabilir.

Stres acaba ne kadar imkân, ne kadar tehlikedir? Zaman içerisinde nasıl oldu da hayatta kalma mücadelesi için en temel olan fizyolojik stres tepkileri psikolojik ve sosyal sebeplerle sık sık yaşadığımız günlük tepkiler haline geldi? Stresin insanı çevreleyişine, stres teriminin kökünden kalkarak yaklaşacağız.

STRES KAVRAMININ TARİHSEL GELİŞİMİ

Kavramın kökeni:

"Stres" Latince'den türemiş ve İngiliz dilinde kullanılan bir terimdir. İnsanla ve canlılarla ilgili durumu tanımlamada kullanılan bir kelime olmadan önce, fizik ve mühendislik bilimlerinde kullanılmıştır.

"Stres" Latince'de *"Estrictia"*, eski Fransızca'da *"Estrece"* kelimelerinden gelir. Websters sözlüğünde kelimenin isim olarak sekiz, fiil olarak dört farklı anlamı vardır. İsim olarak birinci anlamı zorlanma, gerilme ve baskıdır. 17. yy'da felaket, bela, musibet *(adversity)*, dert, keder, elem *(affliction)* gibi anlamlarda kullanılmış, 18 ve 19. yy'larda kavrama yüklenen anlam değişmiş ve güç, baskı, zor gibi anlamlarda objelere, kişiye, organa veya ruhsal yapıya yönelik kullanılmıştır. Buna bağlı olarak da stres, nesne ve kişinin bu tür güçlerin etkisi ile biçiminin bozulmasına, çarpıtılmasına karşı bir direnç anlamında kullanılmaya başlanmıştır. Ayrıca kelime "bütünlüğünü koruma" ve "esas durumuna dönmek için çaba harcama" halini de ifade eder.

TIP VE BİYOLOJİDE STRES

19. yy. ortalarında ve 20. yy.'ın başlarında "stress" ve "strain" bilimsel sayılmasa bile, sezgi yoluyla bedensel ve ruhsal hastalıkların sebebi olarak düşünülmüştü.

İlk kez 1842'de İngiliz hekim Thomas Curling ağır bir yanık vakasında, 1867'de cerrah Albert Billreth enfeksiyon sebebi ile yapılan önemli bir cerrahi müdahaleden sonra ortaya çıkan, çok özel uyaranlara rağmen, diğer hastalarınkine benzer belirtilerin varlığına dikkat çekmişlerdir.

19. yy.'ın ikinci yarısında benzer tepkiler ile ortaya çıkan belirtilere daha geniş bir açıdan bakılmıştır. Bu dönemde stres kavramının içeriğini bugünkü anlamı ile ele alan kişi büyük Fransız fizyoloğu Claude Bernard'dır. Bernard dış çevre değişikliklerine rağmen canlı organizmanın iç çevresindeki (milieu interieur) oldukça devamlı bütünlüğü korumanın zorunlu olduğunu kesin olarak ifade etmiştir. Böylece tıbba serbest ve bağımsız hayatın temel şartı olarak "iç yapının dengeliliği" prensibini getirmiştir. C. Bernard "iç çevre"den cildi oluşturan hücreler dahil, cildin içindeki her şeyi kastetmiştir.

Sağlıklı bir hayattan söz edebilmek için bu iç yapıdaki hiçbir şeyin kendi normlarından uzaklaşmasına izin verilmemelidir.

Aynı dönemde Luis Pasteur laboratuvar çalışmaları ile insan sağlığını tehdit eden temel unsurun "mikrop" olduğunu dile getiriyordu. Bu sebeple Bernard ile hayatları boyunca tartışmışlardır. Pasteur hastalanıp yatağa düştüğünde hayatının son günlerini yaşarken tarihe geçen şu sözleri söylemiştir. *"Bernard haklı, insanı hasta eden mikrop değil, dengenin bozulmasıdır."*

1910'da Sir William Osler koroner kalp hastalığının bir biçimi olan "angina pectoris" üzerine verdiği bir derste, bu hastalığın genellikle iş hayatındaki Yahudiler arasında görüldüğünü söylemişti. Dr. Osler'in sözünü ettiği Yahudiler, işle çevrili yoğun bir hayatları olan, önemli ölçüde kişisel zevklerini ihmal eden ve çoğunlukla evlerinden uzakta yaşayan kimselerdi. "Pek çok angina pectoris vakası çok temel bir faktör olarak stres ve strain şartlarına bağlıdır." Sir Oster böyle diyerek stres ve strain'i yoğun iş ve endişe ile eşleştirmiştir. Dr. Osler daha sonra bir hekim grubuna yaptığı bir konuşmada; kişisel olarak tanıdığı pek çok hastanın sürekli tıbbı meşgul ettiklerini ve her birinin şikâyetlerindeki farklılıkların yanı sıra, ortak bir özellik olarak "endişeli kimseler" olduklarını söylemiştir.

Sir Osler'in bu yaklaşımlarından 15 yıl kadar sonra ABD'li ünlü fizyolog Walter B.Cannon tarafından "kaçma ve savaşma" reaksiyonlarının laboratuvar şartlarındaki incelenmesinde, stres terimi kullanılmıştır.

Cannon organizmada sabit düzeni sağlamak üzere bir bütün halinde çalışan bedensel mekanizmaların kurduğu düzeni "homeostasis" olarak adlandırmıştı. Eski Yunanca'dan gelen bu kelimelerden "homoias" *aynı*, "stasis" de *durum* anlamına gelmektedir. Kavram "aynı durumu koruyabilme yeteneği" olarak tanımlanabilir.

"Homeostasis" tıpta, yaşayan "organizmanın dengesini koruma" özelliğini anlatmak için kullanılır. Bununla canlının, dış güçler veya herhangi bir yıkıcı ajanın etkisinde kaldıktan sonra esas yapılarını yeniden kurma eğilimleri kastedilir.

İnsanlar veya laboratuvar hayvanlarının, sağlık, kan kaybı, oksijen azlığı, kan şekerindeki düşüş veya heyecan gibi çok çeşitli koşullarla karşılaştıklarında adrenal medullada ve sempatik sinir sisteminde reaksiyon oluşması, bu canlıların "stres altında" olmaları şeklinde yorumlanmıştır. Bu çalışmalarında Cannon stres düzeyinin ölçülebileceğini ima etmiştir.

Hayatının son yıllarında Montreal Üniversitesi Deneysel Tıp ve Cerrahi Enstitüsü'nü yöneten Endokrinolog Hans Selye, daha önce Mc Gill Üniversitesi Biyokimya Bölümü'nde çalışırken, laboratuvar hayvanlarında sürdürdüğü deneylerde farklı ajanların, nasıl aynı sonucu doğurduğunu laboratuvarda incelemiştir. Yaptığı bu çalışmalar Selye'nin 1925'te Prag Tıp Fakültesi'nde henüz ikinci sınıf öğrencisi iken düşündüklerinin deneye vurulması niteliğindeydi. Selye farelerle olan çalışmalarında doku ve hormon farklılıklarına bakmaksızın, kirli ve zehirli çeşitli maddeleri deney hayvanlarına enjekte etmiştir. Bu enjeksiyonların ardından, bir seri organ değişikliği meydana getiren aynı tipte belirtiler (stereotype syndrome) oluşmuştur. Bu değişiklikler böbreküstü bezinin kabuğunda (Adrenal Korteks) genişleme ve aşırı faaliyet, timus bezinde ve lenf düğümlerinde daralma veya dumura uğrama ve mide-bağırsak sisteminde ülserin ortaya çıkmasıdır.

Daha sonraki çalışmalarda Selye hayvan deneyleri ile ortaya çıkartılan bu organ değişikliklerinin sıcak, soğuk, travma gibi çok çeşitli uyaranlar sonucunda meydana geldiğini görmüştür. İlk kez 1936'da bütün bu çalışmaların sonunda çeşitli ajanlarla ortaya çıkan aynı belirtileri tanımlamıştır. Bugün için bu "aynı tipte belirtiler" ("stereo-type syndrome") uyarana bağlı olmayan stres belirtileri ("non-specific stress syndrome") olarak tarif edilmiştir.

PSİKOLOJİDE STRES

Psikoloji alanında stresle ilgili çalışmalar 1950'li yıllarda Amerikan Psikoloji Derneği'nin yıllık raporlarında yer almaya başlamıştır.

1955 yılındaki raporlardan stres kavramının psikolojinin pek çok alanında kullanılmaya başladığı görülür. Hatta fizyolojik veya hormonlarla ilgili faktörlerin hiç ele alınmadığı alanlarda bile stres teriminin kullanımı yaygınlaşmıştır.

Akademik çalışmalarda psikolojik bir kavram olarak stresin yaygınca kullanılmasında rol oynayan üç temel etken vardır.

Bunlardan birincisi stres kavramının toplayıcı bir özelliğe sahip olmasıdır. Stres, endişe, gerginlik, çatışma, duygusal çöküntü, ağır dış şartlar, benlik tehdidi, engellenme, güvenliğin tehdidi, uyarılma ve daha pek çok terim yerine kullanılmıştır.

İkinci olarak, stres kavramı psikolojik olayların fizyolojik belirleyicilerini gösterme imkânını vermiş ve bu bağlantıların kurulmasını kolaylaştırmıştır.

Bu bağlantıların rahatlıkla izlenebilmesi, günümüzde daha da geçerlilik kazanan davranışçı psikolojinin tedavi yöntemlerine katkıda bulunmuştur.

Stresin psikolojik bir kavram olarak ele alındığı üçüncü önemli alan, insanla ilgili her alanda "alışılmamış etkilerin" araştırılmasıdır.

"Alışılmamış çevre koşulları" araştırmalarına önce askeri alanda başlanmıştır. Günümüzde buna uzay operasyonundaki çalışmalar eklenmiştir.

Bütün bu yönlerde kurulabilen açık, doğru ve kesin ilişkiler insanlığa ve bilime önemli katkılar sağlamıştır.

İnsan davranışının çeşitli yönlerinde stres

Stres durumlarında rol oynayan psikolojik özellikler nelerdir ve bireysel farklılıklar ne ölçüde sonucu etkilemektedir? Bu soruların cevapları 1950'li yıllardan sonra aranmaya başlanmıştır.

Lazarus, Deese ve Osler 1952'de çeşitli stres durumlarının başarıya etkisi üzerinde durmuşlardır. Bireye ve duruma bağlı özellikleri ve farkları belirlemek için yaptıkları incelemelerde, *bireysel farklılıkların durumla ilgili değişiklikler kadar önemli olduğunu* tespit etmişlerdir.

Stres durumuna bağlı etkilerin genel olmadığı saptandığında cevaplanması gereken diğer soru hangi psikolojik özelliklerin başarıya götürücü rol oynadığıdır. Zihinsel yeterlilik açısından farkların olmadığı kişilerde bu belirleyicilerin *"beklentilere"* ve *"isteklere"* bağlı olduğu görülmüştür.

Strese tepki ve stresten etkilenme ile psikolojik bireysel faktörler arasındaki ilişkinin incelenmesi ve bu sonuçların değerlendirilmesi psikologları bazı önemli kavramlara getirmiştir.

Lazarus 1964'te yapılan çeşitli çalışmaların kendilerini en önemli kavram olarak *"zihinsel değerlendirme"ye* (cognitive appreisal) getirdiğini yayınlamıştır.

Aynı yıllarda (1962) Appley, durumlara ve olaylara stres verici yorumunu getiren önemli bir değerlendirme kriterinin *"tehdit algısı"* olduğunu söylemiştir. Buradan itibaren durumların stres verici veya stres vermeyici olarak yorumlanmasında *"kişisel belirleyiciler"*in öne çıktığı görülmüştür.

Günlük stresler, olayların kendisinden çok onu yaşayan insanın, önceki yaşantıları, kişilik özellikleri ve en önemlisi (cognitive) değerlendirme biçimleri ile ortaya çıkmaktadır.

Haggard 1949'da, bugün psikolojik stresler dediğimiz durumları duygusal stresler adı ile ele almış ve bunların bazı özelliklerini tanımlamıştır. Haggard'a göre duygusal stresin hissedildiği durum, insanın tamamen tehdit edildiği, uyum mekanizmalarının ciddi olarak yorgun olduğu ve vücudunun tüm kuvvetinin tükendiği durumdur. Böyle bir durumda hissedilen duygusal stresi tolere etme yeteneğini şekillendirecek önemli *"bir faktör"* vardır. Bu *faktör çocukluk dönemi özdeşleşmelerinin niteliği* ile bugünkü kişilik yapısının stres oluşturan durum karşısındaki *ihtiyaçlarıdır.*

Çocukluk dönemindeki özdeşleşmeler nelerdir?

Burada çeşitli çocukluk yaşantıları ile çocukluk dönemindeki benzeşme, aynı olma, onun gibi olma çabaları söz konusudur. Özdeşleşmeler, rol kavramını, sosyal ve cinsel rollerin oluşumunu sağladığı gibi, temel davranış kalıplarının kazanılmasında da rol oynar. Erken yaşantılar (özellikle kazanılmış ve kalıplaşmış davranış biçimleri) stres durumlarındaki tepkileri belirler. Bireylerin kişilik yapılarındaki özellikler de onların beklentilerini belirlemektedir. Karşılaşılan duygusal stresleri yenmek ve onlarla başaçıkabilmek konusunda insanların bazı şansları vardır. Bu şanslar insanların erken yaşantılarına, kişilik özelliklerine bağlı olduğu kadar stres durumlarına ait koşullara da bağlıdır. Bunlar;

- Kişinin uyumu bozan duygusal gerilimi yenmek konusundaki yeteneği,
- Uyumu bozan durumla ilgili bilgisi,
- Tehdidin kaynağı ve yapısı konusundaki bilgisi,
- Stresle etkin bir şekilde başaçıkabilecek uygun becerilerinin varlığı,
- Bütün bu sayılanları gerçekleştirebilmek için güçlü güdü (motivasyon) ve isteklerdir.

Görüldüğü gibi Haggard daha 1940'larda duygusal streslerle başaçıkabilme özelliklerini sıralarken, birçok psikolojik faktörden söz etmiştir.

Bir insanla ilgili olarak stresin varlığı ve etkilerinden söz ederken, *kişiyi çok iyi tanımak ve ihtiyaçlarını çok iyi bilmek* gerektiği daha sonra yapılan çeşitli çalışmalarda defalarca ortaya konmuştur.

1952'de Lazarus ve arkadaşları bu konulardaki yoğun çalışmalarının sonuçlarını dört ana ilkede toplamışlardır.

- İnsanların stres tepkilerinde önemli bireysel farklılıklar vardır.
- Stresli durumlarda, hangi kişilerin ileri derecede etkilenebileceklerini önceden bilebilmek, kişi, iş ve ürün için çok önemli ve yararlıdır.
- Bilinen klasikleşmiş kişilik yapıları ile streslere verilen tepkiler arasındaki ilişki konusunda çok az bilgi elde edilebilmiştir.
- İnsanlardan stres altında iyi bir verim (performans) elde edebilmek, onları harekete geçirmek için yüksek bir güdü (motivasyon) düzeyine ihtiyaç vardır.

Stapol, 1954'te gönüllü deneklerin, stres altındaki Rorschach tepkileriyle, normal şartlardaki tepkilerini incelemiştir. Rorschach testine verilen cevaplarda anlamlı bir farklılık bulunmamıştır. Stresli şartlarda da normal test şartlarında da denekler aynı ya da birbirine yakın benzetmelerde bulunmuşlardır. Öte yandan Lofehie zihinsel bazı özelliklerin fark yaratıp yaratmadığını aramaya yönelmiş ve Rorschach testinde *"algısal olgunlaşma"*dan yüksek puan alan kişilerin, stres altındaki işlerde daha başarılı olduklarını tespit etmiştir.

Bu çalışmalar stres değerlendirmesinde bireysel farklılıkları tanımak için ilgiyi kişilik yapısına bağlı özelliklerden zihinsel özelliklere yöneltmiştir.

Araştırmacılar stres tepkisinin ortaya çıkmasında rol oynayan faktörleri incelerken mücadele, sıkıcı liderlik ilişkileri, çeşitli zorunluluklar, hayatın ve sosyal durumun tehdidi gibi psikolojik özellikleri araştırmışlar ve bu durumlarda verilen tepkileri deneysel olarak ölçmüşlerdir.

Bu çalışmaların sonuçları, kişilerde stres tepkisini ortaya çıkartan durumların çok önemli ölçüde o kişinin hayatındaki belirli olaylarla ilişkili olduğunu göstermiştir. İşte en başta bu sebepten ötürü, kişinin özgeçmiş hikâyesini, güdülerini (motivasyon), amaç ve ihtiyaçlarını, çevre koşullarını, korunma ve geri çekilme davranışının özelliklerini bilmek büyük önem taşımaktadır.

Bir gözlemcinin yarattığı koşullarda, sadece objektif durumların ve kişiye ait özel yaşantılarla, davranış biçimlerinin hesaba alınması, yaratılan durumun stres vericilik düzeyini tanımaya yetmektedir.

Önemli olan bir diğer nokta, kişinin bütün bu psikolojik özelliklerinin yanı sıra stres şartlarındaki algılama, anlama, değerlendirme ve yorumlama gibi zihinsel özellikleridir. Bütün bu özellikler insanın olaylar karşısında kendi kendisini değerlendirmesinde sübjektif (öznel) dengeyi sağlayıcı rol oynamaktadır.

Diğer taraftan kişinin kendini değerlendirmesindeki sübjektif dengesinin de hep aynı olmayacağı muhakkaktır. Bu konuda zaman önemli bir faktördür. Zamana bağlı olarak değişen şartlar, güdülerin kuvvetini ve tepki biçimlerini değiştirir. Ayrıca bireysel özellikler taşıyan "tehdit algı eşiği"nin de zaman faktörüne bağlı olarak değiştiği bilinmektedir.

• • •

Kısacası stres ve bireysel psikolojik özelliklerin etkileşiminde kişilere bağlı önemli farklılıkların ortaya çıkması kaçınılmazdır. Bu sebeple herkesin günlük hayatından da bildiği gibi aynı olaylar kişiden kişiye son derece farklı tepkilerin ortaya çıkmasına sebep olmaktadır. Ancak bütün bu özel "motif"ler bilindiği zaman stres ve insan ilişkisiyle ilgili akla uygun öngörüler yapılabilir.

Stres oluşturan dış şartlar ile bireye özgü iç şartların kesişme noktasını tanımak ve değerlendirmek için bazı terimler önerilmiş ve kullanılmıştır. Stresten etkileniş noktalarını tesbit etmek için kullanılan bu kavramların en yaygınları "stres toleransı" (stress-tolerance), "benlik kuvveti" (ego-strength), engellenme toleransı (frustration tolerance), "kişisel zedelenebilirlilik"tir (personal vulnerability).

Bütün bu terimler, stres oluşturan faktörlerin, birey için belirli bir düzeye ulaşması ve stres tepkisinin ortaya çıkmasındaki kritik noktayı gösterir.

Karmaşık ve yoğun psikolojik tepkileri gösteren bu nokta, tehdidin türüne ve kişiye bağlıdır. Bir başka ifadeyle, kişilere ve tehdidin türüne bağlı olarak farklı eşikler oluşur. Bu durum, kişilerin psikolojik açıdan farklı stres vericilere karşı, farklı zedelenebilirlilik düzeylerine sahip olduğunu gösterir. Kişilerin zedelenme düzeylerini gösteren profillere "zedelenebilirlilik profili" adı verilmiştir. "Zedelenebilirlilik profili" örnek olarak endüstri psikologlarının iş profiline benzetilebilir. Bir iş profilinde belirli bir işin gerektirdiği yetenekler ve nitelikler gösterilir. Stres değerlendirmelerindeki "zedelenebilirlilik profilleri"de esas olarak bireysel motiflerin keskinliğine ve durum içinde bu motiflerin doyurulabilme ihtimaline göre yapılır.

Canlılık ve Stres

Bugünü anlayabilmenin dünü bilmekle mümkün olduğu büyük çoğunlukla kabul edilir.

Konumuz stres. İnsan canlısının gerçekte kendini savunmak, canlılığını sürdürmek için geliştirdiği bir tepki biçiminin kaynağı. Sadece insan canlısının mı? Hayır. Strese verilen tepki bütün canlılara özgü bir tepki biçimi. Hatta sinir sistemi gelişmiş canlılar düzeyinde şaşırtıcı ortak özellikler, benzerlikler taşıyor. Bu sebeple stres tepkisinin temelini tanıyabilmek için canlılığın tarihine çok kısa bir göz atmak istiyoruz.

• • •

Yeryüzünde canlılığın ilk işaretleri 3 milyar yıl öncesine ait olan bir bakteri türü ile ilgilidir. Bu bakterilerin başka organik maddelerle birlikte bulunma zorunluluğu gözönüne alınırsa, hayatın çok daha önce başlamış olması gerekir.

Dünyanın güneşten kopması ve canlıların yaşayabileceği kadar soğuyup katılaşmasının ise 5- 6 milyar yıl öncesine dayandığı, konuyla ilgili bilim adamlarınca ifade edilmektedir.

Hayatın kaynağı konusunu incelemiş olanlar, tek hücreli organizmalar dünyasından birdenbire insanın ortaya çıkmasının mümkün olmadığını söylemişlerdir. Aynı şekilde küçük moleküller dünyasından aniden bir hücrenin ortaya çıkması da mümkün değildir. Küçük moleküllerin evrimle büyük moleküllere dönüşmesi ve bunların birleşerek daha büyük canlılara temel oluşturması akla yakın görünmektedir.

Canlılığın tarihinden söz ederken birimler milyonlarca yıl olarak konuşulmaktadır. Oysa kullandığımız takvimin başlangıç noktası olan Hz. İsa'nın doğuşu sadece 700 bin gün öncesine rastlar.

Dinsel açıdan yaradılışın hikâyesi oldukça yalındır. Kutsal kitaba göre insanın yaradılışı ile beraber gece ve gündüzün oluşturulması, karalarla denizlerin ayrılması, balıkların, karada yaşayan hayvanların ve kuşların yaratılması bir haftada tamamlanmıştır.

Omurgalıların görüldüğü kambriyum devri 100 milyon yıl sürmüştür. Daha sonra 60 milyon yıl süreyle ilk omurgalılar evrim sahnesindedir. İlk balıklar 40 milyon yıl süreyle dünyayı bitki, böcek ve örümcek türleriyle paylaşmışlardı.

Daha sonra 50 milyon yıl hem karada, hem denizde yaşayan canlılar

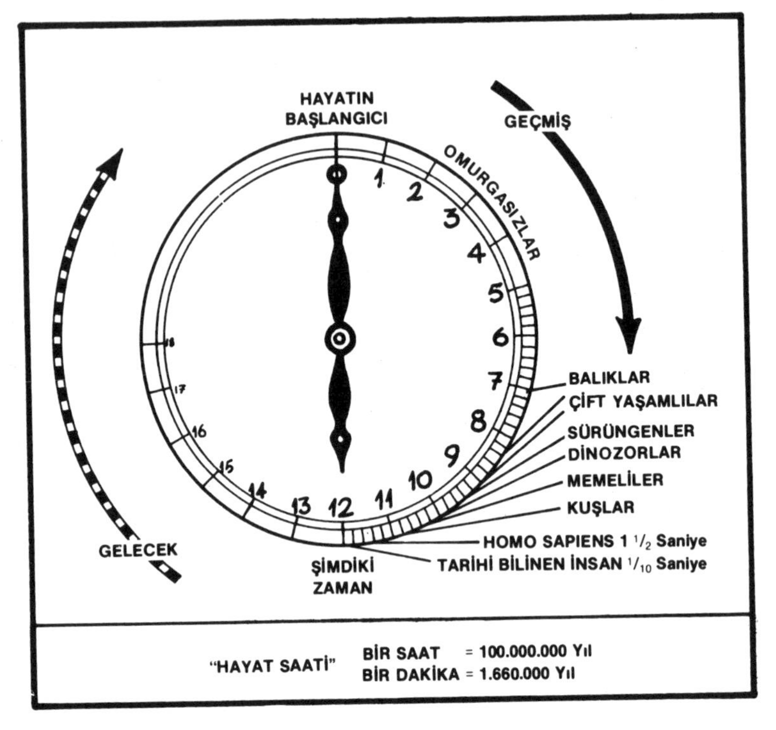

Şekil 23. Hayat saati

ve ağaçlar dünyayı doldurmuştur. Bunu izleyen 15 milyon yıl sonunda jeologlar 375 milyon yıl süren I. zamanın bittiğini kabul ederler.

II. Jeolojik dönem 150 milyon yıl devam eder. İlk memeliler günümüzden 180 milyon yıl önce türemiştir.

III. Büyük jeolojik zaman 70 milyon yıl kadar sürmüştür ve insanı andıran ilk canlılar bu dönemin sonunda yaşamaya başlamıştır.

Günümüz insanının en yakın akrabası olan goril, şempanze gibi antropit maymunlardan ayırmak çok kolay olduğu halde, insanın atalarını bu maymunların atalarından ayırmak aynı ölçüde kolay değildir. Ayrıca az sayıda küçük ayrıntılardan yola çıkarak büyük sonuca gidilmeye çalışılan her durumda olduğu gibi konuyla ilgili pek çok teori vardır ve eldeki bilgilerin hiçbiri kesin değildir.

Ancak konuyu basitleştirmek için incelikleri bir yana bırakarak bir genelleme yaparsak, bundan iki milyon yıl önce insana benzer ilk canlının (*homo-erectus*) ortaya çıktığını, 500 bin yıl önce de *homo-sapiens* denilen günümüz insanının ilk örneklerinin dünya sahnesinde görüldüğünü söyleyebiliriz.

İlk maymunumsu insanlarla aramızdaki fark 100 bin kuşak, *homo-sapiens*'lerle 25 bin kuşaktır. Kendilerinden mağara duvarlarına yaptıkları resimlerle haberdar olduğumuz *kro-manyon* insanları ile sadece 2000 kuşaktır.

Hiç şüphesiz insan türü 2 milyon yıldır bir şeyler yapmıştır, ancak bugüne kalan ilk resimleri çizen *kro-manyon*'lar 40 bin yıl önce yaşamışlardı.

5-6 milyar yılı içine alan bu dönem kitaplarda "tarih öncesi" olarak adlandırılır. Sonra tarih kitaplarında okurken bize çok uzakmış gibi gelen ancak evrim çizgisinde belki bir adımlık yer tutan taş devri, maden devri gelir.

Daha sonra yazının bulunması ile geçmişten bize yansıyan bilgiler kesinlik ve yoğunluk kazanır. İnsanın atalarının mağaradan çıkarak daha farklı yerleşim birimlerinde oturmaya başlaması 800 kuşaktan daha az bir zaman içinde gerçekleşmiştir.

Bütün bu zaman içinde değişen insan davranışları ile insanın dış görünüşü arasında kesin bir ilişki vardır. Bazı maymun türleri ile insan arasındaki dış görünüşten yansıyan aşikâr benzerliği bir yana bırakırsak, insanı maymundan ve eski insanı bugünün insanından (*homo-sapiens*) ayıran en temel fark kafatasının gösterdiği değişimdir.

BEYNİN EVRİMİ

Şekilde de görüldüğü gibi kafatasının çene bölümü geriye çekilmiş buna karşılık alın bölgesi gelişmiş ve ileri çıkmıştır. Beynin kapladığı hacim maymunlarda 500 cm^3, insan maymun / maymun-insan türünde (*homo-habilis*) 650-700 cm^3, insana benzeyen ve iki ayağı üzerinde duran canlılarda (*homo-erectus*) 1000 cm^3 ve *homo-sapiens*'in günümüz örneklerinde 1380 cm^3'e çıkmıştır. Tabii ki değişen sadece beynin hacmi değil, aynı zamanda da yapısı ve doku özellikleridir. Sürüngenlerde belli belirsiz olan beyin kabuğu (korteks), insan canlısının bugünkü temsilcilerinde 5 ayrı doku katmanından meydana gelecek kadar kalınlaşmış ve önem kazanmıştır. *Farklı özellikler taşıyan doku tabakalarının* ise dekoratif bir nitelik taşımadığı muhakkaktır.

İşte meydana gelişi, ister 1 haftada olup bittiği, ister geçmişi 4 milyar yılı aştığı kabul edilsin, canlılık tarihinde insanın fizyolojik yapısının diğer canlılarla ortak pek çok özelliği paylaştığı bilinmektedir.

Aşırı özelleşme sebebi ile canlılık tarihinden çekilen pek çok canlının aksine; (nasıl olduğu tartışmalı olsa bile) su ve topraktan meydana gelen

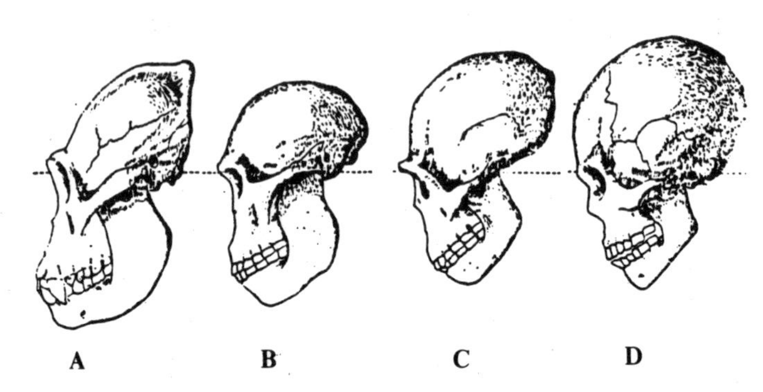

Şekil 24. Kafatasının evrimi. a) Şempanze, b) Australopithecus, c) İlk insan, d) Şimdiki insan.
Evrim süreci içinde çizginin altında görülen çiğneme ile ilgili bölümler küçülürken, çizginin üstündeki beyni içeren kısımlar gelişmektedir.

insan, varlığını sürdürmeyi, şartları kontrolüne almayı, sanat eseri vermeyi ve başka gezegenlere gitmeyi başarmıştır.

Canlılık tarihi bir bebekte tekrarlanır

İnsana bu ayrıcalığı ve üstünlüğü veren nedir? Şimdi de beynin ve sinir sisteminin yapı ve özelliklerine kısaca göz atalım.

Canlının her fonksiyonu bir organın veya organ sisteminin sonucudur. Sinir sisteminin esas görevi yaşanılan ortama intibak ve soyu sürdürmektir. Beyin de sinir sisteminin merkezidir.

Dâhi fizyolog Sherington, *"ontogeni, filogeni'yi rekapütüle eder"* demiştir. Tıp dünyası dışında kalan pek çok kişiye yabancı gelecek bu vecizeyle anlatılmak istenen şudur: "Her insanın gösterdiği gelişme, canlılık tarihinin gösterdiği gelişmeyi içine alır."

Gerçekten de insan hayatının bir hücre ile başladığını ve sonra su içinde devam ettiğini (balıklar gibi), doğarak dünyaya gelen canlının çok uzun süre ancak ritmik hareketlere sahip olduğunu (kuşlar gibi), kafasını kaldırmasının bir gelişim işareti sayıldığını ve bağımsız hareketlerine sürünerek başladığını (sürüngenler gibi), daha sonra güçlükle iki ayak üstünde durduğunu (ayılar, maymunlar gibi), bir yaşından sonra iki ayağı üzerinde uzun süre duran ve ancak daha sonra yıllar boyu süren gelişme ve eğitim sonucu ince ve iradeli hareketleri başaran bir canlı haline geldiğini kolayca hatırlayabiliriz.

Yukarıda parantez içinde saydığımız canlıların sinir sistemleri ve bu sistemlerin merkezinin gelişim düzeyi, canlıların özelleştikleri(*) biçimde hayatlarını sürdürmelerini sağlayacak niteliklere sahipti.

Sinir sistemi her biri bir göreve yetebilecek boğumlardan (segment) oluşur. *Her yeni oluşan düzey, bir alt düzeyi kontrol eder.* Böylece iyi çalışan herhangi bir işletmede olması gereken hiyerarşi, merkez sinir sisteminin en önemli özelliğidir ve *sağlanmış olan uyumun bozulmasının kesin ve tek sonucu hastalıktır.*

Sinir liflerinin miyelin denilen bir madde ile kaplanması ve insan canlısına özgü üst düzey fonksiyonlarını üstlenmesi doğumu izleyen 24 ayda önemli ölçüde tamamlanır. İşte bu 24 ay filogenetik (canlılık tarihinin özetlenmesi) kapsamında düşünülebilir.

Daha sonra insan kendisini diğer canlılardan farklı kılan ince beceri, iradeli hareket, hazzın ertelenmesi, konuşma, gülme, şaka yapma gibi özelliklerini geliştirir.

Beyin ne en yüksek ağırlığına insan canlısında kavuşmuştur, ne de bedenine oranla en ağır beyin insandadır. Ancak insan beyninin yapısı ve işleyişi ile ilgili bazı özellikler insana onu diğer canlılardan ayıran ve üstün kılan nitelikleri kazandırmıştır.

Muhteşem organ: Beyin

Beyindeki sinir hücresi sayısı çeşitli yazarlara göre 12-16 milyar arasında değişir. İki yarımküre; bunların altındaki küçük beyincik ve beyin sapından oluşan bu yapı yaklaşık 1350-1400 gr. ağırlığındadır.

İnsan beynine biricik olma özelliğini veren en önemli nitelik üç milimetre kalınlığındaki girinti ve çıkıntıları kaplayan beyin kabuğudur (korteks). İlk bakışta başardıkları ile uyumsuz bir cesamete sahip olduğu düşünülen bu kabuk, kıvrımları açıldığı zaman iki metre karelik bir alanı kaplar.

Beyin insanın sahip olduğu en karmaşık organıdır. Tam gelişmiş halini bulması hem bütün organlardan daha uzun sürer, hem de gelişme biçimi diğer organlardan bütünüyle farklıdır.

Her şeyden önce birçok organın temel yapısal gelişmesi anne karnında ve nispeten kısa bir sürede tamamlanır. Daha sonra meydana gelen büyüme ise, organizmanın geliştiği gibi hücre bölünmesi yoluyla gerçekleşir.

(*) Özelleşme: Bir canlının varlığını çok özel şartlara dayanarak sürdürmek zorunda olması.

Beyinde ise işler böyle gelişmez. Beyin hücre sayısı açısından gelişmesini doğumdan çok önce tamamlar. Bu durum büyük ihtimalle bebeklerin doğum öncesi çekilen resimlerinde gördüğümüz başın bedene oranla çok iri olarak gelişmesini açıklamaktadır. Her ne kadar hücre sayısı doğumdan önce tamamlanırsa da, hücrelerdeki yapısal gelişme ve değişme hayat boyu devam eder.

Şekil 25'te görüldüğü gibi başın doğumdan önce başlayan ve 25 yaşına kadar davam eden gelişme süresi boyunca bedene olan oranı, anlatılmak istenen fikri doğrular niteliktedir.

Zihinsel becerileri ve zekâyı belirleyen esas olarak hücre sayısı değildir. Zihinsel beceri ve zekâyı belirleyen esas faktör hücreler arası bağlantı ikinci aşamasında, doğumdan yaklaşık 10 hafta önceden başlayarak 2 yaşa kadar devam eden dönemde kurulur.

Öğrenme soyut bir olay değildir. Dakika ile sınırlı olduğu kabul edilen kısa süreli öğrenme, hücreler arasında bio-fizik bir bağlantının kurulmasıyla, daha uzun süren bir öğrenme de bio-kimyasal bir bağlantının kurulmasıyla gerçekleşir. Kısacası herhangi bir öğrenme olayı hücre yapısında ve hücreler arasında somut bir değişiklikle sağlanır. Bu değişiklik de bir protein sentezi ile gerçekleşir.

İnsan canlısı dünyaya, yetişkin ağırlığının 1/4'ü olan 350 gr. beyinle gelir. Beynin bu dönemdeki gelişme hızı dakikada 1 miligramdır. Altıncı ayda beyin yetişkin ağırlığının yaklaşık yarısına, 700 grama ulaşır. İkibu-

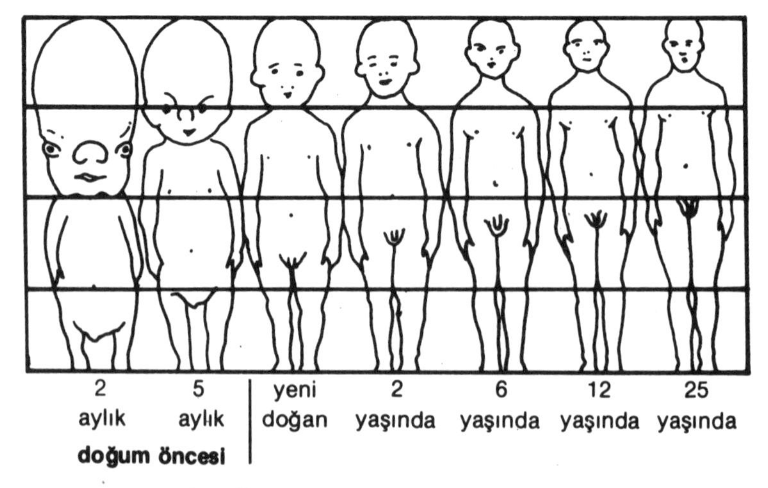

Şekil 25. Başın Bedene Oranı

çuk yaşına gelen çocuk, yetişkin ağırlığının % 75'ine ulaşmış, 1 kg. dolaylarında bir beyne sahiptir. Çocuk 5 yaşına geldiğinde beyin, ağırlığının % 90'ına ulaşmıştır. Bu basamakta artık çocuğun temel zihinsel gelişmesinin esas bölümü tamamlanmıştır.

Erken çocukluk döneminin önemini vurgulayan birçok psikolog yaşadıkları dönemde bu bilgilerden yoksundular. Ancak onlar gözlem ve sezgi yoluyla ilk çocukluk döneminin önemine dikkat çekmeye çalışmışlardı. Problemlerin çözümü için önerdikleri yollar tartışmalı bile olsa, bu bilim adamlarının insan hayatının ilk yıllarına verdikleri önemi fazla abartılmış bulmamak gerekir.

Beyin gelişmesinin ikinci aşamasında tüm nöronlar (sinir hücreleri) arasında trilyonlarca bağlantının kurulması sırasında temel öğrenme ve alışkanlıklar ve zihinsel gelişme önemli ölçüde tamamlanır.

Bir sinir hücresi, prensip olarak beyindeki diğer tüm hücrelerle bağlantı kurabileceği gibi, beyindeki sinir hücrelerinin de hepsi bir sinir hücresi ile bağlantı kurabilir. Yapılan incelemelerde yüzeyinin % 40'ı başka hücrelerden gelen, 2000 dolayında bağlantıyla kaplı sinir hücrelerine rastlanmıştır.

İnsan beyninde hücreler arasında bulunan bu bağlantı zenginliğini anlatabilmek için P. Russel, *beynin 1 gramının bütün dünyadaki telefon ağına eşit sayıda bağlantı içerdiğini* söylemiştir.

Temel öğrenme derken kastedilen en başta hayata karşı vaziyet alıştır. Yaşama sevinci, hayata karşı mutlu bir bakış açısına veya bunun tam tersi hayattan zevk almayan depressif (çökkün) bir mizaca sahip oluş, sevginin veya öfkenin dışa vurulması, yemek-yeme ile ilgili temel alışkanlıklar; güvenli, çekingen veya saldırgan bir kişiliğin geliştirilmesi hep bu ilk yıllarda, çok kere ebeveyn ve çevrenin çocuğun saydığımız yönlerdeki gelişmesine fazlaca dikkat etmediği dönemlerde esas çizgilerini, temel karakteristiklerini alır.

İnsan beynini farklı özelliklerine göre bölümlere ayırarak incelemek mümkündür. Bu bölümlemelerden bir tanesi de beyni fonksiyonel yapısına göre "Limbik Sistem" ve Neokorteks(*) olarak ikiye ayırmaktadır.

Şekil 26'da görüldüğü gibi fare, kedi, maymun ve insan canlısının limbik sistemleri ve neokorteksleri karşılaştırıldığında, canlılık merdiveninde sonradan gelişen neokorteksin nasıl önem kazandığı görülmektedir.

Limbik sistem ilkel canlılarda esas olarak koku ile ilgili olduğu sanılan beyin bölgelerinden meydana gelmektedir.

(*) *Neocortex:* Yeni kabuk, daha sonra gelen anlamına.

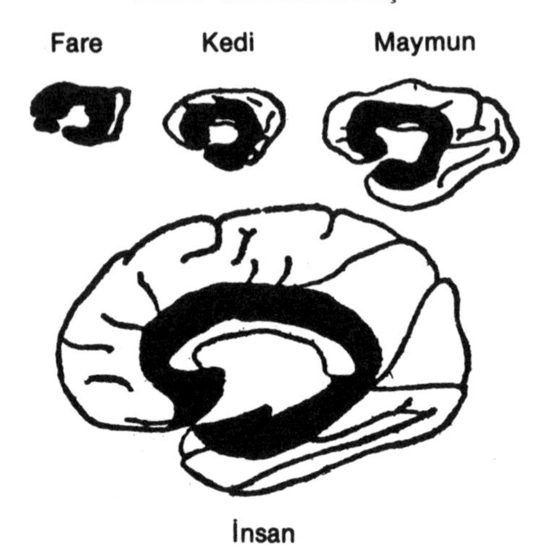

Şekil 26. Fare, kedi, maymun ve insanda limbik korteks bölgelerinin karşılaştırılması. Neokorteks bölgeleri beyaz, allocortex (Archipallium) siyah gösterilmiştir.

DAVRANIŞLARIN KÖKENİ

Limbik korteks(*) canlılık tarihi açısından (filogenetik olarak) beyin korteksinin en eski bölgesidir ve neokorteks ile çok az bağlantısı vardır. Limbik sistem beslenme dürtüsü ve beslenme davranışları ile birinci derecede ilişkilidir. Daha önemlisi "beynimizin beyni" otonom (kendi kendine çalışan) "sinir sistemimizin direktörü" gibi sıfatlarla anılan hipotalamus da bu yapı içindedir. Limbik sistem hipotalamus ile birlikte kızgınlık, korku, sevinç gibi emosyonel (duygusal) tepkiler ve motivasyonlar üzerinde etkilidir.

Neokorteks heyecan davranışlarını (bunların içinde korku, öfke ve sevinç sayılabilir) süzgeçten geçirir ve bir ölçüde düzenler.

Heyecanların irade ile durulamayıp ancak bir dereceye kadar kontrol edilebilmesi, belki de yukarıda anlatıldığı gibi, limbik sistem ile neokorteks arasındaki bağlantının zayıflığı sebebiyle olabilir.

Bu bölümü bitirmeden önce, konumuzla yakın ilişkisi sebebiyle limbik sistemin bir özelliğine daha değinmek istiyoruz. Araştırmacılar limbik sistem uyarıldığı zaman art-deşarjların (after-discharge) uzun süre devam ettiğini ortaya koymuşlardır.

(*) *Cortex:* Kabuk.

Limbik sisteminin bu özelliğinin önemi şuradadır. Bir emosyonel (duygusal) tepki, kendisini başlatan sebep ortadan kalktıktan sonra da devam eder. İnsan kendisini denetleme gücü ve becerisi ölçüsünde duygusal tepkiyi doğuran "olay öncesindeki durumuna" dönebilir.

Olay öncesi durum'un iki yönü vardır. Birincisi dış görünüş ve dışlaşan davranış. Kızgınlık ve korkunun yerini sükûnetin alması gibi. İkincisi de otonom sinir sisteminin verdiği tepkiler. Kan basıncı, kalp vurum sayısı, ter bezi aktivitesinin normale dönmesi gibi.

Bazı araştırmacılar eğitim ve öğrenimle bir hayat boyu geliştirilenin kişiliğin cilası olduğunu ileri sürmüşlerdir. Biraz abartılmış gibi görünse de, doğrudan davranışı ve heyecanları düzenlemeye yönelik sistemli bir eğitim veya tedavi uygulanmadığı takdirde insanın anlık (simultan) tepkilerinin hiç azımsanmayacak bir bölümünün ilk kazanılan bilgi, öğrenme, şartlanma; kısacası daha önce anlatılan temel kalıplar doğrultusunda olduğu bilinir.

Bütün bu bilgiler açısından bakılınca, bazı insanların günlük hayatımızda çok sık işittiğimiz; "sinirlenmek istemiyorum, ama elimde değil", "heyecanlanmak istemiyorum ama elimde değil", "yaptığım doğru değil biliyorum ama kendime hâkim olamadım", türünde şikâyetlerinin sebebi ve kaynağını anlamak çok zor olmayacaktır.

Bu temel kalıpların davranış düzeyinde sağlığa zarar vermeyecek biçimde yeniden programlaması belki günün birinde hücre hafızası düzeyinde bir değişim sağlanmasını mümkün kılacaktır.

Streste Fizyolojik Mekanizmalar

Hans Selye'nin "*Nature*" (Tabiat) dergisine "Editöre mektup" köşesine yolladığı mektuba konu olan deneyin üzerinden 50 yıla yakın bir süre geçmiştir. Yazının başlığı "Farklı ağrılı ajanlarla meydana gelen bir sendrom(*)"du. Bu yazının yayınlandığı günden bu yana "Uluslararası Stres Enstitüsü"nde, bugün stres kavramı olarak bilinen konunun çeşitli cepheleri ile ilgili 200.000'den fazla yayın toplanmıştır. Bu yayınlar sadece patoloji, biyokimya gibi tıpla ilgili konularda olmayıp, çok önemli ölçüde davranış bilimleri ve felsefeyi de kapsamaktadır.

(*) Sendrom: Belirtiler topluluğu.

1936 yılında çeşitli hayvanlar üzerinde yapılan deneysel çalışmalar enfeksiyon, zehirlenme (intoksikasyon), darbe (travma), sinir gerginliği, sıcak, soğuk, kas yorgunluğu ve röntgen ışını gibi farklı faktörlere organizmanın aynı biçimde tepki verdiğini ortaya koymuştur. Organizmayı tehdit eden bütün bu ajanların hepsinin etki mekanizması birbirinden oldukça farklı olmasına karşılık, canlıda meydana gelen tek ortak özellik bir stres durumudur.

Bu stres durumunda rol alan fizyolojik yapılar ve sistemler nelerdir? Organizmanın herhangi bir istek karşısında ortaya çıkarttığı özelleşmemiş (nonspecific) tepki nedir?

BEYİN VE STRES. "STRESLE İLGİLİ MERKEZLER VE YOLLAR"

Stres "can sıkıntısı" veya "üzüntü" karşılığı kullanılması doğru olmayan bir kavramdır. Stresin sonuçlarının hayatımızın her cephesinde kendini göstermesinin sebebi, *stresin çok temel ve değişmez bir mekanizmaya bağlı biyokimyasal maddeler aracılığı ile, anatomik yapılar üzerinde çalışan fizyolojik bir tepki olmasıdır.*

Strese sebep olan uyaranı taşıyan sinirler bu uyaranı esas olarak "hipotalamus"a getirirler. Hipotalamus, özelleşmemiş stres tepkisinin hormonlarla ilgili yönüne ve otonom sinir sistemine kumanda eden yapıdır.

Yazıda adı geçen anatomik yapıları Şekil 27'de görmek mümkündür. Stres tepkisi ile ilgili mekanizmada rol alan beyin yapıları ile ilgili genel bilgi verilmektedir.

Çağrışım korteksi:

Çağrışım korteksi, beyin kabuğunun akıl yürütme, yargılama, hafıza vb. gibi yüksek zihinsel faaliyetini düzenler. Çağrışım korteksinin en önündeki bölge (prefrontal alan) kendisine gelen uyaranları ya doğrudan veya talamus aracılığı ile hipotalamusa gönderir. Son zamanlarda yapılan çalışmalar çağrışım korteksinden limbik sisteme de mesaj gidebileceğini düşündürmektedir. İşte bu sebeple yüksek zihinsel faaliyet özelleşmemiş stres tepkisinin doğmasına sebep olabilmektedir.

Hissi korteks:

Sensoryel korteks kendisine gelen sinirsel uyarıları çağrışım korteksine taşır. Hissi korteksten uyaranların doğrudan hipotalamusa da gittiğini düşündüren bilgiler vardır. Talamusla olan mesaj getirici ve götürücü bağlar en azından hissi fonksiyonların gerçekleşmesine yardımcı olur.

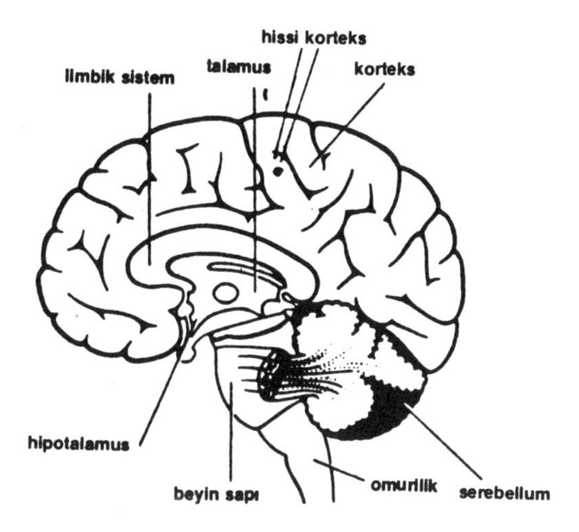

Şekil 27. Beynin Derin Yapıları

Limbik sistem:

Limbik sistem, bedenin iç dengesinin (homeostasis) sağlanması açısından çok önemli bir yapıdır. Limbik sistem, çok sayıdaki otonom ve hormon etkilerini kontrol ettiği ve düzenlediği için "iç organların beyni" (visceral brain) adıyla da anılır.

Limbik sistem kuvvetli duyguların ve yemek-içmek gibi birinci derecedeki dürtülerin düzenlendiği yerdir. Limbik sistem aynı zamanda bedenle ve koku duyumu ile ilgili uyaranların iç organlardan gelen uyaranlarla üst düzeyde bütünleşmesini (high level integration) sağlar. Bu sebeple de büyük bir ihtimalle uyanıklığa ve dikkatliliğe katkısı vardır.

Limbik sistemden hipotalamusa mesajlar gider, ayrıca talamusla da mesaj getiren mesaj götüren bağlantıları bulunmaktadır.

Talamus:

Bu yapı birçok çekirdek içerir. Bu çekirdeklerin uyanıklığı sağlayanı "çıkıcı retiküler aktive edici sistem(*)"den kaynağını alır. Talamustaki çekirdeklerden bazıları iç organlara giden, hormonal ve duygusal davranış

(*) Çıkıcı retiküler aktive edici sistem: *Assending reticuler activating system*

mekanizmalarının kontrolüne katkıda bulunurlar. Bu çekirdekler aynı zamanda hipotalamusla işbirliği içinde otonom sistemin kontrolünde ve tabii ki, homeostatik (iç denge) dengenin sağlanmasında rol alırlar.

Talamustaki bazı çekirdekler sindirim sistemini ve sindirim faaliyetinde rol alan salgı bezlerinin çalışmasını düzenler, bazıları ağrı duyumunun algılanması ve iletilmesinden sorumludur.

Talamus özellikle iç organlarla, koku duyumu ile ve bedenle ilgili bilgilerin toplandığı ve yorumlandığı çok karmaşık bir merkezdir.

Ağsı yapı:

Beyin sapının ortasında yer alan uzun yapı birçok otonom fonksiyonun ve hormonal mekanizmanın kontrolüne katkıda bulunur. Bunlar arasında kalp faaliyeti, damarların daralması ve genişletilmesi, sindirimle ilgili faaliyetler ve solunum sisteminin faaliyetleri sayılabilir. Bu yapı aynı zamanda duyguların gelişimine ve beden sıcaklığının düzenlenmesine de yardımcı olur ve uyanıklığın sağlanmasından esas olarak sorumlu olan yapıdır. Stres teorilerinde otonom faaliyetlerin kontrolü ve gevşeme cevabının geliştirilmesinde önemli rol oynar.

Ağsı yapıya beyin korteksinden, beyincikten, limbik sistemden, talamustan ve hipotalamustan mesaj getirici bağlantılar vardır.

Hipotalamus:

Sayısız çekirdekten meydana gelen hipotalamus, hemen hemen organizmanın bütün sistemlerinin işleyişinden sorumludur. Bu fonksiyonların birçoğu homeostasis'in (iç denge) sürdürülmesi ve strese karşı verilen tepkide büyük önem taşır. Hipotalamus çok önemli bir karmaşık ve bütünleme (haber toplanma) ve yorum merkezidir.

Bu merkezde, hem sinir sisteminin birçok yerinden, hem de iç ve dış kaynaklardan gelen bilgiler toplanır ve yorumlanır. Böyle bir bütünleme ve yorumun sebeplerinden biri bu faaliyetler sırasında iç dengenin korunmasını sağlayacak enerji düzenlemelerinin yapılmasıdır.

Hipotalamus ayrıca otonom sinir, hormon sistem ve bedensel sinir sistemlerinin faaliyetlerini düzenler. Hipotalamus, hem beynin bütün bölgelerinden bilgi alan ve hem de her yöne giden sinir sistemi fonksiyonlarını düzenleyen bir ara istasyondur. Hipotalamus hormon sistemi ile ilgili faaliyetini pitüit bezi aracılığıyla yürütür.

Hipotalamus, otonom sinir sistemi ve hormon sisteminin özelleşmemiş stres tepkisini vermesi konusunda esas rolü oynar. Eğer stres durumu çok uzun süre devam etmezse strese karşı verilen tepki otonom sinir sistemi düzeyinde kalır. Stres durumu uzun süre devam ettiği takdirde, hormon sistemi devreye girer.

Hipotalamus ayrıca beden sıcaklığının düzenlendiği merkezdir. Bundan başka hipotalamusta susuzluk algısı, su içme ihtiyacı ve su kaybıyla ilgili kontrol yapılır.

Hipotalamusun görevleri arasında beden ağırlığının kontrolü de vardır. Burada karşılıklı etkileşen açlık ve tokluk merkezleri bulunur. Büyük bir ihtimalle bu fonksiyon glikoza duyarlı alıcılar aracılığı ile gerçekleşmektedir.

Hipotalamusun duygusal tepkiler konusunda da rol oynadığı kesindir. Bu yapı öfkenin, korku gibi savunma davranışının ve keyif halinin meydana gelmesinde rol oynar. Hipotalamusun emosyonel tepkileri bütünlediği ve yorumladığı kabul edilir. Ancak beyindeki çeşitli yapılar duyguların ifade edilmesinin çeşitli aşamalarında farklı roller almaktadır. Örneğin ağsı yapı öfke ve korkunun düzenlenmesinde, limbik sistem keyif verici duyguların ifade edilmesinde ve özelleşmemiş stres tepkisinin otonom sistemle ilgili niteliklerinin katılmasını sağlamakta ve duyguların yol açtığı bedensel tepkilerin ortaya konmasında görev alır.

Birçok bedensel tepki de hipotalamus tarafından düzenlenir. Örneğin refleks faaliyetinin düzenlenmesinden ve bedenin yönlenmesi ile ilgili hareketlerden bu yapı sorumludur.

Hipotalamik-hipofiz sistemi

Hemen hipotalamusun altında bulunan hipofiz bezinin bütün fonksiyonları hipotalamus tarafından kontrol edilir.

Stres tepkisi sırasında son derece önemli olan antidiüretik hormon (ADH) ve oksitosin hipotalamusta üretilir ve hipofiz bezinden salgılanır. Susuzluk, fizik egzersiz, kanama ve duygusal uyarılma ADH salgısını artırır.

Daha fazla miktarlardaki glikokortikosteroid salgılanması, alarm tepkisi adıyla anılan özelleşmemiş (non-specific) stres tepkisi dönemini başlatan esas faktördür.

Stresörler doğrudan hipotalamus üzerinde etkili olurlar. Hormon salgılatıcı bazı ara maddelerin yardımıyla hipofiz bezinden adrenokortikotropik (ACTH) hormon salgılanır. ACTH stres tepkisinin bir diğer çok önemli ve anahtar hormonudur. Bu hormon böbreküstü bezi kabuğundan (adrenal cortex) – yarattığı sonuçları ilerdeki sayfalarda göreceğimiz – glikokortikoidlerin salgılanmasını sağlar.

Otonom sinir sistemi

İnsan canlısının sinir sistemi, üstlendiği görev açısından iki temel bölüme ayrılır. Bu bölümlerden birincisi, somatik sinir sistemi, ikincisi de otonom sinir sistemidir.

Somatik sinir sistemi insanın iradeli kontrolü altındaki kaslarına uzanan lifleri içerir. İradeli olarak kontrol edilebilecek hareketler bu sistem tarafından yürütülür.

Buna karşılık otonom sinir sistemi, normal şartlar altında kişinin bilinçli kontrolü altında olmayan bir dizi organın birçok faaliyetini düzenleyen sinirlere sahiptir. Faaliyetlerini kendileri düzenleyen bu organlar üç ayrı hücre grubunun bir veya birkaç tanesinden meydana gelir. Düz kas hücresi, kalp kası hücresi ve hormon bezi dokusu.

Genel yapı ve faaliyet

Otonom sinir sistemi esas olarak hareketle ilgili sinir lifi ve sinir hücrelerinden meydana gelir. Bu lif ve hücreler beyin sapı veya belkemiği çevresinden çıkan sinirsel uyarıları otomatik olarak (kendi kendine) çalışan organlara taşırlar.

Otonom sinir sistemi de kendi içinde iki temel bölüme ayrılır: Sempatik sistem ve parasempatik sistem. Otomatik olarak çalışan birçok organ sempatik ve parasempatik sistemler tarafından kontrol edilir. Bir organ görevini yerine getirirken, bu iki sistem tarafından *"birbirine zıt biçimde"* kontrol edilir. Ancak çok kere bu sistemlerden birisi bir organ üzerinde daha baskın bir etki yapar.

Otonom sinir sistemi homeostasis'in (bedenin iç dengesinin) sürdürülmesinde hayati bir rol oynadığı için, birçok otonom sinir lifi – sürekli olarak belirli bir ölçüde – sinirsel uyaran taşır. Böylece sempatik ve parasempatik sistemlerden sinir lifi alan organlar bu iki sistemden – devamlı olarak – gelen sinirsel uyaranlar altında bulunurlar.

Kimyasal taşıyıcılar

Otonom sinir sisteminde sadece sempatik sinir uçlarından noradrenalin salgılanır. Birçok sempatik sinir lifinin ter bezleri ile, cinsel organlarla, kan damarlarını çevreleyen ve onların daralmalarına sebep olan küçücük kasçıklarla bağlantıları vardır ve bu liflerin ucundan asetilkolin salgılanır. Asetilkolin stres tepkisi sırasında önemli bir rol oynayan bir başka kimyasal taşıyıcıdır. Ayrıca bütün parasempatik ve sempatik sinir uçlarından asetilkolin salgılanır.

Sempatik sistem

Otonom sinir sisteminin sempatik bölümü, parasempatik bölümünden daha büyüktür ve daha yaygın bir dağılım gösterir. Şimdi gelelim stres tepkisi sırasında birinci derecede önemli rolü üstlenen sempatik sistemin bunu gerçekleştirme biçimine:

Stres insanın, ister gerçek bir tehlike ile karşı karşıya kalmasının sonucu ortaya çıksın, ister herhangi bir durum - veya uyaran kişi tarafından stres olarak algılansın, sempatik sistemin faaliyeti önemli ölçüde artar. Sempatik sistemin gerçekten tehlikeli olan veya kişi tarafından tehlike olarak yorumlanan durumlardaki faaliyeti fizyolog Walter Cannon tarafından "savaş veya kaç" (fight or flight) tepkisi olarak bu yüzyılın başında ayrıntılı ve açık seçik biçimde anlatılmıştır.

Modern tıbbın klasikleşmiş öğelerinden biri olan "savaş veya kaç" tepkisi organizmanın son derece yüksek bir enerji boşalımını ve fizik mücadelesini içeren ve bir dizi bedensel değişikliğe sebep olan tepki zinciridir.

Sempatik sistemin "savaş veya kaç" tepkisi için harekete geçmesi, ya yüksek sıcaklık veya susuzluk gibi doğrudan fizik faktörler sebebiyle veya duygusal bir sebeple olur. Bu sebepler "savaş veya kaç" tepkisinin kendiliğinden otonom organlara yayılmasına yol açar.

Kendi kendine çalışan organların sempatik sinir sisteminden gelen uyaranlara verdikleri tepkileri daha iyi anlayabilmek için "savaş veya kaç" kavramını ana hatları ile gözden geçirmekte yarar vardır.

"Savaş veya kaç"

Sempatik faaliyet önce iradeli hareketlerin yapılmasını sağlayan iskelet kaslarına giden damarların genişlemesine sebep olur. Damarlardaki bu genişleme – savaşmak veya kaçmak sırasında gerekli olan – daha büyük kas faaliyetini sağlamak üzere buralara daha çok kan ve glikoz (şeker) gitmesine yol açar. Kalp ne kadar hızlı ve kuvvetli çarparsa dolaşım aynı ölçüde hızlanır.

Bu durum aynı zamanda kalbi çevreleyen ve besleyen (koroner) damarların da genişlemesine sebep olur. *Böylece kalbin uyarılması ve dolayısı ile faaliyeti de artmış olur.* Bu arada bir başka grup damar da iyice daralır. Daralan ve beslemekle yükümlü oldukları bölgeleri daha az kanla besleyen damarlar arasında cilt, beyin, sindirim ve karın boşluğu damarları sayılabilir. Damarların daralması kan basıncının yükselmesini ve çizgili kaslara giden kanın miktarının ve hızının artmasını kolaylaştırır.

Karaciğerden başlatılan olaylarla kana daha fazla glikozun karışması sağlanır ve buna paralel olarak da pankreastan insülinin salgılanması önlenir. Bu arada kaslardaki glikoz miktarı da artar.

Ayrıca dolaşıma giren daha çok sayıda alyuvar oksijenin taşınmasını kolaylaştırır. Kanda pıhtılaşma faktörü artar ve böylece muhtemel bir yaralanma sırasında fazla kan kaybı önlenmiş olur.

Akciğer bronşlarının genişlemesi solunumu hızlandırır ve böylece kana daha fazla oksijen girmesi sağlanmış olur. Bu sırada hem bedenin temel (bazal) metabolizması, hem de zihinsel faaliyet ve uyanıklık (dikkat) artmış durumdadır.

Ter bezlerinin faaliyete geçmesi sonucu meydana gelen terleme beden yüzeyinden buharlaşmaya sebep olarak aşırı ısınmayı önler.

Gözbebeğini tutan kasların uyarılması sonucu, gözbebekleri genişler ve böylece daha net ve daha keskin bir görsel imaj sağlanmış olur.

Sempatik uyarılma sırasında, insanlara filojenetik evrimin daha önceki basamaklarından hatıra kaldığı düşünülen bir değişiklik de, kıllara uzanan ince kas liflerinin uyarılmasıyla saçların ve tüylerin diken diken olmasıdır. Böylece canlı, saldırı gibi bir stres sırasında düşmanına tüylerini vermekte ve etini korumakta, soğuk gibi bir stres sırasında da ısı kaybını önlemektedir.

İşte bütün bu yukarıda anlatılanların gerçekleşmesi için böbreküstü bezinden salgılanan adrenalin ve noradrenalin çok önemli bir rol oynar.

Sempatik sistem aynı zamanda – kısa süre içinde – devamı canlılığın sürdürülmesi için gerekli olmayan bitkisel faaliyeti yavaşlatır veya durdurur. Faaliyeti yavaşlatılan ve durdurulan bitkisel faaliyetler arasında mide ve bağırsak faaliyetleri, tükürük bezi faaliyeti sayılabilir.

Parasempatik sistem

Parasempatik sistemin sinirleri beyin sapından karın boşluğu ve üreme organlarına kadar çok geniş bir dağılım gösterir.

Daha önce de sözü edilmiş olan zıt denge prensibine göre, parasempatik sistemin beden üzerindeki etkisi sempatik sistemin tersi yönündedir. Parasempatik sistem beden enerjisini harcamak yerine korumaya yöneliktir ve öncelik derecesi daha geride olan bitkisel fonksiyonları harekete geçirir.

Parasempatik sistem kalp vurum sayısını ve kalbin bir kerede pompaladığı kan miktarını azaltır. Aynı zamanda koroner damarların bir miktar daralması sağlanır. Beyindeki ve karın içi organlardaki damarlar genişler. Ancak parasempatik sistemden iskelet kaslarına ve genel olarak cilde giden sinir lifi yoktur. Aynı şekilde karaciğer, böbreküstü bezi, ter bezi ve kıl dibine uzanan parasempatik lif mevcut değildir.

Parasempatik sistem faaliyeti bronşları hafifçe daraltır, bağırsak hareketlerini, tükürük bezi ve sindirim sistemi faaliyetini uyarır. Pankreas salgısı ve insülin miktarı artar. Bir tehlike sırasında sempatik sistem faaliyetinin sebep olduğunun aksine gözbebeği yakını daha iyi görmeye göre düzenlenir.

Yukarıda anlatılanlarda çelişir gibi gözüken tek olgu, duygusal bir stres sırasında mide dışındaki sindirim faaliyetinin durmasına karşılık mide hareketliliğinin artmasıdır. Mide hareketlerindeki artışın sebebi kesin olarak bilinmemekle beraber, uzun süren stres durumu – veya gergin kişilik yapısı – fazla miktarda mide asidi salgılanmasına yol açarak peptik ülsere sebep olmaktadır.

KAYNAKÇA

Abram, H.S. (ED.): *Psychological Aspects of Stress.* Charles C. Thomas Pub. Springfield, 1970.

Alberti, R.E. - Emmons, M.L.: *Your Perfect Right.* Impact Publishers. California, 4th print, 1982.

Arieti, S. - Bemporad, J.: *Severe and Mild Depression.* Tavistock Pub. England, 1978.

Bertherat, T. - Bernstein, C.: *The Body Has its Reasons.* Avon Books. New York, 1979.

Brown, B.B.: *Stress and the Art of Biofeedback.* Bantam Books, New York, 1981.

Chaitow, L.: *Relaxation and Meditation Techniques.* Thorsons Pub. Ltd. Wellinborough, 1983.

Charlesworth, E.A. - Nathan, R.G.: *Stress Management.* Ballantine Books, New York, 1985.

Cooper, K.H.: *Aeorobics.* Bantam Books, New York, 1980.

Cronin, D.: *Anxiety, Depression, Phobias.* Spectrum Books, USA, 1982.

Cüceloğlu, D.: *İnsan İnsana.* Altın Kitaplar, İstanbul, 1979.

Davies, D.R. - Shackleton, V.J.: *Psychology and Work.* Methuen and Co. Ltd., USA. 1975.

Day, S.B. (Ed.): *Life Stress.* Vol 3. Van Nostrand Reinhold Comp. New York, 1982.

Freud, A.: *Normality and Pathology in Childhood.* Penguin Books, England, 1973.

Friedman, M. - Rosenman. R.H.: *Type A Behavior and Your Heart.* A Fawcett Crest Book, USA, 1974.

Glass, D.C.: *Behavior Patterns, Stress and Coronary Disease.* Lawrence Erbaum As. Pub. New Jersey, 1977.

Goldberg, D.P.B.: *Depression.* Churchill Livingstone, Edinburgh, 1984.

Harris, T.A.: *I'm ok-You're ok.* Pan Books, London, 1982.

Hauri, P.: *The Sleep Disorders.* Upjohn Comp. Michigan, 1977.

Herbert, M.: *Emotional Problems of Development in Children.* Academic Press, London, 1974.

Hunt. S.: *Managing People at Work.* Pan Books, London, 1979.

Johnston. M.K.: *Mental Health and Mental Illness.* J.B. Lippincott Company, Philadelphia, 1971.

Kielholz, P. - Siegenthaler, W. - Taggart. P. - Zanchetti, A. (Ed.): *Psyshosomatic Cardiovascular Disorders-when and how to treat.* Hans Huber Pub. Bern, 1981.

Lakein, A.: *How to Get Control of Your Time and Your Life.* Signet Books. New American Library, USA, 1973.

Lawson, A.: *Freedom from Stress.* Thorsons Pub. Ltd., 2 th print, 1980.

Lazarus, R.S.: *Psychological Stress and the Coping Process.* New York, 1966.

Levi, L. - Anderson, L.: *Psychosocial Stress.* Book Division of Spectrum Publication Inc. New York. 1975.

Levi, L.: *Society Stress and Disease.* Vol 2. Oxford University Press, London, 1975.

Levi, L.: *Stress and Distress in Response to Psychosocial Stimuli,* Acta-Medica Scandinavica Supplementum, 1972.

Levinson, H.: *Executive Stress.* Mentor Books, New York, 1975.

Modow, L.: *Anger.* C. Scribers Sons, USA. 1972.

Mason, J.: *Guide to Stress Reduction.* Peace Press, 1980.

Mc. Cormick, E.J. - İlgen, D.: *Industrial Psychology,* 7th Ed. George Allen and Unwin Pub. London, 1983.

Mc Donald, Doyle: *The Stresses of Work.* Nelson and Sons, USA, 1981.

Mc Quade, W. - Arkman, A.: *Stress.* Bantam Books, 5th print, USA, 1981.

Mechanic, D.: *Students under Stress,* The Frel Press of Glencoe, London, 1962.

Meichenbaum, D. - Jarenko, M.E. (Ed.): *Stres Reduction and Prevention.* Plenum Press, New York, 1983.

Merle, S.: *When Lovers are Friends.* Bantam Books, New York, 1982.

Murell, H.: *Motivation at Work.* Methuen-CO. Ltd., London, 1976.

Oakeshott, E.: *The Child Under Stress.* Priory Press, London, 1973.

Ray, W.J. - Stern, R.M.: *Biofeedback: Potential and Limits.* University of Nebraska Press, Lincoln, 1977.

Russel, P.: *The Brain Book.* Boutledge and Regan Paul, London, 1979.

Saffe, D.T.: *Healing From Within.* Bantam Books, USA, 1982.

Selye, H.: *Stress without Distress.* Teach Yourself Books, London, 1977.

Selye, H.: *The Stress of Life.* Mc Hill Comp. Third Edition, Canada, 1970.

Simaston, O.L. - Simonton, S.M. - Creighton, S.L.: *Getting Well Again.* Bantam Book, 8th print, USA, 1984.

Smith, M.J.: *When* I Say No, I Feel Guilty. Bantam Books, 19th print, USA, 1981.

Songar, A.: *Temel Psikiyatri.* Minnetoğlu Yay., İstanbul, 1981.

Spielberger, C.D.: *Anxiety and Behavior.* New York, 1966.

Spielberger, C.D. - Sarason, I.G.: *Stress and Anxiety.* Vol 4. A Holsted Press Books, USA, 1975.

Spielberger, C.D. - Sarason, I.G.: *Stress and Anxiety.* Vol 4. A Holsted Press Books, USA, 1977.

Stellman, J.M. - Daum, S.M.: *Work is Dangerous to Your Health.* Vintage Books, New York, 1973.

Tyrer, P.: *How to Cope with Stress.* Sheldon Press. 2th print, London, 1982.

Varma, V.P.: *Stress in Children.* Hodder and Stoughton, London, 1976.

Weisinger, H. - Lobsenz, N.M.: *Nobody's Perpect.* Warner Books, New York, 1983.

Wolff, S.: *Children Under Stress.* Pelican Books, Middlesex, England, 1978.

Yavuzer, H.: *Ana-Baba ve Çocuk.* Remzi Kitabevi, İstanbul, 1987.

Yiğiter, H.: *Çağımızın Hastalığı Kalp.* Altın Kitaplar, İstanbul. 1983.

Zembilci, N.: *Sinir Sistemi Hastalıkları,* Cerrahpaşa Tıp Fakültesi Yay., İstanbul, 1986.

STRES KİTABI İLE İLGİLİ YANKILAR

"Stres" vazgeçilmez bir kitap. Eğer Molière'in Tratuffe'una benzemek istemiyorsanız, "stres"i tüm boyutlarıyla anlatan bu kitabı başından sonuna kadar dikkatle okuyun. **Erman Şener/Erkekçe**

Gerçekten başarılı ve sağlıklı olmak istiyorsak bu kitaba kulak vermeli ve mutlu olabilmenin yollarını aramalıyız. **Doğan Şener/Güneş**

Bu kitap günümüzün hastalığı stres konusunda kitaplığımızda boş olan bir yeri dolduracak bir eser. **Semih Güngör/Türkiye**

Baltaşlar'ın yapıtı son yıllarda ülkemizde de giderek ilgi uyandıran (ve etkilerini gösteren) bir konuyu değişik boyutlarıyla ele alıyor.
Bilim Teknik/Cumhuriyet

"Stres ve Başaçıkma Yolları" isimli kitap çıktığı günden bu yana kapış kapış gidiyor... **Necmi Tanyolaç/Güneş**

...Bunlardan kurtulmak isteyenlere öğütlüyoruz, lütfen "Stres ve Başaçıkma Yolları" kitabından edinin ve okuyun.
Aykan Uzoğuz/Bursa Hâkimiyet

Okuyucu bu kitapta kendi stres tepkisini tanımak, ölçmek ve onunla başaçıkabilmek için yapabileceklerini de somut olarak görme imkânına sahip. Böylece sadece sağlığını korumak için değil, aynı zamanda başarılı olabilmek için de kolayca uygulayabileceği bilgiler buluyor. **Kadın**

Çalışmalarının sonucunu bir kitapta toplayan Baltaş'lar "stresli şartlarınızı değiştiremeyebilirsiniz ancak stresle mücadele biçiminizi değiştirebilirsiniz" diyerek stresten korunmanın yollarını gösteriyorlar. **Hürriyet**

Baltaşlar'ın kitabında stresi tanımak, ölçmek ve onunla başaçıkmak için yapabileceklerimiz soyut yaklaşımlarla değil de somut önerilerle ortaya konmuş.
Yankı

Kitap yalnız stresi açık bir biçimde tanımlamakla kalmıyor, stresten kurtulabilmenin yollarını da açık ve seçik bir biçimde anlatıyor. Stresi ve stresli yaşamın özelliklerini öğrenmek zorundayız. Demek ki "Stres ve Başaçıkma Yollarını"nı okumak zorundayız. **Kadınca**

"ÜSTÜN BAŞARI" İLE İLGİLİ YANKILAR

"Üstün Başarı", çalışma ve öğrenme yöntemlerine, nörobiyoloji ve kognitif psikolojiden aktarılan bilgilerle değişik bir bakış getiriyor. Yazar çalışma tekniğine ilişkin bir kitabın kurması gereken bilimsel bağlantılarını kuruyor.

Dr. Yankı Yazgan/Cumhuriyet-Bilim Teknik

Baltaş, "Üstün Başarı" kitabında kaygılar içinde boğulan öğrencilere, etkin öğrenme yöntemleri yanında, sınava dair ipuçları ve sınav stresinden kurtulmak konusunda "etkin" ve "acil" önerilerde bulunuyor. **Nokta**

Her yaşta okur için çok yararlı olan "Üstün Başarı", kitaplığınızda "Stres ve Başaçıkma Yolları" ile birlikte yer almalı ve mutlaka okunmalı.

Sennur Sezer/Elele

Çok temel konuları içeren ve Türkiye'de eksikliğini duyduğumuz bu özenli çalışmayı çocuğu sınava hazırlanan her ailenin okuması gerek.

Esra Tümer/Rapsodi

"Üstün Başarı" çalışmak istediği halde çalışamayanlara, sıkıntı ve kaygılarından ötürü dikkatini toplayamayanlara, yaklaşan sınavların baskısı altında ezilenlere, öğrendiklerini hatırlayamayanlara, stres altında ezilmeden öğrenmenin ve başarı kazanmanın yollarını anlatıyor. **Güneş**

Psikolog Dr. Baltaş, öğrencilere bıkkınlık veren "çalış" uyarısının dışında başarı yolu çiziyor. Bu kitapta öğrenciye ders çalışma ve sınav başarısını artırmak için genel tavsiyeler değil, uygulama değeri olan bir yöntem adım adım anlatılıyor. **Genç İnsan**

Baltaş'ın kitabı, yalnız çocuklara değil, büyüklere de düşünmenin ve öğrenmenin bilimsel yöntemlerini ve sırlarını öğrettiği için kalıcı bir değere sahip.

Altan Aşar/Güneş

Konuya bütün yönleriyle bakan "Üstün Başarı" verimli bir ders çalışma programının nasıl olması gerektiğini, sınavlarda başarılı olmak için gerekenleri, sınav kaygısından kurtulmanın yollarını ve çalışmanın değerlendirilmesi konusundaki bilgileri içeriyor. **Tempo**

Türkçe'de daha önce yayınlanmamış türde, uygulamaya yönelik bir çalışma yöntemi kitabı. Eğitimde başarılı olmak isteyenlerin mutlaka edinmeleri gerekir.

Dr. Öget Ö. Tanör/Yayın Dünyası

"Bedenin Dili" kitabı, insan ilişkilerinde evrensel yanları ağır basan bedenin diline hâkim olmayı, bu dili doğru ve akıcı bir biçimde kullanmayı ve iyi anlamayı öğretiyor.

—**Murat Aykul/AKTÜEL**

Bedenin Dili, evrensel bilimsel bulguları Türkiye'den yapılmış araştırmalarla birliktekarşılaştırmalı olarak veren ve zevkle okunan yararlı bir çalışma. —**Doğan Cüceloğlu/CUMHURİYET**

Keyifle okunan yol gösterici bir çalışma.—**TEMPO**

İnsanlarla sağlıklı ilişkiler kurmak ve başarılı olmak istiyorsak, bedenin dilini öğrenmek zorundayız. Çünkü beden dilini öğrenmek, insanı daha iyi tanımamızı ve anlamamızı sağlıyor.—**Sennur Sezer/ELELE**

Baltaş'lar kitaplarında, bedeninizi nasıl "başarılı bir iletişim aracı" olarak kullanabileceğinizi öğretiyorlar. Kitap ticari iletişimlerden cinsel iletişimlere kadar, hayatın tüm alanlarında bedenin dilini öğretiyor.—**PARA**

Baltaş'ların kitabı sosyal yaşamın her durumunda beden dilini anlatıyor. Okuması hem keyifli, hem de yararlı. Bol resimli olduğu için izlemesi de kolay. Yatağınızın başucunda bir tane bulundurun.—**Hıncal Uluç/SABAH**

Bu kitabı okuduktan sonra girdiğiniz bir toplulukta insanların sizinle ilgili izlenimlerini etkileme şansına sahip olacaksınız.—**Oğuz Güven/Y.GÜNAYDIN**

Bu kitap okuyana yeni ufuklar açma, insanlar arasındaki münasebetleri düzeltme iktidarında bir eserdir. —**Prof. Dr. Ayhan SONGAR/TÜRKİYE**